Bernhard Graefrath (Hrsg.)
Probleme des Völkerrechts
1987

AF890696

Bernhard Graefrath
(Hrsg.)

Probleme des Völkerrechts 1987

Akademie-Verlag Berlin
1987

Institut für Theorie des Staates und des Rechts
der Akademie der Wissenschaften der DDR
Redaktionelle Bearbeitung: Manfred Mohr, Kamen Sachariew

ISBN: 3-05-000275-1

Erschienen im Akademie-Verlag Berlin, DDR-1086 Berlin, Leipziger Str. 3—4
© Akademie-Verlag Berlin 1987
Lizenznummer: 202 · 100/21/87
Printed in the German Democratic Republic
Umschlag: Ralf Michaelis
Gesamtherstellung: VEB Druckerei „Thomas Müntzer", 5820 Bad Langensalza
LSV 0435
Bestellnummer: 754 6967 (6983)
02500

Inhaltsverzeichnis

Содержание

Contents

Vorwort

Mit der Herausgabe von Sammelbänden zu Problemen des Völkerrechts verfolgt das Institut für Theorie des Staates und des Rechts der Akademie der Wissenschaften der DDR die Absicht, einen Beitrag zur Diskussion und Zusammenarbeit der sozialistischen Völkerrechtler zu leisten. Die Tatsache, daß der erste, 1985 erschienene Band positiv aufgenommen wurde und schnell vergriffen war, bestätigt, daß es ein Bedürfnis für solche Publikationen gibt und bestärkt uns darin, dieses Vorhaben fortzusetzen.

Auch der zweite Band enthält Arbeiten von Völkerrechtlern der DDR und anderer sozialistischer Länder in deutsch, englisch oder russisch mit entsprechenden Zusammenfassungen in den beiden anderen Sprachen. Diese Publikationsweise hat sich bewährt und geholfen, die Arbeiten einem breiten Nutzerkreis zu erschließen. Sie ermöglicht es insbesondere auch den Lesern in nichtsozialistischen Ländern, sich ein unmittelbares Bild von der Arbeit und den Beiträgen der sozialistischen Völkerrechtler zur Stärkung und Weiterentwicklung des Völkerrechts zu machen.

Der zweite Band erscheint in einer Zeit, da die Bemühungen um die Sicherung eines dauerhaften Friedens an Bedeutung und Umfang zugenommen haben. Das dreistufige Abrüstungsprojekt der Sowjetunion hat reale Möglichkeiten und Wege für die Befreiung der Welt von der nuklearen Bedrohung aufgezeigt. Seine Verwirklichung würde zugleich die Mittel freisetzen, die für die Bewältigung der anderen globalen Probleme dringend benötigt werden. Zweifellos wächst damit die Bedeutung der völkerrechtlichen Vereinbarungen. Mit ihrer Hilfe werden die politischen Entscheidungen in rechtliche Regeln umgesetzt und zugleich auch die Verfahren geschaffen, die der Einhaltung und Durchsetzung der völkerrechtlichen Regeln dienen. Das gilt sowohl für den Bereich der militärischen Sicherheit wie für die Organisierung einer umfassenden internationalen Zusammenarbeit zur Lösung der anderen globalen Aufgaben. Die Breite der damit aufgeworfenen Fragestellungen spiegelt sich notwendig in der sozialistischen Völkerrechtsliteratur wider. In dem Sammelband kann davon naturgemäß nur ein kleiner Ausschnitt erfaßt werden. Um wenigstens in gewissem Maße die Breite und Vielfältigkeit der völkerrechtlichen Arbeiten in den sozialistischen Ländern zu reflektieren, werden wir — entgegen mancher Anregungen — auch weiterhin die Sammelbände nicht thematisch orientieren. Die Beiträge erscheinen in der vom Autor benutzten Sprache, ohne Übersetzung und geben die Auffassung des Autors und nicht unbedingt die des Herausgebers wieder.

Wir freuen uns, daß bereits der Band „Probleme des Völkerrechts 1985“ im In- und Ausland auf reges Interesse gestoßen ist und sind auch weiterhin für Hinweise und thematische Anregungen dankbar.

Besonderer Dank gilt allen Mitarbeitern — besonders Frau H. Lauter —, die an der Vorbereitung dieses Bandes beteiligt waren und sein Erscheinen ermöglicht haben.

Berlin, im April 1986 Bernhard Graefrath

V. David

Die Resolutionen der UN-Vollversammlung und das Völkergewohnheitsrecht

Das Völkerrecht ist gegenwärtig nicht nur für diejenigen von Interesse, die sich mit diesem Rechtsgebiet von Berufs wegen befassen. Es beziehen sich in ungewöhnlichem Maße auch Staatsmänner, Politologen und Kommentatoren in den Massenmedien darauf, wenn sie eine bestimmte, in den Beziehungen zwischen zwei oder mehreren Staaten entstandene Situation bewerten. Zunehmend werden Mutmaßungen darüber angestellt, ob eine bestimmte Regel zur Norm des geltenden allgemeinen Völkerrechts geworden ist oder nicht; es handelt sich also darum, Völkerrechtsregeln aufzuspüren, oder — um es modern auszudrücken — sie zu identifizieren.

Es gibt offensichtlich mehrere Ursachen für diese Unsicherheit, aber zwei halten wir für grundlegend. Vor allem geht es darum, daß die Bildung von Normen, und zwar von Vertrags- und Gewohnheitsnormen, heutzutage schneller vonstatten geht als früher; dadurch wird auch ihre Feststellung schwieriger. Als Beispiel verweisen wir auf die einfache Regel des traditionellen Völkerrechts über die Meeresfreiheit im Gegensatz zum entwickelten Normensystem gemäß der neuen Seerechtskonvention. Zum anderen gibt es verschiedene Auffassungen bzw. Anwendungsvorstellungen von Völkerrechtsregeln — im Kontext entstandener Konflikte und Probleme — vom Standpunkt der Praxis der Staaten und — u. a. — der Völkerrechtler aus, die zwei antagonistischen sozialökonomischen Formationen angehören.

Handelt es sich um das ungeschriebene Völkerrecht, also das Gewohnheitsrecht, ist dessen Feststellung im Unterschied zu den vertraglich geschaffenen Regeln noch schwieriger. (Einige Autoren sprechen übrigens vom Gewohnheitsrecht als von „festgestellten“ Regeln.[1])

Wir wollen nicht die Bedeutung der Völkerrechtsverträge und der Gewohnheitsregeln analysieren, obwohl die Untersuchung dieser Frage im Rahmen einer geschlossenen Arbeit verlockend ist, zumal in der sozialistischen Völkerrechtsliteratur bis heute nur eine einzige Monographie über das Völkergewohnheitsrecht erschienen ist.[2] Ich möchte lediglich darauf hinweisen, daß ich gegen die Bevorzugung der einen oder der anderen Völkerrechtsquelle bin. Deswegen kann ich nicht damit übereinstimmen, daß, nach Vl. Outrata, „die fortschrittliche Entwicklung des

[1] Vgl. L. Ehrlich, Prawo międzynarodowe, Warszawa 1958, S. 21.
[2] K. Wolfke, Custom in Present International Law, Wroclaw 1964.

Völkerrechts vor allem in den völkerrechtlichen Verträgen realisiert wird"[3] oder daß — wie neuerlich von Vl. Kopal behauptet wird —, „die Konzeption, die sich hauptsächlich auf die Gewohnheitsnormen gründet, als historisch überholt zu betrachten ist"[4], oder daß schließlich, so G. I. Tunkin, die Vertragsnormbildung eine „schnellere" und „wirksamere" Regelungsart der internationalen Beziehungen darstellt.[5] Es ist nämlich unnütz und auch nicht erforderlich zu untersuchen, welche der Quellen des Völkerrechts eine größere Rechtskraft besitzt oder welche eine bedeutsamere Rolle spielt. Unserer Ansicht nach bringt I. I. Lukašuk die richtige Auffassung zu dieser Problematik zum Ausdruck, wenn er begründet die sehr verbreitete Gegenüberstellung von Gewohnheit und Vertrag zurückweist und feststellt: „Ein bestimmtes Anwachsen der Rolle der Gewohnheit vollzieht sich nicht auf Kosten der Minderung der Rolle anderer Mittel für die normative Regulierung internationaler Beziehungen, sondern als Ergebnis der Vertiefung der Wechselwirkung mit diesen Mitteln und vor allem mit den Verträgen. Das Anwachsen der Rolle der Gewohnheit wird durch die wachsende Bedeutung des Völkerrechts insgesamt bestimmt. Die Gewohnheit stellt ein absolut unerläßliches Element des Wirkungsmechanismus des gegenwärtigen Völkerrechts dar."[6]

Die Frage der Herausbildung und Feststellung von Gründen für die Verbindlichkeit von Gewohnheitsregeln gehört zu den kompliziertesten theoretischen Problemen der Völkerrechtslehre. Neben der geringeren inhaltlichen und rechtlichen Bestimmtheit des Gewohnheitsrechtes gibt es auch noch subjektive Kriterien, die auf die Feststellung der Gewohnheitsnormen einen Einfluß ausüben. Auf diesen Umstand weist J. Malenovský hin: „Das geringere Interesse an der Problematik der internationalen Gewohnheit innerhalb der gegenwärtigen Völkerrechtsliteratur spiegelt anscheinend auch eine bestimmte Resignation der Lehre gegenüber den schwierigen Problemen dieser Normbildung wider . . ."[7]

Einen geeigneten und effektiven Weg zur besseren Erfassung der Entstehungs- und Geltungsgründe von Gewohnheitsregeln sehen wir in der Herausarbeitung von Gewohnheitsregeln in einzelnen Völkerrechtszweigen, wie es z. B. — im Hinblick auf das Weltraumrecht — M. G. Marcoff[8] oder D. Krstič[9] und bei uns

[3] Vl. Outrata, Das internationale öffentliche Recht, Praha 1960, S. 28 (tschech.).

[4] Vl. Kopal, Rezension zu Č. Čepelka/Vl. David, Einführung in das Völkerrecht, in: Právnik, 11/1978, S. 1030 (tschech.).

[5] Vgl. G. I. Tunkin (ed.), Meždunarodnoje pravo, Moskva 1982, S. 52.

[6] I. I. Lukašuk, Obyčnye normy v sovremennom meždunarodnom prave, in: Sovetskij ežegodnik meždunarodnogo prava 1978 (zitiert als: SEMP), Moskva 1980, S. 98 (russ.).

[7] J. Malenovský, Zu den Problemen der Gestaltung und Feststellung der Gewohnheitsnormen des Völkerrechts, unter Berücksichtigung des Weltraumrechts, in: Právnik, 1985, S. 265 (tschech.).

[8] Vgl. M. G. Marcoff, Sources du droit international de l'espace, in: Recueil des Cours de l'Académie de Droit International de la Haye (zitiert als: RdC), B. 168 (1980/III), S. 56ff.

[9] Vgl. D. Krstić, Customary Law Rules in Regulating Space Activities. 20th International Colloquium on the Law of Outer Space, Prague 1977.

J. Malenovský[10] tun. Im Rahmen dieser Arbeit möchten wir auf jene Fragestellung anhand der Analyse des Rechtscharakters von Resolutionen der UN-Vollversammlung (im weiteren: VV) eingehen.

1. Zu den konstitutiven Elementen der Gewohnheitsnormbildung

Noch immer gelten die von J. Besdevant vor einem halben Jahrhundert geschriebenen Worte, daß „die Ansichten der Juristen über den Charakter der Gewohnheit sich weder durch Einheitlichkeit noch durch Klarheit auszeichnen".[11] Diese Lage wird noch dadurch erschwert, daß man bei der Gewohnheit nicht nur Beweise und Feststellungen der Rechtsregeln, sondern auch das Verfahren bei der Bildung von Völkerrechtsnormen untersuchen muß.[12] Es gibt also in der Lehre keine einheitlichen Auffassungen hinsichtlich solcher Fragen wie der Abgrenzung der Entstehungs- und Geltungsgründe des Gewohnheitsrechts (z. B. die kontinentale und die angelsächsische Konzeption) oder dem Nachweis dieser Gründe in konkreten Fällen. Gleichwohl wird am häufigsten die Auffassung zitiert, nach der Gewohnheitsregeln durch die länger dauernde Praktizierung einer bestimmten Regel in Verbindung mit der Überzeugung der Staaten von deren Rechtsverbindlichkeit entstehen.[13]

In der sowjetischen Literatur findet man die am meisten entwickelten Ansichten im Werk von G. I. Tunkin. Nach ihm stellt die Entstehung einer Gewohnheitsnorm einen Prozeß dar, an dessen Anfang die sich wiederholende Handlung, die Praxis der Staaten steht.[14] Damit die Praxis nicht zur Gewohnheit ohne Rechtsverbindlichkeit oder nur zur Moral- oder Höflichkeitsnorm wird, muß sie als rechtsverbindlich von den Staaten gebilligt werden.[15] Die Billigung bedeutet Willenserklärung, d. h. Zustimmung des Staates, die schon bestehende Regel bzw. die Übung als Rechtsregel anzusehen.[16] Dabei billigt ein Staat eine Regel auch dadurch, daß er nicht ausdrücklich protestiert, daß er keine Einwände erhebt.[17] Die Beziehung

[10] Vgl. J. Malenovský, Zu den Problemen der Gestaltung und Feststellung der Gewohnheitsnormen des Völkerrechts unter Berücksichtigung des Weltraumrechts in: Právnik, 1985.

[11] J. Basdevant, Règles générales de la paix, in: RdC, Bd. 58 (1936/IV), S. 508 (franz.).

[12] Vgl. J. L. Kunz, The Nature of Customary International Law, in: American Journal of International Law, Bd. 47 (1953), S. 663f.

[13] Vgl. M. Potočný, Das internationale öffentliche Recht, Praha 1978, S. 57 (tschech.).

[14] Vgl. G. I. Tunkin, Teorija meždunarodnogo prava, Moskva 1970, S. 130.

[15] Anstelle von Billigung wird auch davon gesprochen, daß die Praxis den Staaten „zugerechnet" werden kann. Vgl. A. Bleckmann, Zur Feststellung und Auslegung von Völkergewohnheitsrecht, in: Zeitschrift für ausländisches öffentliches Recht und Völkerrecht, Bd. 37 (1977), S. 519.

[16] Vgl. G. I. Tunkin, Teorija meždunarodnogo prava, a. a. O., S. 141.

[17] Vgl. ebenda, S. 153.

zwischen den Staaten, die bereits die Praxis für eine Rechtsnorm halten, und dem Staat, der damit stillschweigend übereinstimmt oder keinen Einwand erhebt, ist nach G. I. Tunkin mit einem Vertragsverhältnis identisch. Von dieser theoretischen Position ist es nur ein Schritt zur Behauptung, daß das Wesen der Gewohnheitsnormbildung in der stillschweigend getroffenen Vereinbarung der Staaten liegt. Die Willensübereinstimmung, der Konsensus, bedeutet hier also das, was andere Autoren mit der Überzeugung von der Rechtsverbindlichkeit, der opinio juris, umschreiben. Der Wirkungsbereich der Regel kann fortlaufend durch solcherart stillschweigend getroffene weitere Vereinbarungen verbreitet werden, bis sie zu einer allgemein anerkannten Regel wird.[18] G. I. Tunkin hat bei der Frage des Beitritts anderer Staaten zur Vereinbarung auf das Problem hingewiesen, daß die durch eine Anzahl von Staaten gebilligte Norm bereits für eine allgemein anerkannte Regel des Gewohnheitsrechts gehalten wird, weil man in den allermeisten Fällen mit mathematischer Genauigkeit nicht feststellen kann, ob die Norm von allen Staaten gebilligt wurde.[19]

Die Ansichten von G. I. Tunkin haben nicht nur die sowjetischen Autoren beeinflußt.[20] Sie hatten auch verschiedene weitere Auswirkungen. So führt L. Valki an, daß ein spezifischer Zug der Entstehung und Anwendung des Gewohnheitsrechts darin besteht, daß eine zur Rechtsbildung führende Entscheidungsserie der Staatsorgane (jeweils unabhängig voneinander getroffene, aber gleichen Inhalt aufweisende Entscheidungen) stufenweise in die Serie der Durchführung früherer Entscheidungen eingreift, obwohl der Entscheidungsinhalt prinzipiell unverändert bleibt.[21] Im wesentlichen bilden jedoch diese einseitigen Akte in ihrem Komplex wieder Vereinbarungen.

Um weiter voranzukommen, soll nun die eigene Ansicht über das Wesen der Entstehungs- und Geltungsgründe der Gewohnheitsnormbildung dargelegt werden.

Es trifft zu, daß die Gewohnheitsregeln vor allem über die Praxis der Staaten geschaffen werden. Aber hier entstehen gleich einige Fragen. Von der Fragwürdigkeit des Begriffes „Staatenpraxis" einmal abgesehen, bleibt das Problem bestehen, woraus sich eigentlich die Staatenpraxis konstituiert. Sind es nur die wirklichen Taten und Akte oder aber auch die von den Staaten gemachten Vorschläge (bzw. die von den anderen Staaten dagegen erhobenen Proteste), unabhängig davon, ob diese Vorschläge auch durchgesetzt wurden? Welche Bedeutung kommt den innerstaatlichen Gesetzen und Entscheidungen[22] sowie der Praxis internationaler

[18] Vgl. ebenda, S. 142.
[19] Vgl. ebenda, S. 148—149.
[20] Case 14/68, European Court Reports, vol. XV, p. 1 et seq.
prave, in: SEMP 1982, Moskau 1983, S. 151.
[21] Vgl. L. Valki, The Social Nature of International Law, in: Annales Universitatis Scientiarum Budapestinensis — Sectio Iuridica, Budapest 1981, S. 291.
[22] In diesem Zusammenhang wird auf einen interessanten Artikel von V. G. Butkevič verwiesen, in dem die Anwendung von Regeln der internationalen Gewohnheit im innerstaatlichen Gerichtsverfahren erörtert wird. Vgl. Primenenie pravil meždunarodnogo obyčaja vo vnutri-

Institutionen zu? Welche Rolle spielt das Problem der Wiederholung und der Zeit sowie der Zahl der an der Praxis beteiligten Staaten?

Im Rahmen des gestellten Themas können diese Fragen hier nicht näher untersucht werden. Es soll jedoch darauf hingewiesen werden, daß sich schon im Jahre 1950 die Völkerrechtskommission mit diesen Fragen beschäftigt und der UN-VV dazu einen Bericht unterbreitet hat. Darin wird die Aufgabenstellung einer Zusammenstellung aller materiellen Formen, in denen Staatenpraxis zum Ausdruck kommt, als unreal bezeichnet.[23]

Wenn es also schwierig und sogar unreal ist, Erscheinungsformen des Verhaltens von Staaten abzuschätzen und zusammenzustellen, die unter den Begriff „Staatenpraxis" zu subsumieren wären, dann muß man versuchen, diesen Begriff allgemeiner zu fassen. Unserer Ansicht nach ist das faktische Verhalten der Staaten — die allgemeine Übung — ein unverzichtbares konstitutives Element der Gewohnheitsnormbildung. Es sei betont, daß wir den faktischen, also realisierten Verkehr zwischen den Staaten im Auge haben, d. h. nicht die auf irgendeine Weise geäußerten Ansichten der Staaten. Wir sprechen hier auch von einem materiellen Faktor der Bildung der Gewohnheitsregel. Jedwede Praxis der Staaten ist nämlich durch die gesellschaftlichen Bedingungen determiniert, die von den Machtverhältnissen bestimmt werden. Die Form selbst führt also zu keiner Verpflichtung, vielmehr ist es die in der jeweiligen Form (Vertrags- oder Gewohnheitsform) ausgedrückte gesellschaftlich-politische Realität, die die Entstehung und den Bestand von Verbindlichkeit dessen kennzeichnet, was aus dieser Realität im Inhalt der Rechtsnorm ausgedrückt wurde.[24] Dabei ist der Inhalt der Rechtsnorm als ein Ganzes zu begreifen; man kann sich nicht nur auf die die Befugnisse und Pflichten ausdrückende Disposition beschränken und die Hypothese und Sanktion der Rechtsregel aussparen. Gerade die Hypothese der Völkerrechtsnorm enthält — unter Beachtung des Koordinationscharakters des Völkerrechts — in abstrakter Weise auch die gesellschaftlich-politischen Umstände, unter denen die gegebenen Befugnisse und Korrelationspflichten realisiert werden, und es sind wieder diese gesellschaftlich-politischen Umstände, die den Charakter und die Intensität der Sanktion bestimmen.

Nicht jede so begriffene Übung, also Staatenpraxis, wird jedoch zum normbildenden Faktor. Zutreffend betont V. Knapp, daß „die Gewohnheit selbst nicht

gosudarstvennom sude, in: Vestnik Kijevskogo universiteta. Meždunarodnye otnošenija i meždunarodnoje pravo, 15/1982, S. 35ff.

[23] Zugleich nannte die Analyse folgende Beweise für die Existenz von Völkergewohnheitsrecht: Texte internationaler Verträge, Entscheidungen internationaler Gerichte, Entscheidungen nationaler Gerichte, innerstaatliche Gesetzgebung, diplomatische Korrespondenz, Meinungen nationaler Rechtsberater, Praxis internationaler Organisationen. Vgl. Yearbook of the International Law Commission, 1950, Bd. II, S. 367ff.

[24] Vgl. Č. Čepelka/Vl. David, Einführung in die Völkerrechtstheorie, in: Schriften der Juristischen Fakultät, Nr. 51, Brno 1983, S. 21 (tschech.).

eine von Recht, Politik, Moral usw. unterschiedliche Regel ist, sondern sozusagen eine nackte Form, in die sich eine jede Regel des menschlichen Verhaltens kleiden kann, so daß es rechtliche, politische, moralische Gewohnheiten, Gewohnheiten des anständigen Benehmens usw. gibt."[25] Warum aber äußert sich ein feststehendes Verhalten der Staaten als Gewohnheitsregel, während ein anderes rechtlich unverbindliche Faktizität bleibt oder zur Regel der internationalen Höflichkeit wird? Die entscheidende Frage lautet stets: Ist die Praxis als Recht angenommen? Die Gewohnheitsregel umfaßt also die allgemeine Praxis und deren Akzeptierung als Recht. Die Praxis der Staaten als ein materieller Faktor muß darum durch ein anderes Element, ein psychisches — gewissermaßen den normbildenden Willensfaktor — ergänzt werden; sie wird zur opinio juris, also zum geäußerten Willen der Staaten dadurch, daß sie eine bestimmte Regel als Rechtsregel einhalten. Dabei ist nicht entscheidend, ob die opinio juris dem entsprechenden Verhalten der Staaten vorausgeht, oder ob sie die bereits bestehende Übung, der jedoch noch keine Rechtskraft zukommt, ergänzt.

Artikel 38 des Statuts des Internationalen Gerichtshofes definiert das Gewohnheitsrecht als „Beweis einer allgemeinen, als Recht anerkannten Übung", wobei diese Definition nicht ohne Kritik blieb.[26] Im Jahre 1960 hat der Internationale Gerichtshof zum ersten Mal die opinio juris erwähnt. Im Falle des Durchfahrtsrechts[27] bestätigte er das Gewohnheitsrecht des Transits für Privatpersonen, Zivilbeamte und Güter auf der Grundlage „der ständigen und einheitlichen Praxis" und fügte hinzu, daß es ausreichend sei, daß die Praxis „als Recht von den Parteien akzeptiert" und „daraus ein Recht und eine korrelative Verpflichtung entstanden" waren.[28]

Der Charakter der Gewohnheitsregel ändert sich mit dem Charakter der Gesellschaft, in der sie entsteht und sich entwickelt. Jede Regel des positiven Völkerrechts bedarf der kritischen Untersuchung in zweierlei grundsätzlicher Hinsicht: Einmal im Hinblick darauf, ob ihr Inhalt den gesellschaftlichen Bedürfnissen bzw. den objektiven Gesetzen der Gesellschaftsentwicklung entspricht, und zum anderen hinsichtlich der Genauigkeit der formalen Äußerung im Vergleich zur insbesondere von Machtelementen bestimmten Praxis der Staaten. Das bedeutet nicht, daß die mächtigen Staaten ein Monopol auf die „Herstellung" von Gewohnheitsrecht hätten; dies widerspräche dem Grundsatz der souveränen Gleichheit aller, ob kleiner oder großer Staaten. Es ist jedoch nicht zu übersehen, daß mächtigere Staaten nicht nur bedeutsame Schöpfer, sondern auch Bewahrer von Gewohnheitsregeln darstellen. Ihre entscheidende Rolle bei der Schaffung von Gewohnheits-

25 V. Knapp, Philosophische Probleme des sozialistischen Rechts, Praha 1967, S. 44 (tschech.).

26 Vgl. K. Wolfke, Custom in Present International Law, a. a. O., S. 26ff.

27 Vgl. I. C. J. Reports 1960, S. 40ff.

28 Vgl. H. Waldock, General Course on Public International Law, in: RdC, Bd. 106 (1962/II), S. 48.

normen ermöglicht es, diesen einen hohen Effektivitätsgrad zu verleihen. Das Völkergewohnheitsrecht gehört zu den eindrucksvollsten Beispielen der Wechselwirkung von Macht und Recht.

Auch G. I. Tunkin zieht die gesellschaftlichen Umstände bzw. materiellen Quellen der Gewohnheitsnormbildung in Betracht. Er kommt zu der Schlußfolgerung, daß eben gesellschaftliche Wirklichkeiten die Willensäußerungen der Staaten determinieren. Infolgedessen halten es die Staaten für unerläßlich, auf solche Weise zu handeln, wie es die absolute Mehrheit tut, sofern diese Mehrheit die Staaten beider Systeme umfaßt, einschließlich der Großmächte.[29] Es wird auch von bürgerlichen Juristen anerkannt, daß jede „internationale Gewohnheit ein Werk der Macht ist."[30]

Sind die determinierenden gesellschaftlichen Umstände vor allem durch die Machtverhältnisse zwischen den Staaten geprägt, dann werden die Machtfaktoren zum wirklichen Verbindlichkeitsgrund der Rechtsregel bzw. deren Inhalts sowie des Überbauausdruckes der gegebenen gesellschaftlichen Realität. Die Staaten werden sich nämlich eben auf der Grundlage der Machtrealität der mißlichen Folgen bewußt, die sich für sie ergeben würden, wenn sie sich unterschiedlich verhielten. Insoweit wir die opinio juris für einen selbständigen normbildenden Faktor halten, ist es notwendig, ihn zu präzisieren oder ihn um einen weiteren Faktor zu ergänzen: den des Bewußtseins von der gesellschaftlichen Notwendigkeit (opinio necessitatis generalis).[31] Das Bewußtsein von der (gesellschaftlich determinierten) Notwendigkeit eines bestimmten Verhaltens ist also der nächste konstitutive, selbständige bzw. in Verbindung mit der opinio juris zusätzliche Faktor, ein psychischer Faktor,[32] der gemeinsam mit dem faktischen Verhalten der Staaten eine normbildende Wirklichkeit, Gewohnheit, schafft. Wie zur normbildenden Wirklichkeit der Vertragsnorm der Konsensus wird, wird hier die Gewohnheit zur normbildenden, die Gewohnheitsregel schaffenden Wirklichkeit. Dort, wo die Gewohnheit von usus generalis und opinio juris et necessitatis mitgetragen wird, führt eine solche allgemein bestehende Gewohnheit zur Normbildung des allgemeinen Völkergewohnheitsrechts. In den Fällen, in denen sich die Staaten bewußt sind, welche ungünstigen Folgen die Nichteinhaltung einer bestimmten Gewohnheit für die Entwicklung der Gesellschaft und für die Koexistenz der beiden sozialökonomischen Formationen hätte, verläuft der Prozeß der Gewohnheitsnormbildung schneller als in den Fällen, in denen das erkannte Risiko kleiner ist.

[29] Vgl. G. I. Tunkin, Teorija meždunarodnogo prava, a. a. O., S. 148.

[30] Ch. Vischer, Theory and Reality in Public International Law, Princeton-New Jersey 1968, S. 154.

[31] Vgl. Č. Čepelka/Vl. David, Einführung in die Völkerrechtstheorie, in: Schriften der Juristischen Fakultät, Nr. 51 a. a. O., S. 97 (tschech.).

[32] Vgl. z. B. schon das Urteil vom 20. November 1950 zum Asylrecht (Columbien — Peru), in dem der Internationale Gerichtshof deutlich die Notwendigkeit eines psychologischen Gewohnheitselementes bestätigt hat. I.C.J. Reports 1950, S. 277.

Das Bewußtsein von der gesellschaftlich determinierten Notwendigkeit kann auch andere Ursachen bzw. Anlässe haben; es kann auf der Erkenntnis der faktischen und rechtlichen Entwicklung einer bestimmten Frage, auf der Erkenntnis der wissenschaftlich-technischen Entwicklung (z. B. Gewohnheitsregeln im Weltraumrecht), auf der Erkenntnis von objektiven Gesetzen der Entwicklung der menschlichen Gesellschaft (z. B. Entkolonialisierung) u. ä. beruhen.

Nur eine so begriffene Willensäußerung der Staaten im Rahmen der gegenwärtig existierenden internationalen Beziehungen entspricht der Realität. Denn die opinio juris allein wäre nicht ausreichend. Die Erklärung der Entstehungs- und Geltungsgründe des allgemeinen Völkergewohnheitsrechts nur darauf aufzubauen würde nämlich bedeuten, daß man eine Gleichstellung des sozialistischen gesellschaftlichen Rechtsbewußtseins und des Bewußtseins der Monopolbourgeoisie vornimmt. Das entspricht einerseits nicht der Wirklichkeit, andererseits würde es bedeuten, die Fiktion eines gemeinsamen oder gleichen Rechtsbewußtseins zu schaffen, und es wäre nicht mehr weit bis zur überholten Konsensualtheorie der Entstehung von Gewohnheitsregeln.

2. Zum Charakter von Resolutionen der UN-Vollversammlung

Zutreffend bemerkt J. Kolasa, daß mit der Entstehung von internationalen Organisationen der Rechtsbildungsprozeß an Reichhaltigkeit und Farbigkeit gewonnen hat.[33] Man muß jedoch hinzusetzen: auch an Kompliziertheit. Wir beschränken uns auf die Resolutionen der UN-Vollversammlung, obwohl die Problematik natürlich noch viel breiter ist.[34]

Die Resolutionen der UN-Vollversammlung können von verschiedenen Gesichtspunkten aus betrachtet werden. Es wäre möglich zu analysieren, welche Wirkung sie auf die Entwicklung des Völkerrechts ausüben, oder ob sie selbst nur dessen Abbild sind. Es wäre möglich, das Verhältnis der Resolutionen zur Staatenpraxis zu untersuchen u. ä. Wir konzentrieren uns jedoch auf das Verhältnis zwischen den Resolutionen und der völkerrechtlichen Gewohnheit. Diese Frage zerfällt im wesentlichen in zwei Unterfragen; die erste lautet: Stellen die Resolutionen der VV den Beweis einer Gewohnheitsregel dar? Und die zweite: Schaffen diese Resolutionen neue Gewohnheitsregeln?

Die Antwort auf die erste Frage hängt mit der Bestimmung des Charakters dieser Resolutionen zusammen. Es existiert eine ganze Palette von Ansichten in der

[33] Vgl. J. Kolasa, On the Sources of International Law — Towards a Conception of Adopted Law, in: Polish Yearbook of International Law, Bd. IX (1977—78), S. 106.

[34] J. Kolasa untersucht den Rechtsbildungsprozeß im Rahmen der Weltgesundheitsorganisation (WHO) und der Internationalen Zivilluftfahrtorganisation (ICAO). Vgl. ebenda, S. 110ff.

Doktrin im Hinblick auf diesen Charakter. Es gibt Autoren, die den Resolutionen einen rechtsbildenden Charakter zusprechen. Andere sprechen von einer quasilegislativen Aktivität, und wieder andere halten die Resolutionen für mittelbare bzw. Hilfsquellen des Völkerrechts. Ein weiterer Autor empfiehlt, jede Resolution individuell zu beurteilen, in Anbetracht inhaltlicher Differenzierungen, im Hinblick auf die Adressaten, für die sie bestimmt ist, und unter Berücksichtigung der darin enthaltenen Aussagen.[35] Die meisten Autoren gehen jedoch — wie auch wir — davon aus, daß die Resolutionen der VV einen Empfehlungscharakter tragen. Der Empfehlungscharakter bildet vom Gesichtspunkt des Normbildungsprozesses eine Grenze.[36]

Nach Art. 10 der UN-Charta nimmt die Vollversammlung Empfehlungen an; das bedeutet, daß sie keine neuen Rechtsregeln in irgendeiner Form schafft und deshalb die Staaten nicht verpflichtet werden. Im anderen Fall hätten die Schöpfer der Charta es so festgelegt. Dabei ist es rechtlich irrelevant, ob solche Empfehlungen Resolution oder Deklaration genannt werden, obwohl die Lehre in dieser Hinsicht nicht einheitlich ist. Zum Beispiel hält M. Potočný Deklarationen für bedeutsamer; einerseits angesichts deren deutlich geringerer Zahl gegenüber den Resolutionen, und andererseits deswegen, weil die Form der Deklaration in der UN-Praxis nur ausnahmsweise, für förmliche und feierliche Dokumente benutzt wird, die in den (seltenen) Fällen zur Anwendung kommen, wenn es um die Proklamierung von Grundsätzen geht, die von großer, bleibender und allgemeiner Bedeutung sind.[37]

Die UN-Charta beinhaltet keine Bestimmungen hinsichtlich der rechtlichen Wirkungen von VV-Resolutionen. Deren Empfehlungscharakter kommt auch darin zum Ausdruck, daß sich jeder Staat das ausschließliche Recht vorbehält zu entscheiden, ob er die Resolution realisieren wird oder nicht. Das gilt auch für Deklarationen: in Deklarationsform nimmt die VV solche Empfehlungen an, die Schlußfolgerungen einer mehrmals erörterten Problematik zusammenfassen oder die Verkündung von Rechten oder Rechtssätzen darstellen, wie z. B. die Allgemeine Menschenrechtserklärung von 1948.

Die UN-Charta geht nicht davon aus, daß die VV ein legislatives Organ ist. Man findet keine Vertrags- oder Gewohnheitsregel, die der Vollversammlung eine Rechtssetzungskompetenz zubilligen würde. Eine Ausnahme bilden lediglich

[35] Vgl. H. P. Neuhold, Internationale Konflikte — verbotene und erlaubte Mittel ihrer Austragung. Versuche einer transdisziplinären Betrachtung der Grundsätze des Gewalt- und Interventionsverbots sowie der friedlichen Streitbeilegung im Lichte der UN-Prinzipiendeklaration 1970 und der modernen Sozialwissenschaften, Wien-New York 1977, S. 46.

[36] Vgl. G. M. Danilenko, Proces sozdanija obyčnych norm v sovremennom meždunarodnom prave, in: SEMP 1982, a. a. O. S. 158.

[37] Vgl. M. Potočný, Zum Rechtscharakter der Deklaration über die Prinzipien der freundschaftlichen Beziehungen und Zusammenarbeit zwischen den Staaten, in: Právnik, 1971, S. 395 (tschech.).

„interne“ Resolutionen zum sogenannten inneren Recht der Organisation,[38] also solche, die das Innenleben in Gestalt von Regeln über Struktur, Arbeitsweise und Verfahren der UNO betreffen und die für alle UN-Mitglieder verbindlich sind (z. B. zum Budget, zur Aufschlüsselung der Ausgaben, zu Verfahrensregeln, aber auch zur Aufnahme von Mitgliedern). Solche Resolutionen besitzen allerdings keinen rechtsbildenden Charakter, und die Organisation kann durch sie auch keine neuen Kompetenzen erwerben; die Gründungsurkunde der Organisation — ein völkerrechtlicher Vertrag — kann durch Organisationsakt nicht verändert werden.

Uneinheitlichkeit besteht hinsichtlich der Frage, ob der Staat, der die Zustimmung zu einer Resolution erklärt hat, bei der es sich — wie auch im folgenden — nicht mehr um eine interne Resolution handelt, durch die Resolution gebunden ist. Die Theorie, daß für die positiv abstimmenden Staaten die Resolution bindend ist, wird z. B. von R. Higgins verfochten. Ihrer Meinung nach verpflichtet die Empfehlung nicht als solche, sondern durch ihre Annahme in Form des Abstimmungsverhaltens dieses oder jenes Staates.[39] Ihre Auffassung widerlegt überzeugend I. MacGibbon.[40] Higgins betrachtet nämlich die VV-Resolutionen als Vertragstexte (in Übereinstimmung mit der Konsensualtheorie) und die positiven Stimmen als entsprechende Annahmen oder Ratifikationen. Die Resolutionen als völkerrechtliche Verträge oder auch als „nichtformale Verträge“, wie die erwähnte Autorin schreibt, aufzufassen bedeutet, den ganzen unterschiedlichen rechtlichen Rahmen, in dem die Staaten über die Resolutionen in der Vollversammlung abstimmen, zu ignorieren. Ihre Stimmen sind in diesem Kontext nicht als Äußerung der Annahme (oder Ablehnung) von zu erfüllenden Verpflichtungen anzusehen bzw. als Übereinstimmung oder Nichtübereinstimmung mit den Resolutionsbestimmungen im Sinne rechtsverbindlicher Regeln. Es sind Stimmen für oder gegen eine Empfehlung. Der Abstimmungsakt kann den Rechtscharakter der Resolution nicht ändern und sie nicht von einer Empfehlung in ein bindendes Instrument umwandeln. Die Zustimmung zur Annahme der Resolution beinhaltet nicht die Verpflichtung, sich in Zukunft nach dem Inhalt der Resolution zu richten.

Es ist hinzuzufügen, daß, selbst wenn ein Staat durch den Resolutionstext gebunden sein möchte, er dies nicht durch den Abstimmungsakt tun kann. Die Abstimmung kann keine bindenden Wirkungen für den Staat auslösen. Sollte dies der Fall sein, müßte eine Norm des Völkerrechts existieren, nach der eine durch Abstimmung allgemein angenommene Resolution der VV rechtsverbindlich ist,

[38] J. Kolasa spricht vom Recht der Resolutionen (Resolutionsrecht) oder vom angenommenen Recht. Vgl. J. Kolasa, On the Sources of International Law — Towards a Conception of Adopted Law; in: Polish Yearbook of International Law, Bd. IX (1977—78), S. 109.

[39] Vgl. R. Higgins, in: S. M. Schwebel (ed.), The Effectiveness of International Decisions, Leyden 1971, S. 398.

[40] Vgl. I. MacGibbon, Means för the Identification of International Law, in: B. Cheng, International Law: Teaching and Practice, London 1982, S. 13.

selbst wenn eine solche Regel in der Gründungsurkunde der UNO fehlt. G. I. Tunkin hat klar bewiesen, daß eine derartige Norm des Völkerrechts nicht existiert.[41]

Dies gilt auch für den Fall, daß die Resolution oder Deklaration einstimmig angenommen wird, obschon die Doktrin in dieser Hinsicht nicht einheitlich ist. M. Potočný unterscheidet — wenn auch nicht absolut — zwischen „rechtlichen" und „politischen" Deklarationen. Er ist der Meinung, daß die rechtliche Bedeutung (er spricht also nicht von der rechtlichen Verbindlichkeit) einer Deklaration von ihrem normativen Inhalt, vom Grad der Unterstützung bei ihrer Billigung, vom Maße ihrer späteren Bestätigung in der Staatenpraxis und vom Grad ihrer Übereinstimmung mit den bestehenden und zukünftigen Verhältnissen, unter denen sich die internationale Gemeinschaft entwickelt, abhängt. Er hebt deutlich die Bedeutung des Abstimmungsergebnisses hervor, insbesondere im Zusammenhang mit der Deklaration über die Prinzipien des Völkerrechts betreffend die freundschaftlichen Beziehungen und die Zusammenarbeit zwischen den Staaten in Übereinstimmung mit der UN-Charta, die von der VV im Jahre 1970 einstimmig angenommen wurde. Er schreibt: „Die Deklaration, deren Inhalt nach gründlicher Vorbereitung und eingehendem Studium der Staatenpraxis und der Lehrauffassungen abgefaßt wurde, und das Ergebnis eines Konsensus zwischen den sozialistischen, westlichen und nichtpaktgebundenen Staaten, speziell den führenden Mächten der entgegengesetzten gesellschaftlichen Systeme ist, stellt einen Kodifikationsakt allgemeinen Charakters dar".[42]

Mit der letzten Passage des Zitates kann man wohl kaum übereinstimmen. Selbst einstimmig angenommene Resolutionen der VV können nicht rechtsverbindlich sein. Als Akte einer internationalen Organisation sind sie nur unverbindliche Auslegungen offiziösen Charakters, obwohl es sich hier um eine internationale Organisation fast universellen Charakters handelt. Die Auffassung, nach der der einstimmigen Annahme einer Resolution in der VV entweder die Bedeutung eines allgemeinen Konsensus als Kodifikationsakt (so M. Potočný) oder die Bedeutung einer geäußerten opinio juris generalis im Sinne der Gewohnheitsnormbildung (s. nächstes Kapitel) zukommt, hat weder in der UN-Charta noch im allgemeinen Völkerrecht eine Grundlage. Es ist erneut zu betonen, daß der Charakter der Resolutionen bzw. Deklarationen der VV durch die Kompetenzabgrenzung dieses Organs, das nach Art. 10 der UN-Charta Empfehlungen annimmt, bestimmt wird.

Darum kann selbst eine Resolutionsserie zu demselben Gegenstand, also eine Kumulation von Resolutionen, nicht die Rechtsverbindlichkeit für die Staaten, die sie angenommen haben, oder für den Staat, gegen den sie gerichtet waren, begründen.

[41] Vgl. G. I. Tunkin, International Law in the International System, in: RdC, Bd. 147 (1975/IV), S. 149ff.

[42] M. Potočný, Zum Rechtscharakter der Deklaration über die Prinzipien der freundschaftlichen Beziehungen und Zusammenarbeit zwischen den Staaten, a. a. O., S. 397 (tschech.).

Ein Sonderfall liegt dann vor, wenn die Resolutionen faktisch erfüllt werden, obwohl sie von den Staaten nicht als rechtsverbindlich angesehen werden. K. Wolfke bietet hier eine Analogie zu nichtratifizierten, aber trotz des Ratifikationsmangels erfüllten Verträgen an, wobei er von Übergangsregeln spricht.[43] Diese Konstruktion scheint uns aber zu vereinfacht zu sein. Weder die Abstimmung, auch nicht die einstimmige Annahme, noch die Erfüllung, das Realisieren von Resolutionen können ihren empfehlenden Charakter verändern.

Es gibt jedoch Resolutionen der VV, die die Feststellung von bereits bestehenden Regeln des Völkerrechts, von Gewohnheits- oder Vertragsregeln beinhalten bzw. die Interpretation von Bestimmungen der UN-Charta oder von anderen Regeln des Gewohnheits- oder allgemeinen Vertragsvölkerrechts. Solche Resolutionen bestätigen oder interpretieren das bereits bestehende Recht, schaffen daneben aber kein neues Recht. Als Beispiele kann man die Resolution 96 (I) vom 11. Dezember 1946 anführen, in der „Die Vollversammlung ... bestätigt, daß Genocid gemäß dem Völkerrecht ein Verbrechen ist", oder die schon erwähnte Deklaration über die Prinzipien des Völkerrechts von 1970.[44] M. Akehurst hält es in diesem Zusammenhang für unumgänglich, das jeweilige Abstimmungsergebnis einzubeziehen; schließlich ist eine Resolution, die vorgibt Gewohnheitsrecht zu deklarieren, aber gegen die eine nicht geringe Zahl von Staaten stimmt, ein schwächerer Beweis für Gewohnheitsrecht als eine ähnliche, einstimmig gebilligte Resolution. Dabei sind auch die von den Staaten für ihr Abstimmungsverhalten gegebenen Begründungen zu berücksichtigen. Ein für die Annahme einer derartigen Resolution stimmender Staat drückt damit seine Zustimmung dazu aus, daß die betreffende Resolution Gewohnheitsrecht deklariert, sofern nicht etwas anderes erklärt wird. Ein Staat schließlich, der Stimmenthaltung übt, ist wahrscheinlich in derselben Situation wie ein Staat, der für die Resolution stimmt, weil als anerkannt gilt, daß ein Staat, der an der Normbildung des allgemeinen Gewohnheitsrechts nicht teilnimmt, an die jeweilige Norm dennoch gebunden ist, soweit er ihr nicht von Anfang an ausdrücklich widerspricht.[45]

Aufgrund der bisherigen Darlegungen können folgende Schlußfolgerungen zum Charakter von VV-Resolutionen gezogen werden:

1. Diese Resolutionen können bereits bestehende Regeln des Völkerrechts, also auch des Gewohnheitsrechts, bestätigen oder präzisieren.
2. Sie können deshalb auch zur Verkürzung des Stabilisierungsprozesses der Gewohnheitsregel beitragen, oder sie können schriftlich die bereits geschaffene Gewohnheitsregel in der Endstufe ihrer Herausbildung erfassen.
3. Sie können zur Formulierung von Völkerrechtsregeln beitragen und dadurch

[43] Vgl. K. Wolfke, Custom in Present International Law, a.a.O., S. 114.
[44] Vgl. Grundriß Völkerrecht, Berlin 1983, S. 173.
[45] Vgl. M. Akehurst, Custom as a Source of International Law, in: The British Yearbook of International Law, Bd. XLVII (1974/1975), S. 6f.

zu wichtigen Dokumenten des Prozesses werden, an dessen Ende der internationale Vertrag steht (vgl. z. B. die Resolutionen 1721 (XVI) und 1962 (XVIII) zum Weltraumrecht).

4. Sie können zur Interpretation der in der UN-Charta enthaltenen Grundsätze und Regeln beitragen. Auf der Konferenz in San Francisco wurde festgestellt und später von der Staatenpraxis bestätigt, daß kein Organ der Vereinten Nationen eine rechtsverbindliche Interpretation der in der UN-Charta für die Mitgliedstaaten enthaltenen Bestimmungen vornehmen kann. Das beschränkt jedoch nicht die Möglichkeit der Organe der UNO, die UN-Charta und die Regeln des Völkerrechts zu interpretieren.
5. Die Resolutionen können bestimmte politisch-rechtliche Auffassungen der Staaten ausdrücken, obwohl die Staaten noch nicht bereit sind, diese als Rechtsregeln zu akzeptieren. Damit stellen die Resolutionen eine erste Problemannäherung dar, der eine rechtliche Regelung erst noch folgt.
6. Die Resolutionen können aufgrund ihrer großen politischen Bedeutung die öffentliche Weltmeinung mobilisieren.
7. Sie können einen Beitrag zur Schaffung von Kontrollmechanismen hinsichtlich der Einhaltung der in den Resolutionen enthaltenen Festlegungen leisten und dadurch die Herausbildung entsprechender Rechtsregeln (z. B. in Verbindung mit der Tätigkeit des Entkolonialisierungsausschusses) beschleunigen.
8. Sie können wesentlich die moral-politische Autorität einzelner völkerrechtlicher Abkommen erhöhen und dadurch zur Wirksamkeit ihres rechtlichen Gehaltes beitragen.[46] Zum Beispiel wurde auf der XXI. Tagung der UN-Vollversammlung am 12. Dezember 1966 eine Resolution angenommen, die die Staaten zur strikten Einhaltung der Prinzipien des Genfer Giftgasprotokolls von 1925 auffordert. Die Resolution appellierte an alle Staaten, die es bis dahin nicht getan haben, dem Genfer Protokoll beizutreten.
9. Die Resolutionen können endlich als eine Form der Erziehung gegenüber einem Völkerrechtsverletzer wirken.[47]

3. Resolutionen der UN-Vollversammlung als neue Gewohnheitsregeln?

Zur Lösung der Frage, ob die Resolutionen der VV neue Gewohnheitsregeln schaffen, muß auf die konstitutiven Elemente der Entstehung einer Gewohnheitsregel zurückgegriffen werden.

Haben die Resolutionen der VV die Fähigkeit, neue Gewohnheitsregeln zu

[46] Vgl. I. I. Lukašuk, Mechanism meždunarodno-pravovogo regulirovanija, Kijev 1980, S. 141 ff.

[47] Vgl. Vl. David, Some Remarks on the Legal Nature of Decisions of International Organizations, in: Impact of International Organizations on Public Administration. Conference held in Pilisszenkereszt (Hungary) 4—6 May, 1982, S. 92 ff.

schaffen, insoweit sie allgemeine Staatenpraxis darstellen? Bei der näheren Untersuchung des Inhaltes der Resolutionen kommen wir jedoch zu dem Schluß, daß die Resolutionen die gegenwärtige Staatenpraxis in sehr unterschiedlicher Weise widerspiegeln. Man findet sehr verschiedenartige Resolutionen. Manche stützen sich auf geltendes Recht, wenden sich gegen seine Verletzung, fordern die Einhaltung bestehender Normen. Andere fordern ein bestimmtes Verhalten, wissend, daß die Praxis dem noch nicht entspricht. Resolutionen allein, ohne eine übereinstimmende Praxis der Staaten führen sicher nicht zur Entstehung von Gewohnheitsrecht.

Jetzt zur Auffassung, daß die Resolutionen der VV zum Ausdruck einer allgemeinen opinio juris werden. Auch G. I. Tunkin führt an, daß in den Resolutionen der VV die opinio juris der Staaten zum Ausdruck kommen kann, soweit es sich um Resolutionen handelt, die Gewohnheitsrecht deklarieren und außerhalb der internationalen Organisation, in der Praxis der Staaten verankert sind.[48] Das bedeutet aber, daß das Gewohnheitsrecht durch die Praxis der Staaten bereits vor der Annahme der Resolution geschaffen wurde und es praktisch müßig ist, die opinio juris in der Resolution selbst zu suchen. Selbst die Staaten, die für die Resolution stimmten und damit zum ersten Mal die Gewohnheitsregel anerkannten, sind nicht daran gebunden, weil sie lediglich einer Resolution, die Deklarationscharakter hat, ihre Zustimmung gaben.

Jeder Staat ist frei hinsichtlich der Art der Äußerung seiner Übereinstimmung, an eine bestimmte Regel des Gewohnheitsrechts gebunden zu sein. Der Staat, der seine Zustimmung zur Annahme einer Resolution der VV äußert, stimmt lediglich für die Annahme der Resolution selbst, von der er weiß, daß es sich um eine bloße Empfehlung handelt.[49] Eben deswegen stieß eine solche Menge von Resolutionen auf Zustimmung, im Unterschied zu Verträgen normbildenden Charakters. Es gilt, daß man bei Resolutionen — unabhängig davon, ob sie einstimmig oder mit Stimmenmehrheit angenommen wurden — dieses konstitutive Element der Entstehung von Gewohnheitsregeln, die opinio juris, nicht nachweisen kann. Resolutionen der VV können die opinio juris auch nicht ersetzen, weil der Grad der entsprechenden Überzeugung der Staaten durch den empfehlenden Charakter der Resolution abgeschwächt ist.

B. Cheng behauptet, daß eine einzige Resolution der VV in einigen Fällen zur Schaffung von sog. „instant law" führen kann. Zu diesem Schluß gelangte der Autor aufgrund der Annahme, daß die opinio juris, die durch die Resolutionen zum Ausdruck gebracht wird, das einzige Element bei der Entstehung von Gewohnheitsregeln bildet.[50] Es handelt sich also um eine Vernachlässigung der Staaten-

[48] Vgl. G. I. Tunkin, Teorija meždunarodnogo prava, a. a. O., S. 109.

[49] Vgl. I. MacGibbon, Means for the Identification of International Law, in: B. Cheng, International Law: Teaching and Practice, a.a.O., S. 33.

[50] Vgl. B. Cheng, United Nations Resolutions on Outer Space: "Instant" Customary International Law? in: Indian Journal of International Law, Bd. 5 (1965), S. 36.

praxis, der Übung, die jedoch real existiert. Wenngleich die Grundsätze oder Regeln in nachfolgenden Resolutionen wiederholt werden, reicht dies vor allem angesichts des Mangels an Präzedenzfällen zur Entstehung einer Gewohnheitsregel nicht aus.

Auch die opinio necessitatis generalis würden wir in den Resolutionen der VV vergebens suchen. Soweit wirklich das — gesellschaftlich bedingte — Notwendigkeitsbewußtsein in einem bestimmten Fall vorhanden sein sollte, bemühen sich die Staaten, es durch die Erlassung verbindlicher Regeln, also von Vertragsregeln, bzw. durch die Schaffung von Gewohnheitsregeln umzusetzen, in keinem Fall jedoch über eine rechtlich unverbindliche Resolution.

Es bestehen nicht einmal Bestrebungen, den Resolutionen der VV den Charakter einer Völkerrechtsquelle zuzubilligen, weil dies weder in der UN-Charta noch im gegenwärtigen allgemeinen Völkerrecht und noch viel weniger in der Staatenpraxis eine Stütze finden würde.

Wenn Resolutionen der VV an und für sich keine Gewohnheitsregeln schaffen können, dann bedeutet dies — wie schon erwähnt — jedoch nicht, daß sie die Gewohnheitsnormbildung nicht initiieren könnten. Besonders dort, wo das Gewohnheitsrecht unbestimmt ist oder es die Staaten aus irgendeinem Grunde mit Mißtrauen betrachten, können Resolutionen der VV die Entwicklung des Völkerrechts beeinflussen. Bindend ist jedoch nicht die jeweilige Resolution, sondern die Praxis der Staaten und deren Überzeugung von der Notwendigkeit, die entsprechenden Bestimmungen der Resolution einzuhalten. Als Beispiel kann man die Deklaration über die Gewährung der Unabhängigkeit an die kolonialen Länder und Völker vom 14. Dezember 1960 anführen. Das in der UN-Charta verankerte Selbstbestimmungsrecht der Völker wurde hier näher definiert, sein Wirkungsbereich auch auf die Treuhandgebiete ausgedehnt und der Kolonialismus in allen Formen verboten. Damit geht diese Deklaration ihrem Inhalt nach über die UN-Charta hinaus. Sie wurde ohne Gegenstimme gebilligt (9 Staaten enthielten sich der Stimme), und ihre Festlegungen haben zur Beschleunigung des Dekolonisierungsprozesses in den 60er Jahren beigetragen.

Zum Schluß sei angemerkt, daß die Bemühungen einiger Autoren, den Resolutionen der VV Rechtsverbindlichkeit zuzuschreiben oder die Deklarationen für einen Kodifikationsakt allgemeinen Charakters auszugeben, auch aus einer Überbewertung der schriftlichen Form solcher Resolutionen bzw. Deklarationen resultieren. Dabei wird die Grundfrage, nämlich die Frage danach, welche Akte welchen Charakters die UN-Vollversammlung annehmen kann, in den Hintergrund gerückt.

Резюме

В. Давид

Резолюции Генеральной Ассамблеи ООН и международно-правовой обычай

Автор не придерживается мнения о предпочтении одного источника международного права другому, т. е. международного договора или международно-правового обычая. Формирование причин обязательного характера обычных норм принадлежит к сложнейшим теоретическим проблемам науки международного права. Помимо связанных с содержанием и правовой определенностью обычного права критериев существуют также и субъективные критерии, связанные с учетом трудности процесса создания международно-правовых обычных норм. Эффективным путем при анализе причин возникновения обычных правил и норм, а также их обязательного характера является определение обычных правил в отдельных отраслях международного права и на конкретных примерах. В представленной работе эта проблематика разрабатывается в связи с анализом юридического характера резолюций Генеральной Ассамблеи ООН.

Необходимым составным элементом процесса создания международно-правовых обычных норм является, несомненно, фактическое поведение государств (usus). Практика государств как материальный фактор дополняется также и другим элементом — opinio juris —, т. е. выраженной волей государств. Если определяющие общественные взаимоотношения основываются прежде всего на отношениях силы между государствами, то факторы силы являются подлинной причиной, обуславливающей обязательный характер юридической нормы (ее содержания) как надстроечного выражения данной общественной действительности. Opinio juris следует дополнить еще одним фактором, которым является сознание общественно обусловленной необходимости (opinio necessitatis generalis). В тех случаях, когда государствами осознаются отрицательные последствия несоблюдения определенного обычая, которые касаются как развития общества вообще, так и сосуществования обеих общественно-экономических формаций, процесс создания международно-правовых обычных норм развивается быстрее, чем в тех случаях, когда осознанный риск меньше.

Устав ООН не содержит никаких положений, которые касались бы правовой силы резолюций Генеральной Ассамблеи. Их рекомендательный характер (что также относится и к декларациям) проявляется также и в том, что каждое государство оставляет за собой исключительное право на решение о том, будет ли реализована резолюция или нет. Это остается в силе и тогда, когда государством было высказано согласие с резолюцией. Акт положительного голосования не может привести к измененнию правового характера резолюций как рекомендаций в инструменты с обязывающей силой. Это относится также к случаям единогласного принятия резолюций и деклараций. Об особом случае можно говорить тогда, когда речь идет о фактическом выполнении резолюций; даже реализация резолюций не может изменить их рекомендательного характера.

Особенно освещается вопрос о том, если в рамках резолюций Генеральной Ассамблеи формулируются новые обычные нормы. Рассматривая ближе содержание резолюций, можно прийти к выводу о том, что резолюции выражают не столько современную практику государств, сколько будущую или нужную практику субъектов международного права. Не резолюция как таковая, а лишь действительная практика может быть основой для возникновения общей обычной нормы. Если бы резолюция была точным отражением фактической, реализованной общей практики, то мы имели бы дело с одним из составных элементов возникновения обычной нормы. Резолюции не являются ни выражением общего opinio juris ни opinio necessitatis generalis, независимо от того, были ли они приняты единогласно или большинством голосов.

Summary

V. David

The Resolutions of the UN-General Assembly and International Custom

The author does not endorse a preference of one or another source of international law, i.e. international treaty or international custom. The question of the creation and determination of reasons for the binding force of customary rules belongs to the most complex theoretical problems in international law. In addition to a certain substantial and legal ambiguity of customary law there is still the problem of subjective criteria causing difficulties in this law-making process. An effective way of studying the reasons for the existence and binding force of customary rules can be seen in identifying concrete examples of customary rules in different branches of international law. This paper is confined to an analysis of the legal character of UN-General Assembly resolutions.

The practical behaviour of States (*usus*) represents undoubtedly a necessary constitutive element of the customary law-making process. But practice of States as a material factor has to be completed by still another element, the *opinio juris*, i.e. the expressed will of States. If determining social circumstances are formed first of all by relations of power between States, then the factors of power represent the true reason for the binding force of a legal rule (its content) as a superstructural expression of a given social reality. Thus, *opinio juris* has to be made more precise or supplemented by another factor which is the opinion of a socially conditioned necessity (*opinio necessitatis generalis*). In those cases in which States realize the inauspicious consequences of non-implementation of a certain usage for the development of society and the coexistence of both socio-economic formations, the process of customary law-making has developed more quickly than in the case, when States recognize only a minor risk.

The UN-Charter does not include any provision relating to the legal effects of General Assembly resolutions. Their recommending character (in the same way as that of declarations) becomes evident since every State keeps its exclusive right to decide whether the resolution will be implemented or not. This is true even when the State agreed with the resolution. An affirmative vote as such cannot change the legal character of resolutions. It cannot transform a recommendation into an obligatory instrument. This applies even in the case of a resolution or declaration being adopted unanimously. A special case arises when resolutions which are considered not to be binding are practically fulfilled; but even in that case their recommending character remains unchanged.

Special attention is paid to the problem whether General Assembly resolutions form new customary rules. Studying more thoroughly the subject of resolutions we can draw the conclusion that resolutions reflect only to a minor extent the contemporary practice of States. Mostly they are aimed at future or necessary practice. No resolution as such but only actual practice can form the basis of customary rules of international law. If resolutions were a true reflection of actual, realized general practice, then one of the constitutive elements for the emergence of the customary rule would be granted. But in reality resolutions are neither the expression of general *opinio juris* nor of an *opinio necessitatis generalis* whether they were adopted unanimously or by majority of votes. It is the recommending character of resolutions that determines the weakness of the conviction expressed by States.

F. Enderlein

Die Immunität der Staaten im gegenwärtigen Völkerrecht. Zum Ausschluß kommerzieller Aktivitäten im Entwurf der Völkerrechtskommission der Vereinten Nationen

Bisher gibt es keine allgemeine völkerrechtliche Kodifikation der Immunität der Staaten[1] gegenüber der Gerichtsbarkeit fremder Staaten. Soweit Konventionen dieses Problem berühren, handelt es sich jeweils nur um spezifische Aspekte, wie z. B. die Immunität diplomatischer[2] oder konsularischer Vertretungen,[3] die Immunität von Staatsschiffen,[4] von Luftfahrzeugen[5] und dergleichen.[6]

Seit einiger Zeit beschäftigen sich deshalb verschiedene internationale Gremien mit der Staatenimmunität, sowohl was die Immunität gegenüber ausländischer Gerichtsbarkeit als auch die Immunität gegenüber der Vollstreckung von Gerichtsurteilen betrifft.[7] Dazu gehören der Europarat,[8] das Asiatisch-Afrikanische

1 Inhalt und Grenzen der Staatenimmunität werden bisher ausschließlich durch das Gewohnheitsrecht bestimmt. Und die Frage, was das Gewohnheitsrecht ist, ist heftig umstritten. Vgl. dazu F. Enderlein, Die Arbeit der Völkerrechtskommission der Vereinten Nationen zur gerichtlichen Immunität der Staaten, in: Deutsche Außenpolitik (zitiert als: DAP), 2/1982, S. 63ff., insbesondere S. 67: „Eine übereinstimmende Praxis der Staaten in bezug auf die staatliche Immunität hat es in den letzten 100 Jahren nicht gegeben, und es ist zweifelhaft, ob sich vorher ein Völkergewohnheitsrecht im Sinne einer absoluten Immunität herausgebildet hatte."

2 Vgl. Wiener Konvention über diplomatische Beziehungen von 1961.

3 Vgl. Wiener Konvention über konsularische Beziehungen von 1963.

4 Vgl. Konvention zur einheitlichen Feststellung von Regeln über die Immunitäten der Staatsschiffe von 1926. Aspekte der Immunität von Staatsschiffen werden auch in weiteren Konventionen berührt, von denen die DDR einigen angehört. Vgl. dazu auch F. Elchlepp, Der Begriff des Kriegsschiffes im gegenwärtigen Völkerrecht, in: Militärwesen, 7/1982, S. 57ff.; ders., Das Flaggenrecht von Seeschiffen und ihre Immunität, in: ebenda, 10/1982, S. 46ff.

5 Vgl. Abkommen zur Vereinheitlichung von Regeln über die Sicherungsbeschlagnahme von Luftfahrzeugen von 1933.

6 Hier sind auch das Abkommen über die Privilegien und Immunitäten der Vereinten Nationen von 1946 und das Abkommen über die Privilegien und Immunitäten der Spezialorganisationen der Vereinten Nationen von 1947 zu nennen.

7 Die gesonderte Behandlung von gerichtlicher und Vollstreckungsimmunität wird allgemein anerkannt. Vgl. dazu F. Enderlein, Der Anspruch eines Staates und seines Eigentums auf Immunität gegenüber ausländischen Entscheidungen und Vollstreckungen, in: DAP, 1/1981, S. 100ff. Die Vollstreckungsimmunität wird nicht nur *nach* einem Urteil relevant, sondern bezieht sich auch auf Zwangsmaßnahmen, die vor einem Urteil oder selbst vor der Durchführung eines Prozesses in Gestalt von Arrest oder einstweiliger Verfügung oder Beschlagnahme angeordnet werden. Die Unterwerfung eines Staates unter eine fremde Gerichtsbarkeit "... gilt aber nur für die in der Erklärung genannten Akte. Aus einer Unterwerfung unter die Gerichtsbarkeit folgt daher noch nicht, daß sich der Staat auch der Exekution unterwirft." (A. Verdross/B. Simma, Universelles Völkerrecht. Theorie und Praxis, Berlin (West) 1976, S. 568.) Dieser Linie

Rechts-Konsultativ-Komitee[9] und auf nichtstaatlicher Ebene die International Law Association.[10]

Auftrieb erhielt die Diskussion[11] dieser Fragen besonders durch die Initiativen einiger Staaten, wie der USA,[12] Großbritanniens[13] und anderer,[14] die spezielle Immunitätsgesetze verabschiedeten.

folgt auch die Internationale Konvention zur Entscheidung von Investitionsstreitigkeiten; vgl. R. Ott, Die Beilegung von Investitionsstreitigkeiten durch Schiedsgerichte. Die Praxis von ICSID, Bonn—Frankfurt a. M.—New York 1983. Neuerdings wird aber von den Gerichten mancher Länder die Grenze zwischen gerichtlicher und Vollstreckungsimmunität verwischt. Vgl. dazu Thinking the unthinkable: attaching a state's assets, in: International Financial Law Review, October 1984, S. 15ff.; sowie M. Brandon, Immunity from attachment and execution, in: ebenda, July 1982, S. 32ff.

8 Vgl. Übereinkommen des Europarates über Staatenimmunität vom 16. 5. 1972 (Vertragsstaaten: Belgien, Großbritannien, Österreich, Schweiz, Zypern) sowie Zusatzprotokoll zum Übereinkommen des Europarates über Staatenimmunität von 1972 (Vertragsstaaten: Belgien, Österreich, Schweiz, Zypern). Darüber hinaus wurden beide durch die BRD, Luxemburg, die Niederlande und Portugal unterzeichnet. Da eine möglichst breite Annahme der Konvention angestrebt wurde, ging sie nicht einmal so weit, wie sich die restriktive Praxis in einigen Ländern bereits entwickelt hatte. Vgl. die Einschätzung bei Ch. Schreuer, Some Recent Developments in the Law of State Immunity, in: Comparative Law Yearbook, Bd. 2 (1978), S. 223.

9 Das AALCC beschäftigt sich seit 1960 mit der Staatenimmunität. Vgl. Doc. AALCC/IM/83/1, sowie A/38/10, S. 72. (Hinweis: Alle UNO-Dokumente werden nach der englischen Fassung zitiert. Die Seitenzahlen müssen deshalb nicht unbedingt mit denen anderer Sprachen übereinstimmen.)

10 In der ILA entwarf ein Internationales Komitee den Entwurf einer Konvention über Staatenimmunität; vgl. The International Law Association, Report of the Sixtieth Conference Montreal 1982, o. O. 1983, S. 325ff. Schon seit langem hat es Versuche gegeben, internationale Konventionen über die gerichtliche Immunität der Staaten abzuschließen (vgl. z. B. International Law Conference in Wien 1926, Harvard Law School 1932, International Law Association 1953, Institut de droit international 1954, International Bar Association 1958). Allen gemeinsam war als Ausgangspunkt die Anerkennung einer relativen, auf unmittelbare Folgen staatlicher Hoheitsakte beschränkten Immunität. Vgl. hierzu E. J. Cohn, Gerichtsbarkeit über fremde Staaten, in: Strupp-Schlochauer, Wörterbuch des Völkerrechts, Bd. 1, Berlin (West) 1960, S. 665. Zu früheren Bemühungen, einer Kodifikation näherzukommen, siehe A/CN.4/323, S. 4ff.

11 Die Literatur zur Staatenimmunität ist schier unübersehbar, insbesondere wenn man auch diejenigen Beiträge einbezieht, die sich in der Hauptsache mit anderen Fragen, z. B. der Handelsschiedsgerichtsbarkeit, beschäftigen, dabei aber Aspekte der Staatenimmunität berühren.

12 Vgl. the Foreign Sovereign Immunities Act 1976 (FSIA). Siehe dazu G. R. Delaume, Public Debt and Sovereign Immunity: The Foreign Sovereign Immunities Act of 1976, in: American Journal of International Law (zitiert als: AJIL), Bd. 71 (1977), S. 399ff.; C. N. Brower/F. W. Bistline/G. W. Loomis jr., The Foreign Sovereign Immunities Act of 1976 in Practice, in: ebenda, Bd. 73 (1979), S. 200ff.

13 Vgl. The State Immunity Act 1978 (SIA). Siehe dazu G. R. Delaume, The State Immunity Act of the United Kingdom, in: AJIL, Bd. 73 (1979), S. 185ff.; M. A. Lobel, The Doctrine of Sovereign Immunity: Towards an Understanding of United States and United Kingdom Legal Ramifications of Sovereign Immunity in Loan Defaults, in: Droit et pratique du commerce international, Paris, Bd. 10 (1984) 1, S. 29ff.; A. C. Cates/S. Isern-Feliu, Sovereign immunity in UK law, in: International Financial Law Review, July 1984, S. 23ff.

14 Vgl. für Kanada: The State Immunity Act 1982. Siehe dazu H. L. Molot/M. L. Jewett, The

Seit 1978 hat auch die Völkerrechtskommission der Vereinten Nationen (ILC) die Staatenimmunität auf ihrem Programm. Die ILC setzte einen Spezialberichterstatter, S. Sucharitkul, ein, der in acht Berichten[15] einen Konventionsentwurf mit insgesamt 28 Artikeln[16] vorlegte. Die Artikelentwürfe wurden sowohl in der ILC selbst als auch im 6. Komitee der UN-Vollversammlung ausgiebig diskutiert und z. T. heftig kritisiert. Dennoch zeichnet sich ab, daß eine Mehrheit in den Vereinten Nationen der im Konventionsentwurf vorgezeichneten Linie folgen wird.

Es ist verständlicherweise nicht möglich, in einem kurzen Beitrag den Inhalt der Diskussion in der UNO (und noch weniger in den anderen genannten Gremien) nachzuvollziehen. Im folgenden werde ich mich deshalb auf zwei Fragen beschränken, die bei den bisherigen Arbeiten zur Staatenimmunität m. E. als die zentralen Probleme gelten können:

a) Was ist überhaupt „der Staat"? Die zentrale Exekutive? Oder umfaßt „der Staat" auch nachgeordnete Einrichtungen, insbesondere staatliche Unternehmen?
b) Hat ein Staat in jedem Fall Anspruch auf gerichtliche Immunität? Oder besteht dieser Anspruch nur für *souveränes*, *hoheitliches* Handeln, nicht aber auch für *kommerzielles* Handeln?

Ausgangspunkt meiner Behandlung dieser Fragen werden die 1986 in erster Lesung verabschiedeten Artikelentwürfe der ILC sein.

State immunity act of Canada, in: The Canadian Yearbook of International Law, Bd. 20 (1982), S. 79ff.; J. M. Robinson/P. J. Rowcliffe, New state immunity act for Canada, in: International Financial Law Review, July 1982, S. 26f. Vgl. weiter für Pakistan: The State Immunity Ordinance 1981; für Singapur: The State Immunity Act 1979; für Südafrika: The South Africa Foreign Sovereign Immunity Act 1981. Weitere Staaten haben Vorarbeiten für Spezialgesetze eingeleitet.

15 1. Bericht A/CN.4/323 v. 18. 6. 1979.
2. Bericht A/CN.4/331 v. 11. 4. 1980 und Add. 1 v. 9. 6. 1980.
3. Bericht A/CN.4/340 v. 27. 3. 1981 und Add. 1 v. 18. 5. 1981.
4. Bericht A/CN.4/357 v. 31. 3. 1982.
5. Bericht A/CN.4/363 v. 22. 3. 1983 und Add. 1 v. 11. 4. 1983.
6. Bericht A/CN.4/376 v. 31. 1. 1984 und Add. 1 und Add. 2 v. 18. 4. 1984.
7. Bericht A/CN.4/388 v. 28. 3. 1985.
8. Bericht A/CN.4/396 v. 3. 3. 1986.

16 Der Entwurf ist in folgende 5 Teile gegliedert:
Teil I: Einführung (Artikel 1—5);
Teil II: Allgemeine Prinzipien (Artikel 6—10);
Teil III: Ausnahmen von der Staatenimmunität (Artikel 11—20);
Teil IV: Staatenimmunität in bezug auf Vermögen gegenüber Zwangsmaßnahmen (Artikel 21—23);
Teil V: Verschiedene Bestimmungen (Artikel 24—28).

1. Was ist „der Staat"? Umfaßt „der Staat" auch nachgeordnete Einheiten, insbesondere staatliche Unternehmen?

Diese Frage wurde in der Literatur bereits vielfach erörtert und hat insbesondere in den letzten Jahren durch eine Reihe vielbeachteter Gerichtsentscheidungen Auftrieb erfahren.[17] M. E. ist das eine Frage, die bei der Ausarbeitung einer internationalen Konvention eine wichtige Rolle spielt, bisher aber in der ILC noch kaum berührt wurde.

Im Laufe der Diskussionen in der ILC und nach der Vorlage insbesondere des 4.—6. Berichtes des Spezialberichterstatters konnte man den Eindruck gewinnen, daß das *Prinzip* der Staatenimmunität durch die Vielzahl der vorgeschlagenen Ausnahmen völlig ausgehöhlt wird, daß die Absicht, die Immunität der Staaten zu regeln, ins Gegenteil verkehrt wird und eine Regelung der Nichtimmunität herauskommt. Diese Entwicklung wurde u. a. dadurch verursacht, daß zunächst der Begriff des Staates sehr stark ausgeweitet und aufgebläht wurde, wodurch dann natürlich viele Ausnahmen als notwendig und gerechtfertigt erscheinen. Günstiger wäre es deshalb, zunächst „den Staat" in Übereinstimmung mit der vorgesehenen Regelung der Staatenverantwortlichkeit[18] einschränkend zu interpretieren, wodurch dann die Notwendigkeit von Ausnahmen von der Immunität sofort in einem anderen Licht erscheint. Der bisherige Zustand, wonach der Staat von verschiedenen Seiten unterschiedlich weit oder eng aufgefaßt wird, steht unweigerlich einer Lösung der Probleme entgegen und führt auch zu vielem Aneinander-Vorbei-Reden. Unsere Interessenlage verlangt dabei eine eindeutige Trennung von Staat und Wirtschaft. Dem wird der bisherige Regelungsentwurf nicht gerecht. Ein möglicher Weg führt über die Eingrenzung des Begriffes „Staat".

Vom jetzigen Entwurf sind mehrere Artikel für eine Eingrenzung oder Ausweitung des Staatsbegriffes relevant. Entscheidend ist Art. 3, der eine Auslegungsregel des Begriffes Staat enthält; berührt wird das Problem aber auch in den Art. 7 und 21 ff. Art. 3 des Entwurfs bestimmt: „1. Der Begriff „Staat", wie er in den vorliegenden Artikeln verwendet wird, umfaßt:

(a) den Staat und seine verschiedenen Regierungsorgane,
(b) die politischen Gebietskörperschaften des Staates, die zu Handlungen in Ausübung der hoheitlichen Gewalt des Staates berechtigt sind,

[17] Vgl. dazu aus jüngster Zeit P. De Smedt, Sovereign immunity in Switzerland and Germany, in: International Financial Law Review, May 1983, S. 20ff.; T. Stein, Zur Immunität fremder Staaten und ihrer im Ausland unterhaltenen Bankkonten, in: Praxis des internationalen Privat- und Verfahrensrechts (zitiert als: IPRax), 4/1984, S. 179ff. Zur sachlichen Immunität ausländischer Staatsunternehmen, vgl. Beschluß des Bundesverfassungsgerichts der BRD vom 12. 5. 1983, Anmerkung von I. Seidl-Hohenveldern, in: Recht der internationalen Wirtschaft (zitiert als: RIW), 8/1983, S. 613f.

[18] Vgl. dazu Yearbook of the International Law Commission (zitiert als: YBILC), 1980, Bd. II (Teil Zwei), S. 26ff.

(c) Dienststellen, Behörden oder Einrichtungen des Staates in dem Umfang, in dem sie zu Handlungen in Ausübung der hoheitlichen Gewalt des Staates berechtigt sind,
(d) Vertreter des Staates, die in dieser Eigenschaft handeln."

Dieser Entwurf lehnt sich in starkem Maße an das US-amerikanische Modell an.[20] Selbst amerikanische Gerichte haben aber große Schwierigkeiten mit der Auslegung ihrer Staatsdefinition,[21] und zur Frage, ob sozialistische Staatsbetriebe als Staat zu betrachten sind oder nicht, gibt es widersprüchliche Entscheidungen. Sogar amerikanische Juristen haben deshalb darauf hingewiesen, daß der FSIA schlecht geeignet ist, die Wirtschaftsordnung eines sozialistischen Staates zu erfassen.[22]

In der ILC und auch im 6. Komitee wurde bereits mehrfach Kritik daran geübt, daß sich der Konventionsentwurf zu eng an das US-Gesetz anlehnt. Es wäre sicherlich vorzuziehen, sich hier mehr an der Europäischen Konvention über Staatenimmunität zu orientieren. Deren Artikel 27 Abs. 1 bestimmt ausdrücklich: „... der Begriff ‚Vertragsstaat' schließt keine juristischen Einheiten eines Vertragsstaates ein, die von ihm unterschieden sind und die Prozeßfähigkeit haben, selbst wenn sie mit hoheitlichen Funktionen betraut wurden." An diese Regelung schließt sich auch das englische Immunitätsgesetz an.[23] Eine andere Frage ist, daß separaten Einheiten ausnahmsweise unter bestimmten Voraussetzungen ebenfalls Immunität

19 Bericht der 38. Tagung der ILC, A/41/10.

20 Gemäß § 160 FSIA schließt „fremder Staat" politische Untergliederungen, Dienststellen oder Einrichtungen ein und Dienststelle oder Einrichtung bedeutet irgendeine Einheit, die eine selbständige juristische Person ist und die ein Organ oder eine politische Untergliederung des fremden Staates ist, oder von der die Mehrheit der Anteile oder Vermögensinteressen dem fremden Staat oder einer seiner politischen Untergliederungen gehören.

21 Vgl. dazu Ch. Schreuer, Das US-Gesetz über die Immunität ausländischer Staaten in der Praxis der Gerichte, in: RIW, 3/1985, S. 173ff.

22 Vgl. State Immunity: Law and Practice in the United States and Europe. Proceedings der Konferenz der International Law Association vom 17. 11. 1978 in London, S. 8. Auch in anderen Ländern gibt es unterschiedliche Auffassungen über die Behandlung sozialistischer Staatsbetriebe. Siehe dazu beispielsweise C. J. Hamson, Immunity of foreign States: the practice of the French courts, in: British Yearbook of International Law, Bd. 27 (1950), S. 323; E. A. Gmür, Zur Frage der gerichtlichen Immunität fremder Staaten und Staatsunternehmungen, in: Annuaire suisse de droit international, Bd. 7 (1950), S. 75.

23 Nach dem SIA schließt „Staat" ein:
„(a) den Souverän oder ein anderes Staatsoberhaupt in seiner offiziellen Funktion;
(b) die Regierung des Staates; und
(c) eine Abteilung der Regierung,
aber nicht eine Einheit, die von den Exekutivorganen der Regierung des Staates verschieden ist und Prozeßfähigkeit besitzt." Zur Behandlung staatlicher Betriebe vgl. auch R. Esser, Zur

gewährt werden kann.[24] (Es steht selbstverständlich jedem Staat frei, zusätzliche Immunitäten und Privilegien zu gewähren.[25])

Im Zusammenhang mit den kommerziellen Aktivitäten eines Staates geht es vor allem um den Ausschluß selbständiger Staatsbetriebe, weniger um die politischen Untergliederungen.[26] Würde der Entwurf der ILC zwischen dem Staat im engeren Sinne und den selbständigen staatlichen Unternehmen unterscheiden, so stünde das sowohl im Einklang mit unseren Interessen als auch mit unserer bisherigen Praxis.[27]

Eine einschränkende Definition im Art. 3 allein genügt jedoch nicht. Die weite Staatskonzeption zieht sich ja durch den gesamten Entwurf. Art. 7 lautet:

1. „Ein Staat hat die staatliche Immunität gemäß Artikel 6 zu verwirklichen, indem er es unterläßt, Gerichtsbarkeit über einen anderen Staat[28] in einem Verfahren vor seinen Gerichten auszuüben.

Immunität rechtlich selbständiger Staatsunternehmen, in: RIW, 8/1984, S. 577ff.; M. Albert, Arrestverfahren gegen ausländische staatliche Unternehmen am Vermögensgerichtsstand, in: IPRax, 2/1983, S. 55ff.; M. Blessing/T. Burckhardt, Sovereign Immunity — A Pitfall in State Arbitration?, Schweizer Beiträge zur internationalen Schiedsgerichtsbarkeit, Zürich 1984, S. 107ff.

24 Vgl. Art. 27 Abs. 2 der Europaratskonvention; ebenso Art. 14 Abs. 2 des britischen Gesetzes.

25 Das ist z. B. auch hinsichtlich diplomatischer Vertretungen möglich. Vgl. Art. 47 Abs. 2 Buchst. b der Wiener Konvention über diplomatische Beziehungen.

26 Auch politische Untergliederungen eines Staates, Bundesländer, Bezirke, Kreise, Städte und Gemeinden unterliegen bisher keiner einheitlichen Behandlung. Dazu wird in: United Nations Legislative Series. Materials on Jurisdictional Immunities of States and their Property, New York 1982, die Praxis vieler Staaten wiedergegeben. Zum speziellen Problem der Immunität der Teilglieder von föderativen Staaten vgl. Revue belge de droit international, 1/1983. Dort sind viele nationale Berichte wiedergegeben, aber nur wenige Beispiele für die Gewährung der Immunität an Gliedstaaten wurden genannt. Art. 28 Abs. 1 der Europaratskonvention schließt die Glieder eines föderativen Staates von der Immunität zunächst aus, gestattet aber in Abs. 2 den föderativen Staaten im eigenen Ermessen zu entscheiden, ob sie für ihre Glieder Immunität in Anspruch nehmen wollen, was sie dem Depositar notifizieren müssen.

27 Auch die anderen sozialistischen Staaten betrachten ihre Außenhandelsbetriebe nicht als Staat. Siehe z. B. Ushakov in: YBILC, 1980, Bd. I, S. 217. Insofern ist nicht ganz verständlich, wenn es im Lehrbuch Völkerrecht heißt, daß die Immunität für sozialistische Staaten *aufgrund des Außenhandelsmonopols* eine besondere Rolle spielt (Völkerrecht, Lehrbuch, Teil 1, Berlin 1981, S. 145). M. E. ist gerade das Gegenteil der Fall. Da wir unseren Außenhandel über selbständige, keine Immunität beanspruchende Betriebe abwickeln, spielt die Immunität unseres eigenen Staates für unsere Außenhandelstätigkeit keine Rolle. Anders scheint das in der UdSSR zu sein: Ushakov (a. a. O.) erwähnt, daß *die Sowjetunion* manchmal *Garantien* für kommerzielle Verträge gibt. In der DDR hingegen gibt es solche Garantien *des Staates* nicht, wohl aber Garantien der Deutschen Außenhandelsbank, die als selbständige juristische Person ebenfalls keine Immunität beansprucht.

28 Ob abhängigen Staaten oder Kolonien ebenfalls Immunität zusteht, interessiert in unserem Zusammenhang nicht. Vgl. dazu A/37/10, S. 225.

2. Ein Verfahren vor dem Gericht eines Staates wird als gegen einen anderen Staat eingeleitet angesehen, *unabhängig davon, ob dieser andere Staat als Partei benannt ist oder nicht*, wenn das Verfahren darauf gerichtet ist, diesen anderen Staat zu zwingen, sich entweder der Gerichtsbarkeit zu unterwerfen oder die Folgen einer gerichtlichen Entscheidung zu tragen, die das Vermögen, die Rechte, Interessen oder Handlungen des Staates beeinträchtigen können.
3. Ein Verfahren vor einem Gericht wird insbesondere dann als gegen einen anderen Staat gerichtet angesehen, wenn es gegen eines seiner Organe, *Gebietskörperschaften, Vertretungen oder Einrichtungen* in bezug auf eine in Ausübung hoheitlicher Gewalt vollzogenen Handlung oder gegen einen Vertreter des Staates in bezug auf eine in seiner Eigenschaft als Vertreter vollzogenen Handlung eingeleitet wird, oder wenn das Verfahren darauf gerichtet ist, diesem anderen Staat sein Vermögen oder die *Nutzung von Vermögen in seinem Besitz oder unter seiner Kontrolle* zu entziehen."[29]

Im Kommentar hierzu[30] wird hervorgehoben, daß es keine einheitliche und auch keine gleichbleibende Gerichtspraxis hinsichtlich der Einbeziehung nachgeordneter Dienststellen, Ämter und Einrichtungen gegeben hat und daß die weite Regelung des Art. 7 darauf gerichtet sei, den ausländischen Staat zu schützen, indem er sich immer, wenn seine Interessen berührt werden, einschalten und Immunität beanspruchen könne, und zwar völlig unabhängig davon, ob er als Partei benannt sei oder nicht.[31]

Im Gesamtzusammenhang mit dem Entwurf der Konvention ist das allerdings wenig mehr als Augenauswischerei. Da im Abschnitt drei dann 9 Ausnahmen formuliert werden, nützt einem fremden Staat der Art. 7 eben selten etwas. Im Gegenteil, die Ausweitung auf nachgeordnete Einrichtungen bis zu Gesellschaftsanteilen und unspezifizierten Vermögensinteressen macht gerade die späteren Ausnahmen notwendig und trägt also dazu bei, das gesamte Konzept der staatlichen Immunität zu unterminieren.

In den Artikeln 21 und 22 des 4. Teiles wird ebenfalls auf das staatliche Vermögen, einschließlich desjenigen in seinem Besitz oder unter seiner Kontrolle oder an dem er ein rechtlich geschütztes Interesse hat, Bezug genommen. Unklar ist noch, wie „Kontrolle" und „Interesse" definiert werden sollen.

29 A/41/10, (engl.) (Hervorhebungen F. E.).

30 Vgl. A/37/10, S. 223—237.

31 Zur Begründung dieses Standpunktes werden britische Entscheidungen zitiert, in denen es beispielsweise heißt: „Ob ein bestimmtes Ministerium, eine Abteilung oder Einrichtung, gleichgültig wie man sie nennt, selbständige Rechtsstellung hat oder nicht, ist eine bloße Frage der Regierungsorganisation." Oder: „Ich sehe keinen Grund zur Annahme, daß die bloße Organisation eines Organs als einer juristischen Person mit dem Recht, Verträge zu schließen und zu klagen und verklagt zu werden, völlig unvereinbar damit ist, eine Abteilung des Staates zu bleiben und zu sein." (Ebenda, S. 232 [engl.]).

Aus der Verordnung über die Leitung und Durchführung des Außenhandels[32] oder der Verordnung über die Außenhandelsbetriebe (AHB)[33] geht sicherlich hervor, daß die staatlichen Außenhandelsbetriebe unter der Kontrolle des Staates stehen. Beispielsweise werden ja auch alle Generaldirektoren der AHB vom Minister für Außenhandel oder mit seiner Zustimmung eingesetzt und entlassen.[34]

Von der Kontrolle ganz abgesehen, hat ein sozialistischer Staat natürlich auch ein *Interesse* am *gesamten* Volkseigentum, unabhängig davon, in wessen Händen sich die einzelnen Vermögenswerte befinden.[35]

Wie bereits an anderer Stelle hervorgehoben, berührt die Konvention aber unsere Interessen nicht nur, wenn die DDR, ihre Organe, Dienststellen, Einrichtungen etc. verklagt werden, sondern auch, wenn DDR-Betriebe als Kläger gegen ausländische Staaten, deren Organe, nachgeordneten Einrichtungen etc. auftreten. Was also zunächst wie eine Bestimmung zum Schutze des Volkseigentums und unserer Vermögensinteressen aussieht (was wir aber wegen der Organisation unserer Volkswirtschaft und der Strukturierung des Volkseigentums gar nicht nutzen können), kehrt sich *gegen* unsere Vermögensinteressen, wann immer wir gegen ausländische Partner vorgehen wollen.

Mit diesen wenigen Bemerkungen sollte nicht zum Problem der Immunität gegenüber Vollstreckungs- und anderen Zwangsmaßnahmen generell Stellung genommen werden. Das bedürfte einer gesonderten Untersuchung. Hier sollte nur der Zusammenhang mit der Definition des Staates betont werden, die — und das glaube ich mit den wenigen Beispielen hinreichend gezeigt zu haben — für die weitere Arbeit an der Konvention über staatliche Immunitäten eine Schlüsselrolle spielt.

Jedem Staat steht es frei, wie er seine Wirtschaft organisiert. Wenn jedoch der eine Staat seine internationalen Wirtschaftsbeziehungen über selbständige Betriebe abwickelt, für die er keine Immunität in Anspruch nimmt und ein anderer im internationalen Verkehr direkt als Staat auftritt und auch für Handelsaktivitäten Immunität beansprucht, dann führt das zu einer unterschiedlichen Behandlung, und die souveräne Gleichheit gerät in Gefahr. Es ist deshalb m. E. berechtigt und auch in unserem Sinne, folgende Frage aufzuwerfen:

32 AHVO vom 9. 9. 1976, GBl. I Nr. 35 S. 421.

33 VO über die Aufgaben, Rechte und Pflichten der volkseigenen Außenhandelsbetriebe vom 10. 1. 1974, GBl. I Nr. 9 S. 77.

34 Das ist Bestandteil aller Statuten von Außenhandelsbetrieben. Vgl. dazu auch M. Kemper/D. Maskow, Internationales Wirtschaftsrecht. Außenwirtschaftsrecht der DDR, Berlin 1985, Kapitel 2.

35 Vgl. dazu die Ausführungen über Fondsinhaberschaft und kollektives Eigentumsrecht in: Wirtschaftsrecht. Lehrbuch, Berlin 1985, S. 244ff.

2. Hat ein Staat Anspruch auf Immunität für kommerzielles Handeln?

Nach dem ILC-Entwurf hat er das nicht. Art. 11 bestimmt:

1. „Wenn ein Staat einen kommerziellen Vertrag mit einer ausländischen natürlichen oder juristischen Person eingeht und Streitigkeiten in bezug auf den kommerziellen Vertrag aufgrund der anzuwendenden Regeln des Internationalen Privatrechts[36] in die Zuständigkeit eines Gerichts eines anderen Staates[37] fallen, wird angenommen, daß der Staat der Ausübung der Gerichtsbarkeit in einem aus diesem kommerziellen Vertrag entspringenden Verfahren zugestimmt hat und sich deshalb nicht auf die Immunität gegenüber der Gerichtsbarkeit in jenem Verfahren berufen kann.
2. Absatz 1 findet keine Anwendung:

a) im Falle eines zwischen Staaten oder auf Regierungsebene geschlossenen kommerziellen Vertrages;
b) wenn die Parteien des kommerziellen Vertrages ausdrücklich etwas anderes vereinbart haben."[38]

Es ist offensichtlich, daß der Konventionsentwurf, ohne die Unterscheidung zwischen acta iure imperii und acta jure gestionis direkt zu nennen, doch von dieser Unterscheidung ausgeht. Und das ist eine Unterscheidung, die in der Vergangenheit von der sozialistischen Völkerrechtswissenschaft konsequent abgelehnt wurde.[39]

Die Ablehnung der Theorie der funktionellen Immunität des Staates stützte sich u. a. darauf, daß für den sozialistischen Staat die *Einheit* von Politik und Ökonomie, die Einheit von politischer Macht und sozialistischem Eigentum an den Produktionsmitteln als der ökonomischen Grundlage der Gesellschaft und des Staates charakteristisch ist.

Diese Einheit schließt aber weder eine Unterscheidung verschiedener Funktionen des sozialistischen Staates — wie z. B. die Schutzfunktion, die wirtschaftlich-organisatorische Funktion, die kulturell-erzieherische Funktion u. a.[40] —

[36] Internationales Privatrecht wird hier nicht im Sinne von Kollisionsrecht gebraucht, sondern schließt das Internationale Zivilprozeßrecht mit ein. Vgl. dazu auch M. Hofmann/H. Fincke, Der internationale Zivilprozeß, Berlin 1980, S. 58ff.

[37] Ob der Staat vor seinen eigenen Gerichten verklagt werden kann, ist eine andere Frage, die nicht der völkerrechtlichen Regelung unterliegt. In England wurde aber die völkerrechtliche absolute Immunität des Staates u. a. darauf gestützt, daß — im Unterschied beispielsweise zu Preußen — die Krone (d. h. der Staat) auch vor den eigenen Gerichten nicht verklagt werden durfte.

[38] A/41/10.

[39] Vgl. dazu z. B. L. Réczei, Internationales Privatrecht, Budapest 1960, S. 167ff.; I. S. Pereterski/S. B. Krylow, Lehrbuch des Internationalen Privatrechts, Berlin 1962, S. 205ff.; L. A. Lunz, Internationales Privatrecht, Band II. Besonderer Teil, Berlin 1964, S. 51ff.; M. M. Boguslawski, Staatliche Immunität, Berlin (West) 1965.

[40] Vgl. Marxistisch-leninistische Staats- und Rechtstheorie. Lehrbuch, Berlin 1975, S. 231.

noch eine Arbeitsteilung zwischen verschiedenen Organen des Staates aus.[41] Auch hinsichtlich des Handelns *einzelner* staatlicher Organe und Einrichtungen kann zwischen der Ausübung *staatlicher Tätigkeit* und der *Teilnahme am Zivilrechtsverkehr* unterschieden werden.[42]

Die funktionelle (oder auch restriktive) Immunität wurde und wird aber auch deshalb abgelehnt, weil angeblich nur eine absolute (oder auch volle oder uneingeschränkte) Immunität der Souveränität des Staates entspricht.[43] In der ILC und auch im 6. Komitee wird gerade dieser Punkt seit Jahren immer wieder diskutiert. Interessant dabei ist, daß sich sowohl die Befürworter als auch die Gegner einer uneingeschränkten Immunität auf das Prinzip der staatlichen Souveränität berufen. Während jedoch die einen die Immunität als die Regel, als Ausfluß der Souveränität des die Immunität beanspruchenden Staates betrachten, sehen die anderen die Immunität als eine Ausnahme, als eine Einschränkung der *territorialen* Souveränität des die Immunität gewährenden Staates an.[44] Die Vertreter einiger Entwicklungsländer gingen so weit, aus der Betonung der territorialen Souveränität heraus überhaupt jegliche Immunität abzulehnen. Richtig ist aber offensichtlich, daß es weder eine absolute Souveränität noch eine absolute Immunität geben kann. Beide finden ihre Grenzen in der Souveränität der anderen Staaten.

Wenn in unserer Literatur die staatliche Immunität als „wesentliches Element" der souveränen Gleichheit, als „notwendige Konsequenz" der Souveränität dargestellt wird,[45] so ist hierzu anzumerken, daß jedenfalls die Prinzipiendeklaration der UN von 1970[46] die Immunität nicht als Element der Souveränität aufzählt.

Die Anhänger der absoluten Immunität stützen sich auf den Satz „par in parem non habet imperium" und behaupten, daß sich völkergewohnheitsrechtlich eine unbeschränkte Immunität der Staaten herausgebildet habe, die erst in der jüngsten Zeit durch die Gerichte einiger kapitalistischer Staaten und insbesondere durch die Gesetzgebung der USA, Großbritanniens und anderer Common-Law-Länder durchbrochen worden sei. Wie aber aus den Antworten der Staaten zum Frage-

[41] Dazu habe ich versucht, die Theorie einer *strukturbezogenen* Immunität aufzustellen. Vgl. F. Enderlein, Der Anspruch eines Staates und seines Eigentums auf Immunität gegenüber ausländischen Entscheidungen und Vollstreckungen, in: DAP, 1/1981, S. 102ff.

[42] Entsprechend richtet sich die Verantwortlichkeit für Schadenszufügung entweder nach dem Gesetz zur Regelung der Staatshaftung — Staatshaftungsgesetz — vom 12. Mai 1969 (GBl. I 1969 Nr. 5 S. 34, § 1) oder nach dem Zivilgesetzbuch der DDR vom 19. Juni 1975 (GBl. I Nr. 27 S. 465, § 323ff.). Vgl. hierzu M. Posch, Schutz des Lebens, der Gesundheit und des Eigentums vor Schadenszufügung, in: Grundriß Zivilrecht, Heft 8, Berlin 1977, S. 44f.

[43] Eine solche Position wird in der ILC vor allem von Ushakov vertreten. Vgl. z. B. sein Memorandum „Jurisdictional Immunities of States and their Property", A/CN.4/371.

[44] Z. B. Thiam (Senegal); siehe YBILC, 1980, Bd. I, S. 216.

[45] Völkerrecht. Lehrbuch, Teil 1, a. a. O., S. 144.

[46] Deklaration über die Prinzipien des Völkerrechts betreffend die freundschaftlichen Beziehungen und die Zusammenarbeit zwischen den Staaten in Übereinstimmung mit der Charta der Vereinten Nationen vom 24. Oktober 1970, A/RES.2625 (XXV).

bogen des Generalsekretärs der UNO[47] sehr detailliert hervorgeht, hat es zu keiner Zeit eine übereinstimmende Praxis weder zwischen den Gerichten verschiedener Länder noch innerhalb eines Landes gegeben. Für viele Länder ist vielmehr eine mehrfache Zick-Zack-Entwicklung typisch, wie am Beispiel Österreichs demonstriert werden soll. Dessen Gerichte gingen im vorigen Jahrhundert vom Grundsatz der absoluten Immunität aus. Ab 1907 wurde die Immunität restriktiv angewandt. 1926 erfolgte eine erneute Hinwendung zur absoluten Immunität und nach dem zweiten Weltkrieg wieder eine Wende zur funktionellen Immunität, die schließlich mit der Ratifikation der Europaratskonvention über staatliche Immunität bekräftigt wurde. Ähnlich verlief die Entwicklung in Deutschland.

In Italien und Belgien wurde die Lehre von der funktionellen Immunität bereits im vorigen Jahrhundert entwickelt und seitdem in der Gerichtspraxis mehr oder weniger konsequent durchgehalten. Aber selbst in den USA und Großbritannien, die eigentlich bis in die 70er Jahre dieses Jahrhunderts als Hochburgen der absoluten Immunität galten, hat es bei näherem Hinschauen bereits im vorigen Jahrhundert restriktive Entscheidungen gegeben.[48]

Die lange Zeit auch in der DDR vertretene Lehrmeinung, wonach die staatliche Immunität bis zum ersten Weltkrieg überall als absolut aufgefaßt und erst nach der Oktoberrevolution die Theorie der funktionellen Immunität entwickelt wurde, um der jungen Sowjetmacht Schaden zuzufügen, entspricht offensichtlich nicht den historischen Tatsachen.

Es wäre wahrscheinlich auch zu vereinfacht, wollte man etwa die absolute Immunität als sozialistische und die funktionelle Immunität als imperialistische Auffassung darstellen. Dagegen spricht, daß es innerhalb der imperialistischen Staaten über Jahrzehnte hinweg sowohl Anhänger der einen als auch der anderen Theorie gab und sich auch zwischen den sozialistischen Staaten durchaus unterschiedliche Auffassungen herausgebildet haben.[49]

[47] Vgl. Materials on Jurisdictional Immunities of States and their Property, a.a.O.

[48] Als Beispiele dafür werden für die USA die Entscheidung in „The Schooner ‚Exchange' v. McFaddon" (1812) und für Großbritannien die Entscheidung in „The Charkieh" (1873) angegeben. Siehe A/38/10, S. 62f.

[49] Das bezieht sich nicht nur auf Details, wie z. B. die unterschiedliche Behandlung unbeweglichen Eigentums in der ČSSR und Ungarn einerseits, in Polen und der UdSSR andererseits, sondern auch auf die Grundfrage. So antwortete Ungarn auf die Frage 7 des Generalsekretärs der Vereinten Nationen (Vgl. dazu F. Enderlein, Die Arbeit der Völkerrechtskommission zur gerichtlichen Immunität der Staaten, in: DAP, 2/1982, S. 64), daß sich die ungarische juristische Praxis „. . . in Übereinstimmung mit den Anforderungen des Lebens in Richtung einer Unterscheidung zwischen hoheitlichen und nichthoheitlichen Akten entwickeln wird" (Materials on Jurisdictional Immunities of States and their Property, a.a.O., S. 576 [engl.]). Einer der führenden ungarischen Rechtswissenschaftler auf diesem Gebiet, Ferenc Madl, tritt seit längerem für eine Anerkennung der restriktiven Immunität ein. Vgl. F. Madl, in: Gedächtnisschrift für Albert A. Ehrenzweig, Karlsruhe—Heidelberg 1976, S. 91ff.; ders., The Law of International Transactions, Budapest 1982, S. 88ff. Auch J. Lopuski (Die Immunität des ausländischen Staates auf dem Gebiet des internationalen Handels, in: Problemy prawne handlu

Um noch einmal auf den Satz „par in parem non habet imperium" zurückzukommen: Dieser Satz kann nur dann angewandt werden, wenn zwei Gleiche auch das Gleiche tun. Wenn jedoch der eine Staat sich in das Territorium eines anderen begibt und dort ökonomische Aktivitäten entfaltet, und der andere Staat auf seinem eigenen Territorium Gerichtsbarkeit über ebendort durchgeführte ökonomische Aktivitäten ausübt, dann stehen sie sich in völlig verschiedenen Funktionen gegenüber und handeln insofern *nicht* par in parem. Oder, wie es ein Mitglied der ILC formulierte, wenn sich ein Staat in kommerziellen Angelegenheiten nicht der Gerichtsbarkeit eines anderen Staates unterwerfen möchte, dann soll er nicht dorthin gehen.[50] Auf diesen Punkt, den territorialen Zusammenhang mit dem Gerichtsstaat, komme ich noch einmal zurück.

Hinsichtlich der Immunitäten an die Art der ausgeübten Funktion anzuknüpfen bzw. für bestimmte Tätigkeiten keine Immunität zu gewähren, ist im Völkerrecht nichts Ungewöhnliches. So genießt z. B. ein Botschafter Immunität von der Zivil- und Verwaltungsgerichtsbarkeit des Empfangsstaates (im Gegensatz zur Strafgerichtsbarkeit) nicht unbeschränkt.[51]

Für die Ausklammerung der kommerziellen Tätigkeit aus der staatlichen Immunität spricht auch die Praxis der Außenhandelsorganisation der sozialistischen Staaten. In der ILC hat Ushakov beispielsweise die sowjetische Praxis dargelegt, die ihre Handelsaktivitäten seit den 30er Jahren über selbständige Betriebe durchführt, für die keine Immunität beansprucht wird.[52] Dem entspricht auch die Praxis der anderen sozialistischen Staaten, einschließlich der DDR.

Im Rahmen des Außenwirtschaftsmonopols hat der sozialistische Staat spezielle Außenhandelsbetriebe bzw. andere Betriebe, denen die Außenhandelsfunktion übertragen wurde, mit der Durchführung der Außenhandelsgeschäfte beauftragt. Allen diesen Betrieben ist gemeinsam, daß sie als selbständige juristische Personen gegründet wurden, denen vom Staat bestimmte Vermögensfonds zugewiesen worden sind. Und weiter ist allen diesen Betrieben gemeinsam, daß für sie der sozialistische Staat grundsätzlich auf seine Immunitätsrechte verzichtet hat.[53]

Auch die Abkommenspraxis der sozialistischen Staaten spricht für die Ausklam-

zagranicznego, Katowice 1982, S. 40ff. [poln.]) spricht sich für die Anerkennung der restriktiven Immunität aus.

[50] Nach Paul Reuter (Frankreich) ist die Gewährung absoluter Immunität nur möglich, wenn sich die Staaten auf dem Territorium anderer Staaten nicht kommerziell betätigen dürfen. Vgl. A/CN.4/SR.1841, S. 3.

[51] Vgl. Art. 31 der Wiener Konvention über diplomatische Beziehungen.

[52] Vgl. A/CN.4/371, S. 6. So auch L. A. Lunz, wonach die sowjetischen Außenhandelsvereinigungen als „selbständige juristische Personen" keine Immunität genießen (Internationales Privatrecht, Band II. Besonderer Teil a. a. O., S. 44); ebenso M. M. Boguslawski, Staatliche Immunität, a. a. O., S. 180ff.

[53] Vgl. so schon H. Wiemann, Rechtsstellung der sozialistischen Außenhandelsunternehmen im Verkehr mit kapitalistischen Ländern, in: Der Außenhandel, 24/1961, Beilage Recht im Außenhandel 12, S. 6.

merung kommerzieller Tätigkeit aus der staatlichen Immunität. Beispielsweise wird in einer Anlage zum Vertrag über Handel und Seeschiffahrt zwischen der DDR und der UdSSR vom 29. 9. 1957[54] über den rechtlichen Status der Handelsvertretung der DDR in der UdSSR und der Handelsvertretung der UdSSR in der DDR in Art. 4 bestimmt: „Die Handelsvertretung genießt alle einem souveränen Staat zustehenden Immunitäten, die sich ebenfalls auf die Tätigkeit des Staates auf dem Gebiet des Außenhandels erstrecken, mit folgenden Ausnahmen, zu denen die vertragschließenden Seiten ihr Einverständnis erteilen:

a) Streitigkeiten aus Außenhandelsverträgen, die von der Handelsvertretung ... abgeschlossen oder garantiert wurden, unterliegen der Gerichtsbarkeit des Aufenthaltsstaates der Handelsvertretung ..."

Ähnliche Regelungen enthalten auch die bilateralen Abkommen der UdSSR mit Albanien, Bulgarien, der VR China, der ČSSR, der DVR, Korea, der Mongolei, Rumänien, Ungarn und Vietnam; und ebenso die Abkommen der UdSSR mit der BRD, Dänemark, Finnland, Italien, Japan, den Niederlanden, Österreich und der Schweiz; sowie schließlich die Abkommen der UdSSR mit Ägypten, Bolivien, Brasilien, Costa Rica, Ghana, Indien, Irak, Jemen, Singapur und Togo.[55]

Im Lichte dieser ausgedehnten Abkommenspraxis der UdSSR mit anderen sozialistischen Staaten, mit kapitalistischen Industrieländern und auch mit Entwicklungsländern wurde die Frage aufgeworfen, ob nicht diese Praxis allmählich in eine *allgemein akzeptierte* internationale Praxis reifen könne.[56] (Nur am Rande sei noch erwähnt, daß bezüglich der Wirtschaftsbeziehungen der RGW-Staaten untereinander alle Streitigkeiten einer obligatorischen Schiedsgerichtsbarkeit unterworfen wurden.[57])

Mir scheint es an der Zeit zu sein, unsere Theorie mit unserer Praxis in Übereinstimmung zu bringen. Die Diskussionen in der ILC und im 6. Komitee haben gezeigt, daß sich die *Mehrheit* der Staaten — und das heißt besonders die Mehrheit der Entwicklungsländer — für die Ausklammerung kommerzieller Tätigkeiten aus dem Bereich der staatlichen Immunität entschieden hat. Damit werden wir uns also abfinden müssen. Und eine solche Regelung stört uns nicht, da sie sowohl unserer Wirtschaftsstruktur als auch unserer Abkommenspraxis entspricht. Ja mehr noch, die vorgesehene Regelung des Art. 11 Abs. 1 des Konventionsentwurfs (auf Abs. 2 komme ich noch zurück) nützt uns immer dann, wenn die Partner unserer

[54] GBl. I 1958 Nr. 3 S. 23.

[55] Vgl. Materials on Jurisdictional Immunities of States and their Property, a. a. O., S. 134—150.

[56] Vgl. A/CN.4/357, para. 98; ebenso A/38/10, S. 68.

[57] Art. 1 Abs. 3 der (Moskauer) Konvention über die schiedsgerichtliche Entscheidung von Zivilrechtsstreitigkeiten, die sich aus Beziehungen der wirtschaftlichen und wissenschaftlich-technischen Beziehungen ergeben, vom 26. 5. 1972 (GBl. I 1972 Nr. 13 S. 223) bezieht neben den Betrieben und Kombinaten auch nach der wirtschaftlichen Rechnungsführung arbeitende Hauptverwaltungen ein.

AHB ihrerseits staatliche Organe sind, die sich dann ihren Verpflichtungen nicht unter Berufung auf ihre Immunität entziehen können.

Bisher versuchten unsere AHB, die für sie negativen Wirkungen einer Immunität ihrer staatlichen Partner dadurch auszuschalten, daß sie in den kommerziellen Verträgen einen ausdrücklichen Verzicht auf Immunität oder die Aufnahme einer Schiedsgerichtsklausel oder Gerichtsstandsvereinbarung forderten. Abgesehen davon, daß nicht alle Partner solchen Klauseln zustimmten, war das auch aus verschiedenen Gründen kein sicherer Schutz.[58]

Die Formulierung des Art. 11 hat den Vorteil, daß sie *nicht* auf die Unterscheidung zwischen acta jure imperii und acta jure gestionis Bezug nimmt, so daß wir auch nicht die prinzipielle Einheit aller Staatsfunktionen zu verteidigen brauchen.

Die Abgrenzung dieser verschiedenen Arten staatlicher Akte hatte sich ja zu allen Zeiten und in allen Ländern, die eine entsprechende Gerichtspraxis übten, als äußerst kompliziert erwiesen. Das führte dazu, daß ein und die gleiche Handlung, z. B. der Betrieb einer Eisenbahn, in einem Lande den hoheitlichen und in einem anderen Lande den nichthoheitlichen Akten zugerechnet wurde.[59] Seine Ursache hatte das u. a. darin, daß zum Kriterium der Unterscheidung sowohl der Inhalt als auch die Form der Staatsgeschäfte genommen wurden.[60] Besonders kurios waren Entscheidungen, die den Kauf von Zigaretten für die Armee als hoheitlichen, aber den Kauf von Waffen für die Armee als nichthoheitlichen Akt qualifizierten.

Die Unterscheidung zwischen kommerziell und nichtkommerziell ist im Grunde nicht einfacher, weshalb ja auch dem Art. 11 noch die Art. 2 und 3 zur Seite gestellt werden. In Art. 2 heißt es:

„(b) bedeutet ‚kommerzieller Vertrag'

(i) jeden kommerziellen Vertrag oder jede kommerzielle Transaktion für den Verkauf oder Kauf von Waren oder für die Erbringung von Dienstleistungen;

(ii) jeden Vertrag über eine Anleihe oder jede andere Transaktion finanzieller Art, einschließlich einer Garantieverpflichtung hinsichtlich einer solchen Anleihe oder einer Sicherheit hinsichtlich jeder solchen Transaktion;

(iii) jeden anderen Vertrag oder jede andere Transaktion, seien sie kommer-

[58] Nicht in allen Ländern wird eine Schiedsgerichtsklausel als Verzicht auf die Immunität angesehen. Vgl. dazu auch M. Domke, Government Immunity in Foreign Trade Arbitration: A comparative survey of recent practice, in: Hommage a Frederic Eisemann. Liber amicorum, Paris 1978, S. 45ff.

[59] Vgl. dazu z. B. G. Dahm, Völkerrechtliche Grenzen der inländischen Gerichtsbarkeit gegenüber ausländischen Staaten, in: Festschrift für Arthur Nikisch, Tübingen 1958, S. 163ff.; J. Brownlie, Principles of Public International Law, Oxford 1966, S. 103f.; E. Suy, Immunity of States before Belgian Courts and Tribunals, in: Zeitschrift für ausländisches öffentliches Recht und Völkerrecht, Bd. 27 (1967), S. 677.

[60] Vgl. dazu auch C. M. Schmitthoff, The Claim of Sovereign Immunity in the Law of International Trade, in: The International and Comparative Law Quarterly, Bd. 7 (1958), S. 455.

zieller, industrieller, gewerblicher oder beruflicher Art, ausgenommen einen Vertrag über die Beschäftigung von Personen."[61]

Im Kommentar zu Art. 2 wird bemerkt, daß die Begriffe Vertrag und Transaktion gebraucht wurden, weil in den meisten Rechtssystemen zwischen Kaufverträgen über künftige (herzustellende) Waren und über vorhandene Waren unterschieden würde.[62] Im übrigen sollen mit „kommerziellem Vertrag" drei Arten von Verträgen erfaßt werden: 1. Kauf- sowie Dienstleistungsverträge (da das englische Recht nicht zwischen Dienst- und Werkverträgen unterscheidet, offenbar auch letztere); 2. Darlehens- und Kreditverträge sowie damit im Zusammenhang stehende Garantie- oder Bürgschaftserklärungen (unabhängig ob akzessorisch oder nicht) und 3. auch andere Verträge wirtschaftlichen Charakters, wobei insbesondere Werkverträge und Investitionen erwähnt werden.

Auffällig an der Diskussion in der ILC war, daß der Begriff „kommerziell" im Englischen in einem viel engeren Sinne gebraucht wird als im Deutschen. So ist es offensichtlich nicht selbstverständlich, finanzielle und ökonomische Aktivitäten darunter zu fassen. So geht denn auch der Kommentar davon aus, daß der Begriff „kommerzieller Vertrag" enger sei als „Handels- und kommerzielle Aktivitäten" und deshalb von weiten Kreisen zu akzeptieren sei.[63]

Daraus erklärt sich vielleicht auch, daß es der Spezialberichterstatter und ihm folgend die ILC für nötig befunden haben, insgesamt 9 Ausnahmen von der staatlichen Immunität zu formulieren, die nach unseren Vorstellungen von kommerziellen Aktivitäten zu einem großen Teil unter Art. 11 subsumiert werden könnten. In den Artikeln 12—19 werden folgende Ausnahmen von der gerichtlichen Immunität formuliert:

Art. 12 Arbeitsverträge,
Art. 13 Personenschäden und Beschädigung von Vermögen,
Art. 14 Eigentum, Besitz und Nutzung von Vermögen,
Art. 15 Patente, Warenzeichen und geistiges oder gewerbliches Eigentum,
Art. 16 Fiskalische Angelegenheiten,
Art. 17 Beteiligung an Gesellschaften oder anderen kollektiven Körperschaften.
Art. 18 Im kommerziellen Dienst stehende Schiffe, die Staatseigentum sind oder von einem Staat betrieben werden,
Art. 19 Wirkung einer Schiedsgerichtsvereinbarung.

Es ist nicht zu verkennen, daß sich diese Ausnahmen vielfach überschneiden. So berühren Art. 14, 15 und 18 Eigentumsfragen, und diese sowie auch Art. 17

[61] A/41/10.

[62] Im DDR-Recht, aber auch in der UN-Kaufrechtskonvention (vgl. dazu F. Enderlein/D. Maskow/M. Stargardt, Kommentar. Konvention der Vereinigten Nationen über Verträge über den internationalen Warenkauf. Konvention über die Verjährung beim internationalen Warenkauf. Protokoll über die Verjährung beim internationalen Warenkauf. Protokoll zur Änderung der Konvention über die Verjährung beim internationalen Warenkauf, Berlin 1985) wird allerdings eine solche Unterscheidung nicht getroffen.

[63] Vgl. A/38/10, S. 57.

und 19 laufen mehr oder weniger auf kommerzielle Tätigkeiten hinaus. Im Grunde könnte also die Zahl der Ausnahmen von der staatlichen Immunität wesentlich reduziert werden, was auch den fatalen Eindruck vermeiden würde, als ob die Idee der staatlichen Immunität völlig ausgehöhlt werden soll.

Besondere Bedeutung bei der Bestimmung des kommerziellen oder nichtkommerziellen Charakters eines Vertrages kommt Art. 3 zu. Hatten die Gerichte bei der Unterscheidung hoheitlicher und nichthoheitlicher Akte einmal die Form und einmal den Inhalt zum Kriterium genommen, so schlägt die ILC nunmehr einen sog. Doppeltest vor.

Im ersten Entwurf des Spezialberichterstatters war nur von der Art des Vertrages die Rede. Als Kriterium war vorgeschlagen worden zu prüfen, ob der Vertrag auch von einem Privaten hätte abgeschlossen werden können. Dieses rein formale Herangehen stieß insbesondere auf den Widerstand der Entwicklungsländer. In der nun vorliegenden revidierten Fassung des Art. 3 wird zwar immer noch in erster Linie von der Art des Vertrages ausgegangen, jedoch kann der betroffene Staat unter Berufung auf den Zweck des Vertrages und die Praxis seines Landes den Nachweis des nichtkommerziellen Charakters des Vertrages führen.[64] In Art. 3 heißt es:

„2. Bei der Bestimmung des kommerziellen Charakters eines Vertrages über den Verkauf oder Kauf von Waren oder über die Erbringung von Dienstleistungen soll in erster Linie Bezug auf die Art des Vertrages genommen werden, aber der Zweck des Vertrages soll ebenfalls berücksichtigt werden, falls in der Praxis jenes Staates der Zweck für die Bestimmung des nichtkommerziellen Charakters des Vertrages relevant ist."[65]

Die Einführung dieses kumulativen Herangehens stellt sowohl gegenüber weitverbreiteter Gerichtspraxis als auch insbesondere gegenüber den Spezialgesetzen der USA und Großbritanniens[66] einen Fortschritt dar und ist durchaus geeignet, dem Schutze der nationalen Interessen der Entwicklungsländer zu dienen.[67]

[64] Vgl. zu diesem Problem P.-F. Walter, Gibt es eine Beweislastverteilung bei der Immunität von Staaten? in: RIW, 1/1984, S. 9ff.

[65] A/41/10.

[66] Der FSIA der USA, der für kommerzielle Handlungen keine Immunität gewährt (§ 1605 a 2), läßt den kommerziellen Charakter einer Handlung ausdrücklich nach der Natur (der Art, der Form) und nicht nach dem Zweck bestimmen (§ 1603 d). Art. 3 des SIA Großbritanniens schließt die Immunität für kommerzielle Transaktionen schlechthin aus, wobei unter kommerzielle Transaktion u. a. jeder Kauf-, Werk- und Dienstvertrag zu verstehen ist. Nach F. W. Bistline jr./J. M. Stephenson jr. (Development of the United States foreign sovereign immunities act, in: International Financial Law Review, August 1982, S. 20ff.) ist nach wie vor eine Klärung erforderlich, was eine kommerzielle Aktivität ist, da diesbezügliche Gerichtsurteile widersprüchlich sind.

[67] Das jedenfalls wird als Zweck der Vorschrift bezeichnet und beispielsweise auf Kaufverträge verwiesen, mit denen Waffen zur Verteidigung des Staates, Ausrüstungen für die Errichtung eines Marinestützpunktes, Lebensmittel zur Linderung einer Hungersnot oder Medikamente zur Bekämpfung einer Epidemie eingekauft werden. Vgl. A/38/10, S. 77.

Unbefriedigend ist noch der Abs. 2 des Art. 11, wonach kommerzielle Verträge zwischen Staaten oder auf Regierungsebene von der Regelung des Abs. 1 ausgenommen werden, d. h. für diese wird Immunität gewährt. Bei der weiten Auslegung des Begriffs Staat fallen hierunter also auch alle Verträge zwischen selbständigen staatlichen Unternehmen. Diese Regelung führt *praktisch* zu einer Benachteiligung der sozialistischen Außenhandelsbetriebe. Wird beispielsweise ein französisches Staatsunternehmen von einem Privaten aus England verklagt, so genießt es keine Immunität, wird es von einem AHB aus der DDR verklagt, so kann es sich auf Immunität berufen! Im 6. Komitee wurde richtig darauf hingewiesen, daß die Gewährung der Immunität für den Beklagten nicht von der Person des Klägers abhängen kann.[68]

Im ersten Entwurf des Art. 11 war von einer Handels- oder kommerziellen Tätigkeit die Rede, die von einem Staat *teilweise oder völlig im Territorium des anderen Staates* ausgeübt wird.[69] Auf einen solchen Zusammenhang mit dem Territorium wird auch in nationalen Gesetzen Bezug genommen.[70]

Dieser territoriale Bezug hatte durchaus etwas für sich, auch wenn — wie die amerikanische Praxis zeigt — der Bezug u. U. gewaltsam hergestellt werden kann. Auf jeden Fall ließ er doch noch den Konflikt der Handlung des anderen Staates mit der Territorialhoheit des Gerichtsstaates anklingen. Übrig geblieben ist nur noch der Hinweis auf die örtliche Zuständigkeit eines Gerichts. Da sich diese jeweils nach dem nationalen Recht bestimmt, kann durchaus ein völlig gleicher Sachverhalt in verschiedenen Staaten unterschiedlich bewertet werden und so einmal eine Zuständigkeit als gegeben angesehen, ein andermal abgelehnt werden.[71]

Nach den Bestimmungen der §§ 184 f. Zivilprozeßordnung (ZPO) der DDR können AHB der DDR — falls von den Parteien keine Gerichtsstandsvereinbarung

[68] Vgl. A/C.6/37/SR.38, S. 7.

[69] Vgl. A/CN.4/357, para. 121.

[70] So verlangt § 1605 des FSIA der USA, daß die Handlung entweder in den USA ausgeübt wurde, oder wenn außerhalb, daß die Handlung in den USA direkte Wirkungen zeitigt. Mit der Auslegung dieser Bestimmung haben die amerikanischen Gerichte allerdings Schwierigkeiten; vgl. S. J. O'Neil, Extraterritorial Jurisdiction over Foreign States: The "Direct Effect" Provision of the Foreign Sovereign Immunities Act of 1976 — Carey v. National Oil Corporation, in: The Journal of International Law and Economics, Bd. 13 (1979), S. 633ff. Art. 3 des SIA Großbritanniens verlangt zwar nicht für kommerzielle Transaktionen im allgemeinen, wohl aber für Verpflichtungen von Staaten, die sich aus Verträgen ergeben, daß diese völlig oder teilweise in Großbritannien zu erfüllen sind, um die Immunität auszuschließen. Der Pakistan State Immunity Ordinance überschreibt den damit korrespondierenden Artikel 5: „Kommerzielle Transaktionen und Verträge, die in Pakistan zu erfüllen sind."

[71] Bei Verfahren, die in der Schweiz ausländische Staaten berühren, wird eine enge Beziehung des Rechtsverhältnisses zur Schweiz verlangt; vgl. die viel kritisierte Entscheidung des Bundesgerichtshofes vom 19. 6. 1980 bezüglich der Enteignung der Libyan American Oil Company. Vgl. dazu P. Lalive/A. Bucher, Jurisprudence suisse. Droit international privé, in: Annuaire suisse de droit international, Zürich 1981, S. 455ff.

getroffen oder eine Schiedsgerichtsklausel vereinbart wurde — Klagen gegen ihre ausländischen Partner *immer* auch vor Gerichten der DDR erheben.[72] Ob das allerdings im Interesse der Vollstreckbarkeit der Entscheidung sinnvoll ist, ist eine andere Frage.[73]

Der Ausschluß der Immunität für kommerzielle Verträge ist nicht absolut. Nicht nur, daß sich der beklagte Staat gemäß Art. 3 unter Hinweis auf den Zweck des Vertrages auf seine Immunität berufen kann, sondern die Parteien können gem. Art. 11 Abs. 2 auch etwas von Abs. 1 Abweichendes vereinbaren. Denkbar wäre also, daß der Staat sich im Vertrag seine Immunitätsrechte ausdrücklich vorbehält. (Ob sich sein Partner auf eine entsprechende *Vereinbarung* einläßt, mag dahingestellt bleiben.) Die Vertragspartner können aber auch vereinbaren, daß eventuelle Streitigkeiten ohne Anrufung eines Gerichts zwischen ihnen im gütlichen Einvernehmen geklärt werden sollen. Ebenso können sich die Partner einem Vergleichsverfahren[74] oder auch einem Schiedsgerichtsverfahren[75] unterwerfen, sie können die guten Dienste eines Vermittlers annehmen und dergleichen und auf diese Weise ausschließen, daß ein *Gericht* eines anderen Staates über den am Vertrag teilnehmenden Staat Recht spricht.

In seinem 4. Bericht hatte sich der Spezialberichterstatter zur Rechtfertigung einer wechselseitigen Beschränkung der staatlichen Immunität in bezug auf den Handel auch auf das Prinzip der Gegenseitigkeit berufen.[76] In der Tat, wenn den Entwicklungsländern für ihre kommerziellen Aktivitäten von den führenden kapitalistischen Staaten keine Immunität gewährt wird, sie aber an der absoluten Immunität festhalten, dann sind sie doppelt im Nachteil — sie gewähren etwas, was sie selbst nicht bekommen. Es bleibt ihnen also gar nichts anderes übrig — wenn auch mit Bedauern[77] — als mitzuziehen und aus Gegenseitigkeitserwägungen ebenfalls zur restriktiven Immunität überzugehen.

Die DDR und die anderen sozialistischen Länder sind durchaus in der gleichen Lage. Ich hatte deshalb schon einmal darauf hingewiesen, daß uns das Festhalten an der absoluten Immunität bei unserer Teilnahme an internationalen Wirtschafts-

[72] Vgl. dazu ausführlich M. Hofmann/H. Fincke, Der internationale Zivilprozeß, a. a. O., S. 74ff.

[73] Vgl. dazu H. Strohbach, Probleme der Anerkennung und der Vollstreckung gerichtlicher und schiedsgerichtlicher Entscheidungen im Ausland, in: Handbuch der Außenhandelsverträge, Band 1. Der Außenhandelskaufvertrag, Berlin 1979, S. 435ff.

[74] Vgl. H. Strohbach, UNCITRAL-Vergleichsordnung 1980, in: DDR-Außenwirtschaft. Recht im Außenhandel, 60. Beilage, S. 1ff.

[75] Vgl. H. Strohbach, Die Arbitrage ad hoc und ihre Regelung, unter besonderer Berücksichtigung der UNCITRAL-Schiedsgerichtsregeln 1976, in: Schriftenreihe der Kammer für Außenhandel der DDR, Berlin 1977.

[76] Vgl. A/CN.4/357, S. 79.

[77] Vgl. so Jagota (Indien) in der ILC; A/CN.4/SR.1656, S. 3ff.

beziehungen nichts nützt, sondern nur schadet. Das betrifft nicht nur die Praxis unserer eigenen (Schieds-)Gerichte bei der Behandlung ausländischer Staaten und staatlicher Unternehmen, sondern auch das Verhalten unserer Betriebe im Ausland.[78]

Der Entwurf des Art. 11 kommt den Auffassungen der sozialistischen Völkerrechtswissenschaft nicht nur entgegen, indem er auf die Verwendung der Begriffe acta jure imperii und acta jure gestionis verzichtet, sondern auch dadurch, daß er *nicht* von einer *Nichtexistenz* der staatlichen Immunität im kommerziellen Bereich ausgeht — wie das von einer Reihe westlicher Vertreter gefordert wurde —, sondern daß er das Vorhandensein der staatlichen Immunität als gegeben voraussetzt und einen *Verzicht* des Staates auf seine Immunität *unterstellt*[79], *wenn* er bestimmte Handlungen unternimmt.

Der ILC-Kommentar zu Art. 11 bezeichnet diese Lösung m. E. zu Recht als einen gangbaren Kompromiß.[80] Die Entwicklungsländer werden diesem Kompromiß zustimmen, weil sie ihre Interessen durch den in Art. 3 enthaltenen Doppeltest geschützt sehen.[81]

Eine weitere Frage (auf die hier nicht näher eingegangen werden kann) ist allerdings, *wer* über die (Nicht-)Gewährung der Immunität entscheiden soll. Wahrscheinlich würden viele Staaten eine Lösung vorziehen, wie sie beispielsweise in der Zivilprozeßordnung Indiens enthalten ist.[82]

Es wurde in der ILC aber auch darauf hingewiesen, daß es den Staaten natürlich freisteht, bilateral etwas anderes zu vereinbaren, als es die Konvention vorsieht. Als Beispiel wurde das Schiffahrtsabkommen UdSSR—Großbritannien vom 3. 4. 1968 genannt, in dem die Immunität sowjetischer Handelsschiffe ent-

[78] Vgl. F. Enderlein, Die Arbeit der Völkerrechtskommission der Vereinten Nationen zur gerichtlichen Immunität der Staaten, in: DAP, 2/1982, a. a. O., S. 73.

[79] Von einer entgegengesetzten Vermutung geht Ushakov aus, wenn er sagt, daß der Territorialstaat mit der Erlaubnis zu kommerziellen Aktivitäten an andere Staaten auch sein Einverständnis zur Gewährung absoluter Immunität gibt. Vgl. YBILC 1980, Bd. I, S. 202.

[80] Vgl. A/38/10, S. 52.

[81] Allerdings sollte der Entwurf in seinem verfahrensrechtlichen Teil durch Bestimmungen ergänzt werden, die den Einwand der Immunität *ohne Kosten* für den verklagten Staat ermöglichen. Von der AALCC wurde darauf hingewiesen, daß ein Entwicklungsland in den USA vor einem Gericht erster Instanz 200000 US-Dollar aufwenden mußte, um seine Immunität geltend zu machen und daß diese Kosten in der nächsten Instanz 600000 US-Dollar betragen hätten (siehe Doc. AALCC/IM/81/1).

[82] Danach darf ein Gericht eine Klage gegen einen ausländischen Staat nicht ohne Zustimmung der Zentralregierung annehmen. Ähnliche Regelungen enthalten auch die Gesetze anderer Länder. In den USA sah sich das Außenministerium gezwungen, trotz eindeutiger gesetzlicher Regelung, nach wie vor in die Gerichtspraxis einzugreifen. Vgl. F. W. Bistline jr./J. M. Stephenson jr., Development of the United States foreign sovereign immunities act, in: International Financial Law Review, August 1982, S. 22; S. M. Nora, Sovereign immunity and the PRC, in: International Financial Law Review, April 1984, S. 33.

halten ist, was Großbritannien zu einer Ergänzung seines Immunitätsgesetzes veranlaßt hat.[83]

Die Haltung der Entwicklungsländer zur Gewährung der gerichtlichen Immunität für kommerzielle Aktivitäten der Staaten ist äußerst vielfältig. Ich hatte schon das Extrem erwähnt, daß in der ILC einige Mitglieder für die völlige Beseitigung der Immunität, selbst für Aktivitäten außerhalb der kommerziellen Sphäre, eintreten. Für den Ausschluß des internationalen Handels aus dem Bereich der gerichtlichen Immunität setzten sich viele Entwicklungsländer Asiens und Afrikas ein.[84] Andererseits schlug Francis (Jamaica) vor, die Entwicklungsländer sollten untereinander an der Gewährung der vollen Immunität festhalten. Nach seiner Auffassung wäre eine generelle Hinwendung zur restriktiven Immunität verheerend.[85]

Offensichtlich sind die kapitalistischen Industriestaaten nicht bereit, zur absoluten Immunität zurückzukehren bzw. sich dieser zuzuwenden. Es ist sogar damit zu rechnen, daß weitere Staaten Immunitätsgesetze nach dem amerikanischen oder englischen Muster erlassen werden. Das hat Sierra Leone veranlaßt, sich in der UNO für ein Moratorium für den Erlaß derartiger Gesetze auszusprechen, um die Ausarbeitung einer internationalen Konvention nicht zu gefährden bzw. noch weiter zu erschweren.[86]

Die einzige Möglichkeit, auf die nationale Gesetzgebung Einfluß zu nehmen, besteht in einer klaren völkerrechtlichen Regelung in Gestalt einer internationalen Konvention. Daran müssen insbesondere diejenigen Staaten interessiert sein, die ansonsten der — teilweise doch recht willkürlichen — nationalen Regelung mancher Staaten ausgesetzt sind. Auch die DDR mit ihren umfangreichen, weltweiten außenpolitischen und außenwirtschaftlichen Beziehungen setzt sich deshalb in den Vereinten Nationen für eine schnelle und eindeutige, den Interessen der internationalen Staatengemeinschaft gerecht werdende Lösung ein.

Der Inhalt der Regelung sollte nicht auf eine absolute Immunität gerichtet sein.[87] Das ließe sich beim gegenwärtigen Stand des internationalen Kräftever-

[83] Um den Verpflichtungen aus dem Schiffahrtsabkommen nachzukommen, hat Großbritannien "The State Immunity (Merchant Shipping) (Union of Soviet Socialist Republics) Order 1978" erlassen, in dem Einschränkungen des Artikels 13 Abs. 4 des State Immunity Act im Hinblick auf sowjetische Schiffe enthalten sind. Vgl. Materials on Jurisdictional Immunities of States and their Property, a. a. O., S. 51.

[84] Die AALCC gab eine solche Empfehlung, die lediglich von Indonesien nicht unterstützt wurde (siehe Doc. AALCC/IM/81/1).

[85] Vgl. A/CN.4/SR.1836, S. 9. Auf einer früheren Sitzung hatte er allerdings erklärt, die Immunität verletze die Souveränität des Territorialstaates (siehe YBILC, 1980, Bd. I, S. 215).

[86] Vgl. A/C.6/37/SR.49, S. 13.

[87] Auch Ushakov ließ verschiedentlich durchblicken, daß die Sowjetunion durchaus bereit sein könnte, gewissen Ausnahmen zuzustimmen.

hältnisses ohnehin unmöglich verwirklichen. Eine absolute Immunität entspricht aber vor allem auch nicht den Interessen der DDR und ihrer Praxis. Die DDR sollte deshalb eine solche Regelung unterstützen, die von der Immunität des Staates im Prinzip all jene Handlungen und Bereiche ausnimmt, die bei uns nicht von Staatsorganen, sondern von selbständigen Wirtschaftseinheiten ausgeübt und vertreten werden.

Резюме

Ф. Эндерлайн

Иммунитет государств по современному международному праву. Об изъятии коммерческой деятельности в проекте комиссии международного права Организации Объединённых Наций

Исходя из того факта, что до сих пор не существует никакой общей международно-правовой кодификации иммунитета государств от юрисдикции других государств и что обычное международное право в этой области отнюдь не является однозначным, автор приветствует проводимые комиссией международного права ООН работы по подготовке конвенции о юрисдикционных иммунитетах государств и их собственности. Так как ряд государств уже издали специальные национальные законы об иммунитетах и можно ожидать дальнейшие законодательные действия, в ООН был предложен мораторий на издание дальнейших законов. Хотя это и не имеет шансов на успех, все-таки необходимо поддержать соображения о необходимости ускорить работы над ясным и однозначным, отвечающим в равной мере интересам всех государств международно-правовым регулированием, ибо только таким образом можно оказать влияние на дальнейшее развитие.

За последние 100 лет суды империалистических государств предоставляли иностранным государствам и подчиненным им учреждениям как абсолютный иммунитет, так и более или менее широкие рестрикции. Поэтому автором отвергается отождествление социалистической позиции с абсолютным иммунитетом и империалистической с рестриктивным иммунитетом.

Интересы развивающихся стран не одинаково отражаются их представителями в ООН. На государственный суверенитет ссылаются как сторонники неограниченного иммунетета, так и его противники. При подчёркивании территориального суверенитета государства суда может возникнуть в отдельных ситуациях такое положение, когда отрицается даже любой государственный иммунитет.

В своей статье автор рассматривает прежде всего два вопроса, ответ на которые не является еще удовлетворительным:

а) Что представляет собой „государство"? Охватывает ли государство также и подчиненные учреждения, в частности, государственные предприятия?

б) Имеет ли государство в любом случае право на юрисдикционный иммунитет? В частности, существует ли такое право также в отношении коммерческой деятельности?

При этом он останавливается на соответствующих статьях проекта комиссии международного права, а именно 2, 3, 7, 11, 21 и сл. и вносит предложение об их точной формулировке. Проект конвенции в целом содержит девять изъятий из государственного иммунитета, хотя большинство их можно охватить под понятием коммерческой деятельности. Многие из рассмотренных изъятий производят впечатление, будто принцип государственного иммунитета полностью подрывается. Необходимость многочисленных изъятий вытекает, между прочим, из того, что понятие государства весьма расширенно интерпретируется и по ст. 3 охватывает политические подразделения, подчинённые агентства и учреждения вплоть до интересов на предприятиях. Автор выступает за узкое определение государства, ибо оно оптимально отвечает внешнеполитическим и внешнеэкономическим интересам социалистического государства. Поэтому проект конвенции в этом отношении, а также во многих других отношениях не должен был бы следовать Акту о суверенных иммунитетах иностранных государств США, как это имело место до сих пор. Моделью могла бы служить в этом отношении Конвенция Европейского Совета.

Как и в своих прежних трудах, автор выступает за рассмотрение социалистического государства в единстве всех его функций. Однако, это не исключает изъятия коммерческой деятельности государства, его деятельности как субъекта гражданского права из сферы государственного иммунитета. Автор поддерживает принцип, лежащий в основе проекта ст. 11 конвенции, так как этот принцип отвечает как организации внешней торговли социалистического государства, так и договорной практике социалистических государств. За предусмотренное регулирование говорит и то, что оно полностъю отвечает интересам государственных внешнеторговых предприятий ГДР в случае возбуждения судебного процесса против иностранных (государственных) партнеров.

При этом содержащаяся в ст. 11 проекта идея представляет собой приемлемый компромисс, так как она избегает ссылки на acta jure imperii в противоположность acta jure gestionis и исходит из факта существования государственного иммунитета, предполагая при этом, однако, что государство отказывается в определенных ситуациях от этого иммунитета. Эта идея принципиально отвечает внешнеэкономической практике социалистических государств, в силу чего автор считает необходимым приспособление к практике социалистической теории международного права.

Summary

F. Enderlein

State Immunity in Present International Law.
On the Exclusion of Commercial Activities in the Draft Convention of the United Nations' International Law Commission

Proceeding from the statement that hitherto there has been no general international codification of State immunity from the jurisdiction of other States and that international law in this sphere is anything but unambiguous, the author welcomes the activities of the United Nations' International Law Commission aimed at preparing a convention on jurisdictional immunities of States and their property. Since a number of States have already passed special immunities acts and further legislative activities are to be expected a moratorium for passing new acts has been proposed in the United Nations. Though it does not have any prospect of success the idea must be supported that the work on a clear and unambiguous international regulation serving the interests of all States should be hurried up, because this is the only way to exercise an influence on the further development.

In the last 100 years the courts of the imperialist States not only granted foreign States and their subordinate instrumentalities absolute immunity but also imposed more or less far-reaching restrictions. The author, therefore, rejects an identification of the socialist viewpoint with the absolute immunity and of the imperialist viewpoint with the restrictive one.

The interests of the developing countries are not uniformly reflected by their UN representatives. State sovereignty is referred to by both the supporters of unrestricted immunity and its opponents. Now and then the emphasis laid on the territorial sovereignty of the State of the forum even results in the rejection of any immunity.

In his article the author deals with two questions, which so far have not been answered satisfactorily:

a) What is "the State"? Does "the State" also comprise subordinate establishments, first of all State enterprises?
b) Is a State in any event entitled to jurisdictional immunities? Especially, does this claim also exist in respect of commercial acts?

The author enters into the relevant articles of the ILC draft convention, viz. articles 2, 3, 7, 11, 21 et seq. and submits proposals for their clearer formulation. The draft convention contains altogether 9 exceptions to State immunity though most of them could be summed up under the term commercial activities. The multitude of exceptions produces the impression that the principle of State immunity is completely being undermined. The necessity of many exceptions arises, *inter alia* from the term "State" first being considerably enlarged and including, according to the definition of article 3, also political subdivisions, subordinate agencies or instrumentalities as well as interests in enterprises. The author advocates a narrow definition of the term "State", because in this way the foreign policy interests of the socialist States are also met best. Therefore, the draft convention should, in this regard as well as under many other aspects, not follow the US Foreign Sovereign Immunities Act, as it did till now. On this question, however, the Convention of the Council of Europe could serve as a model.

As in previous publications the author advocates the socialist State to be regarded in the unity of all its functions. This does not exclude, however, commercial activities of a State, its acts as a subject of civil law, from being debarred from the sphere of State immunity. The author supports the principle underlying the draft of article 11 of the convention, because it corresponds to both the organization of a socialist State's foreign trade, and the treaty practice of the socialist States. Speaking in favour of the proposed regulation is also the fact that it fully meets the interest of the foreign trade enterprises of the GDR in case of court actions against a foreign (State) partner.

The idea contained in draft article 11 ist an acceptable compromise because it avoids a reference to *acta jure imperii* as opposed to *acta jure gestionis* and proceeds from the existence of State immunity supposing, however, that a State, under certain circumstances, waives such immunity. This idea corresponds, on principle, to the foreign economic practice of the socialist States and, therefore, the author thinks it necessary to adapt the socialist theory of international law to practice.

D. Georgiev

The law of the EEC and International Law: A Critical Appraisal

The establishment of the European Economic Community (EEC) and the two other European Communities— the European Coal and Steel Community (ECSC) and the European Atomic Energy Community (EAEC) — has lead to the creation of a body of legal rules, the so called "law of the European Communities", which consists of the Treaties establishing the three communities and some other international treaties between the Member States on the one hand and the acts of the institutions of the communities on the other hand. From the point of view of the theory of international law the question arises whether these legal rules belong to the legal orders of the Member States, to the legal order of international law, or whether they constitute a legal order of their own, separate from international law, similarly to the legal orders of States.

In West European legal doctrine the prevailing view seems to be that the law of the European Communities constitutes a separate legal order not belonging to international law. According to P. Pescatore, Judge in the Court of Justice of the European Communities, "the widespread argument saying that the Communities belong to the field of international law because they were created by international treaties is not convincing."[1] J. A. Winter writes that "the Treaties establishing the European Communities have created a new legal order which can neither be explained in terms of general international law nor be described as a particular type of national law . . . As a legal order *sui generis* it should be distinguished from municipal law and from international law."[2]

The idea of a legal order of the EEC has also been held up by the Court of Justice of the European Communities as an instrument for promoting supranationality in West European integration.

In the Bosch case[3] the Court stated, inter alia, that "the municipal law of any Member State . . . and Community law constitute two separate and distinct legal orders". This was essentially a dualist position because it was based on the notion that neither of the two legal orders includes the other and that, as national institutions operate within the national laws and Community institutions operate

[1] P. Pescatore, International Law and Community Law — A Comparative Analysis, in: Common Market Law Review, 1970, p. 168.

[2] Leading Cases and Materials on the Law of the European Communities, Deventer 1980, p. 98.

[3] Case 13/61, European Court Reports, 1962, p. 50.

within Community law, the two legal spheres do not intersect. In the Humblet case[4] the Court held that „the ECSC Treaty is based on the principle of strict separation of the powers of the Community institutions and those of the authorities of the Member States ... Community law does not grant the institutions of the Community the right to annul legislation or administrative measures adopted by a Member State."

If this dualist attitude is consistently developed, the conclusion should be made that there could be no hierarchical relationship between the two legal orders and, accordingly, no primacy of Community law over national law. A monist attitude, on the other hand, would prefer to regard Community law and national law as hierarchical levels, the higher level including the lower one, and it is from this point of view that P. Pescatore criticises the two above-mentioned Court decisions: "Contrary to what might have been thought during the earlier periods of the life of the Community, there is no question here of 'distinct' and 'separate' legal spheres; ... This formulation, tinged with a dualism which ill assorts with the monism which pervades the Court's case law, has been put into circulation by the judgements in Humblet ... and Bosch ... This language seems at the present day to have been abandoned by the Court, which prefers to accentuate everything which encourages contact and cooperation between Community law and national law, the Community Court and domestic courts."[5]

A truly monist approach would also imply, however, that there is only one homogeneous legal order, and that above the layers of local, provincial, national and Community law there should be the final layer of international law, and that, therefore, there is no qualitative difference between international and Community law. If this homogeneity of law is rejected, then the very name of monism becomes inappropriate. This conclusion would hardly be accepted by the proponents of the concept of a Community legal order. They seem to borrow from the monist approach only the idea of supremacy whereas other implications of a monist view remain more or less neglected.

Elements of a pluralist picture of law tend to receive wide support. R. Monaco, former judge of the Court of the communities, writes that "any discussion of the limits of the Community order must be situated within the perspective (which is well known and generally accepted) of the plurality of legal orders." From this pluralist assumption he draws conclusions which are not very much in line with an orthodox monism: "... it is not possible ... to regard the Community order as an epicenter; rather the assumption must be that this order co-exists with other orders (namely those belonging to States) and does not dominate or impose itself upon them."[6]

[4] Case 6/60, European Court Reports, 1960, p. 568.

[5] P. Pescatore, The Law of Integration, Leiden 1974, p. 61.

[6] R. Monaco, The Limits of the European Community Order, in: European Law Review, 1976, p. 269.

Indeed, as soon as one admits that there exist more than one legal order, the conclusion that they do not dominate or impose themselves upon each other is quite natural. If the concept of legal order is understood in the traditional sense as a group of norms which does not include other legal orders as subordinated groups of norms, then the relationship between such independent legal orders cannot be established as an *a priori* hierarchy between them but is determined in each legal order exclusively for its own sphere through incorporation, transformation etc. R. Monaco does not go that far in his conclusions confining himself to a more careful wording.

It is not by chance that when speaking of legal orders other than Community law R. Monaco specifies that he has in mind those belonging to states and does not mention international law as a legal order. This is characteristic of a tendency of trying to dissolve international law into numerous legal orders and leave intact only the legal orders of states and that of the West European communities.

It is worth noting that the pluralist method is not applied consistently in relation to the European Communities. H. G. Schermers, for example, adopts a pluralist approach based on the assumption that "whenever there is a law-maker there is a legal order".[7] He writes that "each State has its own legal order, a body of interlocking and complementary legal rules which taken together govern the legal relationships within the country. Apart from these legal orders international organizations have legal orders of their own." And even then "most international organizations make their binding rules in treaties and conventions . . . Because of the fact that not all legal rules bind the same States, they cannot form one legal order; each convention constitutes a legal order of its own."[8] The result is an extreme particularization, almost a dissolution of international law into numerous legal orders. Moreover, connecting the existence of a legal order to an institution leads in the case of international law to the disregard of the most important category of international acts — treaties between states — which are not connected with any organization. As far as the European Communities are concerned, however, H. G. Schermers thinks that "the three Treaties and all the rules of secondary Community law taken together form one legal order, equally binding within all Member States. The inherent unity of this legal order is of the greatest importance for its further development."[9] So the reason for the unity of the Community legal order comprising the three communities is said to be the fact that the three treaties are binding on the same Member States. Does this mean, however, that a rule of law not addressed to all Member States, but only to several or one of them, does not lie within the legal order of the communities even if it is based on one of the treaties establishing them? Does this further mean that different international

[7] H. G. Schermers, International Institutional Law, 2nd ed., Alphen aan den Rijn, p. 555.
[8] H. G. Schermers, Judicial Protection in the European Communities, 1st. ed., Deventer, para. 7.
[9] Ibid., 2nd ed., p. 7.

conventions, binding the same states, although in different unrelated fields can be conceived as constituting one single legal order? It is doubtful whether the proponents of a pluralist approach would be inclined to draw such conclusions.

The pluralist approach seems unacceptable because, having once admitted the possibility of infinite divisions, there would be no limit to the particularization of international law. Besides it would be inconsistent not to apply the same pluralist approach to Community law and divide it into three separate legal orders.

Most of the proponents of the concept of a Community legal order do not make a particular connection between this concept and the pluralist view of law but just distinguish between national, Community and international law as different legal orders.[10] Such a division into three, if understood as a monist viewpoint, implies that there is a hierarchical relationship between international, Community and national law, the highest legal order including the lower ones. If the partition into three is of a more "dualist" character, i.e. instead of into two the legal norms are divided into three groups, this would imply that neither of the three legal orders dominates upon the others, includes them or has primacy over them. The authors advancing the division into three do not seem however inclined to accept either a fully dualist or a fully monist approach with all their implications. Their aim is simply to assert Community law as a separate legal order.

This has also been the aim of the Court of Justice of the communities. In several judgements it has adopted the view that Community law constitutes a new legal order alongside with the legal orders of the Member States on the one hand and international law on the other hand. In order to separate Community law from international law the Court held in the Vand Gend en Loos case[11] that "the objective of the EEC Treaty, which is to establish a Common market, the functioning of which is of direct concern to interested parties in the Communities, implies that this Treaty is more than an agreement which merely creates obligations between the contracting States." Similarly, arguing that the treaties establishing the communities are not international law, P. Pescatore writes that "it all depends on the *contents* of the treaty. A treaty is in fact only a form of procedure which may serve to do a great many different things. For example, a number of States have been created by treaties which, thus, have generated public law."[12]

The suggestion that an international agreement can be "more" than an act of international law and thus transcend the shere of the international legal order seems doubtful, for, whatever those specific circumstances that lead to such a conclusion, an act either is or is not an international agreement. In a sense all international treaties are "more" than that because each contains specific provisions which might make it unique. It is not so much the contents as the legal nature of a treaty that is important for the question whether this treaty transcends the

[10] See supra, note 2.
[11] Case 26/62, European Court Reports, 1963, pp. 10—14.
[12] P. Pescatore, International Law and Community Law — A Comparative Analysis, op. cit.

sphere of international law. The contents would be important only if they are such as to be able to change that legal nature. If a treaty, for example, is a form of self-determination of a people and expresses its will to found a new state then it would be an act of constitutional importance. A mere comparison,[13] however, between what would be considered the character of international treaties and the character of Community law is not enough for a theoretical justification of a separation of Community law from international law. The specific character of the relations governed by a group of norms is not sufficient to present them as a separate legal order. If Pescatore's approach is adopted, it would be possible, on the basis of comparative analysis, to single out any group of international norms, possessing certain characteristic features in common which are not to be found in other treaties, and declare that this group of norms does not belong to the sphere of international law.

The arguments supporting the statement that the EEC Treaty is "more" than an international agreement given by the Court in the Van Gend en Loos case can be summarized as follows: 1. not only the governments but also the peoples are referred to in the preamble; 2. the subjects of Community law are not only the Member States but also their nationals; 3. the sovereign rights of the Member States are limited and institutions endowed with sovereign rights are established. The conclusion which the Court draws is that "the Community constitutes a new legal order of international law for the benefit of which the States have limited their sovereign rights, albeit within limited fields, and the subjects of which comprise not only Member States but also their nationals."

Although the Court speaks of a legal order *of international law* all three arguments are intended to suggest that by its characteristic features Community law resembles national law much more than international law. The words "of international law" could be understood (which would be an acceptable viewpoint) to mean that Community law is part of international law constituting a subsystem in it and thus is not a domestic legal order by its nature. The subsequent reasoning of the Court, however, suggests that what it had most probably in mind was that Community law is a legal order of international law only in the same sense as domestic orders have a place in international law.[14]

[13] In the quoted article by P. Pescatore the comparison between Community law and international law serves to show the differences between the two and to separate them. For that purpose international law is presented as unable to govern relations in a field of common interest which, in the view of the author, is reserved for the law of integration. International law is being characterized as "paralized by deep antagonisms", "politically ineffective", "based entirely on a clumsy and ineffectual apparatus of negotiated treaties" and thus every possibility of a positive development of international law is excluded. Such possibilities are attributed by the author only to Community law.

[14] It is interesting to note that quoting this decision of the Court J.-V. Louis puts the words "of international law" into brackets and points out that they do not recur in subsequent decisions (J.-V. Louis, The Community Legal Order [European Perspectives], Brussels 1980, p. 76).

The first argument, for example, refers to the peoples, thus implying that the Communities, similarly to a state, derive their legitimacy directly from the people. But this is clearly not the case insofar as the European Communities are concerned. The treaties establishing them are international agreements and the reference to the peoples cannot deprive them of their quality of international treaties. The preamble to the United Nations Charter also refers to the peoples but this is not a reason for regarding it as lying outside international law. It is also possible for other international agreements to refer to the peoples without thus creating a new legal order separated from international law. This would only be the case if there were a clear and explicit will on the part of the peoples to found a new state. Then the act in question would be indeed "more" than an international treaty, it would be an act constituting a state. But in the case of the West European communities this clear and explicit will is obviously not at hand. Even a very free interpretation of the treaties cannot lead to such a conclusion. It was rather the intention of the contracting states (and it was the states, not the peoples, who were the founders of the communities, notwithstanding the reference in the preamble) to create an international organization and not a federation of states. The existence of consultative bodies such as the European Parliament and the Economic and Social Committee within the institutional framework of the Communities is not a factor able to turn them into states.

The second argument — that the subjects of Community law are not only the Member States but their nationals as well — is also aimed at emphasizing a contrast with international law. Indeed, international agreements traditionally contain rules governing the relations between states and not between individuals or states and individuals. Especially the circumstance that individuals cannot directly participate as subjects of law in the creation of public international law, alongside with states, leads to the conclusion that they cannot be subjects of public international law. Nothing, however, can prevent states from granting rights to and imposing obligations on individuals directly under international law. This does not mean that individuals become subjects of international law in the sense that their will, similarly to the will of states, can become the source of validity of legal rules nor that such international agreements, granting rights to and imposing obligations on individuals, lie outside international law giving rise to new separate legal orders. The source of validity of the legal rules of such agreements still remains within the sphere of international law. The peculiarity of Community law, the subjects of which include private persons, is not a sufficient reason for speaking of a separate legal order, but only a secondary factor which cannot change the basically international character of the treaties.

Besides, the argument that individuals are subjects of Community law cannot be used as a proof for the existence of a new legal order, different from international law, if the view which is widely spread in Western legal doctrine that the individual is a subject of international law anyway is accepted.

The third argument that by creating the European Communities the Member States have limited their sovereign rights in certain fields and that the communities have acquired sovereign rights in those fields is maybe the major argument for the existence of a new legal order. It, in fact, suggests that in those spheres in which the communities have acquired sovereign rights their competences and their legal order are as good as the competences and the legal orders of the Member States in the fields in which the latter have retained their powers. This argument is one of the pillars of supranationalist legal ideology. In order to assess its validity it would be relevant two answer the following two questions: 1. Can the states limit their sovereign rights? 2. Can the communities acquire sovereign rights?

In order to give a positive answer to the first question sovereignty is usually identified with the sovereign rights and with the sum of state competences. As such a view is not in line with the principle of indivisibility of sovereignty the latter principle is declared to be an old-fashioned dogma which has to be dropped. Such an identification oversimplifies the problem. Sovereignty in international law is clearly more than the sum of competences, functions or sovereign rights of states. Sovereignty, as the supreme authority of the state within its territory and its legal independence in international relations, is the *basis* of the competences of the state but cannot be reduced to their sum since it also includes the right of the state freely to determine the scope of its powers which in German legal theory has been appropriately named "*Kompetenz-Kompetenz*". If sovereignty is conceived not as a sum of competences but as their basis then there can be no question of divisibility because the right of the state freely to determine its own sovereign rights cannot be divisible.

In contemporary international law the principle of respect for State sovereignty, which is one of its basic principles, is closely connected with the principle of self-determination and with the right of peoples and nations freely to choose their political, social and economic structures. Hence state sovereignty can be seen as an expression of the sovereignty of the people and is closely related to the democratic contents of modern international law. But as the right to self-determination is an inalienable right so is the sovereignty of the state in international law. A state, as long as it remains a state, cannot abandon its sovereignty, i.e. its right to determine freely the scope of its competences. And even if it ceases to be a state the people, in conformity with its right to self-determination, is entitled to restore its political independence and state sovereignty.

In Western legal thought it is sometimes argued that by concluding international agreements and assuming international commitments the state voluntarily restricts its own sovereignty. Thus it is argued that the conclusion of international agreements leads to a self-limitation of sovereignty. This view leads to a negation of state sovereignty which belongs to the fundamentals of international law. In fact the conclusion of international agreements is not a limitation but a form of joint exercise of sovereign rights. Sovereignty as such cannot be limited or divided. It is only the exercise of certain functions, powers, competences and rights that can be subjected to international regulation in the same way in which they can be subjected to internal measures. The state does not abandon part of its sovereignty to a governmental or intergovernmental agency; it simply agrees that the exercise of certain competences will be carried out by these institutions.

It has been argued that sovereignty in the present-day world is a barrier to international cooperation and respectively to integration. Of course it can be a barrier to certain interests and therefore be regarded as an impediment to integration from the point of view of these interests. Basically, however, sovereignty is not an obstacle for integration but a guarantee that it be carried out in a way which corresponds to the interests of the states, both national and as part of a community of states. The limitation of sovereignty is not only incompatible with international law but in a sense legally impossible. On the other hand such a limitation is not necessary for the process of integration. Economic integration of the socialist countries within the CMEA is carried out with an express respect for the sovereignty of its Member States. As the history of the EEC and especially the practice after the Luxembourg agreements of 1966 have shown, the process of integration in Western Europe could not be carried out against the will of the Member States as expressed by the governments in power but only with their active cooperation.

The second question to be answered is whether, on the other hand, the communities can aquire sovereign rights. Sovereignty, which — as it was mentioned — is an expression of the right to self-determination, is an attribute only of states. International organizations cannot possess sovereignty and have no sovereign rights. Their powers are strictly limited by the participating states and, compared with the powers of the states, are secondary and derived. Unlike the states, international organizations have no "*Kompetenz-Kompetenz*". The legal personality of the European Communities can be considered to be only that of an international organization. The European Communities are not a state, they cannot claim to have been founded by an act of self-determination aimed at creating a state or at least a "quasi-state". Their powers are, like the powers of other international organizations, limited by the treaties establishing them and derived from the powers of the Member States. The Communities cannot determine autonomously the scope of their authority (lack of "*Kompetenz-Kompetenz*"). The attempt to present them as a "quasi-federation", i.e. as something lying half way between international organizations and states, is not convincing since a subject of international law can have legal personality either as a state or as an international organization but not as something in between which, without "yet" being a state, could possess sovereign rights.[15]

[15] Even a very outspoken proponent of a Community legal order like Th. Oppermann who describes this legal order as "un corps de règles juridiques autonomes et étranger au droit international public", as "un droit préetatique" has to admit that there is no "souveraintê communautaire" and that the communities do not possess "compétence de la compétence" (Th. Oppermann, Le droit des Communautés européennes — un nouveau droit international?, in: Thesaurus Acroasium, vol. IV, Thessaloniki, pp. 251, 256).

The conclusion to be made is that the arguments of the Court for the existence of a separate Community legal order, comparable to the legal orders of states, are not impressive. The acceptable viewpoint would be that the legal rules, contained in the treaties establishing the European Communities and in the acts of their institutions, should be conceived as part of the legal order of international law and not as a separate legal order of their own.

The concept of a legal order of the European Communities lacks a credible legal justification. The reasons for advancing this concept appear to be more of a political and ideological nature aiming at the consolidation of the supranational framework of the communities.

It could be argued that as the acts of the institutions of the communities, together with the treaties, contain a specific group of legal rules with common characteristic features uniting them, the term "legal order" could be used as much looser concept to denote this group of legal rules. Thus, the term "legal order of the European Communities" would just mean the norms contained in the treaties and the acts of the community institutions or simply "EEC law", "Common market law" or "Community law". This type of argumentation is not quite acceptable since the use of any new term should be justified in a positive and definite way. If, nevertheless, the choice is made to use the term in this rather free sense then no legal conclusions should be drawn from it. It is quite clear that with such a loosely defined concept the choice as to which groups of norms or which legal levels should be regarded as constituting a legal order and which not would be rather subjective. Therefore it would be misleading to draw legal conclusions based not on positive law but on the very concept of a legal order depending on subjective and not on objective criteria.

Yet such consequences have been drawn. They have played a particularly significant role in establishing such important characteristics of EEC law as its supremacy over national law and its direct effect, which J.-V. Louis describes as the "twin pillars of the Community legal order".[16]

The doctrine of the *primacy of Community law over national law* is considered to have been formulated by the Court of Justice of the European Communities in its judgement in the case Costa v. ENEL.[17] Though the Court does not use the term "legal order" in this judgement,[18] prefering the expressions "legal system", "body of law", "Community law", the arguments from which it draws the conclusion about the primacy of Community law are the same as have been formulated in the Van Gend en Loos case as a proof for the existence of a Community legal order.

The Court argues that by limiting their sovereign rights and transferring powers

[16] J.-V. Louis, op. cit., p. 94.
[17] Case 6/64, European Court Reports, 1964, p. 585 et seq.
[18] In the translation given by J.-V. Louis (op. cit., p. 94) the term "legal order" is used.

to the Community the Member States have created a new body of law which takes precedence over their national law. This "new body of law" or "new legal order", as it was called in the Van Gend en Loos case, is thus the basis of supremacy. The simple logic suggested by the Court is that where there is sovereignty there is supremacy and, as there has been transfer of sovereignty to the Communities, their acts should enjoy supremacy. As has been already pointed out, the attribution of powers to the communities has not lead to a limitation of the sovereignty of the Member States and an aquisition of sovereign powers by the communities. Therefore the view that the acts performed in exercise of those powers have supremacy over national law is unfounded because it is based on the unproven ground of transfer of sovereignty.

The Court points repeatedly to the binding character of Community law as an argument for supremacy. In particular a direct link between the binding character of regulations according to Art. 189 of the EEC Treaty and their supremacy is made. Furthermore "the terms and the spirit of the Treaty" and its "special and original nature" are presented as basis for its supremacy. Here the Court does not seem to have taken into consideration the difference between the binding character of an international act and its rank in national law — a distinction well known in legal theory. All international legal obligations have binding character but their place in the hierarchy of national law is a different matter and it is determined on the basis of the will of the state within its legal order. It is not clear what is so special and original in the nature of the EEC Treaty that should give it a greater legal force than any other treaty in the national legal orders of the Member States. If this special and original nature is seen in the binding character of Community law, what exactly makes it more binding than any other international obligation so that the Court could say that "*by contrast* with *ordinary* international treaties the EEC Treaty has created its own legal system"? If this extraordinary character of the EEC Treaty is deduced from the binding force of secondary Community law it remains unclear why the binding force of an act based on a treaty should not only have greater legal force than an international agreement but even in addition raise the rank of that treaty and make it so extraordinary as to be contrasted to "ordinary" agreements and "ordinary" laws.

A careful reading of the EEC Treaty shows that in spite of the binding character of regulations there is no provision in it as to the rank of regulations or any other rules of Community law in the internal legal orders of the Member States and it follows that his rank remains to be determined by them within their domestic systems.[19] The real basis for a priority of the Treaties and of secondary Community

[19] See K. Carstens, Der Rang europäischer Verordnungen gegenüber deutschen Rechtsnormen, in: Festschrift für Otto Riese, Karlsruhe 1964, S. 74. J.-V. Louis (op. cit., p. 95) on the contrary, asserts that "it is the Treaty which is the real source of primacy and not the provisions of the national constitutions."

acts over national legislative acts can only be the will of the Member States. At present this will may be perceived in a recoginition (express or tacit) of the primacy of Community law by the Member States. They can decide, however, separately or jointly, to give Community law any other rank in their internal legal orders. A rank below national laws would not make Community acts less binding as the international obligations which they contain remain intact. It would not make them less effective either because any contradiction with national norms, if their place in the national legal order is higher than that of Community acts, would be a breach of the Treaty obligations against which an action under Art. 169 or Art. 170 can be brought.

Articles 169 and 170 provide remedies against non-fulfilment of obligations under the Treaty and not against possible or potential breaches. That is why these articles cannot provide the legal basis for challenging the rank of Community acts in the internal legal orders of the different Member States in general. An action under Art. 169 or 170 is justified only when there is an actual conflict between a Community act and an overriding rule of domestic law.

Nor can Art. 177 of the EEC Treaty provide the legal basis of supremacy as it concerns the interpretation and validity of Community law but not its relationship with national law.

As an argument for supremacy the Court has pointed in the Costa v. ENEL case to the authorisation procedure for derogation from the Treaties. But by placing Community law within its internal legal order the State does not derogate from the Treaty at all. On the contrary: it gives Community law a certain legal force in the domestic sphere. *What* this legal force should be is not determined by the Treaty.

Another argument, put forward in the Costa v. ENEL ruling, is that without supremacy no uniform application of Community law on the territories of all the Member States would be possible. It is however doubtful whether the objective of the Treaty is to achieve absolute uniformity of law in the Member States. At least Art. 3(h) does not suggest such an absolute uniformity. In any case uniformity has its limits since it is most probable that national courts will tend to apply Community law with the presumption that it does not contradict domestic legal rules, no matter what their rank and the rank of Community law in the national legal order is. The status of Community acts within the national legal orders is more important for the uniform application of Community law if there is an apparent contradiction with national rules. In that case, however, Art. 169 or Art. 170 could be applied, whereas an unconditional supremacy is not the best solution from the point of view of legal certainty.

Besides it should be noted that it is strange that Council regulations, i.e. acts of ministers of the Member States, should take precedence over laws which are acts of the national parliaments, to whom those ministers are usually responsible. That is why it is difficult to agree with the Court when it describes as "ordinary" the laws which are acts of organs supposed to express the supreme binding will of the people and to see as extraordinary the acts of a body, consisting of members of the executive powers.

In the eyes of the Court "the EEC Treaty instituted its own legal order, integrated into the legal systems of the Member States and which has priority before their courts".[20] The argument, however, that the Community legal order is integrated into the legal orders of the Member States does not at all imply that it has priority over those legal orders. A state can integrate another legal order into its own by giving it a place which it chooses itself and which is not necessarily higher than that of legislative acts. The circumstance that Community law is integrated into the national legal order is in fact an argument for the right of the state to determine the rank of Community law. If it were the other way round, i.e. the national legal orders were integrated into Community law, then it would be quite logical to see their place in a Community legal system determined by Community law itself. But this is not what the Court has said in the cases Costa v. ENEL, Walt Wilhelm, Bosch and Humblet. The view that Community law comprises the national legal orders of the Member States, which would be a more consequent monist approach, is obviously so unfounded that even the Court has not undertaken to formulate it. The dualist approach, on the other hand, should lead to the conclusion that, as Community law and national law belong to two different legal orders, the rank of Community law in internal law should be determined within the domestic legal order.

Alongside with supremacy the *direct effect* of Community law is another important consequence which has been derived from the concept of legal order.

The Van Gend en Loos ruling, which is considered as leading in the establishment of the concept of a Community legal order, at the same time lays the foundations of the Court's doctrine of direct effect. In the case the Court had to answer the question whether "Art. 12 of the Treaty has direct application in national law in the sense that nationals of the Member States may on the basis of this Article lay claim to rights which the national courts must protect." Stating that "the Community constitutes a new legal order for the benefit of which the states have limited their sovereign rights . . . and the subjects of which comprise not only Member States but also their nationals", the Court continues that "independently of the legislation of Member States Community law therefore not only imposes obligations on individuals but is also intended to confer upon them rights which become part of their legal heritage."

Thus the concept of a Community legal order serves the purpose of establishing the direct effect of Community law in the domestic sphere. The connection between the existence of a Community legal order and the direct effect of Community law seems to be seen by the Court in particular in the assumption that as the Member

[20] Case 14/68, European Court Reports, vol. XV, p. 1 et seq.

States have lost certain sovereign rights and the Communities have acquired authority in these fields, creating their own new legal order, they can bind the nationals of the Member States directly.

Does this however mean that the intermediate link of the national legal order, having been fully replaced by another legal order, is no longer necessary? This theoretical construction implies a complete loss of competence on the part of the Member States in those fields in which the Communities have acquired competence. Such a complete loss is not at hand. If it were so then the question of relationship between Community law and national law and the question of rank, in particular, would not exist. Then the community rules would be legally the only valid ones and the national rules should be regarded as non-existing because of loss of competence. This extreme dualism would render the supremacy question irrelevant as the Community legal order and national legal orders would be regarded simply as acting in different spheres. From this point of view the application of the Commission in the Maritime Labour Code case,[21] to give an example, should be rejected as the national rules would have to be considered invalid because of lack of competence on the part of the state. The Court has not opted for such a viewpoint and has upheld both the idea of transfer of sovereign powers on the one hand and the supremacy of Community law on the other hand. If the assumption is accepted, that the intermediate link of the national legal order is no longer necessary, then from a theoretical viewpoint there is a certain contradiction between the notion of direct effect, thus conceived, and supremacy. Direct effect, if seen as a product of the transfer of sovereign powers and of the creation of a separate legal order, implies the existence of only one valid legal rule, whereas supremacy requires two valid rules.

Another possible interpretation of the connection which the Court has made between the existence of a new legal order and its direct effect would be that the national legal orders as an intermediate link between Community law and the individuals have not been fully replaced but only subordinated to Community law. This monist approach would imply, however, that the national legal orders are integrated into Community law. This view, as we have seen already, has not been adopted by the Court.

In fact the relevant circumstance for the direct effect of rules of Community law in the domestic sphere is not the existence of a new legal order but the intention of the contracting parties to make certain acts directly applicable or the will of a Member State to accord direct applicability to certain rules of Community law in its national sphere.

There is no doubt that by establishing the European Communities the contracting parties had the intention to accord them the power of adopting rules creating individual rights and obligations enforceable by the national courts. This intention

[21] Case 167/73, European Court Reports, 1973, p. 372.

was clearly expressed in Art. 189 of the EEC Treaty which provides that "a regulation shall have general application" and "shall be binding in its entirety and directly applicable in all Member States". Further the same article establishes that "a directive shall be binding, as to the result to be achieved, upon each Member State to which it is addressed, but shall leave to the national authorities the choice of form and methods." The most obvious interpretation of these two texts of Art. 189 would be that the intention of the contracting parties was to attribute direct applicability not to all rules of Community law but only to regulations.

This interpretation has been rejected by the Court which based itself not on the intention, i.e. the will, of the contracting parties, which in international law is considered as the basis of legal validity of acts, but on other considerations. In the Van Gend en Loos case the Court demonstrated an extensive interpretation of Community law in respect to its direct applicability. As J. A. Winter writes, "the court in the Van Gend en Loos Case was not noticeably impressed by the arguments advanced by its Advocate-General and the Dutch Government who stated that the *will* of the contracting parties was an important guide to disclose the meaning of a treaty-provision. Though this argument was supported by solid evidence of international practice and legal writings, the court in a most conspicuous way did not mention the will of the parties but instead referred to the spirit, the organization and the wording of the treaty. From this case and the court's subsequent pronouncements it appears that, in particular, the spirit of the treaty plays a very important role. It seems that the spirit of the treaty amounts to the imputed objective will of the contracting parties: i.e. not what the drafters of the treaty had in mind but what they oguht to have had in mind."[22] It is doubtful, to say the least, whether such a wide interpretation, disregarding the will of the contracting parties, is permissible from the point of view of international law.

The same line of interpretation of Community law as to its direct applicability, based on considerations other than the express will of the contracting parties, was also applied by the Court with respect to all rules of secondary Community law. The Court expressed its position most clearly in the Grad case.[23] One of the questions which had to be answered by the Court in this case was whether individuals could invoke before national courts a directive of the Council and decisions connected with its application.

The main argument in the judgement of the Court in the Grad case was that from the text of Art. 189 it should not be concluded *a contrario* that only regulations have direct effect. It rejected the submission of the government of the Federal Republic of Germany that "Art. 189 by distinguishing between the effects of

[22] J. A. Winter, Direct Applicability and Direct Effect. Two Distinct and Different Concepts in Community Law, in: Common Market Law Review, 1972, pp. 425—439.

[23] Case 9/70, European Court Reports, 1970, pp. 838—851.

regulations on the one hand and of decisions and directives on the other hand thus precludes the possibility of decisions and directives producing direct effects". According to the Court "in each particular case one must examine whether the provision in question, by its legal nature, lay-out and wording, is capable of creating direct effects on the legal relations between the addressee of the measure and third parties." The general conditions, which a rule of Community law must fulfil in order to be able to create direct effects "by its nature, lay-out and wording", have found more concrete expression in various requirements formulated in other cases:[24] the provision should be able to create rights and obligations for individuals without any additional legislative action on the part of the Member States or community instituions; the obligation should be clear, precise and well defined and it should not depend on certain conditions or these conditions should be fulfilled; there should be no discretion left to the institution to which it is addressed etc.

In its judgements the Court avoids the term "direct applicability", used in Art. 189, in favour of the expression "producing direct effects and individual rights" which suggests a distinction between direct effect and direct applicability. Such a distinction between direct applicability and direct effect has also been drawn in legal literature. A. Bleckman[25] distinguishes between "validité interne" and "applicabilité directe". J. A. Winter, making the distinction between "direct applicability" and "direct effect", writes that: "the meaning of the words 'directly applicable' in Art. 189 . . . is to do away, in respect of regulations, with the requirement of incorporation by the Member States. The regulation is designed to have general and binding application throughout the Community. The direct applicability inherent in a regulation by virtue of Art. 189 causes it to penetrate directly in the legal order of the Member States. Of the four authentic texts of the EEC Treaty, only the German version seems to express this idea unambiguously: it provides that regulations 'gelten unmittelbar' (have direct validity) instead of 'sind unmittelbar anwendbar' (directly applicable). Thus incorporation devices in respect of provisions of regulations are superfluous and forbidden."[26] So for J. A. Winter the criterion for distinguishing between a provision which is directly applicable and one which is not is whether an act of incorporation is needed or not. If such an act is not needed (and this is the case with regulations under Art. 189), the provision is directly applicable. It should be noted, however, that behind this criterion lies the will of the states, which is the basis for legal validity. Once this will is expressed in a general form, as is the case with regulations, no additional expression of it is

[24] See Van Gend en Loos, Costa-ENEL, Reyner (case 2/74), Molkereizentrale (case 28/67), Lütticke (case 57/65), Fink-Frucht (case 27/67), SACE (case 33/70), Capolongo (case 77/72), Salgoil (case 13/68) etc.

[25] See A. Bleckman, L'applicabilité directe du droit communautaire, in: A. Bleckman/Ph. Delannay/etc., Les recours des individus devant les instances nationales en cas de violation du droit européen, Bruxelles 1978, pp. 85—144.

[26] J. A. Winter, Direct Applicability and Direct Effect, op. cit., pp. 435—436.

needed any more. But whenever such a general expression of the will of the contracting parties is lacking, transformation or incorporation, i.e. a specific form of this will is necessary or, in other words, the act is not self-executing or directly applicable before its contents have been introduced into internal law by a national measure. On the other hand, as to provisions which are of a nature to lend themselves of producing direct effects in legal relations between the Member States and persons under their jurisdiction and to create individual rights recognized by the courts, J. A. Winter writes the following: "A . . . provision is of such a nature if it is 'complete and legally perfect'. From the court's case law it can be deduced that a Treaty provision is 'complete and legally perfect' if the following requirements are met: (1) the provision must be clear; (2) the provision must be unconditional; (3) the provision must in principle require no further legislative intervention either on the part of the Member States or on the part of the Community institutions to implement it or give it effect (for instance, standstill provisions imposing on Member States an obligation to abstain). However even if a provision requires Member States to take a positive action, a failure of the Member State to take the necessary measures does not preclude the provision from being legally perfect and conferring enforcible rights on private individuals, provided that the Member States had no appreciable margin of discretion in executing or implementing this provision. The court has stated in several cases that in principle a certain measure of discretion precludes direct applicability (most clearly in the Salgoil case). But if, by its nature, the obligation is very clear and specific and leaves the Member States practically no discretion in executing it, the court seems inclined to dispense with the measures the Member States should have taken."[27] Thus the notion of "direct effect" refers not to the validity but to the contents and the substance of a provision, i.e. whether it is technically able to be applied directly. Consequently, a regulation which is directly applicable may not be able to produce direct effects: "Nobody disputes that regulations often contain numerous provisions requiring further measures of implementation on the part of the Member States or even of the Community institutions, before they become sufficiently specific and concrete to be applied by national courts. It is therefore not illogical to make the above distinction, based on the fact that regulations automatically become part of the law of the Member States (direct applicability) but that not all its provisions create rights for private individuals that must be enforced by the courts (direct effect)."[28] On the other hand directives and decisions which, according to Art. 189 do not possess direct applicability may fulfil the conditions to be able "by their nature, lay-out and wording" to create direct effect.

The convincing theoretical distinction between direct applicability and direct effect, if it would be strictly followed and applied, should lead to conclusions which

[27] Ibid., p. 434.
[28] Ibid., pp. 435—436.

have not been drawn by the Court. This distinction means in particular that "complete and logically perfect provisions", fit to be applied by the courts, can be considered only those which are *both* directly applicable *and* are able to produce direct effects. Their direct applicability is necessary because it is the basis of their legal validity in internal law and in addition their contents should be from a technical point of view able to create rights and obligations for private parties. The omission of one of the two conditions would mean to apply a legally imperfect provision which is either not valid in the legal sphere of domestic law or by its nature unable to create rights and obligations for private persons.

The Court has not followed the logic of the distinction between direct applicability and direct effect to its end and has in fact accepted the position that for the application of a provision of Community law by the national courts it is sufficient to have *either* the one *or* the other: either direct applicability or direct effect. In the "Slaughtered Cow" case,[29] for example, although the invoked regulation could not become effective without additional measures on the part of the Member States and consequently its ability to produce direct effect was not perfect, the Court's attitude was that the national court should apply the invoked regulation. In support of this attitude the Court stressed that regulations are directly applicable in their entirety. In this case it has simply deduced the direct effect from the direct applicability: "According to Art. 189(2) of the Treaty regulations have 'general application' and are 'directly applicable' in every State. They therefore have direct effect on account of their nature and of the function in the system of Community sources of law and as such can give rise to private rights which national courts are bound to safeguard." From other cases, on the other hand, it follows that directives and decisions capable of producing direct effects must be applied by the national courts although they are not directly applicable (and hence legally valid in the sphere of municipal law) in the strictest sense of Art. 189. Pointing only to their capability to produce direct effects the Court has not proved but rather established or at least presumed their validity in internal law.

The direct applicability of Community acts, other than regulations, as is also the case with the supremacy of Community law, is not established by the Treaties. Nor may it be deduced from their spirit or the concept of a legal order, as this has been done by the Court of Justice of the European Communities. The real legal basis for these characteristic features of EEC law can only be the will of the Member States which at present can be seen in a tacit recognition of the supremacy and the direct applicability of Community law in their internal legal orders.

[29] Orsolina Leonesio v. Italian Ministry of Agriculture and Forestry, case 93/72, European Court Reports, 1972, pp. 293—298.

It can be summarized in conclusion that the arguments advanced for the existence of a legal order of the European Communities, separate from international law are not convincing.

The international treaties establishing the three communities belong clearly to the sphere of public international law and all norms of general international law are applicable to them as they are applicable to any other international treaty.

The acts of the EEC institutions are not international treaties; they are not multilateral acts of states but unilateral acts of an international organization. These acts, the so called secondary community law, alongside with the treaties establishing the communities are by their nature the proper law of an international organization. The subjects to which these acts are addressed include not only the Member States but also private persons. Although not public international law *strictu sensu* secondary community acts are based on the treaties establishing the communities and hence it can be said that they derive their validity from international agreements: it can therefore be argued that EEC law belongs to the sphere of international law broadly speaking.

Although the law of the West European communities is relatively autonomous, it is not separated from international law more than the proper law of any other international organization. It is not appropriate to regard the law of the EEC as constituting a legal order of its own, comparable to the legal orders of sovereign states, as this law does not stem from an independent source like the sovereign will of one single state, but derives its validity from treaties which are the result of consent between several states and is hence secondary and derived.

The main characteristic features of the law of the EEC — its primacy over national law and its direct effect in the domestic sphere — have been introduced by the Court of Justice of the European Communities by deriving them from the very concept of a legal order of the communities. The drawing of legal consequences not from positive law but from such a loosely defined concept is theoretically not convincing. The real legal basis of the primacy of EEC law over national law and its direct effect in the domestic sphere is therefore not the existence of a legal order of the European Communities, separated from international law, but the recognition (express or tacit) by the Member States of such effects of the rules of EEC law in their internal legal spheres.

Резюме

Д. Георгиев

Право ЕЭС с точки зрения международного права: Критический анализ

Учреждение Европейских сообществ (Европейского экономического сообщества, Европейского объединения угля и стали и Европейского сообщества по атомной энергии) привело к созданию правовых норм, составляющих так называемое „право сообществ", состоящее из учредительных договоров и актов органов этих сообществ. С точки зрения теории международного права возникает вопрос о том, принадлежат ли эти правовые нормы к правопорядку международного права или же они составляют собственный правопорядок, отдельный от международного права, подобно правопорядкам государств.

В западноевропейской правовой доктрине преобладает взгляд, что право Европейских сообществ составляет отдельный правопорядок, непринадлежащий к международному праву. В статье подвергается критическому анализу обоснование этого Судом Европейских сообществ в нескольких его решениях. Указывается на непоследовательность этого взгляда, который заимствует элементы как из монистического, так и из плюралистического подхода к соотношению между внутригосударственным и международным правом.

Международные договоры об учреждении трех сообществ бесспорно принадлежат к сфере международного публичного права и все нормы общего международного права применимы к ним таким же образом, каким они применимы и ко всем остальным международным договорам.

Акты органов ЕЭС не являются международными договорами: они не многосторонние межгосударственные акты, а односторонние акты международной организации. Эти акты, так называемое вторичное право сообществ, наряду с учредительными актами, по своей природе являются собственным правом международной организации. Субъектами к которым эти акты адресованы, могут быть не только государства-члены, но также и частные лица. Хотя они и не относятся к международному публичному праву в тесном смысле слова, вторичные акты базируются на учредительных договорах. Они основывают свою действительность на международных соглашениях и поэтому можно утверждать, что право ЕЭС принадлежит к сфере международного права в широком смысле слова.

Хотя право ЕЭС относительно автономно, оно отделено от международного права не более чем собственное право любой международной организации. Неправильно рассматривать право ЕЭС как составляющее свой собственный правопорядок, сравнимый с правопорядками суверенных государств, так как это право не проистекает от независимого источника, каким является суверенная воля одного государства, а основывает свою действительность на договорах, являющихся результатом соглашения между несколькими государствами и имеет поэтому вторичный, производный характер.

Основные характерные особенности права ЕЭС — его примат и его прямое действие во внутригосударственной сфере — введены Судом Европейских сообществ на базе самого понятия о правопорядке сообществ. Выводить юридические последствия не из правовых норм, а из весьма свободно определенного понятия теоретически неубедительно. Настоящим правовым основанием примата права ЕЭС над национальным правом и его прямого действия во внутригосударственной сфере является поэтому не существование правопорядка сообществ, отдельного от международного права, а признание (молчаливое или специальное) со стороны государств-членов этих особенностей права ЕЭС в их внутригосударственной сфере.

Resümee

D. Georgiev

Das Recht der EWG und das Völkerrecht:
Eine kritische Analyse

Die Gründung der Europäischen Gemeinschaften (der Europäischen Wirtschaftsgemeinschaft, der Europäischen Gemeinschaft für Kohle und Stahl und der Europäischen Atomgemeinschaft) hat zur Schaffung von Normen geführt, die das sogenannte Gemeinschaftsrecht — bestehend aus den Gründungsverträgen und den Akten der Gemeinschaftsinstitutionen – bilden. Aus der Sicht der Völkerrechtstheorie stellt sich die Frage, ob diese Rechtsnormen zur Völkerrechtsordnung gehören, oder ob sie eine eigene Rechtsordnung bilden, die, so wie die Landesrechtsordnungen, vom Völkerrecht getrennt ist.

In der westeuropäischen Rechtstheorie überwiegt die Ansicht, daß das Recht der Europäischen Gemeinschaften eine eigene Rechtsordnung bildet, welche vom Völkerrecht unterschieden ist und nicht zu ihm gehört. Im vorliegenden Beitrag wird die Begründung dieser Ansicht in einigen Beschlüssen des Gerichtshofes der Europäischen Gemeinschaften einer kritischen Analyse unterzogen. Es wird die Inkonsequenz dieser Ansicht hervorgehoben, die Elemente sowohl aus der monistischen als auch aus der pluralistischen Doktrin über das Verhältnis zwischen Landesrecht und Völkerrecht kombiniert.

Die völkerrechtlichen Verträge zur Gründung der drei Gemeinschaften gehören zweifellos dem Völkerrecht an, und alle Normen des allgemeinen Völkerrechts sind auf sie anwendbar in der selben Weise, wie sie auf alle anderen völkerrechtlichen Verträge anwendbar sind.

Die Beschlüsse der EWG-Institutionen stellen keine völkerrechtlichen Verträge dar: sie sind nicht multilaterale zwischenstaatliche Instrumente, sondern unilaterale Akte einer internationalen Organisation. Diese Akte, das sogenannte sekundäre Gemeinschaftsrecht, zusammen mit den Gründungsverträgen, gehören ihrem Wesen nach zum eigenen Recht einer internationalen Organisation. Adressaten solcher Beschlüsse können sowohl Mitgliedstaaten als auch Privatpersonen sein. Obwohl die sekundären Akte nicht zum Völkerrecht im engen Sinne des Wortes zählen, leitet sich ihre Geltung von völkerrechtlichen Verträgen ab. Deswegen kann behauptet werden, daß das EWG-Recht zur Sphäre des Völkerrechts im weiten Sinne des Wortes gehört.

Das EWG-Recht ist zwar relativ autonom, aber vom Völkerrecht nicht stärker abgesondert als das eigene Recht jeder anderen internationalen Organisation. Es wäre irreführend, das Recht der EWG als eine selbständige Rechtsordnung zu betrachten, die mit den Rechtsordnungen souveräner Staaten vergleichbar wäre.

Dieses Recht stammt nicht aus einer unabhängigen Quelle, wie sie der souveräne Wille eines Staates darstellt, sondern seine Geltung gründet sich auf Verträge, die das Resultat von Vereinbarungen zwischen bestimmten Staaten sind. Dieses Recht hat sekundären, abgeleiteten Charakter.

Die wesentlichen Besonderheiten des EWG-Rechts — sein Vorrang und seine unmittelbare Anwendung im innerstaatlichen Bereich — sind durch den Gerichtshof der Gemeinschaften vom Begriff einer Rechtsordnung der Europäischen Gemeinschaften abgeleitet worden. Das Ableiten von rechtlichen Folgerungen nicht aus dem positiven Recht, sondern aus einem ziemlich vage definierten Begriff ist theoretisch nicht überzeugend. Die wahre rechtliche Grundlage des Vorrangs des EWG-Rechts gegenüber dem Länderrecht und seiner unmittelbaren Geltung im innerstaatlichen Bereich liegt nicht im Bestehen einer Gemeinschaftsrechtsordnung, sondern in der ausdrücklichen oder stillschweigenden Anerkennung seitens der Mitgliedstaaten im Hinblick auf diese Besonderheiten des EWG-Rechts innerhalb ihrer innerstaatlichen Sphäre.

G. Görner

Zum Entwurf der Verfahrensregeln des Internationalen Seegerichtshofes

1. Einleitung

Der Internationale Seegerichtshof (im folgenden ISG) nimmt in dem in der Seerechtskonvention der Vereinten Nationen vereinbarten Streitbeilegungssystem eine besondere Stellung ein. Als ständiges internationales Gericht ist er vor allem für die Behandlung solcher Streitfälle geeignet, bei deren Entscheidung Eile geboten ist, wie z. B. bei Anträgen zur unverzüglichen Freilassung von festgehaltenen Schiffen oder zu vorläufigen Maßnahmen zum Schutz der Meeresumwelt vor ernsthaften Schäden. Während das Statut des ISG einen untrennbaren Bestandteil der Seerechtskonvention (im folgenden SRK) bildet und dieser als Anlage VI beigefügt ist, bedürfen die Verfahrensregeln des ISG noch der Ausarbeitung. Der folgende Beitrag beschäftigt sich mit den Arbeiten der Vorbereitungskommission für die Internationale Meeresbodenbehörde und den Internationalen Seegerichtshof an diesen Verfahrensregeln.

Gemäß Resolution I der Seerechtskonferenz der Vereinten Nationen hat die Vorbereitungskommission die Aufgabe, „to take all possible measures to ensure the entry into effective operation without undue delay of the Authority and the Tribunal and to make the necessary arrangements for the comencement of their functions.“[1]

Hinsichtlich des ISG ist die Vorbereitungskommission beauftragt, einen Bericht vorzubereiten, der Empfehlungen für praktische Vorkehrungen zur Errichtung des ISG enthält. Dieser Bericht ist einem Treffen der Teilnehmerstaaten der SRK vorzulegen, das vom UN-Generalsekretär innerhalb von 6 Monaten nach Inkrafttreten der SRK einzuberufen ist. Auf diesem Treffen sollen die ersten Wahlen der Mitglieder des ISG stattfinden.

Die Vorbereitungskommission, die im März 1983 ihre Arbeit aufgenommen hat, setzt sich aus den Unterzeichnern der SRK zusammen. Staaten, die nur die Schlußakte der Seerechtskonferenz unterzeichnet haben, können an der Arbeit der Kommission als Beobachter teilnehmen. Die Vorbereitungskommission hat ihre 4. Sonderkommission mit den praktischen Vorbereitungen für den ISG beauftragt.

[1] Die Seerechtskonvention vom 10. Dezember 1982 und die Schlußakte der III. Seerechtskonferenz der Vereinten Nationen sowie die von der Seerechtskonferenz angenommenen Resolutionen sind veröffentlicht in: The Law of the Sea. United Nations Convention on the Law of the Sea with Index and Final Act of the Third United Nations Conference on the Law of the Sea, United Nations, New York 1983.

Während der bisherigen Tagungen der Vorbereitungskommission hat die Sonderkommission 4 als ersten Punkt ihrer Liste von Aufgaben den Entwurf der Verfahrensregeln des ISG erörtert.[2]

Gemäß Artikel 16 des Statuts des ISG legt der ISG seine Verfahrensregeln fest. Um dem ISG unmittelbar nach seiner Konstituierung die Aufnahme seiner Tätigkeit zu erleichtern, kam die Vorbereitungskommission überein, einen Entwurf der Verfahrensregeln vorzubereiten. Es liegt in der Entscheidung des ISG, diesen Entwurf anzunehmen. Die Sonderkommission 4 der Vorbereitungskommission hat die Erörterung dieses Entwurfs noch nicht abgeschlossen.

Nach einem Meinungsaustausch über Grundprobleme des vom ISG anzuwendenden Verfahrens während der 2. Tagung der Vorbereitungskommission (19. März—13. April 1984) wurde das Sekretariat der Vorbereitungskommission beauftragt, auf der Grundlage der Ergebnisse dieser Diskussion und anwendbarer Präzedenzfälle, insbesondere den Verfahrensregeln des IGH, den Entwurf der Verfahrensregeln des ISG zu erarbeiten.[3] Im Sommer 1984 legte das Sekretariat einen 134 Artikel umfassenden Entwurf[4] vor, der aus folgenden Teilen besteht:

- Teil I/Das Gericht. Dazu gehören folgende Abschnitte: Richter und Experten; Präsidentschaft; Kammer für Meeresbodenstreitigkeiten; Sonderkammern; Interne Arbeitsweise des Gerichts.
- Teil II/Das Gerichtssekretariat.
- Teil III/Verfahren in Streitfällen. Dazu gehören folgende Abschnitte: Erklärungen, Vereinbarungen, Mitteilungen, Nachrichten; Zusammensetzung des Gerichts in bestimmten Rechtssachen; Verfahren vor dem Gericht; Verfahren in besonderen Fällen; Verfahren vor den Kammern; Urteile, Auslegung und Wiederaufnahme.
- Teil IV/Die Kammer für Meeresbodenstreitigkeiten. Dazu gehören folgende Abschnitte: Richter und Experten der Kammer; Präsidentschaft der Kammer; Verfahren vor der Kammer; ad-hoc-Kammern der Kammer für Meeresbodenstreitigkeiten.
- Teil V/Gutachtenverfahren.

Der nachstehende Beitrag beschäftigt sich mit einigen völkerrechtlichen Problemen, die die Sonderkommission bei der 1. Lesung des Entwurfs der Verfahrensregeln, die während der Frühjahrstagung der 4. Session der Vorbereitungskommission (17. März—11. April 1986, Kingston/Jamaika) abgeschlossen wurde,

[2] Zum Arbeitsprogramm der Sonderkommission 4 der Vorbereitungskommission vgl. Bericht des Vorsitzenden der Sonderkommission 4 an das Plenum der Vorbereitungskommission in: LOS/PCN/L. 4 vom 12. April 1984.

[3] Zur Zusammenfassung dieser Diskussion durch den Vorsitzenden der Sonderkommission vgl. LOS/PCN/SCN. 4/L 1 vom 10. Juli 1984.

[4] Zu dem vom UN-Sekretariat erarbeiteten Entwurf der Verfahrensregeln vgl. LOS/PCN/SCN. 4/WP. 2 vom 27. Juli 1984.

erörtert hat.[5] Das Sekretariat wurde mit der Überarbeitung des Entwurfs beauftragt. Diese Überarbeitung erfolgt auf der Grundlage der in der Diskussion unterbreiteten Abänderungsvorschläge. Auf der Sommertagung der 4. Session im August 1986 hat die Sonderkommission mit der abschließenden Beratung des überarbeiteten Entwurfs begonnen.

2. Die Stellung des ISG im Streitbeilegungssystem der Seerechtskonvention

Die Seerechtskonvention der Vereinten Nationen vom 10. Dezember 1982 beinhaltet ein detailliertes System zur Beilegung von Streitfällen über die Auslegung oder Anwendung dieser Konvention.[6]

Die Konvention verpflichtet die Parteien, diese Streitfälle durch friedliche Mittel in Übereinstimmung mit Artikel 2 Absatz 3 der Charta der Vereinten Nationen zu lösen und sich dabei um eine Beilegung durch die im Artikel 33 Absatz 1 der Charta angegebenen Mittel zu bemühen. Damit wird nicht das Recht der Parteien beeinträchtigt, jederzeit zu vereinbaren, einen zwischen ihnen auftretenden Streitfall über die Auslegung oder Anwendung der Konvention durch friedliche Mittel ihrer eigenen Wahl zu lösen. Nur in denjenigen Fällen, in denen es den Parteien eines Streitfalls nicht gelingt, diesen durch friedliche Mittel ihrer eigenen Wahl beizulegen und wenn die von den Parteien getroffene Vereinbarung die Anwendung eines anderen Verfahrens nicht ausschließt, kommen die in der Konvention vorgesehenen obligatorischen Verfahren der Beilegung mit bindender Wirkung zur Anwendung. Die Teilnehmer der Konvention können dabei unter folgenden obligatorischen Verfahren mit bindender Entscheidung wählen:

[5] Die Zusammenfassung der Diskussion während der 1. Lesung des Entwurfs durch den Vorsitzenden der Sonderkommission ist in folgenden Dokumenten veröffentlicht:
LOS/PCN/SCN. 4/L 2 vom 4. September 1984; LOS/PCN/SCN. 4/L 2/Add. 1 vom 29. Januar 1985; LOS/PCN/SCN. 4/L 3 vom 3. April 1985; LOS/PCN/SCN. 4/L 3/Add. 1 vom 27. Juni 1985; LOS/PCN/SCN. 4/L 4 vom 3. September 1985; LOS/PCN/SCN. 4/L 4/Add. 1 vom 24. Februar 1986; LOS/PCN/SCN. 4/L 5 vom 9. April 1986; LOS/PCN/SCN. 4/L 5/Add. 1 vom Juli 1986.

[6] Vgl. E. Oeser, Friedliche Streitbeilegung im Seerecht, in: Beiträge zum nationalen und internationalen Seerecht, 6/1982, S. 81ff.; G. Jaenicke, Dispute Settlement under the Convention on the Law of the Sea, in: Zeitschrift für ausländisches öffentliches Recht und Völkerrecht, Bd. 43 (1983), S. 813ff.; A. O. Adede, The basic structure of the disputes settlement part of the Law of the Sea Convention, in: Ocean development and international law, 11/1982, S. 125ff.; W. Wasum, Der internationale Seegerichtshof im System der obligatorischen Streitbeilegungsverfahren der Seerechtskonvention; München 1984; G. Bosco, II Tribunale internationale del dritto del more, in: II Diritto Maritimo, 1/1985, p. 173ff. Hinsichtlich weiterer Literatur zum Streitbeilegungssystem der UN-Seerechtskonvention vgl. Law of the Sea. A select bibliography. Office of the Special Representative of the Secretary-General for the Law of the Sea, United Nations, New York 1985.

a) dem Internationalen Seegerichtshof,
b) dem Internationalen Gerichtshof (IGH),
c) einem Schiedsgericht, das nach Anlage VII der Konvention gebildet wird und
d) einem besonderen Schiedsgericht, das gemäß Anlage VII der Konvention gebildet werden kann für eine oder mehrere der dort aufgeführten Arten von Streitfällen.

3. Die Organisation des ISG

Der gemäß Artikel 287 und in Übereinstimmung mit Anlage VI der Konvention zu schaffende ISG wird ein ständiges Gericht sein, das unabhängig von der Anhängigkeit eines Verfahrens besteht. Neben dem IGH wird der ISG das einzige ständige internationale Gericht auf weltweiter Ebene sein. Sein Statut und seine Verfahrensregeln sind für alle Streitparteien verbindlich, die den ISG in Anspruch nehmen. Das aus 41 Artikeln bestehende Statut für den ISG legt fest, daß der ISG seinen Sitz in der Freien und Hansestadt Hamburg haben wird.[7] Das Gericht kann auch an einem anderen Ort zusammentreten und seine Aufgaben wahrnehmen, wenn es dies für wünschenswert erachtet.

Der ISG besteht aus 21 unabhängigen Richtern. Sie werden unter Personen ausgewählt, die wegen ihrer Gerechtigkeit und Ehrenhaftigkeit höchstes Ansehen genießen und Experten von anerkanntem Ruf auf dem Gebiet des Seerechts sind. Bei der Zusammensetzung des Gerichts sind eine Vertretung der hauptsächlichen Rechtssysteme der Welt und eine gerechte geographische Verteilung zu gewährleisten. Es müssen mindestens 3 Mitglieder aus jeder der von der Vollversammlung

[7] Die Entscheidungen der Seerechtskonferenz für Jamaika als Sitzstaat der Internationalen Meeresbodenbehörde und Hamburg als Sitz des ISG wurden unter der Voraussetzung getroffen, daß Jamaika und die Bundesrepublik Deutschland die SRK zum Zeitpunkt ihres Inkrafttretens ratifiziert haben und auch nach deren Inkrafttreten Teilnehmerstaat der SRK bleiben. Vgl. dazu Third United Nations Conference on the Law of the Sea, Official Records, Bd. XV, United Nations, New York 1983, S. 176. Jamaika hat am 21. März 1983 die SRK ratifiziert. Demgegenüber hat die BRD die SRK nicht unterzeichnet. Die Vorbereitungskommission hat deshalb das UN-Sekretariat um Informationen darüber ersucht, welche Punkte ihrer Tagesordnung nicht ausführlich oder abschließend ohne definitive Position hinsichtlich des Sitzes des ISG erörtert werden können und wieviel Zeit nach den Erfahrungen des UN-Sekretariats voraussichtlich zur Errichtung des ISG notwendig sein wird, um sicherzustellen, daß das ISG unmittelbar nach der Wahl der Richter voll funktionsfähig ist. Vgl. LOS/PCN/L. 17 vom 2. April 1985 und LOS/PCN/SCN. 4/L 5/Add. 1. Die Vorbereitungskommission wird die Frage des endgültigen Sitzes des ISG weiterhin mit der notwendigen Sorgfalt behandeln.

der Vereinten Nationen festgelegten 5 geographischen Gruppen im Gericht vertreten sein.[8]

Während die erste Wahl der Richter des ISG auf dem gemäß Artikel 4 des ISG-Statuts einzuberufenden Treffen der Teilnehmerstaaten der Seerechtskonvention stattfindet, erfolgen nachfolgende Wahlen nach einem von den Teilnehmerstaaten zu vereinbarenden Verfahren.

In bezug auf die personelle Zuständigkeit unterscheidet sich der ISG vom IGH, dem nur Staaten ihre Streitfälle unterbreiten können, dadurch, daß neben Staaten auch zwischenstaatliche Organisationen sowie natürliche und juristische Personen Zugang zum ISG bzw. zu seiner Kammer für Meeresbodenstreitigkeiten haben. Dieser Umstand hat Auswirkungen sowohl auf die Zusammensetzung des Gerichts als auch auf die Gestaltung seiner Verfahrensregeln.

Als eine der wesentlichen Neuerungen gegenüber der Struktur des IGH sieht die Seerechtskonvention die Schaffung einer besonderen Kammer für Meeresbodenstreitigkeiten im Rahmen des ISG vor, die für die Beilegung von Streitfällen im Zusammenhang mit Tätigkeiten zur Erforschung und Ausbeutung der Ressourcen des Meeresbodens außerhalb der Grenzen nationaler Jurisdiktion zuständig sein wird.

Ebenso wie im IGH-Statut ist im ISG-Statut festgelegt, daß der ISG jährlich eine Kammer für abgekürzte Verfahren bildet. Diese Kammer soll insbesondere solche Fälle behandeln, bei deren Erledigung Eile geboten ist. Es geht dabei vor allem um die unverzügliche Freilassung von Schiffen und deren Besatzungen, die von einem fremden Küstenstaat festgehalten wurden (Artikel 292), sowie um den Erlaß vorläufiger Maßnahmen zur Wahrung der jeweiligen Rechte der Streitparteien oder zur Verhütung einer schwerwiegenden Schädigung der Meeresumwelt (Artikel 290).

4. Grundsätze für die Verfahrensregeln des ISG

Während der allgemeinen Aussprache, die im Frühjahr 1984 in der Sonderkommission 4 über das Herangehen bei der Erarbeitung der Verfahrensregeln des

[8] Zur Frage der gerechten geographischen Verteilung bei Wahlen zu Organen der Vereinten Nationen vgl. Repertory of Practice of United Nations Organs, Bd. II, New York 1955, S. 7ff. Zu den von der Vollversammlung der Vereinten Nationen festgelegten Regionalgruppen vgl. Annex to Resolution 33/138. Question of the composition of the relevant organs of the United Nations: amendments to rules 31 and 38 of the rules of procedure of the General Assembly, in: General Assembly, Official Records: Thirty-Third Session, Supplement No. 45 (A/33/45), United Nations, New York 1979. Gegenwärtig bestehen folgende 5 Regionalgruppen in den Vereinten Nationen: Afrika, Asien, Lateinamerika, sozialistische Staaten Osteuropas sowie Westeuropa und andere Staaten.

ISG geführt wurde, bestand Übereinstimmung darüber, daß diese Regeln ein zügiges und kostengünstiges Verfahren gewährleisten sowie dazu ermutigen sollten, vom ISG bei der Streitbeilegung Gebrauch zu machen.[9] Weiterhin bestand Einvernehmen darüber, daß die Verfahrensregeln des Internationalen Gerichtshofes soweit wie möglich als Vorbild für die Erarbeitung der Regeln des ISG dienen und dabei auch die Erfahrungen und Interpretationen des IGH bei der Anwendung seiner Regeln berücksichtigt werden sollten. Dabei wurde darauf verwiesen, daß das Statut des ISG, welches zusammen mit den anderen anwendbaren Bestimmungen der Seerechtskonvention die Grundlage und den Rahmen für die Verfahrensregeln des ISG bildet, in wesentlichen Abschnitten dem Statut des IGH nachgebildet ist. Außerdem haben sich die Verfahrensregeln des IGH, die in enger Anlehnung an die Verfahrensregeln des Ständigen Internationalen Gerichtshofes (Permanent Court of International Justice) erarbeitet worden waren, in der jahrzehntelangen Spruchpraxis des IGH gut bewährt.[10]

Zugleich war sich die Sonderkommission darüber im klaren, daß die Regeln des ISG unter verschiedenen Aspekten von den Regeln des IGH abweichen müssen, da sich die Zuständigkeit und Organisation des ISG in einigen wesentlichen Punkten von der des IGH unterscheidet.

Über einige dieser Besonderheiten des ISG gegenüber dem IGH führte die Sonderkommission 4 zu Beginn ihrer Arbeiten an den Verfahrensregeln des ISG einen Meinungsaustausch. Dabei wurden u. a. folgende Probleme erörtert:

1. Die Zusammensetzung des ISG und seiner Kammern.
2. Der Zugang von Rechtssubjekten, die keine Staaten sind, zum ISG und seinen Kammern, wie
   - natürliche und juristische Personen,
   - internationale Organisationen, insbesondere die Internationale Meeresbodenbehörde und ihr Unternehmen,
   - internationale zwischenstaatliche Organisationen, denen ihre Mitgliedstaaten Zuständigkeiten für die unter die Seerechtskonvention fallenden Angelegenheiten übertragen haben, einschließlich der Zuständigkeit, Verträge über diese Angelegenheiten zu schließen (Artikel 305, Absatz 1 (f) und Anlage IX der SRK).
3. Die Art und Weise, in der die Meeresbodenbehörde Gutachten von der Kammer für Meeresbodenstreitigkeiten gemäß Artikel 159 (10) der SRK anfordern kann.

Während dieses ersten Meinungsaustausches wurden die Trends der Staatenpositionen zu Grundproblemen der Zusammensetzung und des Verfahrens des

[9] Vgl. LOS/PCN/L. 4 vom 12. April 1984.

[10] Vgl. zu den Verfahrensregeln des IGH s. Rosenne, Procedure in the International Court. A Commentary on the 1978 Rules of the ICJ. The Hague, Boston, London 1983.

ISG und seiner Kammern herausgearbeitet, ohne daß jedoch bereits zu allen Problemen übereinstimmende Positionen erzielt werden konnten.

5. Die Zusammensetzung des ISG und seiner Kammern

Ausgehend von der Festlegung des Artikels 2(2) des ISG-Statuts, daß bei der Zusammensetzung des aus 21 Richtern bestehenden ISG „the representation of the principal legal systems of the world and equitable geographical distribution shall be assured" und unter Berücksichtigung des Artikels 3(2) dieses Statuts, wonach im ISG mindestens 3 Mitglieder aus jeder der 5 von der UN-Vollversammlung festgelegten geographischen Gruppen vertreten sein müssen, konzentrierte sich die Diskussion in der Sonderkommission 4 um die Frage, wie die restlichen 6 Mitglieder des ISG bestimmt werden sollten. In diesem Zusammenhang wurde auf die Notwendigkeit verwiesen, zu klären, was unter den hauptsächlichen Rechtssystemen der Welt zu verstehen ist.

Dieser Begriff, der auch in Artikel 9 des IGH-Statuts enthalten ist, wurde bisher nicht definiert. Einige Delegationen vertraten demgegenüber die Auffassung, daß die hauptsächlichen Rechtssysteme der Welt bereits durch die 5 Regionalgruppen der Vereinten Nationen repräsentiert sind, so daß sich eine Definition dieses Begriffs erübrigt.[11]

Zur Frage der Vertretung der 6 übrigen Richtersitze im ISG schlug der Delegierte Griechenlands vor, daß jede der 5 Regionalgruppen einen zusätzlichen Sitz erhalten und der 6. Sitz nach dem Rotationsprinzip besetzt werden sollte. Die Vertreter Kenias, Madagaskars, Jamaikas, Chinas und anderer Staaten wiesen jedoch darauf hin, daß eine solche Verteilung dazu führen würde, daß jede Regionalgruppe durch die gleiche Anzahl von Richtern im ISG vertreten ist und dabei dem im ISG-Statut fixierten Prinzip der gerechten geographischen Verteilung nicht Rechnung getragen wird, da die Regionalgruppen unterschiedlich groß sind.

Hinsichtlich der Zusammensetzung der aus 11 Richtern bestehenden Kammer für Meeresbodenstreitigkeiten wurde vom Delegierten Polens vorgeschlagen, daß jede der 5 Regionalgruppen durch je 2 Mitglieder vertreten sein und der verbleibende elfte Sitz nach dem Rotationsprinzip besetzt werden sollte. Auch zu diesem Vorschlag wurde von einigen Delegierten eingewandt, daß eine gleiche Vertretung aller Regionalgruppen nicht unbedingt dem Prinzip der gerechten geographischen Vertretung entspricht.

Zur Zusammensetzung der im Artikel 15(1) des ISG-Statuts vorgesehenen, aus 3 oder mehr Richtern bestehenden Sonderkammern zur Behandlung bestimmter Arten von Streitfällen wurde im Interesse einer gleichen Vertretung aller 5 Regional-

[11] Vgl. LOS/PCN/SCN. 4/L 1 vom 10. Juli 1984.

gruppen vorgeschlagen, die Zahl der Richter in diesen Sonderkammern auf 5 festzulegen. Andere Delegierte waren der Meinung, daß es weder möglich noch notwendig sei, bei der Zusammensetzung dieser Kammern das Prinzip der gerechten geographischen Verteilung anzuwenden, da die Kompetenz und Sachkenntnis der Richter der überragende Gesichtspunkt bei der Zusammensetzung dieser Kammern sein müssen. Der Spielraum des ISG bei der Besetzung seiner Kammern dürfe nicht ungerechtfertigt eingeengt werden, meinten u. a. die Vertreter Spaniens und Irlands.

Ähnliche Gesichtspunkte wurden auch in der Diskussion über die Zusammensetzung der gemäß Artikel 15(3) des ISG-Statuts zu bildenden Kammer für abgekürzte Verfahren (Chamber of Summary Procedure) geltend gemacht.

In der Diskussion wurde von den Repräsentanten Japans, Frankreichs, des Sudan und anderer Staaten darauf verwiesen, daß die Verfahrensregeln des ISG nicht zu detaillierte Festlegungen über die Zusammensetzung des ISG und seiner Kammern enthalten sollten, um die Entscheidungen des gemäß Artikel 4 des ISG-Statuts einzuberufenden Treffens der Mitgliedstaaten der Seerechtskonvention nicht zu präjudizieren. In den diesbezüglichen Artikeln des Entwurfs der Verfahrensregeln über die Wahl der Mitglieder des ISG wird deshalb auf die Artikel 2 und 3 des ISG-Statuts verwiesen, ohne die dort festgelegten Grundsätze für die Zusammensetzung des ISG weiter zu spezifizieren.

Im Lichte der in der Diskussion geäußerten unterschiedlichen Auffassungen zur Zusammensetzung der Sonderkammern wurde schließlich der Vorschlag unterbreitet, auch hinsichtlich der Sonderkammern ein flexibles Herangehen zu gewährleisten, die im Artikel 15 des ISG-Statuts genannten Erfordernisse bei der Schaffung von Sonderkammern voll zu berücksichtigen und im Artikel 19 des Entwurfs der Verfahrensregeln, der die Wahlen zu den Kammern regelt, festzulegen, daß dabei Artikel 2(2) des ISG-Statuts gebührend zu berücksichtigen ist. Durch den Verweis auf die dort festgelegten Grundsätze der Vertretung der hauptsächlichen Rechtssysteme der Welt und eine gerechte geographische Verteilung wurde der ISG eine Richtlinie für die Zusammensetzung seiner Kammern erhalten.

Der Meinungsaustausch in der Sonderkommission über die Zusammensetzung des ISG und seiner Kammern hat zur Identifizierung der Positionen zu dieser wichtigen Frage beigetragen und war damit auch von Nutzen in Vorbereitung auf das Treffen der Teilnehmerstaaten der SRK, auf dem die erste Wahl der Mitglieder des ISG erfolgen wird.

6. Der Zugang von Rechtssubjekten, die keine Staaten sind, zum ISG und seinen Kammern

Die Mitglieder der Sonderkommission 4 stimmen darin überein, daß die Verfahrensregeln über den Zugang von Staaten zum ISG und seinen Kammern soweit wie möglich den bewährten Regeln des IGH folgen sollten. Hinsichtlich des Zugangs anderer Rechtssubjekte zu internationalen Gerichten gibt es nur wenige Präzedenzfälle, so daß dafür neue Lösungen gefunden werden müssen.

Hinsichtlich des Zugangs zwischenstaatlicher Organisationen gemäß Artikel 305 (1) (f) und Annex IX der Konvention wurden u. a. die Fragen der Entscheidung über die Zuständigkeiten internationaler Organisationen sowie die Bestimmung der „nationality" dieser Organisation im Zusammenhang mit der Benennung von ad-hoc-Richtern erörtert.[12]

Die Bestätigungs- oder Beitrittsurkunde einer zwischenstaatlichen Organisation zur SRK muß gemäß Artikel 5 der Anlage IX der SRK zugleich eine Erklärung enthalten, in der die unter diese Konvention fallenden Angelegenheiten im einzelnen aufgeführt wurden, für die der Organisation von ihren Mitgliedstaaten, die Teilnehmerstaaten der SRK sind, Zuständigkeiten übertragen werden. Die zwischenstaatliche Organisation ist in dem Umfang Teilnehmer der SRK, in dem sie nach Maßgabe dieser Erklärung Zuständigkeiten innehat (Anlage IX Artikel 4 der SRK).

Wenn die Zuständigkeit der Internationalen Organisation in der gemäß Artikel 5 der Anlage IX zu hinterlegenden Erklärung eindeutig definiert ist und über diese Zuständigkeit hinsichtlich des spezifischen Streitfalls keine Zweifel bestehen, gibt es keine Probleme. Falls diese Zuständigkeit jedoch von der anderen Streitpartei in Frage gestellt wird, dann können nach Artikel 5 (5) der Anlage IX die betreffende internationale Organisation und ihre Mitgliedstaaten, die Teilnehmer der SRK sind, um weitere Informationen hinsichtlich ihrer Zuständigkeit in der betreffenden Frage ersucht werden. Die Organisation und die betreffenden Mitgliedstaaten sind verpflichtet, diese Informationen zu geben. Das Recht auf Information über die Zuständigkeit einer internationalen Organisation, die Teilnehmer der SRK ist, können alle Teilnehmerstaaten der SRK in Anspruch nehmen. In der Diskussion der Sonderkommission bestand volle Übereinstimmung darüber, daß ein solches Recht auch dem ISG und seinen Kammern zustehen muß und erforderlichenfalls in den Verfahrensregeln festgeschrieben werden sollte.

In den Fällen, in denen die internationale Organisation der Beklagte ist, legt Artikel 6 (2) des Annex IX fest, daß jeder Teilnehmerstaat der SRK eine internationale Organisation oder ihre Mitgliedstaaten, die Partner der SRK sind, auffordern kann, darüber zu informieren, wer für eine bestimmte Angelegenheit verantwortlich ist. Falls die Organisation und die betreffenden Mitgliedstaaten diese Auskunft nicht innerhalb einer angemessenen Frist abgeben oder diese widersprüchlich ist, so entsteht eine gesamtschuldnerische Haftung. In diesen Fällen hat der Kläger die Wahl, entweder die internationale Organisation oder ihre Mitgliedstaaten oder beide zu verklagen. Die SRK enthält keine Festlegungen für die Fälle, in denen die internationale Organisation der Kläger ist. Wenn in diesen

[12] Ebenda sowie LOS/PCN/SCN. 4/L.5/Add. 1 vom Juli 1986.

Fällen Unklarheiten über die Zuständigkeit der internationalen Organisation bestehen oder der Beklagte diese Zuständigkeit bestreitet, muß der ISG die Frage des locus standii entscheiden. Diese Auffassung wurde in der Sonderkommission von der überwiegenden Mehrheit der an der Diskussion teilnehmenden Delegierten vertreten. Lediglich der Delegierte der „Europäischen Gemeinschaften" sowie die Vertreter einiger Mitgliedstaaten dieser Organisation meinten, daß dieses Problem abschließend im Annex IX der Konvention geregelt sei und darüber hinaus keine praktische Bedeutung habe, da eine internationale Organisation schon aus Gründen ihrer internen Rechtsordnung niemals die Initiative zu einer Klage vor dem ISG in einer Sache ergreifen werde, für die sie keine Zuständigkeit innehabe. Die Delegierten der UdSSR und anderer Staaten verwiesen darauf, daß die Frage der Zuständigkeit internationaler Organisationen im Zusammenhang mit Streitfällen vor dem ISG weitreichende praktische Bedeutung erlangen könne und deshalb die Verfahrensregeln des ISG klare Bestimmungen darüber enthalten sollten, daß der ISG das Recht hat, proprio motu Entscheidungen über die Zuständigkeit einer internationalen Organisation, auf die im Artikel 305 (1) und Annex IX der SRK Bezug genommen wird, zu treffen.

Artikel 17 des Statuts des ISG sieht in Anlehnung an Artikel 31 des IGH-Statuts das Recht einer Streitpartei vor, ad-hoc-Richter zu benennen, die völlig gleichberechtigt mit den anderen Mitgliedern des Gerichts an der Entscheidung des Streitfalls mitwirken. Da Richter, die die Staatsbürgerschaft (nationality) einer Streitpartei besitzen, das Recht behalten, als Mitglieder des Gerichts an dessen Entscheidungen teilzunehmen, ist auch die Gegenpartei für den Fall, daß kein Richter ihre Staatsbürgerschaft besitzt, berechtigt, einen Richter ihrer Wahl zu bestimmen. Dieses Recht hat jede Streitpartei auch dann, wenn keine von ihnen einen Staatsbürger im Richterkollegium hat. Dieses Recht zur Benennung von ad-hoc-Richtern gilt nicht nur für das Plenum des ISG; sondern auch für die Kammer für Meeresbodenstreitigkeiten und die Sonderkammern.[13]

Im Zusammenhang mit dem Zugang von zwischenstaatlichen Organisationen sowie von multinationalen Konsortien zum ISG entsteht die Frage, wie Artikel 17 des ISG-Statuts auf diese Rechtssubjekte Anwendung fnden soll. Auf welche Weise sollten z. B. die Verfahrensregeln des ISG dem Fall Rechnung tragen, daß mehrere Mitglieder des ISG die Staatsbürgerschaft von Mitgliedstaaten einer zwischenstaatlichen Organisation besitzen, die Streitpartei vor dem ISG ist? Sollte unter diesen Umständen nur eines der Mitglieder des ISG, die die Staatsbürgerschaft eines der Mitgliedstaaten der betreffenden zwischenstaatlichen Organisation be-

[13] Bei einer Teilnahme von *ad-hoc*-Richtern an den Sonderkammern darf sich die Richterbank dadurch nicht vergrößern. Der Präsident des ISG ersucht deshalb — gemäß Artikel 17 (4) des ISG-Statuts — in Konsultation mit den Streitparteien soviele die Kammer bildende Mitglieder des ISG wie nötig, ihren Platz den von den Streitparteien benannten *ad-hoc*-Richtern zur Verfügung zu stellen.

sitzen, das Recht haben, in dem betreffenden Streitfall sein Amt auszuüben? Im letzteren Fall könnte es sein, daß dem ISG und insbesondere der Kammer für Meeresbodenstreitigkeiten und den Sonderkammern weniger Mitglieder verbleiben, als für die Beschlußfähigkeit erforderlich sind.

In der Diskussion vertrat eine Reihe von Delegierten, vor allem Vertreter von Mitgliedstaaten der „Europäischen Gemeinschaften", die Auffassung, daß keine spezifischen Festlegungen für die Anwendung des Artikels 17 des ISG-Statuts auf zwischenstaatliche Organisationen notwendig seien, da diese Organisationen bekanntlich keine „nationality" besitzen. Demzufolge hätten zwischenstaatliche Organisationen in jedem Fall, in dem sie Streitpartei vor dem ISG sind, das Recht, ad-hoc-Richter zu benennen. Einige Delegierte, darunter der Vertreter der „Europäischen Gemeinschaften", schlugen vor, daß in Fällen, in denen mehrere Richter mit der Staatsbürgerschaft von Mitgliedstaaten einer zwischenstaatlichen Organisation, die Streitpartei ist, auf der Richterbank sitzen, analog die Regeln des Artikels 17 (5) des ISG-Statuts über Streitgenossenschaft (parties in the same interest) Anwendung finden sollten. Gemäß dieser Bestimmung sollen in den Fällen, in denen mehrere Parteien eine Streitgenossenschaft bilden, diese für die Zwecke des Artikel 17 als eine Partei gelten. Diese Delegierten meinten, es sei nicht gerechtfertigt, einerseits verschiedene Staaten, die, außer dem Umstand, daß sie eine Streitgenossenschaft in einem Streitfall bilden, keine weiteren Gemeinsamkeiten hätten, als eine Streitpartei zu behandeln, und andererseits einer zwischenstaatlichen Organisation, deren Mitgliedstaaten wesentlich enger verbunden seien, diesen Status vorzuenthalten. Im übrigen lege Artikel 17 (5) des ISG-Statuts fest, daß über jeden Zweifel in dieser Frage durch das ISG zu entscheiden sei. Die Entscheidungsfreiheit des ISG über die Zusammensetzung der Richterbank bei Streitfällen, in denen eine internationale Organisation oder ein multinationales Unternehmen Streitpartei sei, dürfe nicht durch detaillierte Verfahrensregeln eingeschränkt werden.

Andere Delegierte widersprachen dieser Auffassung. Präzise Festlegungen in den Verfahrensregeln über die Zusammensetzung der Richterbank in den oben genannten Streitfällen seien schon deshalb notwendig, da bereits, bevor Entscheidungen des ISG gemäß Artikel 17 seines Statuts getroffen werden, Klarheit über die Zusammensetzung der Richterbank bestehen müsse.

Zum Vorschlag, internationale Organisationen für die Zwecke des Artikels 17 des ISG-Statuts als Streitgenossenschaft zu behandeln, verwies der Vertreter der DDR darauf, daß normalerweise in Verfahren vor dem Internationalen Gerichtshof 2 oder höchstens 3 Staaten eine Streitgenossenschaft bilden. Bisher habe es keinen einzigen Fall vor dem IGH gegeben, in dem mehr als 3 Staaten eine Streitgenossenschaft gebildet hätten. Internationale Organisationen bestünden demgegenüber oft aus mehr als 10 Mitgliedstaaten, so daß mit großer Wahrscheinlichkeit nicht nur 1 oder 2, sondern mehrere Richter des ISG mit der Staatsbürgerschaft von Mitgliedstaaten einer internationalen Organisation, die Streitpartei ist, auf der Richterbank säßen. Falls internationale Organisationen für die Zwecke des Artikels 17 des ISG-Statuts als Streitgenossenschaft behandelt würden, gefährde dies die Unparteiischkeit des ISG. Um sicherzustellen, daß in jedem Fall die Zusammensetzung des Gerichts eine faire und unparteiische Entscheidung gewährleistet, sei es notwendig, daß in den Fällen, in denen mehrere Mitglieder des Gerichts Staatsbürger von Mitgliedstaaten einer Organisation sind, die Streitpartei ist, nur einer dieser Richter das Recht erhalten sollte, an den Entscheidungen des Gerichts teilzunehmen. Eine andere Möglichkeit bestehe darin, der anderen Streitpartei das Recht einzuräumen, eine gleiche Anzahl von ad-hoc-Richtern ihrer Wahl zu benennen.

Der Delegierte Madagaskars schlug vor, in Fällen, in denen eine internationale Organisation Partei eines Streitfalles vor dem ISG ist und mehrere Richter mit der Staatsbürgerschaft von Mitgliedstaaten dieser Organisation Mitglieder des ISG sind, Artikel 13 (2) des ISG-Statuts sinngemäß anzuwenden. Nach dieser Bestimmung legt das ISG vorbehaltlich des Artikels 17 des ISG-Statuts fest, welche Mitglieder zur Bildung des Gerichts zwecks Erörterung eines bestimmten Streitfalles verfügbar sind, wobei die reibungslose Tätigkeit der Kammern nach den Artikeln 14 und 15 des ISG-Statuts zu berücksichtigen ist. Damit könne gewährleistet werden, daß in einem Streitfall vor dem ISG, in dem eine internationale Organisation Streitpartei ist, nicht mehr Richter mit der Staatsbürgerschaft von Mitgliedstaaten dieser internationalen Organisation auf der Richterbank sitzen als Richter mit der Staatsbürgerschaft der anderen Streitpartei. Das gleiche Prinzip sollte auf Streitfälle mit Beteiligung multinationaler Konsortien Anwendung finden. Zur Frage der Bestimmung der „nationality" von Konsortien, deren Komponenten aus juristischen oder natürlichen Personen verschiedener Staatszugehörigkeit bestehen, wurde vorgeschlagen, diese Konsortien demjenigen Staat zugehörig zu betrachten, in dem sie ihren Hauptsitz haben bzw. registriert sind.

Auch die Festlegungen des Artikels 153 (2b) der SRK sowie des Artikels 4 von Annex III der Konvention, wonach juristische oder natürliche Personen, die Aktivitäten zur Erforschung oder Ausbeutung der Ressourcen des Tiefseebodens durchführen wollen, von einem bzw. mehreren Teilnehmerstaaten der SRK unterstützt werden müssen, können zur Bestimmung der „nationality" eines multinationalen Konsortiums herangezogen werden. Außerdem wurde der Vorschlag unterbreitet, in Fällen, in denen ein multinationales Konsortium Streitpartei vor der Kammer für Meeresbodenstreitigkeiten ist, die Artikel 7 bzw. 8 des ISG-Statuts sinngemäß anzuwenden. Dementsprechend sollten Mitglieder dieser Kammer, die die gleiche Staatsbürgerschaft wie die juristischen oder natürlichen Personen besitzen, aus denen sich das Konsortium zusammensetzt, in diesem Fall nicht auf der Richterbank sitzen.

Es bestand Übereinstimmung in der Sonderkommission, daß hinsichtlich der Teilnahme internationaler Organisationen und multinationaler Konsortien an Verfahren vor dem ISG und seinen Kammern die Verfahrensregeln des ISG solche

Lösungen vorsehen sollten, die einerseits allen Parteien eines Streitfalls faire und gleichberechtigte Behandlung und andererseits ein höchstmögliches Maß an Effizienz und Wirksamkeit im Verfahren sichern.

In bezug auf die Internationale Meeresbodenbehörde und ihr Unternehmen war die Sonderkommission übereinstimmend der Auffassung, daß es sich hierbei um Rechtssubjekte universellen Charakters handelt, die keine „nationality“ besitzen und diese deshalb — falls sie Partei eines Streitfalls vor dem ISG sind — das Recht haben, *ad-hoc*-Richter gemäß Artikel 17 (3) des ISG-Statuts zu benennen.

Der Zugang der Internationalen Meeresbodenbehörde und ihres Unternehmens sowie von natürlichen und juristischen Personen zur Kammer für Meeresbodenstreitigkeiten wirft weitere Probleme auf, für die es in den Verfahrensregeln bestehender internationaler Gerichte nur wenig Präzedenzfälle gibt. So muß z. B. in den Verfahrensregeln festgelegt werden, welche Unterlagen von einer natürlichen oder juristischen Person zusammen mit ihrem Antrag beizubringen sind, wenn sie der Kammer für Meeresbodenstreitigkeiten einen Streitfall unterbreitet. Für die diesbezüglichen Artikel 121 ff. des Entwurfs der Verfahrensregeln des ISG dienten die relevanten Bestimmungen in den Verfahrensregeln des Gerichtshofes der Europäischen Gemeinschaften als Modell. Danach muß eine juristische Person, wenn sie einen Antrag an das Gericht stellt, gleichzeitig ihr Statut, d. h. die ihre Gründung und ihre Tätigkeit regelnde Urkunde oder Urkunden sowie den Nachweis vorlegen, daß die dem Anwalt des Antragstellers übertragene Vollmacht ordnungsgemäß durch eine dazu bevollmächtigte Person ausgestellt wurde.[14] Während der Diskussion dieser Artikelentwürfe in der Sonderkommission wurden eine Reihe von Vorschlägen unterbreitet, die dem Ziel dienen, die Verfahrensregeln besser den Erfordernissen des Teils XI der SRK anzupassen. Dazu gehörte der Vorschlag, in den Verfahrensregeln des ISG auch die Festlegung des Artikels 190 der SRK zu berücksichtigen, wonach in Streitfällen in bezug auf Tätigkeiten auf dem Tiefseeboden, in denen eine natürliche oder juristische Person einen Teilnehmerstaat der SRK verklagt, der verklagte Staat fordern kann, daß der die natürliche oder juristische Person unterstützende Staat (sponsoring State) an deren Stelle am Verfahren teilnimmt. Erscheint der unterstützende Staat nicht, so kann sich der verklagte Staat durch eine juristische Person seiner Staatszugehörigkeit vor dem ISG vertreten lassen. Für diese Situationen enthält der bisherige Entwurf der Verfahrensregeln noch keine spezifischen Festlegungen. Das Sekretariat wurde deshalb beauftragt, diese Lücke bei der Überarbeitung des Entwurfs zu schließen.

[14] Artikel 38 (5) der Verfahrensregeln des Gerichtshofes der Europäischen Gemeinschaften lautet: „5. An application made by a legal person governed by private law shall be accompanied by
(a) the instrument or instruments constituting and regulating that legal person;
(b) proof that the authority granted to the applicant's lawyer has been properly conferred on him by someone authorized for the purpose.“

In der Sonderkommission wurden auch die Probleme im Zusammenhang mit Artikel 188 (2a) der SRK diskutiert. Nach dieser Bestimmung ist jede Frage der Auslegung oder Anwendung der Konvention, die sich im Verlaufe eines Verfahrens vor einem Handelsschiedsgericht (binding commercial arbitration) ergibt, der Kammer für Meeresbodenstreitigkeiten zur Entscheidung vorzulegen. Das ist deshalb notwendig, weil ein Handelsschiedsgericht keine Zuständigkeit für Entscheidungen in Fragen der Auslegung und Anwendung der SRK besitzt. Die Frage würde sich also im Verlaufe eines Verfahrens in einem Streitfall erheben und müßte gemäß den Bestimmungen über Verfahren in Streitfällen behandelt werden. Die Angelegenheit wird vom Schiedsgericht selbst und nicht von einer der Parteien des Streitfalles (Artikel 188 Absatz 2 Buchstabe b) an die Kammer für Meeresbodenstreitigkeiten überwiesen. Somit kann in diesem Fall das normale Verfahren für Streitfälle nicht angewendet werden, weil davon auszugehen ist, daß das Schiedsgericht der Kammer für Meeresbodenstreitigkeiten alle sachdienlichen Unterlagen, einschließlich der Standpunkte der Streitparteien in der Frage der Auslegung oder Anwendung der Konvention, übermittelt. Trotzdem kann es sich als notwendig erweisen, den Parteien zu gestatten, daß sie der Kammer für Meeresbodenstreitigkeiten Schriftsätze vorlegen oder an einem mündlichen Verfahren vor dieser Kammer teilnehmen. Die Sonderkommission beauftragte das Sekretariat, bei der Überarbeitung des Entwurfs der Verfahrensregeln diesbezügliche Bestimmungen in den Teil IV aufzunehmen, der das Verfahren vor der Kammer für Meeresbodenstreitigkeiten regelt.

7. Gutachten durch die Kammer für Meeresbodenstreitigkeiten

Gemäß den Artikeln 159 (10) und 191 der SRK gibt die Kammer für Meeresbodenstreitigkeiten des ISG auf Ersuchen der Versammlung oder des Rates der Internationalen Meeresbodenbehörde Gutachten zu juristischen Fragen ab, die sich aus dem Tätigkeitsbereich der Versammlung oder des Rates ergeben. Diese Gutachten sollen so schnell wie möglich abgegeben werden. Der Meinungsaustausch in der Sonderkommission zur Frage dieser Gutachten zeigte Übereinstimmung darüber, daß die Bestimmungen des Kapitels IV des IGH-Statuts sowie Teil IV der Verfahrensregeln des IGH über Gutachtenverfahren eine gute Basis für die diesbezüglichen Verfahrensregeln der Kammer für Meeresbodenstreitigkeiten darstellen.[15]

Im Zusammenhang mit dem Verfahren für Gutachten wurde von der Sonderkommission u. a. die Frage diskutiert, ob die Versammlung oder der Rat der Internationalen Meeresbodenbehörde das Recht haben, ein Gutachten auch zu

[15] Vgl. LOS/PCN/SCN 4./L. 5/Add. 1.

Gegenständen anzufordern, die bereits in einem Streitfall zwischen der Behörde und einer anderen Partei zur Erörterung stehen. Dies wurde von den an der Diskussion teilnehmenden Delegierten übereinstimmend verneint. Dabei wurde darauf verwiesen, daß sich dies aus dem Grundsatz der Gleichbehandlung aller Parteien vor dem Gericht ergibt. Das Sekretariat wurde beauftragt, bei der Überarbeitung des Entwurfs eine Bestimmung diesen Inhalts in die Verfahrensregeln aufzunehmen.

Außerdem wurde von der Sonderkommission diskutiert, ob die vom Rat der Behörde vor der Kammer für Meeresbodenstreitigkeiten gemäß Artikel 185 der SRK einzuleitenden Verfahren wegen schwerwiegender und ständiger Verletzungen des Teils XI der SRK als Streitfall oder Ersuchen um Gutachten unterbreitet werden sollten. Dazu waren nahezu alle Delegierte, die sich an der Diskussion beteiligten, der Meinung, daß es sich bei diesem Verfahren um Streitfälle handelt. Diese Antwort ergebe sich aus dem Inhalt des Artikels 185 selbst. Nur dadurch würde es einem Mitgliedstaat der Konvention, der einer solchen Verletzung des Teils XI beschuldigt wird, ermöglicht, sein Recht auf Verteidigung wahrzunehmen.

Ein Delegierter vertrat die Auffassung, daß für die Entscheidung der Versammlung, einen Mitgliedstaat, der die Bestimmungen des Teils XI schwerwiegend und ständig verletzt hat, von der Ausübung der in der Mitgliedschaft begründeten Rechte und Privilegien zu suspendieren, eine Empfehlung des Rates sowie ein Gutachten der Kammer für Meeresbodenstreitigkeiten erforderlich sei. Nachdem die Versammlung ihre Entscheidung getroffen habe, könne die andere Partei den Rechtsweg beschreiten.

Ausführlich wurde in der Sonderkommission die Frage diskutiert, wer im Zusammenhang mit den Gutachtenverfahren der Kammer für Meeresbodenstreitigkeiten berechtigt sein sollte, schriftliche oder mündliche Stellungnahmen vor der Kammer abzugeben. Artikel 129 des Entwurfs der Verfahrensregeln sah vor, daß jeder Teilnehmer der SRK dieses Recht haben sollte und die Kammer für Meeresbodenstreitigkeiten lediglich über die Form dieser Stellungnahmen und die Fristen, in denen diese unterbreitet werden können, entscheiden solle. Bei der Ausarbeitung des Artikels 129 der Verfahrensregeln ging das Sekretariat davon aus, daß Artikel 32 des ISG-Statuts, wonach allen Teilnehmerstaaten der SRK ein Interventionsrecht in Fällen der Auslegung oder Anwendung der SRK zusteht, nicht nur auf Verfahren in Streitfällen, sondern auch auf Gutachtenverfahren anwendbar ist. Die überwiegende Mehrheit der Mitglieder der Sonderkommission teilte diese Auffassung. Es wurde jedoch vorgeschlagen, daß die Kammer für Meeresbodenstreitfälle nicht über die Form solcher Stellungnahmen, sondern nur über die dabei einzuhaltenden Fristen entscheiden solle. Einige Delegierte lehnten jedoch ein solch breites Mitwirkungsrecht aller Teilnehmerstaaten der SRK an Gutachtenverfahren unter Hinweis darauf ab, daß damit das Erfordernis des Artikels 191 der SRK, wonach Gutachten vordringlich abzugeben sind, gefährdet werde. Sie schlugen vor, das in Artikel 66 des Statuts für den Internationalen Gerichtshof festgelegte Verfahren für Gutachten zu übernehmen. Danach werden solche zum IGH zugelassene Staaten und internationale Organisationen, die nach Ansicht des IGH Informationen zu der Frage geben können, zu der das Gutachten abgegeben werden soll, vom IGH aufgefordert, mündliche oder schriftliche Stellungnahmen abzugeben. Der ISG müsse darüber entscheiden, welche Teilnehmerstaaten der SRK Stellungnahmen in Gutachtenverfahren abgeben dürfen.[16]

8. Verfahrensregeln zur unverzüglichen Freigabe von Schiffen und Mannschaften

In den Artikeln 73 (2) und 226 (1) der SRK wurde im Interesse der Gewährleistung einer möglichst ungehinderten Schiffahrt festgelegt, daß Schiffe unter der Flagge eines Teilnehmerstaates der SRK, die von einem anderen Teilnehmerstaat festgehalten werden, nach Hinterlegung einer angemessenen Kaution oder einer anderen finanziellen Sicherheit unverzüglich freigelassen werden müssen.

Nach Artikel 292 der SRK kann der Flaggenstaat eines festgehaltenen Schiffes, wenn er der Auffassung ist, daß der zurückhaltende Staat die Festlegungen der Konvention über die unverzügliche Freigabe von Schiffen nach Hinterlegung einer angemessenen Kaution oder anderen finanziellen Sicherheit nicht einhält, vor einem von den Streitparteien vereinbarten Gericht einen Antrag auf Freigabe des Schiffes stellen. Kommt diese Vereinbarung nicht innerhalb von 10 Tagen nach dem Zeitpunkt des Zurückhaltens zustande, so kann dieser Antrag vor einem Gericht, dem der zurückhaltende Staat gemäß Artikel 287 der SRK zugestimmt hat oder vor dem ISG gestellt werden, sofern die Streitparteien nicht etwas anderes vereinbaren. Der Antrag auf Freigabe muß von dem Gericht unverzüglich behandelt werden, wobei nur die Freigabe selbst behandelt wird. Die Sache selbst, deren Gegenstand das Schiff, sein Eigentümer oder seine Besatzung sind und die vor der zuständigen innerstaatlichen Instanz verhandelt wird, wird dadurch nicht berührt. Nach Hinterlegung der vom Gericht bestimmten Kaution oder anderen finanziellen Sicherheit müssen die Organe des zurückhaltenden Staates die Entscheidung des Gerichts über die Freigabe des Schiffes oder seiner Mannschaft unverzüglich ausführen.

In der Sonderkommission wurde das vom ISG anzuwendende Verfahren bei Anträgen auf unverzügliche Freigabe von Schiffen auf der Grundlage eines dazu vom Sekretariat erarbeiteten Entwurfs ausführlich erörtert.[17] Dabei wurde weitgehende Übereinstimmung über die an einen solchen Antrag zu stellenden formel-

[16] Vgl. LOS/PCN/SCN. 4/L. 1 und LOS/PCN/SCN. 4/L. 5.

[17] Vgl. Supplement to the Draft Rules of the Tribunal. LOS/PCN/SCN 4./WP. 2/Add. 1 vom 25. März 1985.

len und inhaltlichen Erfordernisse erzielt. So soll der Antrag u. a. Ort und Zeit des Beginns des Festhaltens sowie eine knappe Darstellung der Fakten sowie der Gründe des Freigabeersuchens enthalten.

Das Verfahren vor dem ISG soll den Parteien Gelegenheit geben, vertreten zu sein und mündliche oder schriftliche Ausführungen zu machen. In dem vom Sekretariat erarbeiteten Entwurf wurde vorgeschlagen, daß bei der Entscheidung des ISG über Art und Höhe der festzulegenden Kaution oder anderen finanziellen Sicherheit davon auszugehen sei, daß diese den Wert des Schiffes nicht übersteigen dürfe. Die Delegierten Frankreichs, der Niederlande, Indiens und anderer Staaten wiesen jedoch darauf hin, daß eine solche Begrenzung der Höhe der Kaution in Artikel 292 der SRK nicht festgelegt und auch nicht gerechtfertigt sei, da z. B. bei Verschmutzungen der Meeresumwelt durch Tankerunfälle die Höhe des dadurch verursachten Schadens oftmals den Wert des Schiffes übersteigt. Um den notwendigen Entscheidungsspielraum des ISG nicht einzuschränken, wurde schließlich vorgeschlagen, den in der SRK verwendeten Begriff der „reasonable bond or other financial security" nicht zu spezifizieren. Nach dem vom Sekretariat erarbeiteten Entwurf sollen Anträge auf unverzügliche Freigabe von Schiffen vor der nach Artikel 15 (3) des ISG-Statuts zu schaffenden Kammer für abgekürzte Verfahren verhandelt werden, wenn der ISG nicht tagt oder die Zahl seiner verfügbaren Mitglieder zur Beschlußfähigkeit nicht ausreicht oder falls die Streitparteien dies vereinbaren. Dieser Vorschlag fand Unterstützung bei einer Reihe von Staatenvertretern. Einige Delegierte meldeten jedoch Bedenken gegen eine solche Bestimmung an. Sie meinten, daß nach Artikel 292 der SRK nur der ISG im Plenum über solche Anträge auf Freigabe entscheiden könne, falls die Streitparteien sich nicht auf die Kammer für abgekürzte Verfahren einigen.

Die Delegierten der UdSSR, Bulgariens, der Niederlande, Griechenlands und anderer Staaten waren demgegenüber der Auffassung, daß Anträge zur unverzüglichen Freilassung von Schiffen und Besatzungen in der Regel von der Kammer für abgekürzte Verfahren entschieden werden sollten, falls die Streitparteien nichts anderes vereinbaren. Damit werde der Zweckbestimmung des Artikels 292 der SRK am besten Rechnung getragen.

Der Sekretariatsentwurf sieht vor, daß das ISG oder seine Kammer für abgekürzte Verfahren Anträge auf unverzügliche Freigabe von Schiffen und deren Besatzungen mit Vorrang vor allen anderen Fällen behandeln soll.

Viele Staatenvertreter, darunter die Delegierten Spaniens, Polens, des Irak, Griechenlands, Norwegens und Japans, unterstützten eine solche Regelung, da sie dem Anliegen des Artikels 292 der SRK gerecht werde, wonach solche Anträge unverzüglich („without delay") behandelt werden sollen. Dies entspreche auch einem humanitären Anliegen, da es um die Freilassung der Besatzungen gehe. Die Delegierten Ägyptens, Indiens, Jamaikas und anderer Staaten meinten jedoch, daß in den Verfahrensregeln keine starre Rangfolge bei der Behandlung von Anträgen durch den ISG und seine Kammern festgelegt und die Bestimmungen der SRK über die unverzügliche Behandlung von Anträgen auf Freigabe ausreichend sei und in die Verfahrensregeln übernommen werden sollte. Es müsse außerdem berücksichtigt werden, daß nach Artikel 84 des Entwurfs der Verfahrensregeln auch Anträge auf Erlaß vorläufiger Maßnahmen mit Vorrang behandelt werden müssen.

Um die Rangfolge der Dringlichkeit in Verfahren zur unverzüglichen Freigabe von Schiffen und Mannschaften sowie zum Erlaß vorläufiger Maßnahmen klarzustellen, stimmte die Sonderkommission schließlich folgender Fassung des Artikels 84 (1) des Entwurfs der Verfahrensregeln zu: „Ein Antrag auf Erlaß vorläufiger Maßnahmen geht allen anderen Fällen vor. Davon werden jedoch Anträge nach Artikel 292 der Konvention nicht berührt, die unverzüglich zu behandeln sind."

Bei der Annahme dieser Bestimmung berücksichtigte die Sonderkommission den Fakt, daß Anträge auf Freigabe von Schiffen und Mannschaften nach Artikel 292 der SRK unverzüglich zu behandeln sind, während eine solche Dringlichkeit in Artikel 290 der Konvention, der den Erlaß vorläufiger Maßnahmen regelt, nicht festgelegt ist.

In der für Artikel 84 (1) vorgeschlagenen Neuformulierung wird eine Unterscheidung getroffen zwischen Fällen und Anträgen. Während das Wort „Fall" als ein im Gang befindlicher Prozeß oder ein laufendes Verfahren in einem Streitfall ausgelegt werden kann, ist ein „Antrag" gemäß Artikel 292 der SRK viel weniger weitgreifend. Hierbei handelt es sich lediglich um ein Ersuchen, um einen begrenzten Rechtsbehelf, der sich gemäß Artikel 292 bezüglich des Verfahrens vor der zuständigen innerstaatlichen Instanz nicht auf die Sache selbst erstreckt. Diese Unterscheidung, auf die im Verlauf der Diskussion hingewiesen wurde, weist offenbar den einzigen Weg für eine praktikable Lösung. Die von der Sonderkommission beschlossene Neuformulierung des Artikels 84 (1) des Entwurfs der Verfahrensregeln berücksichtigt die Praxis des IGH und trägt zudem der Dringlichkeit Rechnung, die nach Artikel 292 der SRK vorgeschrieben ist.[18]

Was die Hinterlegung der Kaution oder anderen finanziellen Sicherheit beim festhaltenden Staat oder dem ISG betrifft, so wurde vom Vertreter der UdSSR der Vorschlag unterbreitet, daß bei festgehaltenen Staatsschiffen, die für kommerzielle Zwecke genutzt werden, der ISG oder seine Kammer für abgekürzte Verfahren eine vom Flaggenstaat des Schiffes gegebene Garantie als ausreichende Sicherheit für die Freilassung des Schiffes betrachten kann. Der Vertreter der BRD wandte sich gegen eine spezielle Regelung für Staatsschiffe, die für kommerzielle Zwecke genutzt werden.

[18] Vgl. LOS/PCN/SCN. 4/L. 4/Add. 1 und LOS/PCN/SCN. 4/L. 5/Add. 1.

9. Privilegien, Immunitäten und Erleichterungen

Während die Artikel 104 und 105 der UN-Charta sowie die Artikel 19 und 42 des IGH-Statuts Grundsatzregelungen über die Privilegien und Immunitäten des IGH beinhalten, fehlen solche Regelungen in der SRK hinsichtlich der Privilegien, Immunitäten und Erleichterungen für den ISG, dessen Mitglieder und Sekretariat sowie für die Prozeßparteien, Sachverständigen Zeugen und anderen Personen, deren ungehinderter Zugang zum ISG für die Erfüllung seiner Funktionen notwendig ist. Artikel 10 des ISG-Statuts legt lediglich fest, daß die Mitglieder des ISG bei der Wahrnehmung ihres Amtes diplomatische Privilegien und Immunitäten genießen.

In der Sonderkommission wurde deshalb im Zusammenhang mit der Erörterung der Artikelentwürfe über die Vertretung der Parteien vor dem ISG und seinen Kammern die Frage aufgeworfen, ob die Verfahrensregeln des ISG auch Festlegungen über Prinzipien, Immunitäten und Erleichterungen für den oben genannten Personenkreis enthalten sollten. Der Sonderbeauftragte des UN-Generalsekretärs für Seerechtsfragen gab auf Ersuchen der Sonderkommission eine ausführliche Information über die Praxis des IGH und anderer internationaler Gerichte zu diesem Problem[19].

Entsprechend der Rechtsstellung und den Aufgaben des ISG sind folgende 3 Kategorien von Privilegien, Immunitäten und Erleichterungen für die Mitglieder und Mitarbeiter des ISG sowie für die Parteien vor dem ISG zu unterscheiden:

— Solche, die vom Gastgeberland des ISG zu gewähren sind;
— diejenigen, die gewährt werden müssen, wenn der ISG gemäß Artikel 1 (3) seines Statuts außerhalb des Sitzstaates zusammentritt und Aufgaben wahrnimmt; sowie
— solche, die von anderen Staaten eingeräumt werden müssen, um das Erscheinen des oben genannten Personenkreises vor dem ISG zu gewährleisten, zum Beispiel, wenn sich diese Personen im Transit befinden.

Alle 3 Kategorien von Privilegien, Immunitäten und Erleichterungen können nur dann in Anspruch genommen werden, wenn die betreffenden Staaten diesen ausdrücklich zugestimmt haben, da sie wichtige souveräne Rechte der Staaten berühren. Demzufolge können sie vom ISG nicht einseitig geschaffen werden. Dieser erläßt gemäß Artikel 16 seines Statuts seine eigenen Regeln und kann sie jederzeit ohne die Zustimmung der Teilnehmerstaaten der SRK abändern. Die Sonderkommission stimmte deshalb darin überein, daß diese Frage in den Verfahrensregeln des ISG nicht gelöst werden kann. Man war sich einig, daß die erste Kategorie von Privilegien und Immunitäten, d. h. jene, die vom Gastgeberland zu gewähren sind, im Sitzabkommen vereinbart werden muß.

In der Sonderkommission gab es hinsichtlich der 2. und 3. Kategorie von Privi-

[19] Vgl. dazu LOS/PCN/SCN 4./1985/CRP. 8 vom 29. März 1985.

legien, Immunitäten und Erleichterungen weitgehende Übereinstimmung darüber, daß eine entsprechende Vereinbarung zwischen den Teilnehmerstaaten der SRK getroffen werden sollte. Eine geeignete Empfehlung sollte daher in den Bericht aufgenommen werden, der in Übereinstimmung mit Absatz 10 von Resolution I dem Treffen der Teilnehmerstaaten vorzulegen ist.[20]

10. Revision von Entscheidungen des ISG

Angesichts dessen, daß weder die SRK noch das Statut des ISG eine Revision von Entscheidungen des ISG vorsieht, wurde in der Sonderkommission zunächst erörtert, ob es überhaupt zulässig ist, Bestimmungen zur Revision von Entscheidungen des ISG in die Verfahrensregeln aufzunehmen.[21]

Der Sekretär der Kommission erläuterte, daß sich in den Unterlagen des UN-Sekretariats über die Entstehungsgeschichte der Bestimmungen der SRK zu Urteilen oder Entscheidungen des ISG kein Hinweis darauf finden ließ, aus dem man schließen könnte, daß man untersucht hat, ob der ISG in die Lage versetzt werden sollte, seine Urteile und Entscheidungen entweder auf der Basis neuer Informationen oder irgendwelcher anderen Gründe zu überprüfen. In diesem Zusammenhang lenkte er die Aufmerksamkeit auf ein erläuterndes Memorandum zum ersten Einheitlichen Verhandlungstext, in dem der Präsident der Seerechtskonferenz der Vereinten Nationen erklärte, daß die allgemeinen Verfahren für die Tätigkeit des ISG und seine Befugnisse dem Statut des IGH und anderer internationaler Gerichte folge.[22] Man habe beabsichtigt, der Praxis des IGH und anderer internationaler Gerichte zu folgen. Der Sekretär vertrat die Auffassung, daß das Fehlen einer Bestimmung zur Revision von Urteilen und Entscheidungen des ISG in seinem Statut nicht automatisch bedeute, daß eine solche Möglichkeit der Revision von vornherein ausgeschlossen werden muß.

Zunächst wurde diese Auffassung nicht von allen Delegationen geteilt. Einige Delegationen bezweifelten, ob Bestimmungen zur Revision von Entscheidungen in die Verfahrensregeln aufgenommen werden sollten, da der ISG keine Zuständigkeiten in Anspruch nehmen dürfe, die ihm weder durch die SRK selbst noch das ISG-Statut übertragen worden seien.

Im Verlauf der weiteren Diskussion vertraten jedoch viele Delegationen die Auffassung, daß weder die SRK noch das ISG-Statut die Möglichkeit einer Revision von Entscheidungen des ISG verbiete. Es wurde unterstrichen, daß Festlegungen zur Revision notwendig seien, um Rechtsbeugungen zu vermeiden. Ferner wurde betont, daß jedes Gericht die ureigene Befugnis hätte, seine eigenen

[20] Vgl. LOS/PCN/SCN 4/L. 3 vom 3. April 1985.
[21] Vgl. LOS/PCN/SCN 4/L. 4 vom 3. September 1985.
[22] Vgl. A/CONF. 62/WP. 9/Add. 1.

Entscheidungen zu revidieren, wenn neue, entscheidende Fakten zutage kämen, die zu dem Zeitpunkt, da die Entscheidung erging, weder dem Gericht noch der die Revision beantragenden Partei bekannt gewesen seien und wenn dies nicht auf Nachlässigkeit der letzteren zurückzuführen sei. Festlegungen über die Revision von Gerichtsentscheidungen, so erklärten diese Delegationen, fänden sich in jeder Rechtsordnung, innerstaatlich wie international.

Im Ergebnis der Diskussion herrschte allgemeine Übereinstimmung darüber, daß Festlegungen über die Revision von Entscheidungen des ISG in den Entwurf der Verfahrensregeln aufgenommen werden sollten und zugleich in dem Bericht an das Treffen der Teilnehmerstaaten der SRK gemäß Resolution I der SRK die Aufmerksamkeit darauf gelenkt werden soll, daß es im ISG-Statut keine Festlegungen zur Revision von Entscheidungen oder Urteilen gibt und daß es die Vorbereitungskommission für notwendig erachtete, einige Bestimmungen über die Revision in die Verfahrensregeln des ISG aufzunehmen. Im Hinblick auf die zu dieser Frage innerhalb der Vorbereitungskommission geführten Diskussionen und die vom Treffen der Teilnehmerstaaten eingenommene Haltung hat dann der ISG gemäß Artikel 16 seines Statuts selbst die notwendige Entscheidung zu treffen.

Die von der Sonderkommission vorläufig angenommenen Artikelentwürfe über die Revision von Entscheidungen des ISG und seiner Kammern sehen u. a. vor, daß ein Antrag auf Revision einer Entscheidung nur dann gestellt werden darf, wenn er sich auf das Bekanntwerden einer entscheidenden Tatsache gründet, die, als die Entscheidung erging, sowohl dem ISG als auch der die Revision beantragenden Partei unbekannt war, und zwar immer unter der Voraussetzung, daß diese Unkenntnis nicht auf Nachlässigkeit zurückzuführen war.[23] Der Antrag auf Revision muß spätestens sechs Monate nach Entdeckung der neuen Tatsache gestellt werden. Nach Ablauf von 10 Jahren, gerechnet vom Zeitpunkt der Entscheidung, kann kein Revisionsantrag mehr gestellt werden. Die andere Streitpartei kann innerhalb eines vom ISG festzulegenden Zeitraumes eine schriftliche Stellungnahme zur Zulässigkeit des Antrages unterbreiten. Das Revisionsverfahren wird durch ein Urteil des ISG eröffnet, in dem ausdrücklich festgestellt wird, daß die bekanntgewordene neue Tatsache einen solchen Charakter hat, daß er die Revision erforderlich macht. Die Entscheidung des ISG über den Revisionsantrag erfolgt in Form eines Urteils. Über die Revision eines Urteils, das von einer Kammer getroffen wurde, wird vor der gleichen Kammer oder — wenn dies nicht möglich ist — vor einer ähnlich zusammengesetzten Kammer verhandelt.

Bei der Erörterung des Entwurfs der Verfahrensregeln des ISG wurde in der Sonderkommission eine Reihe weiterer Probleme diskutiert, die sich aus den unterschiedlichen Regelungen der SRK und ihrer Anlage VI gegenüber dem Statut des IGH ergeben. Dazu gehören die Stellung und Aufgaben der an den Verhand-

[23] Vgl. LOS/PCN/SCN 4/1985/CRP. 14 vom 29. August 1985.

lungen des ISG teilnehmenden Sachverständigen (experts) gemäß Art. 289 der SRK, die sich von den Beisitzern (assessors) des IGH grundsätzlich unterscheiden.[24]

Auch die Erklärungen über die Anerkennung der Rechtsprechung des ISG gemäß 287 der SRK weichen wesentlich von den entsprechenden Regelungen der Art. 35 und 36 des IGH-Statuts ab und dementsprechend mußten unterschiedliche Festlegungen in die Verfahrensregeln des ISG aufgenommen werden.[25] Interessante Debatten fanden auch zu den vorgesehenen Verfahren bei vorläufigen Maßnahmen (provisional measures) gemäß Art. 290 der SRK sowie für Vorverfahren (preliminary proceedings) nach Art. 294 der SRK statt.[26] Zu diesen und anderen Spezifika des Verfahrens vor dem ISG gegenüber dem des IGH wurden in der Diskussion zahlreiche Abänderungsvorschläge unterbreitet, die — sofern sie in der Sonderkommission generelle Zustimmung fanden — bei der Überarbeitung des Entwurfs der Verfahrensregeln zu berücksichtigen sind.

Insgesamt hat die bisherige lebhafte und konstruktive Diskussion in der Vorbereitungskommission über die Verfahrensregeln des ISG verdeutlicht, daß zahlreiche Staaten unterschiedlicher sozialökonomischer Systeme am baldigen Inkrafttreten der SRK einschließlich ihres Systems der friedlichen Beilegung von Streitfällen interessiert sind. Sie verbinden mit der Schaffung des ISG die Erwartung, daß dieses neue ständige internationale Gericht wirksam zur universellen Einhaltung der in der SRK festgelegten neuen Rechtsordnung auf den Weltmeeren und damit zur Entwicklung der friedlichen internationalen Zusammenarbeit und zur Festigung des Weltfriedens beitragen wird.

[24] Vgl. LOS/PCN/SCN 4/L. 2.
[25] Vgl. LOS/PCN/SCN. 4/L. 2/Add. 1.
[26] Vgl. LOS/PCN/SCN 4/L. 3/Add. 1.

Резюме

Г. Гёрнер

О проекте Регламента Международного Трибунала по морскому праву

Подготовительная комиссия для Международного органа по морскому дну и Международного трибунала по морскому праву в настоящее время разрабатывает проект Регламента Международного трибунала по морскому праву (в дальнейшем Трибунал). В Подготовительной комиссии имеется согласие в том, что этот Регламент должен обеспечить быстрое и требующее меньших затрат рассмотрение дел, а также поощрять к тому, чтобы при урегулировании споров о толковании или применении Конвенции по морскому праву обращаться в Трибунал.

Ввиду того, что Статут Трибунала, представляющий собой вместе с другими положениями Конвенции по морскому праву, касающимися Трибунала, основу и рамки для Регламента Трибунала, в существенных частях составлен аналогично Статуту Международного Суда, Регламент Международного Суда послужил примером для разработки проекта Регламента Трибунала в тех случаях, когда для Трибунала не вытекает различий из Конвенции по морскому праву по сравнению с Международным Судом относительно его организации и компетенции.

К различиям между Трибуналом и Международным Судом относится то, что доступ к Трибуналу или его Камере по спорам, касающимся морского дна, имеют не только государства, но и международные межправительственные организации, включая Международный орган по морскому дну и его Предприятия, а также юридические и физические лица. Поскольку до сих пор почти нет прецедентов для доступа этих субъектов права к международным судам, в Регламенте Трибунала следует найти новые решения. Это, в частности, касается вопроса проверки компетенции международных межправительственных организаций в делах, в которых эти организации являются сторонами в споре в Трибунале, а также определения „гражданства" этих организаций или международных консорциумов в связи с назначением судей ad hoc.

При разработке правил для участия этих субъектов в разбирательствах в Международном Суде и его Камерах Подготовительная комиссия руководствуется тем, что надо обеспечить, с одной стороны, справедливое и равное отношение ко всем сторонам в данном споре и, с другой стороны, по возможности самый высокий уровень оперативности и эффективности при разбирательстве.

Правила по незамедлительному освобождению судна или его экипажа после предоставления разумного залога или иного финансового обеспечения также представляют собой новшество по сравнению с правилами существующих международных судов. В интересах обеспечения по возможности беспрепятственного судоходства подобные дела должны быть незамедлительно рассмотрены Трибуналом. В Подготовительной комиссии был выдвинут ряд предложений о том, как Регламент может максимально отвечать этой целеустановке.

Автор разъясняет дискуссию в Подготовительной комиссии по вопросам регламента для консультативных заключений Камеры по спорам, касающимся морского дна, в соответствии со статьями 159 (10) и 191 Конвенции по морскому праву, а также для пересмотра решений Международного Суда. Кроме того, излагается позиция по вопросу о привилегиях, иммунитетах и облегчениях для Трибунала, его членов и секретариата, а также для сторон в судебном деле, экспертов, свидетелей и других лиц, беспрепятственный доступ которых к Трибуналу необходим для выполнения его функций.

Вышеуказанная статья занимается некоторыми проблемами, обсужденными Подготовительной комиссией во время первого чтения Регламента Трибунала по морскому праву. По окончании этого первого чтения во время четвертой сессии Подготовительной комиссии в апреле 1986 г. секретариату было поручено переработать проект. Во время летних заседаний 1986 года Подготовительная комиссия начала окончательное обсуждение переработанного проекта.

Summary

G. Görner

On the Draft Rules of the International Tribunal for the Law of the Sea

The Preparatory Commission for the International Sea-Bed Authority and for the International Tribunal for the Law of the Sea is currently drawing up the draft rules of the Tribunal. The Commission has agreed that these rules should expedite proceedings, minimize costs and encourage the use of the Tribunal for the settlement of disputes on the interpretation or application of the Convention on the Law of the Sea.

Since the Statute of the Tribunal, which together with the relevant provisions of the Law of the Sea Convention forms the basis and framework of the Tribunal's rules is modelled in large measure on the Statute of the International Court of Justice, the latter's procedural rules have served as a model for the draft rules of the Tribunal to the extent that the provisions of the Law of the Sea Convention regarding the Tribunal's organization and competence do not give rise to differences from the ICJ.

For instance, the Tribunal differe from the ICJ in that not only States but also intergovernmental organizations, including the International Sea-Bed Authority and its enterprise as well as juridical and natural persons, have access to the Tribunal and its Sea-Bed Disputes Chamber. Since there are hardly any precedents for the access of such entities to international courts, new solutions must be found in the rules of the Tribunal. This applies, among other things, to the question of examining the competence of intergovernmental organizations for matters in which such an organization is a party to a dispute before the Tribunal and to the question of determining the nationality of such an organization or of multinational consortia in connection with the nomination of *ad hoc* judges.

In working out rules of procedure for the participation of these entities in proceedings before the Tribunal and its chambers, the Preparatory Commission is guided by the need to ensure on the one hand fair and equal treatment of all parties to a given dispute and, on the other hand, the highest possible standard of efficiency and effectiveness in the proceedings.

The part of the rules which deals with the prompt release of vessels and crew upon the posting of a reasonable bond or other financial security has no precedent either in the procedural rules of existing international courts. In the interest of ensuring freedom of navigation the Tribunal has to deal with such matters without delay. At meetings of the Preparatory Comission a number of proposals were made on how the rules of procedure can best meet this objective.

The author comments on the course of the debate in the Preparatory Commission on the draft rules dealing with advisory opinions that may be given by the Sea-Bed Disputes Chamber pursuant to articles 159(10) and 191 of the Law of the Sea Convention, and with the revision of decisions of the Tribunal. The observations also cover the question of privileges, immunities and facilities for the Tribunal, its members and secretariat as well as for the parties before the Tribunal, experts, witnesses and other persons whose unimpeded access to the Tribunal is necessary for its proper functioning.

The present contribution deals with a number of issues which the Preparatory Commission discussed during the first reading of the Draft Rules of the Tribunal for the Law of the Sea. Upon conclusion of this first reading at the Preparatory Commission's fourth session in April 1986 the Secretariat was entrusted with the revision of the draft. During its meetings in the summer of 1986 the Preparatory Commission took up the final consideration of the revised Draft.

B. Graefrath

Das Verantwortlichkeitsverhältnis im Völkerrecht und die Definition des „verletzten Staates“

Fragen der völkerrechtlichen Verantwortlichkeit berühren das gesamte Völkerrecht und die Probleme seiner Durchsetzung. Ihre Regelung kann wesentlich dazu beitragen, daß das gegenwärtige Völkerrecht seine Funktion als Friedensordnung wirksamer erfüllt. Da Verantwortlichkeitsverhältnisse Rechte und Pflichten zur Durchsetzung verletzter völkerrechtlicher Verpflichtungen begründen, kommt ihrer sorgfältigen Bestimmung nicht nur theoretische, sondern auch große praktische politische Bedeutung zu. Sie sind ein wichtiges Mittel, stabile internationale Beziehungen zwischen gleichberechtigten souveränen Staaten zu sichern. Infolgedessen ist den Fragen der Kodifikation der völkerrechtlichen Verantwortlichkeit von den sozialistischen Staaten und der sozialistischen Völkerrechtswissenschaft immer große Aufmerksamkeit gewidmet worden.

Zu den rechtstheoretischen Fragen, die im Zusammenhang mit der Kodifikation der Regeln des allgemeinen Völkerrechts über die Verantwortlichkeit der Staaten aufgeworfen werden, gehören z. B. Fragen nach dem Inhalt und den Beteiligten des Verantwortlichkeitsverhältnisses, dem Einfluß der Rechtsquellen oder der Beziehung zwischen Rechtsnorm und Rechtsverhältnis im Völkerrecht und ihrer Bedeutung für die Bestimmung der Subjekte eines Verantwortlichkeitsverhältnisses, insbesondere des Kreises der „verletzten Staaten“. Unter diesem Aspekt sollen sie im folgenden behandelt werden. Veranlassung dazu gibt der Vorschlag Riphagens, sich bei der Bestimmung des durch den Bruch einer völkerrechtlichen Verpflichtung „verletzten Staates“ vor allem auch an den Rechtsquellen der verletzten Verpflichtung zu orientieren.[1]

Ob man im Völkerrecht von einer Vertragsverletzung oder der Verletzung einer völkerrechtlichen Verpflichtung spricht, scheint auf den ersten Blick keinen großen Unterschied zu machen. Jedenfalls ist die Vertragsverletzung immer auch die Verletzung einer völkerrechtlichen Verpflichtung. Eine ganz andere Frage ist es, ob die Parteien die daraus entstehenden Verantwortlichkeitsfolgen geltend machen wollen, ob sie die Verletzung als Bruch einer Verpflichtung des Vertrages oder als Streit über seine Interpretation und Anwendung oder als Grund für seine Verände-

[1] Vgl. W. Riphagen in: Yearbook of the International Law Commission (zitiert als: YBILC) 1980, Bd. II (Teil Eins), S. 111 (para. 12); YBILC, 1982, Bd. II (Teil Eins), S. 28 (para. 39f.), S. 40 (para. 106) sowie seinen Entwurf für Artikel 5 in: A/CN.4/380 und A/CN.4/389; A/CN.4/SR.1902, S. 11.

rung oder Erneuerung behandeln wollen.[2] Das liegt in der Regel — soweit nicht die Verletzung von Verpflichtungen aus ius cogens in Betracht kommt — ebenso in ihrem Ermessen wie der Abschluß des Vertrages selbst. Jedenfalls ist das kein ausreichender Grund, die Verletzung von völkerrechtlichen Verpflichtungen, die sich aus Verträgen ergeben, die Vertragsverletzung aus dem Bereich der völkerrechtlichen Verantwortlichkeit auszugliedern oder sie gesondert zu behandeln, um sie nicht von vornherein mit dem Odium der rechtswidrigen Handlung zu belasten. Immerhin ist der Vertrag heute die bei weitem häufigste Quelle völkerrechtlicher Verpflichtungen, und die engen Beziehungen und Überschneidungen zwischen dem Vertragsrecht und der völkerrechtlichen Verantwortlichkeit sind nicht zu übersehen.

Natürlich gibt es andere Quellen für völkerrechtliche Verpflichtungen: die grundlegenden Völkerrechtsprinzipien, das Gewohnheitsrecht, in gewissem Grade Entscheidungen internationaler Gerichte und unter Umständen Beschlüsse internationaler Organisationen. Das heißt, nicht jede Verletzung einer völkerrechtlichen Verpflichtung ist auch eine Vertragsverletzung. Nur wenige Autoren haben versucht daraus abzuleiten, daß die Vertragsverletzung als eine besondere Form der völkerrechtlichen Verantwortlichkeit zu behandeln sei.[3]

Beides, der Versuch, der Vertragsverletzung im Rahmen der völkerrechtlichen Verantwortlichkeit einen Sonderstatus zuzuweisen, als auch der Versuch, sie völlig aus der Verantwortlichkeit auszuklammern, richten sich gegen prinzipielle Positionen, die die Völkerrechtskommission der Vereinten Nationen ihrem Projekt für die Kodifikation der völkerrechtlichen Verantwortlichkeit zugrunde gelegt hat. Sie lassen sich auch praktisch nicht realisieren, weil die Pflichtverletzung sich in vielen Fällen sowohl als Verletzung einer vertraglichen als auch einer gewohnheitsrechtlichen Verpflichtung darstellen wird. Nicht selten ist ein und dieselbe Handlung gegenüber dem einen Staat die Verletzung einer vertraglichen Verpflichtung, während sie gegenüber einem anderen Staat, der nicht Vertragspartner ist, als Verletzung einer gewohnheitsrechtlichen Verpflichtung erscheint.

Eintritt, Inhalt und Umfang der völkerrechtlichen Verantwortlichkeit sind nicht an eine bestimmte Rechtsquelle, sondern an die Verletzung eines bestimmten Rechtsverhältnisses geknüpft. Das ist darauf zurückzuführen, daß alles Völker-

[2] Vgl. S. Rosenne, Breach of Treaty, Cambridge 1985, S. 37, 119; R. B. Bilder, Breach of Treaty and Response thereto, in: Proceedings of the American Society of International Law, Washington 1967, S. 193; B. Graefrath/E. Oeser/P. A. Steiniger, Völkerrechtliche Verantwortlichkeit der Staaten, Berlin 1977, S. 177f.; dort wird von „Vertragsverletzungen" im Sinne von einfachen Pflichtverletzungen gesprochen, die nicht Verbrechen oder Souveränitätsverletzungen sind.

[3] Vgl. z. B. B. Simma, Reflections on Article 60 of the Vienna Convention on the Law of Treaties and its Background in General International Law, in: Österreichische Zeitschrift für öffentliches Recht, Bd. XX (1970), S. 5f.; S. Rosenne, Breach of Treaty, a. a. O., S. 72, S. 106; E. Zoller, Peacetime Unilateral Remedies: An Analysis of Countermeasures, New York 1984, S. 84f., S. 114f.

recht, gleichgültig in welcher Form es uns entgegentritt, auf Vereinbarungen zurückzuführen ist und auf der Gleichberechtigung der Subjekte beruht. Ein internationales Verbrechen kann sowohl eine Vertragsverletzung als auch eine Verletzung gewohnheitsrechtlicher Normen sein. Eine Vertragsverletzung kann sich als Verletzung eines bi- oder eines multilateralen Rechtsverhältnisses darstellen. Das heißt, für die Bestimmung des Verantwortlichkeitsverhältnisses ist die Tatsache, daß es sich bei einer Pflichtverletzung um eine Vertragsverletzung handelt, nicht sehr aussagekräftig.

Nun enthält jedoch die Wiener Vertragsrechtskonvention (WVK) Regeln über die Vertragsverletzung, jedenfalls über den „schweren Vertragsbruch" oder „den wesentlichen Bruch eines Vertrages".[4] Sie beziehen sich jedoch im wesentlichen auf die Auswirkungen einer solchen Verletzung, auf den Vertrag als solchen. Sie regeln nicht die spezifischen Verantwortlichkeitsfolgen, die aus der Verletzung einer im Rahmen eines Vertrages aufgestellten Verpflichtung entstehen, sondern die Auswirkungen der Verletzung auf den Vertrag.[5] Sie sind darauf orientiert, den Bestand, die Stabilität des Vertrages zu sichern, deutlich zu machen, daß die Vertragsverletzung als solche die Verbindlichkeit des Vertrages nicht aufheben kann. Während es daher im Rahmen der WVK durchaus legitim ist, nur über die Vertragsverletzung oder genauer nur über einen „schweren Vertragsbruch" zu sprechen, weil etwas über das Schicksal des Vertrages in einem solchen Fall ausgesagt wird, ist der Terminus Vertragsverletzung im Rahmen der völkerrechtlichen Verantwortlichkeit nicht präzise genug, da der Vertrag Verpflichtungen sehr unterschiedlicher Art enthalten kann.

Die Tatsache, daß es sich bei einer konkreten Pflichtverletzung um den Bruch einer Verpflichtung aus einem Vertrag handelt, ist für die Begründung des Verantwortlichkeitsverhältnisses nicht wesentlich. Sie kann aber für seine von den allgemeinen Regeln abweichende, besondere Ausgestaltung von großer Bedeutung sein, wenn die Parteien im Vertrag eine solche spezielle Verantwortlichkeitsregelung vereinbart haben. Sie würde den allgemeinen Regeln der völkerrechtlichen Verantwortlichkeit vorgehen.[6]

Die Völkerrechtskommission (ILC) ist den Vorlagen Agos folgend bislang zu Recht davon ausgegangen, daß die Verletzung einer völkerrechtlichen Verpflich-

[4] Vgl. Art. 60; deutscher Text in: Völkerrecht, Dokumente, Teil 2, Berlin 1980, S. 638ff.

[5] Vgl. S. Rosenne, Breach of Treaty, a. a. O., S. 5f., S. 18, S. 101; vgl. auch W. Riphagen in: A/CN.4/389, S. 22, Anm. 44. Im Art. 83 der WVK wird ausdrücklich gesagt, daß Fragen der völkerrechtlichen Verantwortlichkeit nicht präjudiziert werden. Im Unterschied dazu enthielt der Vorschlag von Fitzmaurice noch Regeln über Verantwortlichkeit bei Vertragsverletzung; vgl. YBILC, 1959, Bd. II, S. 49f., S. 80f.

[6] Darauf hat auch R. Ago ständig hingewiesen. Vgl. z. B. R. Ago in: YBILC, 1976, Bd. II (Teil Eins), S. 6 (para. 14). Für Teil 2 ist das von Riphagen immer wieder hervorgehoben worden; vgl. z. B. YBILC, 1981, Bd. II (Teil Eins), S. 86 (para. 58f.); A/CN.4/389, Kommentar zu Art. 2; sowie die ILC in ihrem Kommentar zu Art. 17, YBILC, 1976, Bd. II (Teil Zwei), S. 80.

tung völkerrechtliche Verantwortlichkeit begründet. Mit großer Entschiedenheit hat sie jede Differenzierung, die sich auf die Quelle der völkerrechtlichen Verpflichtung stützt, abgelehnt. Sie vermeidet absichtlich, nach der Herkunft, der Quelle der völkerrechtlichen Verpflichtung, der Primärnorm zu fragen. Die Verantwortlichkeitskonzeption, die die ILC seit 1963 verfolgt, geht davon aus, die Primärnorm als gegeben vorauszusetzen und Entstehung und Inhalt der völkerrechtlichen Verantwortlichkeit an ihre Verletzung anzuknüpfen. Sie behandelt die Normen der völkerrechtlichen Verantwortlichkeit als Sekundärnormen, als Regeln, die im Ergebnis der Verletzung einer völkerrechtlichen Verpflichtung eintreten. Auf diese Weise wird vermieden, daß im Zusammenhang mit Problemen der Regelung der völkerrechtlichen Verantwortlichkeit über den Inhalt einzelner Primärverpflichtungen gestritten oder mit Hilfe der Verantwortlichkeitsregelung auf ihren Inhalt eingewirkt wird.[7]

Bereits in seinem zweiten Bericht 1970[8] hatte Ago begründet, warum er es vorzog — darin übrigens mit Garcia Amador übereinstimmend[9] — nicht von der Verletzung einer völkerrechtlichen Regel oder Norm, sondern von der Verletzung einer völkerrechtlichen Verpflichtung zu sprechen. Er gab zwei Gründe an. Erstens verband er mit dem Begriff Regel oder Norm die Vorstellung von objektivem Recht, das erst durch eine konkrete Rechtsbeziehung zu einem oder mehreren anderen Staaten in subjektive Rechte und Pflichten umgesetzt wird,[10] so daß die Verletzung sich immer auf eine Verpflichtung bezieht, der ein subjektives Recht eines oder mehrerer anderer Staaten entspricht.[11] Zweitens aber wies er mit Nachdruck darauf hin, daß sich die Verpflichtung, um deren Verletzung es in einem konkreten Fall gehe, keineswegs immer aus einer objektiven Regel ergeben müsse. Sie könne sehr wohl durch einen besonderen Rechtsakt geschaffen worden sein, z. B. einen bilateralen Vertrag, die Entscheidung eines Gerichts oder einer internationalen Organisation.[12] Bei der Diskussion des Art. 3 des Entwurfes, bei der es u. a. um die Bestimmung des objektiven Elements der völkerrechtswidrigen Handlung ging, ist die Kommission nach gründlicher Erörterung dem Vorschlag

[7] Vgl. R. Ago in: YBILC, 1970, Bd. II, S. 178 (para. 7); YBILC, 1976, Bd. II (Teil Eins), S. 4f. (paras. 5, 7); Bericht der ILC, YBILC, 1973, Bd. II, S. 168 (para. 40); YBILC, 1976, Bd. II (Teil Zwei), S. 71 (para. 68f.); YBILC, 1976, Bd. II (Teil Zwei), S. 119 (para. 60 zu Art. 19): "For the Commission itself to attempt to define the various obligations would mean transforming the codification of State responsibility into codification of the whole of international law."

[8] Vgl. YBILC, 1970, Bd. II, S. 192 (para. 45); YBILC, 1976, Bd. I, S. 7.

[9] Vgl. YBILC, 1957, Bd. II, S. 128; YBILC, 1961, Bd. II, S. 46.

[10] Vgl. dazu I. I. Lukašuk, Mechanism meždunarodno-pravovogo regulirovanija, Kiev 1980, S. 115f.: S. V. Černičenko, Realizacija meždunarodno-pravovych norm, ee predposylki i result'taty, in: Sovetski ežegodnik meždunarodnogo prava, 1980, Moskva 1981, S. 53f.

[11] Vgl. YBILC, 1970, Bd. II, S. 193 (para. 46); YBILC, 1976, Bd. I, S. 7, S. 18; YBILC, 1976, Bd. II (Teil Zwei), S. 75 (paras. 2, 4).

[12] Vgl. YBILC, 1970, Bd. II, S. 192 (para. 46); YBILC, 1976, Bd. II (Teil Zwei), S. 75 (para. 2).

Agos gefolgt. Sie hat wesentliche Teile seiner Argumentation in ihren Kommentar zum Artikel 3 übernommen.[13]

1. Keine Unterscheidung zwischen Vertragsverletzung und Delikt

Die Kommission ist auf diese Frage zurückgekommen, als es darum ging zu definieren, was eine Völkerrechtsverletzung ist, wann sie vorliegt und ob es unterschiedliche Kategorien von Völkerrechtsverletzungen gibt. Bekanntlich ist die Kommission dabei zu der bedeutsamen prinzipiellen Unterscheidung zwischen internationalen Verbrechen und internationalen Delikten gelangt, die auf dem Inhalt der verletzten völkerrechtlichen Verpflichtung und der Schwere der Verletzung aufbaut.[14]

In unserem Zusammenhang ist wichtig, daß bei der Erörterung der Frage, was eine Völkerrechtsverletzung ist und wodurch sich internationale Verbrechen und internationale Delikte unterscheiden, ausdrücklich eine Bezugnahme auf die Herkunft oder Art der verletzten völkerrechtlichen Verpflichtung, eine Unterscheidung zwischen Vertragsverletzung und Delikten (etwa im Sinne des § 823 BGB) abgelehnt wurde.[15]

Das war eine wichtige Entscheidung. Sie war nicht nur gegen eine Ausklammerung der Vertragsverletzung aus dem Bereich der völkerrechtlichen Verantwortlichkeit gerichtet. Sie betont auch nachdrücklich, daß völkerrechtliche Verpflichtungen, unabhängig aus welcher Quelle sie stammen, das Ergebnis einer Vereinbarung zwischen gleichberechtigten Subjekten sind. Die Unterscheidung zwischen Vertragsverletzung und unerlaubter Handlung, die für die meisten nationalen Rechtsordnungen typisch ist, beruht auf dem Unterschied zwischen Vertrag und Gesetz, den das Völkerrecht nicht kennt. Deshalb ist es auch irreführend, multilaterale Verträge, in denen sich die Staaten über allgemeine Regeln einigen, die sie anwenden, wenn sie entsprechende Rechtsverhältnisse begründen, wie z. B. die Vertragsrechtskonvention, rechtsetzende Verträge zu nennen.[16]

[13] Vgl. YBILC, 1973, Bd. II, S. 182 (para. 9), S. 184 (para. 15). Während in der sowjetischen Literatur früher im allgemeinen von Rechtsverletzung die Rede war (vgl. Kurs meždunarodnogo prava, Bd. V, Moskva 1969, S. 420f.), unterscheidet die neuere Literatur deutlich. Die Völkerrechtsverletzung wird als die Verletzung einer völkerrechtlichen Verpflichtung definiert, die aufgrund einer völkerrechtlichen Norm besteht; vgl. G. I. Tunkin (Hrsg.), Meždunarodnogo pravo, Moskva 1982, S. 209.

[14] Art. 19 des Entwurfs; vgl. YBILC, 1976, Bd. II (Teil Zwei), S. 75f. (paras. 2, 4).

[15] Vgl. ebenda, S. 80 (para. 3), S. 85 (para. 19), S. 87 (para. 26f.); YBILC, 1976, Bd. I, S. 20.

[16] Vgl. dazu G. Schirmer, Universalität völkerrechtlicher Verträge und internationaler Organisationen, Berlin 1966, S. 163f.; dazu auch B. Graefrath, Zur Bedeutung der grundlegenden Prinzipien für die Struktur des allgemeinen Völkerrechts, in: K. A. Mollnau (Hrsg.), Probleme einer Strukturtheorie des Rechts, Berlin 1985, S. 159, 182f.

Im Gegensatz zum innerstaatlichen Recht, in dem es in der Regel für die hierarchische Stellung einer Norm wichtig ist, ob sie dem Verfassungsrecht, einem Gesetz, einer Verordnung, einem Vertrag oder dem Gewohnheitsrecht angehört, hat im Völkerrecht die Herkunft der Norm, ihre Rechtsquelle, keine strukturelle Bedeutung. Alle völkerrechtlichen Normen kommen letztlich im Wege von Vereinbarungen zwischen gleichberechtigten Subjekten zustande. Ihre unterschiedliche Bedeutung für die friedliche internationale Zusammenarbeit der Völker kann sich nur aus ihrem Inhalt ergeben. Das wurde auch durch die Annahme der Deklaration über die Prinzipien des Völkerrechts betreffend die freundschaftlichen Beziehungen und die Zusammenarbeit zwischen den Staaten bekräftigt.[17] Sie macht die zentrale Stellung deutlich, die den grundlegenden Prinzipien im System des gegenwärtigen Völkerrechts für die friedliche internationale Zusammenarbeit der Staaten mit unterschiedlicher Gesellschaftsordnung zukommt.

In dem Bemühen, die inhaltlichen Grundlagen für die Unterscheidung zwischen internationalen Verbrechen und Delikten deutlich zu machen, kam Ago 1976 auf die von der Kommission angenommene Unterscheidung zwischen Regel, Rechten und Pflichten zurück[18] und stellte ausdrücklich die Frage, ob es einen Unterschied macht, wenn die verletzte Verpflichtung aus dieser oder jener Quelle stammt. Dabei wies er sogleich auf die Gefahr hin, sich auf den Versuch einzulassen, im Rahmen der völkerrechtlichen Verantwortlichkeit eine Quellenlehre des Völkerrechts zu formulieren.[19] Im Ergebnis einer ausführlichen und gründlichen Analyse der Theorie und Staatenpraxis gelangte Ago zu dem Ergebnis, daß es für die Rechtsverletzung keinen Unterschied macht, aus welcher Quelle die verletzte Verpflichtung stammt. Insbesondere wandte er sich dagegen, einen Unterschied zwischen einer Vertragsverletzung und der Verletzung einer gewohnheitsrechtlichen Verpflichtung zu machen oder zu unterscheiden, ob die Regel, die einer verletzten Verpflichtung zugrunde liegt, aus einem multilateralen Vertrag oder allgemeinem Gewohnheitsrecht herrührt.[20] Entscheidend ist allein, daß sie zum Zeitpunkt der Verletzung für den Staat, auf dessen Handlung Bezug genommen wird, bestand.

Das Ergebnis der ausführlichen Diskussion waren die Artikel 16 und 17 des derzeitigen Entwurfes. Auf Vorschlag Ushakovs[22] wurde im Artikel 16 ausdrücklich eine Definition für die Völkerrechtsverletzung vorangestellt. Darin wird als Verletzung ein Verhalten definiert, das nicht mit dem in der Verpflichtung geforderten in Übereinstimmung steht. In seiner Einführung wies Ago wiederum jede Unterscheidung zwischen Vertrags- und Gewohnheitsrecht für die Frage der Völ-

[17] Deutscher Text in: Völkerrecht, Dokumente, Teil 3, Berlin 1980, S. 709ff.
[18] Vgl. YBILC, 1976, Bd. II (Teil Eins), S. 4; YBILC, 1976, Bd. II (Teil Zwei), S. 76.
[19] Vgl. YBILC, 1976, Bd. II (Teil Eins), S. 5f. (paras. 7, 12f.); YBILC, 1976, Bd. II (Teil Zwei), S. 80f.
[20] Vgl. YBILC, 1976, Bd. II (Teil Eins), S. 12 (para. 30); YBILC, 1976, Bd. I, S. 22.
[21] Vgl. ebenda, S. 7f.
[22] Vgl. ebenda, S. 25.

kerrechtsverletzung ebenso zurück wie eine Differenzierung aufgrund sogenannter rechtsetzender oder rechtsgeschäftlicher Verträge oder anderer Quellen: „Jegliche Unterscheidung zwischen völkerrechtlichen Verpflichtungen und dem anwendbaren Verantwortlichkeitsregime im Falle der Verletzung solcher Verpflichtungen sollte nicht auf die Quelle, sondern den Inhalt der Verpflichtung gegründet werden."[23] Diese Konzeption fand ihren Niederschlag im Artikel 17:

„1. Eine Handlung eines Staates, die eine völkerrechtliche Verpflichtung verletzt, ist eine völkerrechtswidrige Handlung, unabhängig von der Herkunft dieser Verpflichtung, ob sie gewohnheitsrechtlicher, vertragsrechtlicher oder anderer Art ist.

2. Die Herkunft der durch einen Staat verletzten völkerrechtlichen Verpflichtung berührt nicht die völkerrechtliche Verantwortlichkeit, die aus der völkerrechtswidrigen Handlung dieses Staates resultiert."[24]

In diesem Text wurde absichtlich der Begriff „Quelle" durch das Wort Herkunft oder Entstehung (origin) umschrieben, um jeden Streit oder jede Fehlinterpretation, die sich aus der unterschiedlichen Bedeutung des Wortes Quelle ergeben könnte, zu vermeiden. Unmißverständlich werden zwei Grundsätze, die sich im wesentlichen bereits aus Artikel 3 ergeben, formuliert, weil sie von tragender Bedeutung für die gesamte Konzeption der völkerrechtlichen Verantwortlichkeit sind:

1. Völkerrechtliche Verantwortlichkeit wird durch die Verletzung einer völkerrechtlichen Verpflichtung begründet. Dabei ist es gleichgültig, aus welcher Rechtsquelle diese Verpflichtung stammt.

2. Die Herkunft der verletzten Verpflichtung hat keinen Einfluß auf das „Verantwortlichkeitsregime". Dieser ursprünglich von Ago benutzte Begriff[25] wurde später aufgegeben und im Artikel 17 durch die Worte „völkerrechtliche Verantwortlichkeit" ersetzt. Es wurde jedoch eindeutig geklärt, daß damit sowohl eine Unterscheidung zwischen Vertragsverletzung und unerlaubter Handlung als auch jede Differenzierung der Rechtsfolgen, der betroffenen Staaten oder der möglichen Verfahren, soweit sie sich lediglich auf die Rechtsquelle der verletzten Verpflichtung stützen, abgelehnt wurde.[26]

[23] Ebenda, S. 22 (engl.).

[24] YBILC, 1976, Bd. II (Teil Zwei), S. 79f. (engl); dazu R. Ago, YBILC, 1976, Bd. I, S. 32.

[25] Vgl. ebenda, S. 22.

[26] Vgl. para. 26/27 des Kommentars der ILC zu Art. 17, in: YBILC, 1976, Bd. II (Teil Zwei), S. 87 (para. 27): "By the expression '... does not affect the international responsibility' ... the Commission intends, precisely, to refer to the consequences which ensue for the author of the internationally wrongful act of breaching the international obligation, both as to the forms of responsibility applicable (reparation, satisfaction, sanctions etc.) and as to determining the subject of international law entitled to assert its claim (State directly injured, other State, all the States making up the international community). As the origin of the international obligation breached 'does not affect' all this, there is no *raison d'être* in general international law for a distinction between different types of internationally wrongful act according to the origin of the obligation."

In unserem Zusammenhang ist von besonderer Bedeutung, daß die Kommission sich völlig einig darüber war, daß die Herkunft, die Quelle der Verpflichtung auch keinen Einfluß auf den Kreis der am Verantwortlichkeitsverhältnis beteiligten Subjekte hat.[27] Wer als verletzter Staat Ansprüche aufgrund einer Völkerrechtsverletzung geltend machen kann, ergibt sich nicht daraus, ob er Teilnehmer einer völkerrechtlichen Regel ist, ob aus Gewohnheitsrecht oder multilateralem Vertrag für ihn die Regeln des Diplomatenrechts, des Seerechts, des Vertragsrechts oder des Luftrechts gelten, sondern daraus, ob er in seinen Rechten, die sich aus solchen Regeln, zweiseitigen Verträgen oder anderen Akten ergeben können, verletzt worden ist. Aus dem Diplomatenrecht — der Konvention wie dem Gewohnheitsrecht — ergeben sich für einen Staat Rechte gegenüber einem anderen Staat erst dann, wenn es zur Aufnahme diplomatischer Beziehungen oder zu diplomatischem Verkehr kommt; Rechte aus dem Vertragsrecht setzen vertragliche Beziehungen voraus, die Anwendbarkeit zahlreicher Regeln der Seerechtskonvention hängt davon ab, ob es sich um einen Flaggenstaat oder einen Küstenstaat handelt usw. Es bedarf immer der Begründung eines konkreten Rechtsverhältnisses, aus dem sich subjektive Rechte und Pflichten ergeben. Dieses Rechtsverhältnis kann sich auf allgemeine Regeln des Völkerrechts und multilaterale Verträge gründen oder auf eine ausschließlich auf seine Begründung gerichtete Vereinbarung zwischen zwei oder mehr Parteien.[28] Immer folgt das Verantwortlichkeitsverhältnis dem verletzten Rechtsverhältnis. Das gilt auch bei internationalen Verbrechen, bei denen, eben weil die Verletzung gegenüber einem Staat zugleich eine Pflichtverletzung gegenüber allen Staaten darstellt, ein universelles Rechtsverhältnis zugrunde liegt. Entgegen der prinzipiellen Orientierung durch den Teil 1 hat Riphagen, der Berichterstatter für Teil 2 des Projektes, bereits in seinem ersten Bericht 1980 erklärt,[29] daß man im Teil 2 bei der Bestimmung des neuen Rechtsverhältnisses, das durch die völkerrechtswidrige Handlung eines Staates hervorgerufen wird, die Herkunft der verletzten völkerrechtlichen Verpflichtung, insbesondere ihre vertragliche Herkunft nicht ignorieren kann. Dementsprechend hat er in seinem 3. Bericht versucht, das Völkerrecht als eine Vielzahl von Subsystemen zu erfassen,

[27] Darauf hat Ago in seiner Zusammenfassung der Diskussion zu Art. 17 ausdrücklich noch einmal hingewiesen: "The regime of responsibility therefore, also included the determination of the subject of international law entitled to set those consequences in motion." (YBILC, 1976, Bd. I, S. 34).

[28] Vgl. dazu B. Graefrath, Responsibility and Damages Caused, in: Recueil des Cours, Bd. 185 (1984/II), S. 9ff. (S. 51f.) mit weiteren Hinweisen. Auch Riphagen hat immer wieder darauf aufmerksam gemacht, daß multilaterale Verträge in vielen Fällen zu bilateralen Rechtsverhältnissen führen; vgl. z. B. A/CN.4/389, paras. 14, 16 des Kommentars zu Art. 5; YBILC 1982, Bd. II (Teil Eins), S. 36 (para. 91). Zur Bedeutung rechtserheblicher Tatsachen für die Entstehung konkreter Völkerrechtsverhältnisse vgl. S. V. Černičenko, Juridičeskie fakty i meždunarodnye pravootnošenija, in: Sovetskij Ežegodnik meždunarodnogo prava 1983, Moskva 1984, S. 83f.

[29] Vgl. YBILC, 1980, Bd. II (Teil Eins), S. 111 (para. 12).

die teils funktional, teils aufgrund ihrer Quellen gegliedert wurden.[30] Ausdrücklich erklärt er, daß es unmöglich wäre, so abstrakt zu bleiben wie im Teil 1. Quelle, Verpflichtung, Verletzung, Rechtsfolgen und Durchsetzung würden ein System darstellen. Man müsse zugeben, daß es unterschiedliche Subsysteme gäbe und daß es für die Bestimmung des „verletzten Staates" einen Unterschied mache, ob es sich bei der Quelle um einen Vertrag oder Gewohnheitsrecht handele.[31]

Dabei wurde er von I. Sinclair unterstützt,[32] der meinte, daß die Quelle einer Verpflichtung für Inhalt, Form und Grad der Verantwortlichkeit von großer Bedeutung sein könne. So behauptete er, daß der Grad der völkerrechtlichen Verantwortlichkeit erhöht werde, wenn es sich um die Nichterfüllung einer schiedsgerichtlich festgestellten Verpflichtung handele und daß der Grad der Verantwortlichkeit geringer sei, wenn es sich um die Nichterfüllung einer „schwachen Verpflichtung" gehandelt habe, einer Verpflichtung, die etwa durch eine Formel wie „nach besten Kräften" von Anfang an relativiert worden sei. Diese Beispiele sind sicher nicht überzeugend. Zum einen handelt es sich um den Inhalt und nicht die Quelle einer Verpflichtung, und zum anderen ist unerfindlich, warum die Nichterfüllung einer schiedsgerichtlich festgestellten Verpflichtung eine höhere Verantwortlichkeit begründen soll als eine unbestrittene Vertragsverletzung.

Ushakov[33] hat sich entschieden gegen die Konzeption von Riphagen gewandt. Er hat zu Recht darauf hingewiesen, daß eine der Grundthesen der bisherigen Verantwortlichkeitskonzeption, wie sie in den Artikeln 3 und 17 ihren Niederschlag gefunden hat, aufgegeben wird, wenn bei den Rechtsfolgen Unterschiede darauf gegründet werden, ob es sich um die Verletzungen von Verpflichtungen aus Gewohnheitsrecht, Vertrag oder anderen Rechtsquellen handelt.

Riphagen hat jedoch seine vom Kommentar der ILC abweichende These wiederholt, daß Artikel 17 für Teil 2 weniger relevant sei als für den Teil 1 des Entwurfes.[34] Er hat dafür drei Argumente angegeben: Erstens habe eine „technische Verletzung" eines bilateralen Vertrages nicht die gleichen Folgen wie ein internationales Verbrechen. Zweitens habe die Verletzung eines bilateralen Vertrages im allgemeinen nur Konsequenzen für die Parteien dieses Vertrages, und drittens habe die Kommission anerkannt, daß es spezielle Verträge gäbe, die objektive Regime schaffen und sich deshalb wesentlich von anderen Verträgen unterscheiden.

Nun sind das alles keine Gründe, vom Inhalt einer Verpflichtung auf ihre Herkunft, auf die Rechtsquelle auszuweichen. Alle diese Gründe sind im Zusammenhang mit der Formulierung des Artikels 17 erwogen und als unzutreffend ver-

30 Vgl. YBILC, 1982, Bd. II (Teil Eins), S. 28 (paras. 38/39), S. 29 (para. 46), S. 40 (para. 106). (Rechtsfolgen bei Verletzung von Gewohnheitsrecht, ebenda, para. 107f.; bei Verletzung unterschiedlicher Vertragstypen, ebenda, para. 117f.; bei Verbrechen, ebenda, para. 131f.).

31 Vgl. YBILC, 1982, Bd. I, S. 200.

32 Vgl. ebenda, S. 212.

33 Vgl. ebenda, S. 210; vgl. auch A/CN.4/SR.1895, S. 11.

34 Vgl. ebenda, S. 241.

worfen worden. Das erste Argument nimmt auf das besondere Verantwortlichkeitsregime bei internationalen Verbrechen Bezug. Die Kommission hat im Artikel 19 deutlich gemacht, daß der Unterschied zum internationalen Delikt nicht darin liegt, daß es sich nicht um eine Vertragsverletzung handelt, sondern darin, daß die Verletzung einer völkerrechtlichen Verpflichtung vorliegt, die — unabhängig aus welcher Quelle stammend — für den Schutz der grundlegenden Interessen der internationalen Gemeinschaft so wesentlich ist, daß ihre Verletzung von der Gemeinschaft als Ganzes als ein Verbrechen anerkannt worden ist.[35]

Das zweite Argument ist im Grunde eine Tautologie. Eine bilaterale Verpflichtung begründet im allgemeinen nur Beziehungen zwischen den Parteien. Damit aber ist, worauf Riphagen selbst häufig hingewiesen hat, über die Quelle der bilateralen Verpflichtung noch gar nichts gesagt. Sie kann eben nicht nur aus einem zweiseitigen Vertrag stammen, sie kann ebensogut auf einen Vertrag zugunsten Dritter, Völkergewohnheitsrecht, einen multilateralen Vertrag oder eine Gerichtsentscheidung zurückgehen.

Wir lassen dahingestellt, in welchem Umfang sich die Kommission über objektive Verträge verständigt hat.[36] Jedenfalls aber würde es sich hier um eine Bezugnahme auf den Inhalt einer Verpflichtung und ihre daraus resultierende Struktur handeln und nicht auf ihre Quelle. Daß der Inhalt einer Verpflichtung, wenn sie verletzt ist, Rückwirkungen auf das Verantwortlichkeitsverhältnis hat, ist niemals bezweifelt worden. Das findet seinen stärksten Ausdruck in der Unterscheidung zwischen internationalen Delikten und internationalen Verbrechen. Außerdem war man sich auch immer darüber klar, daß man in einer Kodifikation der allgemeinen Regeln der völkerrechtlichen Verantwortlichkeit eben nur die allgemeinen Regeln und nicht die zahllosen vertraglichen Sonderregelungen (seien sie bi- oder multilateral), die Verantwortlichkeitsfolgen des allgemeinen Völkerrechts ausschließen oder spezielle Folgen oder Verfahren vorsehen, erfassen kann.[37] Das geschieht insbesondere in Verträgen über internationale Organisationen, aber auch in vielen anderen multilateralen und selbst zweiseitigen Verträgen. Dem wurde im Teil 2 durch den Artikel 2 besonders Rechnung getragen.[38] Er sichert den Vorrang solcher speziellen Verantwortlichkeitsregeln.

[35] Vgl. YBILC, 1976, Bd. II (Teil Zwei), S. 95f.

[36] Die Vorschläge von Waldock, einen entsprechenden Artikel in die WVK aufzunehmen, wurden von der Kommission jedenfalls fallengelassen, hauptsächlich weil man befürchtete, eine Tür für Verträge zu Lasten Dritter zu öffnen. Vgl. dazu YBILC, 1960, Bd. II, S. 69f.; YBILC, 1964, Bd. I, S. 96f.; YBILC, 1964, Bd. II, S. 26, S. 184; YBILC, 1966, Bd. II, S. 230; E. Klein, Statusverträge im Völkerrecht, Berlin (West) — New York 1980; W. Poeggel/R. Meißner/Ch. Poeggel, Konvention über die Staatennachfolge in Verträge, Berlin 1980, S. 94f.

[37] Vgl. z. B. R. Ago, YBILC, 1976, Bd. II (Teil 1), S. 6 (para. 14); den Bericht der ILC in: YBILC, 1976, Bd. II (Teil Zwei), S. 80 (para. 5).

[38] Vgl. A/38/10, S. 91f.

2. Das verletzte Rechtsverhältnis bestimmt die Partner des Verantwortlichkeitsverhältnisses

Während im Zusammenhang mit den Regeln über die völkerrechtswidrige Handlung der Bezugspunkt im allgemeinen immer der rechtsverletzende Staat und demgemäß die verletzte völkerrechtliche Verpflichtung ist, entsteht für die Regelung der Rechtsfolgen notwendig die Frage nach dem „verletzten Staat“, dem Staat, der zur Geltendmachung von Rechtsfolgen aus der völkerrechtlichen Verantwortlichkeit berechtigt ist. Die Frage nach dem „verletzten Staat“ bereitet einige Schwierigkeiten, wenn es sich nicht um eine eindeutig bilaterale Beziehung handelt.

Bislang war die Völkerrechtskommission bei der Erfassung der völkerrechtlichen Verantwortlichkeit nicht von der verletzten „Regel“ oder dem zugrunde liegenden völkerrechtlichen Instrument, dem Vertrag oder Gewohnheitsrecht, sondern von der verletzten Verpflichtung ausgegangen. Es lag deshalb nahe, auch bei der Bestimmung des verletzten Staates auf das konkrete Rechtsverhältnis zurückzukommen, dem die Verpflichtung angehört. Danach ist als verletzt der Staat zu betrachten, der infolge der Pflichtverletzung in seinen Rechten verletzt worden ist. Schließlich hatte die Kommission mehrfach betont, daß das Verantwortlichkeitsverhältnis durch das zugrunde liegende Rechtsverhältnis bestimmt wird, daß es im Völkerrecht im Unterschied zum innerstaatlichen Recht „immer ein unmittelbares Wechselverhältnis zwischen der Verpflichtung eines Rechtssubjektes und dem subjektiven Recht eines anderen Rechtssubjektes gibt, ob es sich um das subjektive Recht eines einzelnen Rechtssubjektes, einer Gruppe oder aller Rechtssubjekte handelt.“[39] Ausgangspunkt auch für die Bestimmung des verletzten Staates mußte deshalb der Inhalt der verletzten Primärverpflichtung sein, nicht aber die Rechtsquelle, aus der sie hervorgegangen ist.

Wer der verletzte Staat ist, ist keine Rechtsfolge, die sich erst aus dem Verantwortlichkeitsverhältnis ergibt, sondern wird notwendig durch den Inhalt des primären Rechtsverhältnisses bestimmt,[40] wenn eine Pflichtverletzung vorliegt. Im Rahmen der bislang verfolgten Verantwortlichkeitskonzeption konnte es bei der Bestimmung des verletzten Staates im Grunde nur um die Markierung einiger für das Verantwortlichkeitsverhältnis wesentlicher und typischer Punkte gehen, die sich aus dem verletzten Rechtsverhältnis ergeben. Es war erstens eindeutig zu bestimmen, daß nur ein Staat, der in seinen Rechten verletzt ist, als „verletzter Staat“ in Betracht kommt, daß die Verletzung bloßer, rechtlich nicht geschützter Interessen dafür nicht ausreicht. Zweitens war es wichtig, den Kreis der beteiligten Subjekte zu erfassen. Dabei handelt es sich — unabhängig von der Rechtsquelle —

[39] YBILC, 1976, Bd. II (Teil Zwei), S. 76 (para. 4) (engl.).

[40] So in Polemik gegen den Vorschlag Riphagens für Art. 5 N. A. Ushakov, in: A/CN.4/SR.1895, S. 11. Vgl. DDR A/C.6/40/SR.25, para. 4f.

um drei Grundsituationen: die bilaterale, die multilaterale und die Verbrechenssituation, die immer eine erga omnes-Situation ist.[41]

Diese Terminologie, die ein Strukturelement des Rechtsverhältnisses, den Kreis der beteiligten Subjekte beschreibt, darf nicht mit den für bestimmte Rechtsquellen gebräuchlichen Bezeichnungen wie bilateraler oder multilateraler Vertrag verwechselt werden. Das ergibt sich schon daraus, daß ein bilateraler Vertrag, der Rechte dritter Staaten begründet, dazu führen kann, daß im Falle seiner Verletzung ein multilaterales Verantwortlichkeitsverhältnis entsteht. Vor allem aber ist es durchaus häufig, daß in einem multilateralen Vertrag Regeln vereinbart werden, die erst durch ihre Anwendung in zweiseitigen Rechtsbeziehungen zu konkreten Rechtsverhältnissen werden und daher in der Regel eben auch im Falle der Verletzung zu bilateralen Verantwortlichkeitsverhältnissen führen.[42] Ebenso kann Gewohnheitsrecht ausschließlich in einer bilateralen Rechtsbeziehung entstehen und gelten. Häufig wird aber gerade Gewohnheitsrecht allgemeine Regeln enthalten, die dann wiederum sowohl in bilateralen als auch in multilateralen Rechtsverhältnissen realisiert werden können.[43] Die Bezeichnung der Rechtsquelle, aus der eine Verpflichtung stammt, sagt eben noch nichts über das konkret verletzte Rechtsverhältnis aus. Deshalb sollte jeder direkte Bezug auf die Rechtsquelle vermieden und stattdessen auf das für das Verantwortlichkeitsverhältnis wesentliche, das ist das verletzte Rechtsverhältnis, Bezug genommen werden.

Das bereitet für die bilaterale Situation, in der eine direkte Korrelation zwischen Pflichtverletzung und verletztem Recht besteht, im allgemeinen keine Schwierigkeiten. Es ist auch prinzipiell klar für internationale Verbrechen, weil sie immer eine Verletzung von erga omnes-Verpflichtungen sind und daher ein Verantwortlichkeitsverhältnis zwischen dem Rechtsverletzer und allen anderen Staaten, der

[41] Wir sehen hier davon ab, daß es Überschneidungen zwischen diesen Situationen gibt und daß insbesondere bei Verbrechen eine Abstufung zwischen direkt und indirekt Verletzten zu beobachten ist. Darauf war bereits im Kommentar der ILC zu Art. 17 hingewiesen worden; vgl. YBILC, 1976, Bd. II (Teil Zwei), S. 87 (para. 7); vgl. weiter DDR, A/C.6/40/SR.25, para. 5; CSSR, A/C.6/40/SR.29, (para. 13).

[42] Vgl. dazu B. Graefrath, Zur Bedeutung der grundlegenden Prinzipien für die Struktur des allgemeinen Völkerrechts, in: K. A. Mollnau (Hrsg.), Probleme einer Strukturtheorie des Rechts, a. a. O., S. 184f., mit weiteren Hinweisen; B. Simma, Das Reziprozitätselement im Zustandekommen völkerrechtlicher Verträge, Berlin (West) 1972, S. 153f.; vgl. jedoch W. Riphagen, in: A/CN.4/330, paras. 39/40, 64—65; A/CN.4/389, paras. 14, 16 des Kommentars zu Art. 5; vgl. auch S. V. Černičenko, Juridičeskie fakty i meždunarodnye pravootnošenija, a. a. O., S. 95f.

[43] Dementsprechend kam der IGH z. B. im Teheran-Fall 1980 zu dem Ergebnis, daß infolge der Verletzungen der Diplomaten- und Konsularkonvention sowie des allgemeinen Völkerrechts "Iran . . . has incurred responsibility towards the United States" (I.C.J. Reports, 1980, para. 90; vgl. auch para. 95/1, 2).

Völkerrechtsgemeinschaft als Ganzes begründen.[44] Das bedeutet jedoch nicht, daß daraus allen Staaten gleiche Rechte entstehen. Es wird zwischen direkt und indirekt verletzten Staaten zu unterscheiden notwendig sein, weil man zu einer Differenzierung bei der Berechtigung zur Anwendung bestimmter Rechtsfolgen kommen muß.[45]

Der Kommissionstext hebt die besondere Stellung der internationalen Verbrechen dadurch hervor, daß sie nunmehr in einem selbständigen Absatz 3 behandelt werden.[46] Daß bei internationalen Verbrechen alle Staaten als verletzte Staaten gelten, war von Anfang an klar. Es ergab sich unmittelbar daraus, daß wir es mit der Verletzung grundlegender Verpflichtungen zu tun haben, die für die internationale Gemeinschaft als Ganzes von wesentlicher Bedeutung sind. Das Problem liegt hier in der Unterscheidung zwischen direkt und indirekt betroffenen Staaten und der damit verknüpften Abstufung der Reaktionsmöglichkeiten, der Frage, wie weit jeder einzelne Staat reagieren kann oder wann und in welchem Umfang dazu eine kollektive Entscheidung Voraussetzung ist. Obgleich man auf diese Fragen im Teil 3 des Entwurfes zurückkommen muß, wenn Fragen der Durchsetzung behandelt werden, wäre es notwendig, bereits im Artikel 5 zwischen direkt und indirekt betroffenen Staaten zu unterscheiden. Dafür reicht es nicht aus, auf die Artikel 14 und 15 des Entwurfes von Riphagen zu verweisen. Diese Artikel erfassen die bei Verbrechen möglichen Rechtsfolgen nur ungenügend.[47]

44 Davon geht auch Riphagen aus; vgl. YBILC, 1983, Bd. II (Teil 1), S. 10 (para. 50); A/CN.4/389, Article 5 (e). Vgl. zusammenfassende Übersicht bei B. Graefrath, Völkerrechtliche Verantwortlichkeit für internationale Verbrechen, in: Probleme des Völkerrechts, Berlin 1985, S. 89; M. Spinedi, Les crimes internationaux de l'Etat dans les travaux de codification de la responsabilité des Etats entrepris par les Nations Unies, European University Institute, Working Paper No. 88, 1984, Badia Fiesolana, San Domenico (F).

45 Darauf wurde sowohl in der ILC als auch im 6. Ausschuß der Vollversammlung nachdrücklich hingewiesen. Vgl. z. B. C. Calero Rodrigues, A/CN.4/SR.1892, S. 12; C. Flitan, SR.1892, S. 17; M. Ogiso, SR.1896, S. 5; A. Jankov, SR.1899, S. 14; Vietnam, A/C.6/39/SR.39, para. 40; Italien, SR.40, para. 40; USA, SR. 42, para. 9; Australien, SR.42, para. 74; CSSR, SR.43, para. 23; Rumänien, SR.43, para. 57; DDR, SR.45, para. 13; DDR, A/C.6/40/SR.25, para. 10; Bulgarien, A/C.6/40/SR.27, para. 25; Italien, SR.27, para. 66; Vietnam, SR.27, para. 74; CSSR, SR.29, para. 15; Neuseeland, SR.31, para. 7; Algerien, SR.31, para. 49; Spanien, SR.32, para. 69; auch BRD, SR.24, para. 10.

46 Text mit Kommentar in: A/40/10 (1985), S. 53f. (vgl. unten S. 123); gegen den Begriff „internationale Verbrechen" nach wie vor die USA, vgl. A/C.6/40/SR.29, para. 34.

47 Vgl. dazu B. Graefrath/M. Mohr, Völkerrechtliche und strafrechtliche Verantwortlichkeit für internationale Verbrechen, in: Staat und Recht, 1/1986, S. 29f.; vgl. auch S. Sucharitkul, A/CN.4/SR.1890, S. 15; C. Calero Rodrigues, SR.1892, S. 15; C. Flitan, SR.1892, S. 17; J. Huang, SR.1894, S. 4; N. A. Ushakov, SR.1895, S. 14; J. Barboza, SR.1897, S. 14; C. Malek, SR.1900, S. 4; vgl. Vietnam, A/C.6/39/SR.39, para. 40; Ungarn, SR.41, para. 14; Algerien, A/C.6/39/SR.39, para. 19; DDR, A/C.6/40/SR.25, para. 18f.; Griechenland, A/C.6/40/SR.25, para. 40f.; Äthiopien, A/C.6/40/SR.27, para. 56. Die BRD und die USA verstanden die Verweisung auf die Art. 14/15 als Einschränkung der ergaomnes-Klausel des Art. 5 Abs. 3 und kritisierten sie als nicht genügend klar. Vgl. A/C.6/40/SR.24, para. 11; USA, A/C.6/40/SR.29, para. 34.

Es ist sicher richtig, daß im Rahmen eines internationalen Verbrechens auch andere Rechtsverhältnisse, zweiseitige und mehrseitige, verletzt sein können, woraus sich besondere Verantwortlichkeitsverhältnisse und u. U. auch spezifische Rechtsfolgen zwischen einzelnen Staaten und dem Rechtsverletzer ergeben können.[48] Das sollte jedoch nicht — wie im vorliegenden Entwurf — dazu führen, die aufgrund eines internationalen Verbrechens entstandenen Verantwortlichkeitsbeziehungen zwischen dem das Völkerrecht verletzenden Staat und allen anderen Staaten als eine Beziehung darzustellen, die zusätzlich zu den anderen möglichen Verantwortlichkeitsverhältnissen entsteht.[49] Das Verantwortlichkeitsregime, das aufgrund eines internationalen Verbrechens entsteht, ist so selbständig und im Rahmen des Völkerrechts auch etwas so Besonderes, daß es auch als eigenständige erga omnes-Beziehung dargestellt werden sollte.

Die meisten Schwierigkeiten bereitet die multilaterale Situation bei Delikten im Fall, daß durch die Pflichtverletzung eines Staates mehrere oder alle Staaten verletzt sind. Riphagen versucht, diese Situation zu erfassen, indem er neben der gegenseitigen Rechte-Pflichten-Beziehung eine parallele und eine gemeinsame sieht. Er verweist darauf, daß es bei solchen Rechtsverhältnissen nicht so sehr um gegenseitige Leistungen als vielmehr um die Regelung von Zuständen und Prozessen, um die Realisierung „kollektiver Interessen" geht. Als Beispiele dienen ihm internationale Organisationen, Menschenrechte, Umweltschutz, die EG.[50]

Nun ist es sicher richtig, daß mit der Überwindung der Konzeption von der absoluten Souveränität, der Orientierung auf eine immer enger und vielfältiger verflochtene friedliche internationale Zusammenarbeit unterschiedliche Arten von Rechte-Pflichten-Beziehungen entstehen. Allein die Existenz und die unterschiedliche Ausgestaltung internationaler Organisationen ist ein Beweis dafür. Ebensowenig kann man übersehen, daß ein Vertrag über Abrüstung oder Rüstungsbeschränkung oder ein Vertrag wie der Test-Stopp-Vertrag wechselseitige Verpflichtungen begründet, die, wenn sie von einem Staat verletzt werden, zugleich allen übrigen gegenüber verletzt werden. Ähnliches gilt für Umweltschutzverträge und Verträge über Menschenrechte. Schon bei der Ausarbeitung der WVK wurde diese Entwicklung berücksichtigt und im Artikel 60 Abs. 2 eine der jeweiligen Interessenlage angepaßte Reaktionsmöglichkeit vorgesehen.[51] Es ist äußerst frag-

[48] Darauf weist W. Riphagen ausdrücklich hin; vgl. A/CN.4/389, para. 9 des Kommentars zu Art. 14.

[49] Abs. 3 des derzeitigen Artikels 5 beginnt mit der Formel "In addition, 'injured State' means, ..." (vgl. Anm. 46).

[50] Vgl. insbesondere YBILC, 1982, Bd. II (Teil Eins), S. 21f. sowie W. Riphagen, State Responsibility: New Theories of Obligation in Interstate Relations, in: The Structure and Process of International Law. Essays in Legal Philosophy, Doctrine and Theory, Hague — Boston — Lancaster 1984, S. 581f. (para. 24, 42, 61—62).

[51] Vgl. dazu B. Simma, Reflections on Article 60 of the Vienna Convention on the Law of Treaties and its Background in General International Law, in: Österreichische Zeitschrift für öffentliches Recht, Bd. XX (1970), S. 5f.; S. Rosenne, Breach of Treaty, a. a. O., S. 6f.

würdig, ob man diese Differenzierung im Rahmen der Kodifikation von allgemeinen Regeln der völkerrechtlichen Verantwortlichkeit weitertreiben und — en passant — bei der Bestimmung des in seinen Rechten verletzten Staates unterschiedliche Verpflichtungsstrukturen definieren kann. Riphagen hat das versucht, indem er neben den Verbrechen drei „multilaterale Situationen" unterscheidet: erstens diejenige, in der die Verletzung notwendig die Rechte aller anderen Parteien verletzt. Zweitens diejenige, in der ein „kollektives Interesse" verletzt wird und drittens die Verletzung von Menschenrechten.[52]

Das Problem dieser Unterscheidung, soweit es die Kategorien zwei und drei betrifft, besteht zunächst darin, daß sie auf einer Fremdinterpretation von Primärnormen aufbaut. Sie stützt sich auf ein Element, das sich nicht aus den allgemeinen Regeln der völkerrechtlichen Verantwortlichkeit, sondern einem von den Vertragsparteien besonders vereinbarten Regime ergibt.[53] Es wird versucht, ausgehend von einer speziellen Theorie über Verpflichtungsstrukturen, aus einer für spezifische Fälle vereinbarten Regelung eine allgemeine Regel abzuleiten. Dabei ist weder klar, warum und mit welchem Recht aus der speziellen Regelung eine allgemeine — d. h. für alle Staaten geltende — Regel gemacht wird, noch ob die so aufgestellte „allgemeine Regel" die wesentlichen Elemente der speziell vereinbarten Verpflichtungsstrukturen erfaßt.

Ob bei der Verletzung von „Kollektivinteressen" jeder Partner oder nur die Verpflichtung gegenüber der Organisation oder allen Partnern gemeinsam verletzt wurde und welche Reaktionsmöglichkeiten für diesen Fall vorgesehen sind, läßt sich nicht aus allgemeinen Regeln des Völkerrechts, sondern nur aus der Vereinbarung ablesen, durch die Regeln zur Wahrnehmung oder zum Schutz der „Kollektivinteressen" begründet wurden.[54] Das gilt auch für Menschenrechtsverträge, in denen internationale Menschenrechtsstandards und die dazugehörigen Durchsetzungsmaßnahmen vereinbart sind und ebenso für Umweltschutzabkommen.

[52] Vgl. zusammenfassend in: YBILC, 1982, Bd. II (Teil Eins), S. 22f. und in seinem Entwurf für Artikel 5 (s. Anm. 46). Zum Problem der Klassifizierung multilateraler Verträge vgl. auch S. Rosenne, Breach of Treaty, a. a. O., S. 101 f. Als Beispiele dienen Riphagen immer die EG, Menschenrechtsverträge und Umweltschutzabkommen; vgl. State Responsibility: New Theories of Obligation in Interstate Relations, a. a. O., S. 602.

[53] Darüber ist sich auch Riphagen klar. Ausdrücklich hat er sich gegen den Vorwurf gewehrt, daß man im Artikel 5 nicht einfach „kollektive Interessen" voraussetzen kann. „As everyone knew, collective interests, whether national or international, had no natural existence, but were always created by law. Examples of the creation of collective interests by multilateral treaty included the European Economic Community, the European Coal and Steel Community and Euratom". (A/CN.4/SR.1901, S. 11).

[54] Darauf wurde in der Diskussion insbesondere hingewiesen von I. Sinclair, A/CN.4/SR.1890, S. 9; S. Sucharitkul, SR.1890, S. 13; M. Ogiso, SR.1896, S. 4; das wird auch von Riphagen nicht in Frage gestellt. Jedoch glaubt er in Art. 5 einige widerlegbare Vermutungen darüber aufstellen zu müssen, was die Staaten beabsichtigt haben, die die Primärnorm vereinbart haben; vgl. A/CN.4/SR.1890, S. 6; A/CN.4/389, para. 7 des Kommentars zu Art. 5.

Wer im Rahmen einer internationalen Organisation die Verletzung von Verpflichtungen geltend machen kann, wer entscheidet, ob eine Verletzung vorliegt und was für Rechtsfolgen in einem solchen Fall eintreten, wird durch die für die internationale Organisation geltenden Regeln bestimmt und nicht durch allgemeine Regeln der völkerrechtlichen Verantwortlichkeit. Das ist so im Rahmen der UNO (von den Besonderheiten bei Friedensverletzungen abgesehen), der UN Spezialorganisationen, des GATT, der Rohstoffabkommen und auch der EG, auf die Riphagen immer Bezug nimmt. Auch die Menschenrechtsverträge enthalten außerordentlich unterschiedliche Regelungen für die Geltendmachung von Verletzungen. Man braucht nur die westeuropäische und die universellen Menschenrechtskonventionen gegenüberzustellen. Die Konvention über den Schutz der Meeresumwelt des Ostseegebietes enthält im Artikel 17 ausdrücklich eine Bestimmung, die klärt, daß aus der Verletzung von Verpflichtungen der Konvention keine Schadensersatzansprüche hergeleitet werden können, daß diese Fragen einer besonderen Regelung vorbehalten sind. Je mehr Beispiele man untersucht, desto klarer wird, daß die Regelung von „Kollektivinteressen" immer auch mit einer, gerade diesen Interessen gerecht werdenden besonderen Regelung von Durchsetzungsverfahren, Verantwortlichkeitsfolgen und ihrer Geltendmachung verbunden ist.[55] Das heißt, bei völkerrechtlichen Delikten ist eine über die allgemeine bilaterale oder multilaterale Situation hinausgehende Unterscheidung zum Zwecke der Bestimmung der Partner eines Verantwortlichkeitsverhältnisses nur möglich, wenn das ausdrücklich in der zugrunde liegenden Vereinbarung vorgesehen ist. Riphagens Vorschlag für die Bestimmung des „verletzten Staates" enthält deshalb zwei Aspekte, die aus der bisher von der ILC verfolgten Verantwortlichkeitskonzeption herausführen. Er orientiert auf Rechtsquellen und versucht, aus bestimmten, besonders geregelten Verpflichtungsstrukturen allgemeine Regeln für die völkerrechtliche Verantwortlichkeit abzuleiten. Gerade das sollte durch die Vorbehaltsregelung im Artikel 2 ausgeschlossen werden. Schon die Unterschiedlichkeit der für die speziellen Verpflichtungsstrukturen angeführten Beispiele — Verträge über Menschenrechte, Umweltschutz, internationale Organisationen, die EG — zeigt, daß man die Besonderheiten dieser Regelungen nicht in einer Kodifikation der allgemeinen Regeln über die völkerrechtliche Verantwortlichkeit nivellieren oder auch nur erfassen kann.

3. Zur Problematik der im Artikel 5 vorgeschlagenen Regelung

Sowohl in der Kommission als auch im 6. Komitee der Vollversammlung war der Entwurf von Riphagen für Artikel 5 auf entschiedene Kritik gestoßen. Das hat in

[55] Auch Riphagen betont, daß der Organisationsgrad ein wesentlicher Indikator für die Existenz „kollektiver Interessen" ist; vgl. z. B. State Responsibility: New Theories of Obligation in Interstate Relations, a. a. O., para. 42; YBILC, 1982, Bd. II, (Teil Eins), S. 22f.

dem Text der Kommission zu einigen Korrekturen geführt. Jedoch wurde die prinzipielle Orientierung nicht überwunden.[56]

"*Article 5*

1. For the purposes of the present articles, 'injured State' means any State a right of which is infringed by the act of another State, if that act constitutes, in accordance with Part One of the present articles, an internationally wrongful act of that State.

2. In particular, 'injured State' means

(a) if the right infringed by the act of a State arises from a bilateral treaty, the other State party to the treaty;

(b) if the right infringed by the act of a State arises from a judgement or other binding dispute settlement decision of an international court or tribunal, the other State or States parties to the dispute and entitled to the benefit of that right;

(c) if the right infringed by the act of a State arises from a binding decision of an international organ other than an international court or tribunal, the State or States which, in accordance with the constituent instrument of the international organization concerned, are entitled to the benefit of that right;

(d) if the right infringed by the act of a State arises from a treaty provision for a third State, that third State;

(e) if the right infringed by the act of a State arises from a multilateral treaty or from a rule of customary international law, any other State party to the multilateral treaty or bound by the relevant rule of customary international law, if it is established that:

- (i) the right has been created or is established in its favour;
- (ii) the infringement of the right by the act of a State necessarily affects the enjoyment of the rights or the performance of the obligation of other States parties to the multilateral treaty or bound by the rule of customary international law; or
- (iii) the right has been created or is established for the protection of human rights and fundamental freedoms;

(f) if the right infringed by the act of a State arises from a multilateral treaty, any other State party to the multilateral treaty, if it is established that the right has been expressly stipulated in that treaty for the protection of the collective interests of the States parties thereto.

3. In addition, 'injured State' means, if the internationally wrongful act consti-

[56] Text mit Kommentar im Bericht der ILC über die 27. Tagung in: A/40/10, S. 53f. Auch der Text der ILC wurde von den meisten Staaten im 6. Komitee kritisiert und als ein sehr provisorischer Text betrachtet, vgl. die Diskussion in: A/C.6/40/SR.23—36.

tutes an international crime (and in the context of the rights and obligations of States under articles 14 and 15), all other States."

Es ist zu begrüßen, daß nunmehr im Absatz 1 zunächst als Grundregel festgehalten wird, daß „verletzter Staat" immer nur ein Staat sein kann, der in seinen *Rechten* verletzt worden ist.[57] Damit wird deutlich an die im Teil 1 geschaffenen Grundlagen angeknüpft. Nicht die Norm, nicht das Instrument, in dem oder durch das sie geschaffen wurde, sondern die konkrete Rechte-Pflichten-Beziehung, das konkrte Rechtsverhältnis, das durch die Verletzung gestört wird, interessiert.[58] Weiterhin wird eindeutig gesagt, daß eine bloße Interessenverletzung nicht genügt und daß nicht jeder Staat, weil er ein Interesse an der Einhaltung völkerrechtlicher Normen hat, die sich z. B. aus einem multilateralen Vertrag ergeben, als Sachwalter oder Polizist in den internationalen Beziehungen auftreten und Rechtsfolgen gegenüber Staaten geltend machen kann, die ihn in seinen Rechten nicht verletzt haben.

Im Absatz 2 wird zunächst auf die bilaterale Situation abgestellt, in der die Verletzung einer Verpflichtung durch einen Staat mit der Verletzung eines entsprechenden Rechts eines anderen Staates korrespondiert. Es würde im Grunde genügen das festzuhalten. Ob dem im Einzelfall ein bilateraler Vertrag, ein multilateraler Vertrag, ein Vertrag zugunsten Dritter, die Entscheidung einer internationalen Organisation oder ein Urteil zugrunde liegt, das aufzuzählen, alle denkbaren Fälle zu nennen oder gar mit Ausschlußwirkung festzuhalten, kann nicht Aufgabe einer Konvention über die völkerrechtliche Verantwortlichkeit der Staaten sein. Der Versuch, in diesem Zusammenhang eine Aufzählung der möglichen Rechtsquellen zu geben, kann nur in eine falsche Richtung orientieren. Er muß zwangsläufig zu Diskussionen führen, bei denen es im Grunde nicht um Fragen der Verantwortlichkeit, sondern der Quellenlehre geht.[59] Es ist auch erstaunlich, daß das Gewohnheitsrecht nur im Zusammenhang mit dem multilateralen Vertrag erwähnt wird.[60]

[57] Eine solche eindeutige Orientierung war von zahlreichen Mitgliedern der ILC ausdrücklich verlangt und mit einer Kritik der übertriebenen Orientierung Riphagens auf einzelne Rechtsquellen verbunden worden. Vgl. z. B. M. L. Balanda, A/CN.4/SR.1894, S. 12f.; N. A. Ushakow, SR.1895, S. 11; M. Ogiso, SR.1896, S. 3; Ch. Tomuschat, SR.1896, S. 12; A. Yankov, SR.1899, S. 14; G. Arangio Ruiz, SR.1900, S. 9; vgl. auch DDR, A/C.6/40/SR.25, para. 7; Italien, A/C.6/40/SR.27, para. 66; CSSR, A/C.6/40/SR.29, para. 15.

[58] Jedoch ist der Kommentar der ILC im para. 4 nicht sehr klar. Er verweist auf „origin and content of the obligation breached" und sagt, daß neben der Art der Primärnorm „the circle of States participating in their formation, are relevant to the indication of the State or States ‚injured' . . ." (A/40/10, S. 55).

[59] Vgl. die Diskussion zur Bindung von „Drittstaaten": C. Flitan, A/CN.4/SR.1892, S. 18; M. L. Balanda, SR.1894, S. 12 und zur Verbindlichkeit von einstweiligen Verfügungen internationaler Gerichte: St. C. McCaffrey, A/CN.4/SR.1892, S. 5; I. Sinclair, SR.1895, S. 3; M. Ogiso, SR.1896, S. 7; vgl. auch J. Barbosa, A/CN.4/SR.2897, S. 9; A. Mahiou, A/CN.4/SR.1897, S. 4. Riphagen selbst hat darauf hingewiesen, daß die Aufzählung im Artikel 5 nicht erschöpfend ist und im konkreten Fall mehrere Unterabsätze gleichzeitig anwendbar sein können; vgl. A/CN.4/SR.1901, S. 10; vgl. auch A/CN.4/389, para. 8—12 des Kommentars

Auch die Struktur des derzeitigen Artikels 5 Absatz 2 ist nicht sehr klar, weil die bilaterale und die multilaterale Situation nicht deutlich auseinandergehalten werden. Die bilaterale Situation wird in zahlreichen Einzelpunkten behandelt, die auch den Punkt (e) (i) einbeziehen, Darin werden bilaterale Rechtsverhältnisse[61] behandelt, die sich aus multilateralen Verträgen oder aus Gewohnheitsrecht ergeben. Der Unterabschnitt (e) bezieht sich deshalb nicht — wie man aus der Gliederung zunächst annehmen könnte — ausschließlich auf multilaterale Situationen,[62] sondern behandelt u. a. auch, wie die Abschnitte (a), (b), (c), (d) bilaterale Rechtsbeziehungen.

Die Gliederung bilateraler Vertrag, multilateraler Vertrag (Gewohnheitsrecht) ist eben im Grunde irreführend, weil sie von der Rechtsquelle und nicht dem verletzten Rechtsverhältnis ausgeht. Natürlich gibt es zahlreiche multilaterale Verträge und gerade solche, die wichtige allgemeine Regeln aufstellen, wie z. B. die Diplomatenkonvention, die Vertragsrechtskonvention, viele Bestimmungen der Seerechtskonvention, deren Regeln im allgemeinen in zweiseitigen Rechtsverhältnissen realisiert werden und daher im Falle der Verletzung im allgemeinen nur oder auch zweiseitige Verantwortlichkeitsverhältnisse erzeugen. Es wäre deshalb klarer und man würde viele Probleme vermeiden, wenn man die Bezugnahme auf die Rechtsquelle aufgeben und stattdessen nur sagen würde: verletzter Staat bedeutet in einer zweiseitigen Rechtsbeziehung den Staat, dessen Rechte durch den Bruch einer völkerrechtlichen Verpflichtung verletzt worden sind, unabhängig davon, ob sie sich aus Vertrag, Gewohnheitsrecht oder einer anderen Rechtsquelle ergeben.

Die multilaterale Situation im Rahmen der völkerrechtlichen Verantwortlichkeit, d. h. die Situation, in der durch die Pflichtverletzung eines Staates die Rechte mehrerer Staaten verletzt werden, ergibt sich ebenfalls nicht aus der Rechtsquelle, dem multilateralen Vertrag, der gewohnheitsrechtlichen Regel etc., sondern aus ihrem Inhalt. Typisch ist deshalb die im Artikel 5 (e) (ii) beschriebene Situation. Eine multilaterale Rechtsbeziehung im Rahmen der völkerrechtlichen Verantwortlichkeit ist immer dann gegeben, wenn die Pflichtverletzung eines Staates notwendig die Rechte mehrerer Staaten beeinträchtigt. Ob und in welchem Maße das der Fall ist, ergibt sich aus dem Inhalt der verletzten Verpflichtung, der Primärnorm.

zu Art. 5. Die Orientierung auf die Rechtsquellen wurde auch kritisiert von DDR, A/C.6/40/SR. 25, para. 7; UdSSR, A/C.6/40/SR.25, para. 50; Kanada, SR.27, para. 34; CSSR, SR.29, para. 15; Ungarn, SR.30, para. 19; Algerien, SR.31, para. 49; Indien, SR.33, para. 21.

60 Der Bericht der ILC (A/40/10, S. 57, para. 17) macht deutlich, daß in (e) von Gewohnheitsrecht im Sinne einer „multilateral situation“ gesprochen wird „where more than two States are bound by a rule.“

61 Dieser zusammenfassende Terminus, der die Aufzählung einzelner Rechtsquellen überflüssig machen würde, ist von Riphagen durchaus benutzt worden; vgl. YBILC, 1982, Bd. II (Teil Eins), S. 22.

62 Dieser Begriff wird im para. 17 als Kommentar der ILC zu Art. 5 benutzt. (S. Anm. 59).

Das gilt erst recht bei komplizierteren inhaltlichen Normstrukturen wie im Falle sogenannter Kollektivverträge. Riphagen hatte die Konzeption des objektiven Vertragsregimes wieder aufgegriffen, in dem die Verpflichtungen der einzelnen Staaten eher zur Schaffung und Regelung eines gemeinsam erstrebten Zustandes als zur wechselseitigen Berechtigung dienen.[63] Die Kommission ist seinem Vorschlag gefolgt, solche Verpflichtungsstrukturen als besondere Kategorien im Artikel 5 zu erfassen, obgleich er auf starke Kritik gestoßen ist.[64]

Ein typisches Beispiel sind die im Artikel 5 (e) (iii) erwähnten Regeln über den Schutz von Menschenrechten. Es wird gesagt, daß im Fall der Verletzung einer Verpflichtung, die sich aus einem multilateralen Vertrag oder Gewohnheitsrecht (!) ergibt und den Schutz von Menschenrechten und grundlegenden Freiheiten bezweckt, jeder Staat als „verletzter Staat" gilt. Damit wird der Eindruck erweckt, daß jeder Staat bei jeder Menschenrechtsverletzung Wiedergutmachung verlangen und gegebenenfalls auch Gegenmaßnahmen anwenden kann, um die Einhaltung dieser Bestimmungen zu erzwingen. Gerade das haben die Staaten beim Abschluß der Menschenrechtsverträge deutlich ausgeschlossen, indem sie spezielle Durchsetzungsverfahren vereinbart haben.[65] Man war sich über die besondere, nicht auf Gegenseitigkeit orientierte Verpflichtungsstruktur der Menschenrechtsstandards klar und wollte verhindern, daß die internationalen Menschenrechtsstandards zu Interventionsvorwänden degradiert werden. Es war abzusehen, daß sie andernfalls von einigen Staaten zur Rechtfertigung willkürlicher „Sanktionen" gegenüber anderen Staaten mißbraucht würden.[66]

[63] Dabei beruft er sich insbesondere auf Entscheidungen des Europäischen Gerichtshofes über das besondere rechtliche Regime in der EG; vgl. State Responsibility: New Theories of Obligation in Interstate Relations, a. a. O., S. 602 (para. 46); A/CN.4/SR.1901, S. 11.

[64] Vgl. z. B. I. Sinclair, A/CN.4/SR.1890, S. 9 und SR.1895, S. 3; M. L. Balanda, SR.1894, S. 14; N. A. Ushakov, SR.1895, S. 11; M. Ogiso, SR.1896, S. 4; Ch. Tomuschat, SR.1896, S. 13; E. Razafindralambo, SR.1898, S. 4; R. Al-Qaysi, SR.1899, S. 7; A. Jankov, SR.1899, S. 14; G. Arangio Ruiz, SR.1900, S. 18.

[65] Vgl. M. Mohr, Völkerrechtliche Verfahrensfragen bei der Durchsetzung von Menschenrechtskonventionen, in: DDR-Komitee für Menschenrechte, Schriften und Informationen, 2/1983, S. 52f.; 2/1984, S. 23f.; B. Graefrath, Zur Bedeutung der grundlegenden Prinzipien für die Struktur des allgemeinen Völkerrechts, in: K. A. Mollnau (Hrsg.), Probleme einer Strukturtheorie des Rechts, a. a. O., S. 190f. Im Gegensatz zu der von Hanz vertretenen Auffassung ist es dabei gleichgültig, ob neben den vorgesehenen Verfahren andere vereinbarte Streitbeilegungsverfahren zugelassen werden — wie im Art. 44 der Konvention über Bürger- und politische Rechte — oder im allgemeinen ausgeschlossen werden wie im Art. 62 der westeuropäischen Menschenrechtskonvention. Jedenfalls wird in beiden Regelungen die Anwendung von Gegenmaßnahmen, insbesondere Repressalien, die keine vereinbarten Streitbeilegungsverfahren sind, ausgeschlossen. Vgl. die (andere) Auffassung bei M. Hanz, Zur völkerrechtlichen Aktivlegitimation zum Schutz der Menschenrechte, München 1985, S. 45f.

[66] Ein typisches Beispiel sind die sogenannten Sanktionen der USA und der EG gegen Polen und die UdSSR. Vgl. J. A. Frowein, Die Verpflichtungen erga omnes im Völkerrecht und ihre Durchsetzung, in: Festschrift für H. Mosler (Beiträge zum ausländischen öffentlichen Recht und Völkerrecht, Bd. 31), Berlin (West) — New York 1983, S. 241, S. 253, der sie als Ersatz-

Auch in der Literatur ist verschiedentlich der Versuch gemacht worden, aus der erga omnes-Struktur der Verpflichtungen in Menschenrechtsverträgen die These abzuleiten, daß damit automatisch, unabhängig von internationalen Verbrechen, folge, daß im Falle der Verletzung einer Verpflichtung aus einem solchen Vertrag jeder Staat in seinen Rechten verletzt und zu Gegenmaßnahmen berechtigt ist. Eine solche These widerspricht eindeutig dem Text der betreffenden Verträge. Sie kann auch nicht, was gelegentlich[67] geschieht, auf die Entscheidung des Internationalen Gerichtshofes im Barcelona-Traction-Fall gestützt werden.

In dieser Entscheidung hatte der IGH praktisch erstmals anerkannt, daß es Verpflichtungen gegenüber der internationalen Gemeinschaft gibt, die so bedeutend sind, daß alle Staaten im Falle ihrer Verletzung ein rechtliches Interesse an ihrer Einhaltung haben.[68] Dabei verwies der IGH auf das Verbot der Aggression, des Völkermordes sowie auf die Verletzung von Prinzipien zum Schutz des Lebens der menschlichen Person wie Genocid, Sklaverei und Rassismus.

Es ist offensichtlich, daß sich der IGH hier auf solche Verletzungen bezieht, die später von der ILC im Artikel 19 als internationale Verbrechen genauer charakterisiert wurden und ein besonderes Verantwortlichkeitsregime zur Folge haben. Um auszuschließen, daß seine Aussage in dem Sinn interpretiert wird, daß jede Menschenrechtsverletzung in einem Staat dazu führt, daß sich jeder andere Staat als verletzter Staat betrachten und entsprechende Gegenmaßnahmen ergreifen kann, was zu einer allgemeinen Rechtfertigung der „humanitären Intervention" mißbraucht werden könnte, hat der IGH in der gleichen Entscheidung ausdrücklich erklärt, daß die „im universellen Bereich den Menschenrechten gewidmeten Verträge kein allgemeines Recht der Staaten anerkennen, Opfer von Verletzungen dieser Rechte, unabhängig von ihrer Nationalität, zu schützen." Das wäre nur dann zulässig, wenn, wie im Falle der westeuropäischen Menschenrechtskonvention, das ausdrücklich im Vertrag vorgesehen ist.[69] In dem vorliegenden Entwurf der Völkerrechtskommission wird diese Unterscheidung völlig verwischt.[70] Es wird eine allgemeine Regelung in bezug auf völkerrechtliche Normen über Menschenrechte

handlungen für die Völkerrechtsgemeinschaft zu rechtfertigen versucht; vgl. auch P. M. Dupuy, Observations sur la pratique récente des ‚sanctions' de l'illicite, in: Revue générale de droit international public, Bd. 87 (1983), S. 505.

67 Vgl. M. McDougal, Human Rights and Public Order, New Haven 1980, S. 345; B. Simma/M. Steiner, Menschenrechte für Deutsche in Osteuropa, Bonn 1980, S. 74f.; M. Hanz, Zur völkerrechtlichen Aktivlegitimation zum Schutz der Menschenrechte, a. a. O., S. 110f.

68 Vgl. I.C.J. Reports 1970, paras. 33/34.

69 Ebenda, para. 91 (engl.).

70 An der Ausweitung dieser Bestimmung zeigte sich S. C. McCaffrey besonders interessiert. Vgl. A/CN.4/SR.1892, S. 4f. Auch die BRD begrüßt eine erga-omnes-Wirkung bei Menschenrechten und die schrankenlose Ausweitung auf Gewohnheitsrecht, während sie bei internationalen Verbrechen wie die USA für eine Einschränkung der erga-omnes-Wirkung eintritt; vgl. A/C.6/40/SR.24, para. 10.

geschaffen, die praktisch unmittelbar in die zwischen den Staaten vereinbarte Primärnorm eingreift, was zweifellos unzulässig ist.

Riphagen hat versucht, seinen Vorschlag unter Hinweis auf die westeuropäische Menschenrechtskonvention und das dort vorgesehene Verfahren zu rechtfertigen.[71] Damit aber wird gerade das Gegenteil bewiesen. Diese Regelung ist nicht allgemeines Völkerrecht, sondern eine ausgesprochene Spezialregelung im Rahmen eines bestimmten politischen Systems. Sie ist kein Modell oder Beispiel für eine universelle Regelung. Sie dient dem erklärten Ziel, die Integration der Staaten, die dem System der freien Marktwirtschaft angehören, zu fördern. Sie sieht für ihre Regelungen auch ein spezielles, notwendigerweise auf die Vertragspartner beschränktes Durchsetzungsverfahren vor, das ausdrücklich andere Gegenmaßnahmen ausschließt.[72]

Auch andere regionale und universelle Menschenrechtsverträge haben ihren eigenen Durchsetzungsmechanismus. Er ist ausdrücklich von den Vertragsstaaten im unmittelbaren Zusammenhang mit der Ausarbeitung der materiell-rechtlichen Regeln vereinbart worden, weil man sich darüber klar war, daß die allgemeinen Regelungen der völkerrechtlichen Verantwortlichkeit nicht anwendbar sind[73]. Ob diese Verfahren von einzelnen Völkerrechtlern oder Staaten für ausreichend, effektiv oder nicht ausreichend befunden werden, ist insofern völlig unerheblich, als dadurch weder die Existenz der vereinbarten Verfahren in Frage gestellt noch ein nichtvereinbartes Verfahren oktroyiert oder bei Gelegenheit der Kodifikation von Regeln der völkerrechtlichen Verantwortlichkeit nachgeschoben werden kann. Menschenrechtsverträge sind deshalb typische Beispiele für Regelungen, die durch Artikel 2 erfaßt werden.[74]

Die Kommission war sich der Problematik der vorgeschlagenen Regelung durchaus bewußt. Das ergibt sich aus dem etwas fragwürdigen Kommentar. So wird erklärt[75], „der Begriff Menschenrechte und grundlegende Freiheiten wird hier in dem Sinne gebraucht, in dem er in den gegenwärtigen internationalen Beziehungen geläufig ist.“ Daß es erhebliche Unterschiede zwischen den ver-

[71] Vgl. A/CN.4/SR.1901, S. 13

[72] Artikel 62 der westeuropäischen Menschenrechtskonvention.

[73] Vgl. z. B. Artikel 44 der Konvention über Bürger- und politische Rechte, der — im Unterschied zu Art. 62 der westeuropäischen Konvention — Streitbeilegungsverfahren zuläßt.

[74] Riphagen hat nicht nur den Artikel 2 vorgeschlagen, sondern auch selbst darauf hingewiesen, daß damit eigentlich spezielle, durch Vertrag geschaffene „objektive Regime“ erfaßt sind. „If it is accepted that, as between the States parties to a treaty, such treaty . . . may determine itself the legal consequences of a breach of an obligation stipulated by it . . . it would be in itself possible not to deal with regional and bilateral objective regimes in parts 2 and 3 of the draft articles.“ (YBILC, 1982, Bd. II [Teil Eins], S. 22, para. 117). Vgl. auch DDR, A/C.6/40/SR.25, para. 8f.; CSSR, SR.29, para. 14; allgemein kritisch zu den Sonderregelungen in Art. 5 (e) (iii) und (f) auch Türkei, A/C.6/40/SR.25, para. 27; Bulgarien, SR.27, para. 56; Ungarn, SR.30, para. 19; Trinidad und Tobago, SR.32, para. 12f.

[75] A/40/10, S. 58, para. 21 (engl.).

schiedenen Menschenrechtskonventionen und -konzeptionen gibt und daß nur etwa die Hälfte der Staaten Vertragspartner dieser Konventionen sind, wird hier in unzulässiger Weise übergangen, obgleich sich die Kommission darüber klar ist. So heißt es im nächsten Absatz des Kommentars[76]: "Obviously subparagraph (iii)

> cannot and does not prejudge the question *to what extent* 'primary' rules of international law, either customary or conventional, impose obligations on States and create or establish rights of States for the protection of human rights and fundamental freedoms. While the Universal Declaration on Human Rights and other relevant instruments are certainly pertinent to the determination of the *possible* scope of this subparagraph, *it is clear* that not every one of the rights enumerated in these instruments, nor every single act or omission attributable to a State which could be considered as incompatible with the respect of such rights even if an isolated act or omission (which might not even be intentional), must necessarily be qualified as giving rise to the application of the present subparagraph."

Wenn es „klar ist", daß nicht jedes in den entsprechenden Instrumenten genannte Recht und auch nicht jede Verletzung notwendig als mit der Respektierung solcher Rechte unvereinbar angesehen werden und zur Anwendung von Gegenmaßnahmen führen muß, dann ist eigentlich nur klar, daß die vorgeschlagene Bestimmung unklar ist und deshalb nicht in das Projekt aufgenommen werden sollte.

Offensichtlich ist es so, daß je stärker in einem Vertrag „kollektive Interessen" ausgeprägt sind, desto mehr wird das durch entsprechende Organe und Institutionen, die durch diesen Vertrag geschaffen werden, ausgedrückt; das aber bedeutet, desto mehr fällt eine solche Regelung unter die Vorbehaltsbestimmung des Artikels 2. Je zweifelhafter es ist, ob wirklich kollektive Interessen, d. h. vom gewöhnlichen multilateralen Rechte-Pflichten-Verhältnis abweichende Strukturen durch einen Vertrag geschaffen wurden, desto weniger kann das durch eine allgemeine Regel im Rahmen der Verantwortlichkeit definiert oder gar ergänzt werden.[77]

Zu Recht wurde darauf hingewiesen, daß „kollektive Interessen" nur durch die Vertragsstaaten selbst bestimmt werden können.[78] Dem versucht die Formulierung in Artikel 5 (f) jetzt Rechnung zu tragen. Sie stellt darauf ab, daß ein multilateraler Vertrag vorliegt (kein Gewohnheitsrecht!) und daß festgestellt worden ist, daß das verletzte Recht ausdrücklich in den Vertrag zum Schutz kollektiver Interessen aufgestellt worden ist. Nun wird es wenig Verträge geben, in denen ausdrücklich

[76] Ebenda, para. 22 (engl.).

[77] Gerade das bezweckt aber Riphagen mit dieser Regelung im Art. 5 und der anschließenden Regel in Art. 11 Abs. 2; vgl. A/CN.4/SR.1890, S. 6 und SR.1901, S. 11.

[78] Vgl. I. Sinclair, A/CN.4/SR.1890, S. 9. Darauf antwortete Riphagen, daß man eine Regelung für den Fall vorsehen müsse, daß die Vertragsstaaten das nicht getan hätten, was vorkäme, „da Konferenzen, auf denen multilaterale Verträge angenommen würden, immer unter Zeitdruck stünden." A/CN.4/SR.1890, S. 10 (engl.).

von „kollektiven Interessen“ die Rede ist. Im allgemeinen wird man eher umgekehrt aus dem Vorhandensein spezieller Organe und institutionalisierter Verfahren darauf schließen können, daß die Parteien entsprechend den Verpflichtungsstrukturen des Vertrages und ihren politischen Interessen eine besondere Verantwortlichkeitsregelung schaffen wollten. Die spezielle Regelung solcher Beziehungen kann die allgemeinen Regeln der völkerrechtlichen Verantwortlichkeit sowohl einschränken als auch durch besondere Rechtsfolgen ergänzen. Infolgedessen dürften gerade die im Artikel 5 (f) definierten Fälle klassische Beispiele im Sinne des Artikels 2 sein und in der Konvention nicht besonders behandelt werden.

Nun ist gesagt worden, daß Artikel 5 im Grunde das Gegenstück zu Artikel 3 ist, daß er lediglich eine Definition, aber keine operative Regel enthalte und aus der breiten Definition des „verletzten Staates“ nicht folge, daß alle gleichermaßen zu Reparationsansprüchen und Gegenmaßnahmen berechtigt seien.[79] Es ist sicher richtig, daß die Definition des „verletzten Staates“ eine Differenzierung bei der Berechtigung zur Geltendmachung von Rechtsfolgen nicht ausschließt. Wenn Artikel 5 jedoch den „verletzten Staat“ unter Bezugnahme auf bestimmte konkrete Rechtsverhältnisse definiert — wie das im Artikel 5 Abs. 2 (e) (iii) und (f) des derzeitigen Entwurfs geschieht —, dann unterscheidet er sich eben wesentlich von der im Artikel 3 angewandten Methode, dann ist er mehr als eine Komplementärbestimmung zur Definition des Rechtsverletzers. Der derzeitige Entwurf des Artikels 5 enthält eben nicht nur eine allgemeine Definition. Er wird zu einer operativen Bestimmung, indem er eine Vermutung aufstellt, wer bei bestimmten Rechtsverhältnissen als „verletzter Staat“ anzusehen ist.[80] Es wird eine Vermutung zur berechtigten Anwendung von Gegenmaßnahmen aufgestellt, die durch besondere Regelungen oder Verfahren wieder eingeschränkt oder widerlegt werden muß.

Im jetzigen Artikel 5 wird bei der Bestimmung des „verletzten Staates“ eine Differenzierung der Rechtsverhältnisse zugrunde gelegt, die weit über Artikel 19 hinausgeht. Es werden Menschenrechtsbestimmungen und objektive Regime als Sonderregelungen entgegen der im Artikel 2 ausdrücklich vorgesehenen Ausklammerung spezieller Verantwortlichkeitsregelungen erfaßt. Das führt notwendig dazu, daß wesentliche Elemente der von den Vertragsstaaten sorgfältig ausgewogenen Primärnorm im Rahmen der völkerrechtlichen Verantwortlichkeit neu, d. h. fremdinterpretiert und geregelt werden. Die Artikel 10 Abs. 1 und Artikel 11 Abs. 2 des Entwurfes von Riphagen sind Beispiele dafür.[81] Will man einen solchen

[79] Vgl. Italien, A/C.6/40/SR.27, para. 67.
[80] Das wird von Riphagen ausdrücklich gesagt; vgl. A/CN.4/SR.1890, S. 6.
[81] Vgl. A/CN.4/389, S. 22/23, besonders para. 8 des Kommentars zu Art. 11; sowie A/CN.4/389, S. 20/21, besonders para. 3 des Kommentars zu Art. 10; weiter A/CN.4/SR.1902, S. 8, aus denen eindeutig hervorgeht, daß Riphagen als Streitbeilegungsverfahren, die die Anwendung von Repressalien hindern, nur Verfahren anerkennt, die eine verbindliche Entscheidung durch einen „Dritten“ ermöglichen. Auf diese Weise würden zwar Repressalien bei Verletzung von Bestimmungen der westeuropäischen Menschenrechtskonvention ausgeschlossen, nicht aber bei Verletzung der UN-Menschenrechtskonventionen.

unzulässigen und unpraktischen Eingriff in die Primärvereinbarung vermeiden, so bleibt nur der Weg, auf die in der Primärnorm getroffene Spezialregelung zu verweisen. Gerade das wird durch Artikel 2 gewährleistet. Für die generelle Bestimmung des „verletzten Staates“ aber wird es sich als richtig erweisen, dem im Teil 1 des Kodifikationsprojektes eingeschlagenen Weg zu folgen, sich streng an das verletzte Rechtsverhältnis zu halten und sich auf den oder die Staaten zu beziehen, die durch die Pflichtverletzung in ihren Rechten verletzt wurden.

Резюме

Б. Грэфрат

Правоотношения ответственности в международном праве и определение „потерпевшего государства"

В центре настоящей работы находится исследование вопроса о том, является ли необходимым и целесообразным принимать во внимание правовой источник нарушенного права при определении „потерпевшего государства". В этой связи отвергаются попытки установления особого статуса договорных правонарушений по отношению к другим правонарушениям. Международное право не знает различия между договорным правонарушением и деликтом. То обстоятельство, что данное правонарушение является договорным, может стать значимым лишь в том случае, если стороны договорились установить особый режим ответственности. Если в рамках этой договоренности они расширяют, сужают или иным образом изменяют общие нормы международно-правовой ответственности, то такая договоренность имеет приоритет и не может толковаться иным образом или изменяться путем кодификации общих правил международно-правовой ответственности.

В статье получает поддержку позиция Комиссии международного права о том, что возникновение международно-правовой ответственности государств не зависит от источника нарушенного обязательства. Это означает не только, что для наличия противоправного деяния не имеет значения происхождение нарушенного обязательства — является ли оно договорным, обычно-правовым или иным. Круг субъектов ответственности также нельзя определить путём ссылки на источник обязательства. Происхождение нарушенного обязательства не оказывает влияния на режим ответственности. Эта принципиальная позиция, закрепленная в статье 17 первой части проекта КМП об ответственности государств, имеет большое значение также для второй части, в которой должны быть определены содержание, формы и ступени ответственности.

Возникающие в рамках международно-правовой ответственности права потерпевшего государства основаны не на факте участия этого государства в правовой норме, а возникают на основании ущемления его субъективного права, возникающего из такой нормы, двустороннего договора или иного акта. Четкое различение между международно-правовой нормой и конкретным правоотношением (субъективные права и обязательства) приобретает в этой связи особое значение. Так, например, из дипломатического права — договорного или обычного — возникают права и обязательства в отношении другого государства только в том случае, если установлены дипломатические отношения; предпосылкой для возникновения прав из права международных договоров является наличие договорных отношений и т. д.

Конкретное правоотношение взаимосвязанных прав и обязательств может основываться на общих нормах международного права, вытекать из многостороннего договора или из двусторонней (или многосторонней) договоренности, направленной непосредственно на возникновение такого правоотношения. Правоотношение ответственности всегда связано с нарушенным (первичным) правоотношением и следует за ним. Оно не вытекает непосредственно из нормы международного права.

Комиссия международного права до сих пор не различала между договорными и иными правонарушениями или между нарушением многостороннего и двустороннего договора, а проводила различие между обычными правонарушениями (деликтами) и международными преступлениями. Она показала, что разница между деликтом и преступлением состоит в том, что международное преступление является нарушением международного обязательства, которое — независимо от его источника — является столь основополагающим для международного сообщества, что его нарушение рассматривается как преступление международным сообществом в целом.

Если определение „потерпевшего государства", а также государства-правонарушителя зависит от конкретного правоотношения (субъективных прав и обязанностей), то в таком случае необходимо исходить из того, что „потерпевшим государством" может быть только государство, чьи субъективные права были нарушены.

С этой точки зрения заслуживает поддержки формулировка п. I проекта статьи 5, в которой это положение теперь чётко закреплено. Таким образом сохраняется связь с основными положениями первой части проекта статей. В п. I недвусмысленно заявляется, что простое ущемление интересов недостаточно и что не каждое государство, ссылаясь на свою заинтересованность в соблюдении норм международного права, может настаивать на факт возникновения прав в рамках международно-правовой ответственности. Решающим является то, что нарушение международного обязательства одним государством выступает как нарушение права другого (одного или нескольких) государства.

Анализ круга „потерпевших государств" показывает — независимо от правового источника — наличие трех основных ситуаций: двусторонней, многосторонней и erga omnes. Двусторонняя стиуация имеет место в тех случаях, когда налицо нарушение обязательств из двустороннего договора, обычного права или норм общего международного права, которым регулируются преимущественно двусторонние отношения, ведущие к возникновению двусторонних правоотношений. При этом не имеет значения то, вытекают ли они из обычного права или многостороннего договора. Двусторонняя структура правоотношения ответственности не сводится только к двусторонним договорам.

Международные преступления — как, например, агрессия или режим апартеида — выступают всегда как ситуация erga omnes. В этих случаях всегда налицо нарушение прав всех государств. Из этого вытекает также необходимость проводить различие между „непосредственно потерпевшим" государством и остальными, косвенно затронутыми государствами, а также необходимость выявления ступеней правомочий, возникающих для этих групп государств.

Наибольшие трудности возникают из многосторонней ситуации. Это тот случай, когда правонарушение (деликт) затрагивает права нескольких или всех государств. Специальный докладчик КМП В. Рифаген пытается подойти дифференцированно к этой ситуации, формулируя вместе с правоотношением, основанным на взаимности, дополнительно параллельное (connection) и коллективное (fusion). Он указывает на то, что целью этих правоотношений, возникающих из некоторых многосторонних договоров, является не столько взаимное облагодетельствование, сколько регулирование состояний и процессов, реализация „коллективных интересов". В качестве примеров он приводит международные организации, договоры о правах человека, охране окружающей среды и ЕЭС.

Несомненно, нельзя свести многостороннюю ситуацию и возникающее на ее основе правоотношение ответственности к тому, что нарушение обязательства одним участником договора затрагивает права всех остальных участников. Но с другой стороны, если государства создают особую структуру обязательств, то они связывают это с установлением специальных процедур имплементации, особых органов с определенной компетенцией, а также специальных процедур разрешения споров. Само существование таких процедур и органов уже является свидетельством того, что налицо отклонение от нормальной дву- или многосторонней ситуации.

Различность примеров — права человека, охрана окружающей среды, международные организации, ЕЭС и т. д. — указывает на то, что учесть особенности этих положений в рамках кодификации общих правил международно-правовой ответственности невозможно. Здесь необходимо ограничиться основной ситуацией и обеспечить преимущественное применение специальных положений, закрепленных в соответствующих договорах. Соответствующее положение зафиксировано в ст. 2 второй части проекта.

Все попытки пойти дальше этого и внести в определение „потерпевшего государства" особые структуры обязательств, оторванные от специальных норм, лежащих в их основе, с необходимостью представляли бы собой вмешательство в содержание первичных норм, тщательно взвешанных участниками договора. Определение „потерпевшего государства", оторванное от конкретного правоотношения, создало бы презумпцию таких (репарационных) требований и правомочий применять санкции, которое участники договора как раз и хотели исключить или видоизменить.

Формулировка п. 2 ст. 5 в ее теперешней форме, которая, с одной стороны, опирается на правовые источники нарушенного права, а с другой стороны, пытается обобщить специальные структуры обязательств, чтобы потом дать абстрактное определение понятия „потерпевшего государства", подвергнута справедливой критике со стороны ряда государств.

Summary

B. Graefrath

The Legal Relationship of Responsibility and the Definition of the "Injured State" in International Law

The present study is centered on the question, whether it is necessary and useful — in defining the "injured State" — to rely on the source of the infringed right. The author rejects the special emphasis which is being put on breach of treaty as against other breaches of obligations. There is no distinction between delicts and breaches of contractual obligations in international law. Nevertheless, the fact that an internationally wrongful act is a breach of a treaty may become relevant, if the treaty provides for a special responsibility regime. Whenever States have agreed to widen, limit or modify the general rules of State responsibility, these special arrangements enjoy priority and cannot be construed or substituted through a codification of the general rules of State responsibility.

The author stresses the position of the International Law Commission, that rules of international law relating to State responsibility are based, not on the source, but on the content of the international obligation breached. This means that an internationally wrongful act exists independently of the (contractual, customary or other) origin of the obligation breached. It further means that the subjects involved, in particular the "injured State", cannot be identified by reference to the source of the obligation. The origin of the obligation breached has no bearing on the responsibility regime. These principles set forth in Article 17 of the ILC-Draft on State Responsibility (Part I) retain their validity also with respect to Part II, where contents, forms and degrees of State responsibility are on the agenda.

Which State is entitled — as "injured State" — to invoke claims within the framework of State responsibility does not follow from the mere participation in a rule of international law. It depends on whether the State concerned has been infringed in its subjective rights arising from such rules, bilateral treaties or other instruments.

A careful distinction between a rule of international law and a concrete relationship of rights and obligations must be drawn and acquires special importance in this context. For instance, concrete rights and obligations in the field of the law of diplomatic relations (the Convention as well as customary law) arise for a State towards another State only if diplomatic relations between States have been established or diplomatic activities exist. Invoking rights within the law of treaties presupposes the existence of a concrete treaty relationship between the States concerned etc. A specific legal relationship, from which subjective rights and obligations arise, is always necessary. Such legal relationship may be based on rules of general international law and multilateral treaties. They may also arise from instruments between two or more States agreed upon especially to this end. The relationship of responsibility always follows the breached legal relationship, not the rule which it is based on.

The International Law Commission did not make a distinction between breaches of treaty and other wrongful acts or between breaches of bilateral and multilateral treaties, but between delicts and international crimes. It made it clear that the difference between delicts and international crimes lies in the contents and the importance of the infringed right. The ILC stressed that international crimes always involve the breach of obligations — independently of their source — so essential for the protection of fundamental interests of the international community that their breach is recognized as a crime by that community as a whole.

If we submit that the definition of the "injured State" as well as that of the author-State depend on the concrete relationship of rights and obligations, it becomes evident, that only a State whose subjective rights have been infringed may be considered as an "injured State". It is certainly a progress that this position is now clearly stated by the ILC in para. 1 of draft article 5. It establishes thereby a link with the basic principles of Part I. Article 5 para. 1 contains an unequivocal statement to the effect that a mere infringement of an interest is not enough. It is not possible for a State to invoke international responsibility because it has a general interest in the observance of rules of international law. What is decisive is that the breach of an international obligation by one State corresponds to the violation of another State's right.

The analysis of the subjects involved shows that it is necessary to distinguish three main situations, independently of the legal source: a bilateral, a multilateral and an *erga omnes*-situation (concerning international crimes). The bilateral situation appears most frequently in those instances where there is a breach of an obligation from a bilateral treaty, a customary rule, or a rule of general international law, which is essentially bilateral in its application. In the latter case it is irrelevant, whether such rules appertain to customary law or to a multilateral treaty. The bilateral structure of the responsibility relationship cannot, therefore, be reduced to bilateral treaties.

International crimes, such as aggression or apartheid — just to mention two generally recognized examples — always represent an *erga omnes*-situation. They involve the infringement of the rights of all States. This requires at the same time to draw a distinction between directly and indirectly affected States with a corresponding graduation of the claims and rights resulting from the relationship of responsibility.

Most difficulties stem from the multilateral situation, where an international delict infringes the rights of several or all States. Riphagen tries to distinguish a reciprocal legal relationship from parallel obligations (connection) and common obligations (fusion). He points out that parallel and common obligations created by multilateral treaties do not deal with barter-transactions but rather regulate certain situations and processes and are based on "collective interests". The examples given range from international organizations, human rights and environmental protection to the EEC.

It is certainly true that the multilateral situation in State responsibility cannot be reduced to the case, in which a breach by one party is injurious to the rights of all other States-parties. But when States create a special structure of obligations, they link it to the establishment of specific implementation measures, special organs with different competences and usually also special dispute settlement procedures. Already the existence of such procedures and organs indicates that the structure of the obligations we are dealing with diverges from the normal bilateral situation. The extraordinarily wide range of the examples given — treaties on human rights, environmental protection, international organizations, EEC — already demonstrates, by itself, the impossibility of covering the peculiarities of these treaties within the framework of codification of general rules on State responsibility. A better solution would be to cover the basic situations and provide for the priority of special regulations. A respective provision is embodied in Article 2 of Part II of the Draft.

Any attempt to go further and try, in connection with the definition of the "injured State", to establish special structures of obligations independently of the specific rules underlying them, will necessarily interfere with the carefully balanced system of primary rules specifically agreed upon by the parties. The definition of the "injured State", seperate from the concrete legal relationship, gives rise to a presumption that this State is authorized to claim reparation and to apply countermeasures, a result which the parties may have intended to rule out or regulate otherwise.

Unfortunately the second paragraph of article 5 in its present form contains misleading references to the source of the obligation breached and at the same time tries to generalize special structures of obligations in order to define in abstracto the "injured State". Therefore, it has been subjected to justified criticism by many States.

H.-J. Heintze

Schwerpunkte der Tätigkeit des Komitees für die Beseitigung der Rassendiskriminierung

Im Mittelpunkt der völkerrechtlichen Instrumente gegen die Rassendiskriminierung steht die Internationale Konvention über die Beseitigung aller Formen der Rassendiskriminierung vom 7. März 1966[1]. Sie ist mit nahezu 125 Teilnehmerstaaten der vom Geltungsbereich umfangreichste UN-Menschenrechtsvertrag und trat bereits 1969 in Kraft. Im gleichen Jahr wurde auch das gemäß Art. 8 der Konvention zu bildende Komitee für die Beseitigung der Rassendiskriminierung (CERD) als ein Durchsetzungsorgan der Konventionsstaaten geschaffen.[2] Seine Tätigkeit ermöglicht es, sich einen genauen Überblick über die Verwirklichung der Konventionsbestimmungen in den Teilnehmerstaaten und die Probleme, die es dabei gibt, zu verschaffen. Nach nunmehr über fünfzehnjähriger Arbeit des CERD haben sich sehr klar die im folgenden zu untersuchenden Schwerpunkte herausgebildet.

1. Verpflichtung zur Beseitigung der Rassendiskriminierung

Art. 2 der Konvention verpflichtet die Teilnehmerstaaten, unverzüglich *mit allen geeigneten Mitteln* eine Politik zur Beseitigung der Rassendiskriminierung durchzuführen. Dies schließt insbesondere ein, daß die Staaten keine Rassendiskriminierung betreiben, rassistische Gesetze und Verordnungen aufheben und durch Personen oder Organisationen betriebene Rassendiskriminierung verbieten. Zwangsläufig ergibt sich daraus, daß ein Staat vor der Anwendung einer Rechtsnorm zu prüfen hat, ob sie rassistische Elemente enthält. Ist dies der Fall, so darf die Norm nicht benutzt werden. Im CERD kam dieses Problem im Zusammenhang mit einem schwedischen Bericht auf. Dort wurde ausgeführt, daß grundsätzlich ausländisches Recht bei der Ermittlung der Heiratsfähigkeit ausländischer Partner herangezogen wird. Eine Ausnahme werde lediglich bei rassistischen Gesetzen gemacht, wenn die Heiratsfähigkeit beispielsweise — wie in der RSA

[1] Text in: Völkerrecht, Dokumente, Teil 2, Berlin 1980, S. 542ff.

[2] Vgl. zur Konvention allgemein V. F. Gubin, Rasovaja diskriminacija: reakcionnaja suščnost' i meždunarodnaja protivopravnost', Moskva 1979, S. 131ff. sowie N. Lerner, The UN Convention on the Elimination of All Forms of Racial Discrimination, The Hague 1980, S. 8ff.

— an die Rassenzugehörigkeit gebunden ist.[3] Diese Verfahrensweise entspricht den Erfordernissen der Konvention.

Komplizierter ist es jedoch, wenn es um die eigene Rechtsordnung geht und diese von verschiedenen Einflüssen geprägt ist, was gerade bei Entwicklungsländern oft als Erbe des Kolonialismus der Fall ist. Unter derartigen Umständen könnten sich leicht rassistische Rudimente in einer Rechtsordnung erhalten. Deshalb wurde im CERD begrüßt, daß Mauritius in seiner Verfassung die Nichtigkeit jedes mit dem Diskriminierungsverbot unvereinbaren Gesetzes festlegte.[4] Während dieser Weg als konventionsgemäß angesehen werden muß, kann dies nicht angenommen werden, wenn ein Staat rassistische Gesetze anwendet und den Diskriminierten dann die Möglichkeit einräumt, Rechtsmittel einzulegen. Diese Verfahrensweise wurde von der BRD im Hinblick auf das faschistische deutsche Recht praktiziert: „Sicher mochten sich zunächst noch gewisse klandestine Rudimente der Rassenverfolgung in abgelegenen Gesetzen, Verordnungen oder Richtlinien verbergen, aber der weit ausgedehnte Rechtsschutz zur Sicherung der Verwirklichung der Grundrechte — zu denen auch das Diskriminierungsverbot gehört — eröffnet jedem Betroffenen die Möglichkeit, sich dagegen zu wehren und geltend zu machen, daß diese Rudimente keine Geltungskraft mehr haben. Von der Rechtsordnung her ist also die Konvention schon vor ihrem Erlaß weitgehend durchgeführt worden. Darin ist die günstigere Lage im Vergleich zu Staaten, die keine planmäßig gelenkte Rassenverfolgung kannten und daher auch keinen Anlaß sahen, diese bewußt zu beseitigen, zu sehen.“[5] Ganz abgesehen davon, daß diese Äußerung ausgesprochen zynisch erscheint, ist sie auch sachlich unrichtig. Diese Praxis entspricht weder dem Potsdamer Abkommen[6] noch der Konvention, da beide eine Überprüfung von Normen *vor der Anwendung* fordern.

In diesem Zusammenhang stellt sich zwangsläufig die Frage nach den Kriterien rassistischer Bestimmungen. Auch das CERD beschäftigte sich wiederholt damit, so anläßlich der Anfrage der Niederlande, ob nicht die Praxis einiger Staaten, die für die Visaerteilung einen Religionsnachweis fordern, eine Rassendiskriminierung darstelle. Zurecht verwies das CERD darauf, daß es kein Gremium ist, welches kollektiv über den rassistischen Gehalt von Hoheitsakten befinden könne. Dayal

[3] vgl. CERD/C/SR. 437, para. 54.

[4] Die Rechtsordnung von Mauritius ist durch den Code Napoleon, das habeas corpus-Verfahren und das certiorari geprägt; vgl. CERD/C/38.

[5] K. J. Partsch, Bekämpfung der rassischen Diskriminierung im Rahmen des Schutzes der Menschenrechte, in: Die Vereinten Nationen und die Mitarbeit der Bundesrepublik Deutschland, München 1973, S. 110.

[6] Im Potsdamer Abkommen heißt es: „Alle nazistischen Gesetze, welche die Grundlagen für das Hitlerregime geliefert haben oder eine Diskriminierung auf Grund der Rasse, Religion oder politischer Überzeugung errichteten, müssen abgeschafft werden, Keine solche Diskriminierung, weder eine rechtliche noch eine administrative oder irgendeiner anderen Art, wird geduldet werden.“ (Mitteilung über die Dreimächtekonferenz von Berlin, Ziffer III, Pkt. A4, in: Völkerrecht, Dokumente, Teil 1, Berlin 1980, S. 136).

unterstrich die Inkompetenz des CERD in dieser Hinsicht, meinte aber, daß individuelle Stellungnahmen von CERD-Mitgliedern möglich seien.[7] Als Schlußfolgerung aus der Debatte kam man überein, daß über die Anwendung von Normen ausschließlich der Staat entscheidet. Er allein hat festzustellen, ob ein rassistischer Inhalt vorliegt oder nicht; in ersterem Falle hat er die Anwendung abzulehnen[8], wie dies durch Schweden hinsichtlich des genannten RSA-Rechtsakts erfolgte.

Neben der Nichtanwendung rassistischer Normen dürfte das Verbot der Rassendiskriminierung, die von Personen, Gruppen oder Organisationen betrieben wird, die zweite wichtige Konsequenz aus dem Art. 2 der Konvention sein. Seine große Bedeutung wurde immer wieder unterstrichen. Dennoch weist die Staatenpraxis in dieser Hinsicht erhebliche Unterschiede auf, was oftmals mit den verschiedenen Rechtssystemen begründet wird. Besonders auffällig sind die Differenzen zwischen den Staaten mit Common Law-Rechtssystemen und solchen, die ihre Rechtsordnungen aus dem römischen Recht herleiten. Dies wurde in zwei UNESCO-Studien deutlich.[9]

Zu den vom römischen Recht geprägten Staaten gehört Brasilien, das bereits 1951 ein weitreichendes Gesetz zum Verbot privater Diskriminierungen erließ und die Kompetenz dazu aus der Verfassung herleitete.[10] Die Verabschiedung des Gesetzes stieß auf keinerlei rechtstheoretische Einwände. Ähnliches gilt für Österreich, wo 1977 Strafbestimmungen erlassen wurden, die die Verweigerung einer öffentlichen Dienstleistung aus rassistischen Gründen erfassen.[11] Demgegenüber erscheint die Verankerung des Diskriminierungsverbots im Common Law-Rechtssystem als wesentlich komplizierter, denn dieses „Recht ist der Tradition nach ein ‚Recht der Freiheit' und nicht ein Recht der Gleichheit".[12] Eindeutig stellt Delbrück fest, daß „das ‚common law' nur in ganz unzulänglicher Weise

[7] Vgl. CERD/C/SR.446, para. 28.

[8] Im CERD wurde begrüßt, daß die Niederlande keine Religionsnachweise ausstellte und damit eine souveräne Entscheidung traf. Vgl. A/34/18, para. 439.

[9] Vgl. F. A. de Miranda Rosa, Struggle against Racial Prejudice and Discrimination in a Society under Predominant Influence of Roman Law, UNESCO-Document SS-82/CONF. 002/3 (a) und M. Cain/P. Fitzpatrick, Formal and Informal Means of Combating Racism and Racial Prejudice with a Special Reference to the United Kingdom (as a Common Law Country) and to Legal Measures, UNESCO-Document SS-82/CONF. 002/1 (a).

[10] Vgl. K. J. Partsch, Die Strafbarkeit der Rassendiskriminierung nach dem Internationalen Abkommen und die Verwirklichung der Verpflichtungen in nationalen Strafrechtsordnungen, in: German Yearbook of International Law, Bd. 20 (1977), Berlin (West) 1978, S. 127.

[11] Vgl. H. Freudenschuß, Die Diskriminierungsverbote der Europäischen Menschenrechtskonvention und der Rassendiskriminierungskonvention im österreichischen Recht, in: Europäische Grundrechte-Zeitschrift (zitiert als: EuGRZ), Bd. 10 (1983), S. 631.

[12] G. Leibholz, Staat und Gesellschaft in England, in: Strukturprobleme der modernen Demokratie, Karlsruhe 1967, S. 206.

geeignet (ist), diesen Schutz (vor Diskriminierungen, H.-J. H.) zu gewähren."[13] Diese Einschätzung findet ihre Bestätigung am Beispiel Großbritanniens. Dort hatte die nach dem Zweiten Weltkrieg einsetzende Einwanderung aus Commonwealth-Staaten zu massiven Erscheinungen der Rassendiskriminierung geführt. Dennoch wurde erst nach langem innenpolitischen Tauziehen 1965 der Race Relations Act erlassen, der die Diskriminierung nicht generell, sondern lediglich in einer genau aufgezählten Reihe öffentlicher Einrichtungen verbot. Die strafrechtliche Sanktion war nur minimal ausgebildet und statt dessen wurde dem Vermittlungsverfahren der Vorrang eingeräumt.[14] Dazu wurden ein Race Relations Board und lokale Vermittlungsausschüsse gebildet, die ihnen vorgelegte Fälle zu entscheiden hatten. Erst nach dem Scheitern dieses Verfahrens war es möglich, den Rechtsweg zu beschreiten. Die Wirkung des Gesetzes blieb gering, obwohl es eingestandenermaßen schwerwiegende Rassenprobleme gab.[15] Daraufhin wurde bereits drei Jahre später ein neues Gesetz erlassen (Race Relations Act 1968), das das von 1965 teilweise aufhob. Sein Geltungsbereich wurde auf wesentliche Bereiche des Alltagslebens ausgedehnt, klammerte aber wichtige Fragen des Berufs- und Wohnungswesens aus. Wiederum waren Vermittlungsorgane für die Durchsetzung zuständig, und die neugebildeten Community Relations Boards sollten unabhängig von Streitfällen für harmonische Beziehungen zwischen den ethnischen Gruppen sorgen. Auch diesem Gesetz war jedoch keine lange Geltungsdauer beschieden, denn acht Jahre später wurde es durch den Race Relations Act 1976 ersetzt. Wiederum wurde der Geltungsbereich erweitert, so daß nunmehr die Bereiche Beschäftigung, Ausbildung, Erziehung, Dienstleistungen und Wohnungswesen erfaßt werden. Eine Commission for Racial Equality soll für gute Rassenbeziehungen sorgen, und Diskriminierten steht erstmals der direkte Rechtsweg zur Verfügung.[16]

Obwohl das Gesetz sehr umfangreich und detailliert ist, wird es der Konvention nicht gerecht, denn es enthält kein generelles Verbot der Rassendiskriminierung. Das wurde auch im CERD bemängelt: "... the exceptions to the principle of non-

[13] J. Delbrück, Die Rassenfrage als Problem des Völkerrechts und nationaler Rechtsordnungen, Frankfurt/M. 1971, S. 279. Unter diesen Umständen überrascht es, daß Dötsch einschätzt: „Die Gleichberechtigung aller Individuen ... wird von der englischen Rechtslehre schon lange als einer der tragenden Grundsätze des Common Law angesehen." (J. Dötsch, Die bürgerlichen Grundrechte im britischen politischen System, in: Das politische System Großbritanniens, Berlin 1982, S. 368).

[14] Vgl. L. Kushnick, British Antidiscrimination Legislation, in: S. Abbott, The Prevention of Racial Discrimination in Britain, London — New York — Toronto 1971, S. 238ff.

[15] Entsprechend dem Bericht des Race Relations Board 1966/67, London 1967, S. 28 lag die Zahl der eingereichten Beschwerden bei 327, wovon aber nur 89 im sachlichen Geltungsbereich des Gesetzes lagen.

[16] Vgl. Britain 1986. An official handbook, London 1986, S. 28 und Race Relations in Britain. Prepared for British Information Services by the Central Office of Information, London 1977, S. 13ff.

discrimination set out in the Act were very vague, permitted certain kinds of racial discrimination to exist and did not meet the requirements of the Convention."[17] Zu welchen Konsequenzen das Fehlen eines generellen Diskriminierungsverbots in der britischen Rechtsordnung führt, wurde in dem Fall Mandla gegen Dowell-Lee vor dem Court of Appeal deutlich. Das Gericht kam dabei zu dem Schluß, daß die Diskriminierung der Sikhs nicht rechtswidrig sei, weil es sich bei ihnen nicht um eine ethnische Gruppe handle. Der Race Relations Act sei aber nur auf die Rassendiskriminierung anwendbar und eine andere Verbotsnorm gegen Diskriminierungen gäbe es nicht.[18] Dieser Fall zeigte sehr deutlich die Unzulänglichkeit der britischen Antidiskriminierungsgesetzgebung und einer formalen Auslegung.[19]

Doch im CERD wurden noch weitere Mängel der Umsetzung der Konvention in Großbritannien festgestellt. So gilt der Race Relations Act nicht in Nordirland, und dies ist um so schwerwiegender, als die Diskriminierung ethnischer Gruppen ein Grundproblem der bekannten Konflikte in diesem Gebiet ist.[20] Ein weiterer Mangel ist, daß das Gesetz zwar die Staatsorgane und Bürger bindet, nicht aber den Gesetzgeber. Daher war es möglich, daß konventions- und völkerrechtswidrig eine Reihe von rassistischen Gesetzen erlassen wurde. Zu verweisen ist vor allem auf den Immigration Act 1971, der den Grenzbehörden ein nicht nachprüfbares Auswahlrecht darüber zubilligt, wem im Rahmen des von der Regierung festgelegten Einwanderungskontingentes die Einreise gestattet wird[21] und auf den British Nationality Act 1981, der drei Kategorien von Staatsbürgern unterscheidet. Es handelt sich um die in Großbritannien lebenden, die der Kolonien und die sog. Überseebürger, die in Commonwealth-Staaten leben. Alle haben unterschiedliche Rechte, wobei die Zugehörigkeit zu einer ethnischen Gruppe eine wesentliche Rolle spielt.[22] Das CERD fand diese Art der Gesetzgebung „unusual"[23] und die (West-)-Europäische Kommission für Menschenrechte ließ die Beschwerde X, Cabales und Balkandali gegen Großbritannien, die sich gegen den Entzug staatsbürgerlicher Rechte richtet, vor dem (West-)Europäischen Menschenrechtsgerichtshof zu.[24]

[17] A/35/18, para. 387.
[18] Vgl. EuGRZ, Bd. 9 (1982), S. 352f.
[19] Die Entscheidung des Court of Appeal wurde zwar durch das House of Lords aufgehoben, doch nicht deshalb, weil dies von der Existenz eines allgemeinen Diskriminierungsverbots in Großbritannien ausging, sondern weil der Begriff der ethnischen Gruppe falsch angewandt worden sei. Vgl. EuGRZ, Bd. 10 (1983), S. 532.
[20] Vgl. A/38/18, para. 164.
[21] Vgl. J. Dötsch, Die bürgerlichen Grundrechte im britischen politischen System, in: Das politische System Großbritanniens, a. a. O., S. 375.
[22] Das Gesetz wurde in Großbritannien von vielen Parteien und Organisationen als ‚rassistisch' bezeichnet. Vgl. Neues Deutschland vom 13. Januar 1983.
[23] A/38/18, para. 168.
[24] Vgl. A. Bleckmann, Europäische Menschenrechtskommission — Rechtsprechungsübersicht, in: EuGRZ, Bd. 10 (1983), S. 427.

Der häufige Gesetzeswechsel, die Auflösung alter und die Schaffung neuer Institutionen zeigen den Anpassungsdruck, den nicht zuletzt auch die Teilnahme in der Konvention gegen Rassendiskriminierung für Großbritannien erzeugt hat. Vor dem CERD sah sich der britische Vertreter 1982 erneut veranlaßt, Kontrollen der Wirksamkeit der Commission for Racial Equality durch das Innenministerium zuzusagen.[25] Auch das vom CERD immer wieder hervorgehobene kooperative Verhalten der Regierung Großbritanniens[26] kann nichts daran ändern, daß die aus dem allgemeinen Völkerrecht[27] und der Konvention resultierende Verpflichtung, die Rassendiskriminierung zu verbieten, in diesem Staat nicht erfüllt ist. Es ist auffällig, daß dies auch auf andere Staaten mit einem Common Law-Rechtssystem zutrifft.[28] Gerade deshalb ist jedoch die allgemeine Vertragsrechtsregel zu unterstreichen, daß sich kein Staat unter Berufung auf die Bestimmungen seines innerstaatlichen Rechts völkerrechtlichen Verpflichtungen entziehen kann.[29]

Ein konventionsgemäßes eindeutiges und umfassendes Verbot der Rassendiskriminierung ist in den Rechtsordnungen der sozialistischen Staaten verankert.[30]

Mit dem Verbot der Rassendiskriminierung muß durch die Staaten auch ein

[25] Vgl. A/38/18, para. 176. Die Wirkungslosigkeit der Kommission ist allgemein bekannt: „It would seem fair to say that with the individual actions the Act has not been a success. Taking the latest available figures, there have been only 936 employment cases instituted up to the end of June 1980. Of these 457 resulted in court decisions and of these only 19 were in favour of the complainant" (M. Cain/P. Fitzpatrick, Formal and Informal Means of Combating Racism and Racial Prejudice with a Special Reference to the United Kingdom, in: UNESCO-Document SS-82/CONF, 002/1 (a), S. 10). Diese Einschätzung wird durch die immer wieder aufflammenden Auseinandersetzungen in britischen Großstädten illustriert, so zuletzt 1985 in Birmingham. Die Hoffnungslosigkeit hinsichtlich einer Lösung wird in den Pressekommentaren deutlich: „Aufruhr in England: ‚Das war Krieg, Mann'" (Der Spiegel, 38/1985, S. 141).

[26] So meinte das CERD anläßlich der Behandlung des sechsten britischen Berichts: „The Committee ... welcomed, in particular, the frankness of the report which showed that the United Kingdom was perhaps unique in the open and serious way in which it attempted to discuss and explain all aspects of the problem of racial discrimination ..." (A/35/18, para. 386).

[27] Sowohl in der Staatenpraxis (vgl. z. B. A/C. 3/27/SR. 8, para. 57) als auch im CERD (vgl. z. B. CERD/C/SR. 436, para. 67) und in der Literatur (vgl. L. A. Alexidze, Mesto i rol' imperiativnych norm v sisteme meždunarodnogo prava, in: B. Graefrath (Hrsg.), Probleme des Völkerrechts 1985, Beiträge, Berlin 1985, S. 40f.) wird davon ausgegangen, daß das Verbot der Rassendiskriminierung jus cogens-Charakter besitzt. Vgl. dazu weiter H.-J. Heintze, Das Verbot der Rassendiskriminierung — eine zwingende Norm des Völkerrechts, in: Neue Justiz, 8/1985, S. 325ff.

[28] So die Bahamas (vgl. CERD/C/SR. 438, para. 10), Kanada (vgl. A/38/18, para. 390ff. und R. Szawlowski, Die Kanadische Charter of Rights and Freedoms 1982, in: EuGRZ, Bd. 10 (1983), S. 368) und Israel (vgl. CERD/C/SR. 502, para. 27 und I. Shahak, Zweierlei Maß in Israel — der Staat und die Grundrechte, in: Vereinte Nationen, Bd. 28 (1980), S. 204).

[29] Art. 27 der Wiener Konvention über das Recht der Verträge vom 23. Mai 1969, in: Völkerrecht, Dokumente, Teil 2, a. a. O., S. 644

[30] Vgl. die Darstellung in dem Working Paper von L. Domeracki zum Seminar on Recourse Procedures Available to Victims of Racial Discrimination, UN-Document ST/HR/SER. A/3, S. 2ff.

innerstaatliches Verfahren verbunden werden, das genutzt werden kann, wenn das Verbot nicht eingehalten wird. Dem entspricht auch die Konvention mit ihrem Art. 6, der einen wirksamen Schutz und Rechtsmittel durch die Teilnehmerstaaten fordert. Allerdings steht diese Bestimmung nicht zufällig fast am Ende der materiellen Artikel der Konvention. Vielmehr wird durch sie ganz eindeutig auf eine Verhinderung von Diskriminierungen orientiert. Dennoch wurden die Rechtsmittel in der jüngsten Vergangenheit intensiv diskutiert. Dies hat nur zum einen seine Ursache in der generellen Überbetonung von Durchsetzungsverfahren durch bürgerliche Juristen;[31] sie ist zu guten Teilen auch bedingt durch die großen Unterschiede, die die jeweilige Staatenpraxis aufweist.

Auch das CERD hat sich in jüngster Zeit verstärkt mit der Rechtsmittelfrage beschäftigt. In diesem Zusammenhang schlug Nettel vor, daß das UN-Sekretariat ein Kompendium der Gerichtsurteile zu rassistischen Handlungen zusammenstellen sollte.[32] In der Tat enthalten die Berichte der Konventionsstaaten an das CERD zahlreiche Urteile und sicher gäbe eine solche Sammlung einen gewissen Überblick. Allerdings sollte man sich davor hüten, aus der Zahl der Verurteilungen eine Wertung über die Qualität der Umsetzung der Konventionsbestimmungen in das nationale Recht abzuleiten. Ebendies war aber eine Tendenz Nettels, der davon ausging, daß es so ziemlich keinen Staat gäbe, in dem keine Rassendiskriminierung erfolge.[33] Damit negierte er nicht nur die gesellschaftlichen Unterschiede in Staaten mit völlig verschiedenen sozialen Ordnungen, sondern auch die Differenzierungen, die sich aus der ethnischen Zusammensetzung, dem Entwicklungsstand, dem Rechtssystem usw. ergeben. Zurecht äußerte Sviridov seine Bedenken: „That view was based on the assumption that racial discrimination and court decisions on the subject, existed in all countries; however, it would be incorrect to equate, for example, the Western and the socialist countries in that respect, since such practices did not exist in the socialist countries. The very existence of court decisions in Sweden showed that there were manifestations of racism in that country, a fact which one could not but regret. The importance of court decisions should not be over-emphasized since the basic means of implementing the Convention should be not court decisions but the adoption of the measures envisaged in the Convention, the genuine implementation of the Convention and, to that end, the achievement of the radical socio-economic transformations necessary to eradicate racism from a society."[34]

[31] Vgl. den Nachweis bei W. Grahn/I. Wagner, Rechtliche und soziale Gleichheit im Klassenkampf, Berlin 1977, S. 60. Vgl. dazu A. A. Cançado Trindade, Exhaustion of Local Remedies under the United Nations. International Convention on the Elimination of All Forms of Racial Discrimination, in: German Yearbook of International Law, Bd. 22 (1979), Berlin (West) 1980, S. 374ff.; und G. I. Tunkin, Meždunarodnoe pravo, Moskva 1982, S. 210.

[32] Vgl. CERD/C/SR. 438, para. 45.

[33] Vgl. CERD/C/SR. 437, para. 41.

[34] Ebenda, para. 37.

In dieser Debatte wurden im CERD einmal mehr die Grenzen der Vergleichbarkeit sozialer Systeme deutlich. Aber genau dies ist nicht die Aufgabenstellung der Konvention und insbesondere des Art. 6. Vielmehr geht es darum, der jeweiligen nationalen Situation entsprechende Rechtsmittel und andere Abwehrmittel gegen Diskriminierungen einzurichten. Dies kam auch bei Bliščenko zum Ausdruck: „Although not all forms of protection are developed to the same degree in all countries, for this depends on varying social, historical and national conditions, the participation of States in the International Convention . . . clearly provides a real stimulus to the preparation and introduction into the practice of States of a system of protection and assistance to the victims of racial discrimination.“[35]

2. Beziehungen zur RSA

Es unterliegt keinem Zweifel, daß die Apartheid als extreme Form des Rassismus und Verbrechen gegen die Menschlichkeit völkerrechtswidrig ist. Deshalb trägt Art. 3 der Konvention, der nochmals Rassensegregation und Apartheid verbietet, deklaratorischen Charakter. Umstritten ist jedoch, ob sich aus der Teilnahme in der Konvention auch Verpflichtungen in bezug auf möglicherweise bestehende Beziehungen zum Rassistenregime in der RSA ergeben. Art. 3 verbietet zwar die Praktizierung von Apartheid in den Konventionsstaaten ausdrücklich, enthält aber darüber hinaus nur eine allgemeine Verurteilung dieser Form der Rassendiskriminierung. Aus dem Art. 3 können somit keine unmittelbaren Rechtsfolgen für die Beziehungen zwischen Konventionsstaaten und der RSA abgeleitet werden, da mit solchen Beziehungen nicht automatisch die Praktizierung von Apartheid auf dem eigenen Staatsgebiet verbunden ist.

Es wäre jedoch zu eng, nur Art. 3 hinsichtlich der Pflichtenlage eines Konventionsstaates gegenüber der RSA zu berücksichtigen. Vielmehr bilden alle Artikel der Konvention eine Einheit und Art. 3 ist in Verbindung mit den anderen Artikeln und der Zielstellung der Konvention insgesamt zu sehen. Deshalb ergeben sich Konsequenzen aus der Präambel (die die Forderung erhebt, die Rassendiskriminierung auf der ganzen Welt zu beseitigen) in Verbindung mit Art. 2, Abs. 1, der die Staaten *verpflichtet*, mit *allen Mitteln* eine Politik der *Beseitigung aller Formen* der Rassendiskriminierung zu betreiben. Diese Verpflichtung ist eindeutig nicht auf das eigene Staatsgebiet beschränkt. Zudem verpflichtet sich ein Konventionsstaat durch denselben Artikel auch, *keine Organisationen und Bewegungen* zu unterstützen, die auf die Vertiefung der Rassentrennung hinwirken. Zwangsläufig werden somit durch eine Konvention, die der Rassendiskriminierung ein Ende

[35] I. P. Blishenko, Background Paper 1 zum Seminar on Recourse Procedures Available to Victims of Racial Discrimination, a. a. O., S. 9.

bereiten will — und zwar weltweit — die Beziehungen zum Rassistenstaat RSA erfaßt. Diese Einschätzung ist eine zwangsläufige Konsequenz des Bestehens eines allgemeinen Rechtsverhältnisses aller Staaten aus der völkerrechtlichen Verantwortlichkeit der RSA für das Apartheidverbrechen.[36] Da die Apartheid eine permanente Gefahr für den Weltfrieden darstellt, sind alle Staaten betroffen. Unter diesen Umständen erscheint es logisch, daß die Kollaboration mit der RSA direkt als im Widerspruch zur Konvention stehend gewertet wird, was auch nach dem zweiten Bericht des CERD an die Vollversammlung in der Res. 2784 (XXV) festgestellt wurde.

Mit der Zuspitzung des Kampfes gegen die Apartheid und dem offensichtlichen Boykott westlicher Staaten gegenüber der Antiapartheidkonvention[37] entstand die Notwendigkeit für das CERD, die Konvention stärker gegen die RSA zu nutzen. Ansatzpunkte ergaben sich im Zusammenhang mit dem ersten kanadischen Bericht, wo festgestellt wurde, daß das Waffenembargo gegenüber der RSA strikt eingehalten werde. Sayegh begrüßte diese Angabe, die freiwillig gemacht wurde, und legte den Entwurf einer Empfehlung des CERD vor, die solche Aussagen in den Staatenberichten befürwortete. Dabei sollten Informationen zu diplomatischen, ökonomischen und sonstigen Beziehungen zur RSA gegeben werden.[38] Nach kurzer Diskussion nahm das CERD diesen Vorschlag Sayeghs als General Recommendation III an und stieß damit auf ein positives Echo der Vollversammlung,[39] da hiermit ein Beitrag zur Verwirklichung einschlägiger UN-Resolutionen geleistet werde.

Recht bald nach der Verabschiedung der Recommendation stellte sich heraus, daß sich nur diejenigen Staaten äußerten, die keine Beziehungen zum Rassistenstaat unterhielten. Insbesondere die imperialistischen Staaten lehnten eine Berichterstattung — unter Verweis auf die Freiwilligkeit ihrer Angaben dazu — ab. Daraufhin konkretisierte das CERD 1975 mit der decision 2 (XI) seine Informationsanforderung, indem es feststellte, daß „. . . all policies, practices or relations which have the effect of supporting, sustaining or encouraging racist régimes are irreconcilable with the commitment to the cause of the elimination of racial discrimination . . . and inconsistent with the specific commitment of States Parties to ‚condemn racial segregation and *apartheid*‘, in accordance with article 3 of the Convention, and their resolve ‚to build an international community free from all forms of racial segregation and racial discrimination‘, expressed in the Preamble to the Convention.“[40]

[36] Vgl. B. Graefrath, Völkerrechtliche Verantwortlichkeit für internationale Verbrechen, in: Probleme des Völkerrechts 1985. Beiträge, a. a. O., S. 103f.

[37] Internationale Konvention über die Bekämpfung und Bestrafung des Apartheid-Verbrechens vom 30. November 1973, in: Völkerrecht, Dokumente, Teil 3, Berlin 1980, S. 886ff.

[38] Vgl. A/8718, para. 53 bzw. 92.

[39] Vgl. Resolution 3266 (XXVII).

[40] CERD/1, S. 35.

Dieses Bestehen des CERD auf seinem richtigen Standpunkt stieß in der bürgerlichen Literatur auf heftige Kritik. So sprach Buergenthal vom „most controversal reporting requirement", auf dem das CERD „ever more insistent demands that it be supplied."[41] Kapitalistische Staaten hatten zunächst versucht, sich dieser Forderung zu entziehen, gingen aber unter dem Druck des CERD nach und nach von dieser Position ab. So stellte Dänemark 1973 noch fest, „the question of the relations of Denmark with the racist régimes in Southern Africa migt be better dealt with in another organ."[42] 1977 berichtete es aber bereits über ein gemeinsames nordisches Aktionsprogramm gegen die Apartheid.[43] Schweden gab an, ein Verbot von Neuinvestitionen in der RSA ausgesprochen zu haben.[44] Kanada informierte darüber, daß das Commonwealth Preference System mit der RSA aufgehoben wurde.[45] Diese wenigen Angaben machen deutlich, daß sich nach der Verabschiedung der ‚decision 2 (IX)' des CERD die ursprünglich einheitliche Ablehnungsfront der kapitalistischen Staaten gegen eine Darlegung ihrer Beziehungen zur RSA aufspaltete. Diese Einschätzung trifft jedoch nur bedingt auf die imperialistischen Hauptmächte zu, die sehr enge Kontakte globalstrategischer und wirtschaftlicher Art zur RSA haben. Die Hintergründe dafür sind bekannt und werden auch in der bürgerlichen Literatur nicht verschwiegen: „Die konstante Weigerung der westlichen Industriestaaten, gegen Südafrika einen Wirtschaftsboykott zu verhängen, ist nicht überraschend. Investitionen in Südafrika werfen international überdurchschnittlich hohe Gewinne ab, und verschiedene Mineralien aus Südafrika ... haben für die Industrie der westlichen Staaten überragende Bedeutung."[46] Angesichts dieser Zusammenhänge überrascht es nicht, daß die Bereitschaft zur Berichterstattung über die Beziehungen zur RSA um so geringer ist, je größer das wirtschaftliche Engagement des jeweiligen imperialistischen Staates in der RSA ist. Jedoch ist es auch für diese Staaten in den letzten Jahren immer schwieriger geworden, sich der Berichterstattungspflicht zu entziehen. Das wird daran deutlich, daß der BRD-Vertreter 1981 eine Berichterstattungs*pflicht* zwar nach wie vor ablehnte, aber doch folgende Angaben machte: „As regards the relations of the Federal Republic of Germany with South Africa, the representative stated that, without recognizing any obligation to report on the subject, the Government had condemned apartheid in international forums. While it maintained bilateral contacts with South Africa, including trade relations, the Government was not

[41] Th. Buergenthal, Implementing the UN Racial Convention, in: Texas Law Journal, Bd. 12 (1977), S. 194.
[42] A/9018, para. 306.
[43] Vgl. A/36/18, para. 468.
[44] Vgl. ebenda, para. 343.
[45] Vgl. ebenda, para. 321.
[46] W. Kühne, UN-Sanktionen und Hoffnung auf „friedlichen Wandel", in: Vereinte Nationen Bd. 31 (1983), S. 109.

supplying arms and had no military or nuclear co-operation with South Africa."[47] Diese Stellungnahme wiederholte der BRD-Vertreter 1983, sah sich aber veranlaßt, folgende ‚Erklärung' hinzuzufügen: "as a market economy heavily dependent on exports, the Federal Republic of Germany maintained trade relations with other countries irrespective of their political orientation. Its relations with South Africa, therefore, were not automatically tantamount to ‚assistance' to that country or approval of its policy."[48]

Die Äußerungen der BRD, so unzureichend sie auch sein mögen, zeigen ein langsames Eingehen auf die Forderungen des CERD. Dies ist jedoch bei dem Konventionsstaat Großbritannien, der am stärksten in der RSA engagiert ist, noch nicht der Fall. Nach wie vor weigern sich die britischen Vertreter, zu den Beziehungen ihres Landes zur RSA Stellung zu nehmen.[49] Insgesamt zeigt sich im Zusammenhang mit Art. 3 besonders deutlich das imperialistische Interesse, wirtschaftliche Vorteile auch um den Preis der Aufrechterhaltung eines brutalen rassistischen Regimes auszubeuten. Deshalb wird die Durchsetzung des Art. 3 auch weiterhin ein Schwerpunkt der Tätigkeit des CERD bleiben müssen. So wird wohl auch in Zukunft der früher übliche Konsensus bei der Annahme des CERD-Berichts wegen der Frage, ob das CERD autorisiert ist, Angaben zu den Beziehungen der Konventionsstaaten zur RSA zu fordern, nicht mehr zustande kommen.[50]

3. Verbot rassistischer Propaganda und Organisationen

Die geschichtliche Erfahrung lehrt, welche verheerenden Wirkungen von der ungezügelten Verbreitung der Ideen des Rassenhasses und -vorurteils ausgehen. Der faschistische Völkermord in Deutschland und Europa wurde auch dadurch ermöglicht. Deshalb setzte sich die Sowjetunion bereits bei der Ausarbeitung der Allgemeinen Erklärung der Menschenrechte[51] dafür ein, die Verbreitung der Ideen des Faschismus, des Rassenhasses, der Stiftung von Feindschaft unter den Völkern und der Anstiftung zu einem Krieg zu verbieten und unter Strafe zu

[47] A/36/18, para. 337. Im Jahre 1974 war der Artikel 3 durch die BRD noch kommentarlos übergangen worden. Vgl. A/9618, para. 227ff.

[48] A/38/18, para. 309. Die BRD verwendet damit dasselbe „Argument" wie das faschistische Chile. Vgl. A/38/18, para. 275.

[49] Vgl. A/35/18, par. 394. Die wirtschaftliche Verstrickung britischer Wirtschaftsunternehmen wird besonders deutlich bei A. M. Khalifa, Adverse consequences for the enjoyment of human rights of political, military, economic and other forms of assistence given to the racist and colonialist régime of South Africa, UN-Document E/CN 4/Sub. 2/1984/81 Rev. 1, New York 1985, S. 53ff.

[50] Vgl. A/38/18, para. 21.

[51] Text in: Völkerrecht, Dokumente, Teil 1, a. a. O., S. 224ff.

stellen.[52] Dies wurde seinerzeit von den westlichen Vertretern abgelehnt, weil es angeblich der Meinungsfreiheit widerspreche, irgendwelche Ideenverbreitung zu verbieten.[53] Diese Position war schon damals nicht stichhaltig, da auch die Allgemeine Erklärung der Menschenrechte keine absoluten Rechte kennt. So steht der Art. 19 der Erklärung in Verbindung mit Art. 29 Abs. 2 und Abs. 3, was bedeutet, daß auch die Freiheit der Meinungsäußerung mit Pflichten und Verantwortlichkeiten verbunden ist und in keinem Fall im Widerspruch zu den Grundsätzen der UNO angewandt werden darf. Die Verbreitung von Rassenhaß dient jedoch nicht der Festigung der Grundsätze der UNO und fällt deshalb unter die Regelung des Art. 29 Abs. 3.[54] Dennoch war diese Regelung der Allgemeinen Erklärung unzulänglich. Deshalb war es ein Fortschritt, daß in der Konvention über politische und zivile Rechte[55] eine eindeutige Verbindung zwischen der Wahrnehmung der freien Meinungsäußerung (Art. 19) und dem Verbot der Kriegspropaganda und dem Eintreten für nationale, rassische und religiöse Feindschaft (Art. 20) hergestellt wurde. Allerdings ließ die Bestimmung Raum für Auslegungsmöglichkeiten, indem nur jenes Eintreten für Feindschaft erfaßt wurde, das eine Anstiftung zu Diskriminierung, Feindseligkeit und Gewalt darstellt.[56] Einen echten Durchbruch stellte deshalb der Art. 4 der Rassendiskriminierungskonvention dar, der ein uneingeschränktes gesetzliches Verbot *jeder* Verbreitung rassistischer Ideen fordert. Auch die Träger derartiger Ideen — rassistische Organisationen — müssen verboten werden. Die Aufnahme dieses Artikels geht auf einen polnischen Vorschlag zurück, der von den imperialistischen Staaten heftig bekämpft wurde. Als Kompromiß wurde er dann mit einer „due ragard"-Klausel verbunden, d. h. daß das Verbot unter Beachtung der allgemein anerkannten Menschenrechte, insbesondere der Meinungsfreiheit, zu erfolgen habe.[57] Dennoch blieb der Widerstand gegen diese Bestimmung erheblich, und es stand zu befürchten, daß die kapitalistischen Staaten der Konvention nur unter Abgabe eines Vorbehalts gegen Art. 4 beitreten würden. Das geschah jedoch nicht, da diese Staaten

[52] Vgl. B. Graefrath, Verurteilung des Rassismus — Schutz der Menschenrechte, in: Forum der Staaten — Hoffnung der Völker. UNO-Bilanz 65/66, Berlin 1966, S. 146ff.

[53] Sehr eindeutig wurde diese Position in jüngster Zeit nochmals im Zusammenhang mit der Massenmediendeklaration der UNESCO artikuliert. In dieser Deklaration wird auch ein Verbot der Kriegs- und Rassenhetze angesprochen. Die New York Times wandte sich scharf gegen ein solches Verbot: „To Americans there can be no ‚free speech' or ‚balanced' news unless those who advocate racism and apartheid and, yes, war are also free to speak" (New York Times vom 27. November 1978).

[54] Vgl. den Nachweis in: New International Information and Communication Order. A Source Book, Prague 1984, S. 41 ff.

[55] Text in: Völkerrecht, Dokumente, Teil 2, a. a. O., S. 552ff.

[56] Vgl. B. Graefrath, Verurteilung des Rassismus — Schutz der Menschenrechte, a. a. O., S. 147.

[57] Vgl. die Nachweise bei N. Lerner, The United Nations Convention on the Elimination of All Forms of Racial Discrimination, a. a. O., S. 56. Demnach sprach Großbritannien davon, daß Art. 4 Grundrechte verletze.

offensichtlich davon ausgingen, daß es sich bei diesem Artikel um ein Ziel der Konvention handle, zu dem entsprechend allgemeinem Vertragsrecht Vorbehalte unzulässig sind.[58] Außerdem hätte man nach Art. 20 Abs. 2 der Konvention erwarten müssen, daß zweidrittel der größtenteils fortschrittlichen Teilnehmerstaaten einen Widerspruch einlegen würden.

Dies scheint der Hintergrund dafür zu sein, daß beispielsweise Großbritannien als einer der schärfsten Gegner dieses Artikels lediglich eine Auslegungserklärung abgab. In ihr wurde darauf verwiesen, daß eine weitere Gesetzgebung zu diesem Artikel nur im Rahmen der anderen in der Allgemeinen Erklärung der Menschenrechte aufgeführten Rechte erfolgen dürfe.[59] Angesichts verschiedener Diskussionen im CERD und in der Literatur ist zu unterstreichen, daß es sich bei dieser Erklärung nicht um einen Vorbehalt handelt; eine Frage nach der Gültigkeit von Art. 4 für Großbritannien kann folglich nicht entstehen. Dennoch hatte das CERD anfänglich eine unsichere Haltung eingenommen. Erst als der britische Vertreter bei der Diskussion eines Berichtes behauptete, sein Land habe einen Vorbehalt eingelegt und brauche deshalb Art. 4 nicht zu erfüllen, regte sich Widerspruch: „. . . some members of the Committee pointed out that the declaration regarding article 4 of the Convention . . . was a ‚statement of interpretation' and not a ‚reservation' under article 20 of the Convention, and did not have the legal effect ascribed to it by the United Kingdom representative."[60] Diese Feststellung ist zugleich auch eine Antwort auf die von Buergenthal geäußerten Zweifel: „Doubts about the validity of the British position result from the fact that the scope of its ‚reservation' is unclear."[61]

Neben der Frage der Gültigkeit dieses Artikels für alle Teilnehmerstaaten stellte sich dem CERD noch die Frage nach der konkreten Pflichtenlage. Anlaß zu dieser Diskussion war die Feststellung im isländischen Bericht, daß man zu einer konventionsgemäßen Gesetzgebung bereit sei, wenn man vom CERD Hinweise bekäme, wie diese ins Werk zu setzen sei.[62] In der Diskussion wurde der generelle Charakter des Problems hervorgehoben, so daß nicht eine individuelle Antwort an Island, sondern eine General Recommendation verabschiedet wurde. Sie unter-

[58] Selbst Partsch bezeichnete Art. 4 als eine der „major obligations under the Convention" (CERD/C/SR. 468, para. 51).

[59] In der Erklärung heißt es: „It interprets Article 4 as requiring a party to the Convention to adopt further legislative measures . . . only in so far as it may consider, with due regard to principles embodied in the Universal Declaration of Human Rights and the rights expressly set forth in Article 5 of the Convention." (CERD/C/60, S. 3). Die Bezugnahme auf die Allgemeine Erklärung der Menschenrechte erschien auch dem CERD fragwürdig, da „ . . . the rights enunciated in Article 19 of the Declaration could not be considered as an absolute right." (A/8718, para. 82) Damit was das Verhältnis von Art. 19 und Art. 29 Abs. 2 angesprochen.

[60] A/33/18, para. 340.

[61] Th. Buergenthal, Implementing the UN Racial Convention, in: Texas Journal, Bd. 12 (1977), S. 194.

[62] Vgl. A/8718, para. 79.

streicht die unbedingte Verbindlichkeit dieses Artikels für alle Staaten und weist auf die Verpflichtung hin, die Gesetzgebung entsprechend den nationalen Verfahrensregeln zu vervollkommnen.[63]

Entsprechend Art. 4 Buchst. a ist jede Verbreitung rassistischer Ideen zu verbieten. Die Mehrzahl der Konventionsstaaten ist in einem oft nicht unproblematischen Gesetzgebungsprozeß ihren Verpflichtungen nachgekommen. So übernahm Ekuador den Artikel fast wörtlich und Brasilien ging sogar noch darüber hinaus, indem es auch die Aufhetzung zum Rassenvorurteil unter Strafe stellt.[64] In den siebziger Jahren konnten auch in Westeuropa Fortschritte verzeichnet werden; beispielsweise erließen Italien und Griechenland konventionsgemäße Gesetze.[65] Trotzdem haben eine Reihe imperialistischer Staaten noch unzureichend reagiert, indem kein absolutes Verbot erlassen wurde. So ist in Kanada die öffentliche Verbreitung rassistischer Ideen zwar verboten, nicht aber die private.[66] In Großbritannien ist sie solange zulässig, wie sie keine Aufreizung zum Rassenhaß darstellt.[67] Zweifellos läßt eine solche Gesetzgebung breiten Raum für Auslegungen und entspricht damit noch nicht der Konvention. Dennoch zeigen sich auch gewisse Fortschritte durch die konsequente Haltung des CERD. Erstens behauptet Großbritannien nicht mehr, an Art. 4 nicht gebunden zu sein und zweitens wurde eine Gesetzesüberarbeitung angekündigt. Vergleicht man diese Äußerung mit der von 1976 („each State party to the Convention retains the right to determine what further measures it will take to implement article 4"[68]), so wird doch eine erhebliche Positionsveränderung deutlich.[69]

Es ist konsequent, daß die Konvention nicht lediglich ein Verbot der Rassenhetze fordert, sondern dies auch auf die organisierten Träger derartiger Propaganda bezieht. Insofern qualifizierte Art. 4 Buchst. b den Buchst. a, und die enge Bindung

[63] General Recommendation I in: CERD/1, S. 34.

[64] Im CERD lobte Dechezelles Ekuador: „... he ... could not but welcome the incorporation of the text of Article 4 of the Convention into Ecuador's Penal Code" (CERD/C/SR. 440, para. 65). Der brasilianische Schritt wurde in CERD/C/SR. 466, para. 32, begrüßt.

[65] Vgl. CERD/C/SR. 457, para. 33 (Italien) und CERD/C/SR. 472, para. 4 (Griechenland).

[66] Vgl. die Kritik an der kanadischen Gesetzgebung durch Ingles in CERD/C/SR. 298, para. 19.

[67] Vgl. A/38/18, para. 174.

[68] A/30/18, para. 40.

[69] Auch in anderen Staaten zeigten sich erfreuliche Entwicklungen zur Verwirklichung der Verpflichtungen aus diesem Artikel der Konvention. So berichtete Frankreich über erste Verurteilungen von Personen, die Rassenhetze betrieben hatten; vgl. CERD/C/90/Add. 3 und A/38/18, para. 318. Selbst bürgerliche Autoren können heute nicht mehr davon ausgehen, daß es einen Gegensatz zwischen der Meinungsfreiheit und dem Rassenhetzeverbot gibt. Schließlich haben viele kapitalistische Staaten in ihren Rechtsordnungen ein solches Verbot verankert. Da aber allen Staaten der „westlichen Welt" der „Rechtsstaatbegriff" einheitlich ist, muß das Verbot der Rassenhetze mit den Wertvorstellungen dieser Staatengruppe vereinbar sein. Vgl. dazu A. Bleckmann, Der Rechtsstaat in vergleichender Sicht. Zugleich ein Beitrag zur Rechtsquellenlehre des Europäischen Gemeinschaftsrechts, in: German Yearbook of International Law, Bd. 20 (1977), S. 408.

zwischen beiden Absätzen ist unübersehbar. Dennoch haben alle kapitalistischen Länder hinsichtlich Buchst. b ein erhebliches Verwirklichungsdefizit. Die relativ optimistische Prognose, die in Bezug auf das Verbot der Rassenhetze gegeben werden konnte, trifft hier nicht zu. Im Prinzip lassen sich drei Grundpositionen bei den kapitalistischen Staaten feststellen:

Die *erste Gruppe* von Staaten hat durch ihre Gesetzgebung ein Verbot der Rassenpropaganda verankert, jedoch keine Schritte zum Verbot rassistischer Organisationen unternommen. Zu dieser Gruppe gehört Österreich.[70]

Die *zweite Gruppe* von Staaten gibt offen zu, daß es bei ihnen rassistische Organisationen gibt. Man versucht jedoch, mit diesen Organisationen „auszukommen", anstatt sie für illegal zu erklären und ihre Mitglieder zu bestrafen.[71] So verhält sich beispielsweise Kanada konventionswidrig, indem es der faschistischen „Western Guard Party" (WGP) zwar Strafen für den ungesetzlichen Waffenbesitz auferlegte und deren rassistisches Propagandamaterial beschlagnahmte, sie aber weder verbot noch ihre Mitglieder bestrafte.[72] Auch der berüchtigte Ku-Klux-Klan wird in Kanada nach wie vor geduldet.[73]

Die *dritte Gruppe* von Staaten geht offen davon aus, daß sie den Verpflichtungen aus Art. 4 Buchst. b konventionswidrig nicht nachkommen wird. Als Argument wird von ihnen angeführt, daß es andere Mechanismen gäbe, die wirkungsvoller als ein Verbot seien. Das Verbot sei lediglich eine „Notbremse", auf die man jederzeit zurückgreifen könne, wenn alle anderen Maßnahmen nicht mehr fruchten würden. Ein typischer Vertreter dieser Gruppe von Staaten ist die BRD, mit der sich das CERD wegen der Duldung der NPD und anderer rassistischer Organisationen seit seiner Gründung auseinandersetzt. Trotz der intensiven Diskussion im CERD hat sich die Position der BRD in keiner Weise gewandelt, was 1981 sehr kritisch vermerkt wurde.[74] Nach wie vor verharrt die BRD auf der für einen Konventions-

[70] Österreich verstößt mit der Duldung rassistischer Organisationen sowohl gegen die Konvention als auch gegen den Staatsvertrag, was auch im CERD angesprochen wurde: „Doubt was expressed, however, as to whether the existing legislation satisfied all the requirements of paragraph b of that article, or the obligation contained in Article 7, paragraph 5, of the State Treaty . . . Some members stated in that connexion that they had been informed of the existence of organizations, including neo-Nazi organizations, which should be penalized under those provisions of the Convention or the State Treaty." (A/31/18, para. 54).

[71] So wurde in Schweden eine Liste rassistischer Organisationen durch die Regierung aufgestellt, ohne daß diese verboten worden wären. Vgl. A/38/18, para. 435.

[72] Vgl. A/31/18, para. 184. Bliščenko kritisierte die Nachsichtigkeit der kanadischen Behörden scharf, da sie die gesamten Rechte der Konvention in Frage stelle Vgl. CERD/C/SR. 298, para. 27.

[73] Vgl. A/38/18, para. 404.

[74] "Referring to the activities of the National Party, it was noted that since 1971, the representative of the Federal Republic of Germany had been indicating that the party was loosing support. However, there continued to be 'neo-Nazi' flare-ups and that, despite the fact that the Government followed such activities closely, the facts showed that both the membership and the number of groups engaged in terrorism and adherent to neo-Nazi ideas had increased" (A/36/18, para. 331).

staat unzutreffenden Haltung, daß es sich beim Verbot der NPD nicht um eine juristische Frage handle, sondern um eine der politischen Opportunität.[75] Hinzugefügt werden muß, daß die BRD damit nicht nur die Konvention verletzt, sondern auch die Vereinbarungen der Siegermächte des Zweiten Weltkrieges.[76] Konventionswidrig verhält sich auch Großbritannien mit der Duldung von über 175 faschistischen und rechtsextremen Gruppierungen, die auch an Unterhauswahlen teilnahmen.[77] Vor dem CERD bestritt die Regierung die Existenz dieser Organisationen nicht, argumentierte aber sehr widersprüchlich. Einerseits dulde man sie, weil sie keinen Zulauf hätten. Andererseits sei ihr Verbot aber ohnehin nicht mit der Freiheit der Meinungsäußerung und Versammlung vereinbar.[78] Die logische Konsequenz dieser Darstellungsweise ist, daß ein Verbot faschistischer Organisationen selbst dann nicht möglich wäre, wenn sie dazu in der Lage wären, die Regierungsgewalt zu übernehmen. Über die Existenz faschistischer Organisationen wurde nicht nur im CERD diskutiert, sondern auch in der Vollversammlung. Dabei vertrat der britische Vertreter die Meinung, daß es sich dabei um unbedeutende Gruppen „kranker Individuen" handle.[79] Das provoziert natürlich die Frage, wieso in einem Staat offenkundig „kranke Individuen" an Wahlen teilnehmen können und auch noch fast 200000 Stimmen bekommen. Daher kann die britische Position nur mit Unverständnis zur Kenntnis genommen und der Feststellung des CERD zugestimmt werden: „The Committee, however, had taken the position that the interpretative declaration did not have the same legal effect as a reservation and was therefore irrelevant; and its categorical position was that the implementation of article 4 was not open to discretion but was mandatory, whether or not racial discrimination actually existed."[80]

[75] Vgl. ebenda, para. 338. Die juristische Unhaltbarkeit der BRD-Position wird auch bei Deligdisch deutlich. Vgl. J. Deligdisch, Die Einstellung der Bundesrepublik Deutschland zum Staate Israel, Bonn 1974, S. 145.

[76] Zu nennen ist vor allem das Kontrollratsgesetz 8 vom 30. November 1945, wonach Naziorganisationen zu verbieten sind. Vgl. J. Pomorin/R. Junge, Vorwärts, wir marschieren zurück — die Neonazis, Dortmund 1979, S. 10ff. Angesichts dieser unklaren Position der BRD wird dieser Staat natürlich ganz besonders auch an seiner Nachfolgeposition zum faschistischen Deutschland gemessen. Eine verständliche Reaktion der Staatengemeinschaft, die aber Kimminich verärgert, weil sie bei der DDR kaum aufgetreten war. Geradezu grotesk ist, wenn er als Plus der BRD ansieht: „Immerhin konnte die Bundesrepublik aber darauf verweisen, daß zwei von den insgesamt 21 verbotenen Organisationen in diesem Land ihre Tätigkeit wegen der Verletzung des Rassendiskriminierungsverbots einstellen mußten" (O. Kimminich, Rezension zu N. Lerner: The UN Convention on the Elimination of All Forms of Racial Discrimination, in: Archiv des Völkerrechts, Bd. 20 (1982), S. 360).

[77] Vgl. I. I. Žigalov, Neofašizm v Velikobritanii: istoki, celi, osobennosti, in: Voprosy istorii, 7/1980, S. 61ff.

[78] Vgl. CERD/C/SR. 349, para. 10: „They existed because it was difficult to reconcile their suppression with the freedom of speech and democracy, but they were under close watch."

[79] Vgl. A/C. 3/35/SR. 80, S. 7.

[80] A/38/18, para. 167.

Insgesamt stößt gerade Art. 4 Buchst. b in den kapitalistischen Staaten auf die erheblichsten Realisierungsschwierigkeiten. Statt durch entsprechende gesetzgeberische Schritte diese Konventionswidrigkeit zu überwinden, wird um Verständnis für innerpolitische Zwänge gebeten.[81] Diese Situation kann nicht befriedigen, so daß Art. 4 mit dem Schwerpunkt auf Buchst. b weiterhin ein Haupttätigkeitsfeld des CERD bleiben wird.

4. Erziehung gegen Rassismus

Die Konvention stellt sich die Aufgabe *alle Formen* der Rassendiskriminierung zu beseitigen. Dabei spielt das Recht, insbesondere das Strafrecht, eine entscheidende Rolle. Dennoch wird das Ziel der Konvention sicher nicht ausschließlich durch entsprechende Verbotsbestimmungen zu erreichen sein. Vielmehr sind auch Maßnahmen notwendig, die sich gegen das Rassenvorurteil als einer geistigen Grundlage rassendiskriminierender Handlungen richten.[82] Deshalb werden die Teilnehmerstaaten in Art. 7 verpflichtet, unverzügliche und wirksame Maßnahmen, insbesondere auf dem Gebiet des Unterrichts, der Bildung, der Kultur und der Information zu ergreifen, um die Vorurteile, die zur Rassendiskriminierung führen, zu bekämpfen und Verständigung, Toleranz und Freundschaft unter den Völkern und ethnischen Gruppen zu fördern. Zweifelsohne sind diese Verpflichtungen sehr weitgehend, da sich die Staaten bereit erklären, wirksame Maßnahmen zu ergreifen. Dies erscheint gerade hinsichtlich kapitalistischer Staaten bedeutsam, da sie sehr oft eine Verantwortlichkeit hinsichtlich der Bildungsinhalte abgelehnt haben. Unter diesen Umständen überrascht es, daß der Widerstand dieser Staatengruppe gegen die Verankerung der Bestimmungen des Art. 7 in der Ausarbeitungsphase der Konvention in keiner Weise vergleichbar war mit dem gegen Art. 4. Dies um so mehr, als zwischen beiden Artikeln auch eine enge inhaltliche Bindung besteht, denn das Verbot der Verbreitung von Rassismus korrespondiert natürlich mit der Pflicht, wirksame Schritte für die Freundschaft unter den Völkern zu unternehmen.[83] Dennoch kam eine Vorbehalts- oder Auslegungserklärungsproblematik hinsichtlich Art. 7 nicht auf. Statt dessen wurde erst nach dem Inkrafttreten der Konvention deutlich, daß viele kapitalistische Staaten gedachten, diese

[81] So Kanada in A/36/18, para. 322.

[82] Vgl. G. Ténékidès, Teaching, education, culture and information as means of eliminating racial discrimination, New York 1985. Dort heißt es auf S. 1: „Thus the task of States . . . is to attack the problem at its roots by eliminating the causes of racial prejudices which give rise to social tensions whose harmful effects are more than apparent."

[83] Vgl. H.-J. Heintze, Educational Obligations of International Law — the Anti-Racism Convention Taken as an Example, in: Science, Culture and the Mass Media in the Struggle for Disarmament, Leipzig 1983, S. 54ff.

Bestimmung durch Verschweigen zu übergehen oder als unklar anzusehen. Partsch artikulierte derartige Einwände: „Es bleibt offen, wie ein Staat sich verpflichten kann, wirklich wirksame Maßnahmen zu treffen. In Erziehung, Unterricht, Kultur und Information kann niemand für die Wirksamkeit einer Maßnahme einstehen. Denn diese hängt nicht davon ab, wie geschickt sie getroffen wird, sondern auch von der Bereitschaft der Adressaten, solche Maßnahmen zu befolgen. Es ist schwer vorstellbar, wie ein Staat verantwortlich gemacht werden soll, wenn er bei diesen Versuchen keinen Erfolg hat.“[84] Damit wird vom eigentlichen Problem abgelenkt, da es gerade bei diesem Artikel nicht um ein „Messen des Erfolges“ geht, sondern um ein aktives Tätigwerden des Staates in den genannten Bereichen. Der Erfolg wird dann von der Intensität des Tätigwerdens abhängen und er wird sicher nicht eintreten, wenn nicht auch die anderen in der Konvention festgelegten Maßnahmen, insbesondere das Verbot der Verbreitung rassistischer Ideen, durchgesetzt werden.

Da eine ganze Reihe kapitalistischer Staaten sich entweder überhaupt nicht zur Verwirklichung des Art. 7 äußerten oder behaupteten, daß es bei ihnen keinen Rassismus gäbe und folglich eine Erziehung gegen das Rassenvorurteil überflüssig sei, wandte sich das CERD auf seiner 25. Tagung der Pflichtenlage aus dieser Konventionsbestimmung zu. Es verabschiedete die General Recommendation V, die die absolute Verbindlichkeit der Verpflichtungen aus diesem Artikel unterstrich und die Staaten zur detaillierten Berichterstattung aufforderte.[85] Darüber hinaus analysierte Sayegh die Konsequenzen und kam zu dem Schluß, daß Art. 7 praktisch die positive Ergänzung der Verbote des Art. 4 darstellt. Daher könne man im Umkehrschluß die Maßstäbe des Art. 4 anwenden, um mit allen Mitteln die Verständigung unter den Völkern voranzutreiben. Da dies vor allem im Bildungsbereich zu erfolgen habe, sehe sich das CERD vor große Probleme gestellt, denn es bestehe aus Experten auf dem Gebiet des Kampfes gegen die Rassendiskriminierung, nicht aber der Erziehung und Bildung. Deshalb solle sich das CERD mit der Bitte um Unterstützung an die UNESCO wenden.[86]
aber der Erziehung und Bildung. Deshalb solle sich das CERD mit der Bitte um Unterstützung an die UNESCO wenden.[86]

Die ohnehin existierende Zusammenarbeit mit der UNESCO wurde daraufhin noch intensiviert. Auf der 17. Tagung legte die UNESCO ein Papier zum Beitrag dieser Organisation im Kampf gegen den Rassismus vor, was zu einer längeren Diskussion zu der von westlichen Vertretern behaupteten Einschränkung der

[84] K. J. Partsch, Rassendiskriminierung — Die UN-Konvention und ihre Wirkungsweise, Bonn 1971, S. 7.

[85] Text in: CERD/1, S. 34f.

[86] Vgl. A/31/18, para. 41ff.

Bildungsfreiheit durch staatliche Einmischung führte.[87] Im Anschluß daran vertiefte sich die Zusammenarbeit mit der UNESCO und auf der 23. Tagung legte die UNESCO den Entwurf eines Fragebogens mit 90 Punkten vor, der von den Staaten beantwortet werden sollte. Die Fragen bezogen sich nicht nur auf den Kampf gegen das Rassenvorteil, sondern auch allgemein auf die Menschenrechtserziehung.[88] Darüber hinaus strebte die UNESCO auch eine organisatorische Verquickung mit dem CERD durch die Bildung einer gemeinsamen Arbeitsgruppe zur Verwirklichung der Deklaration über Rassen und Rassenvorurteile an.[89] Angesichts dieser Aktivitäten der UNESCO erhebt sich die Frage, ob sich das CERD nicht zu stark auf die Diskussion von Bildungsfragen konzentriert, die zum Teil noch über den Konventionsinhalt hinausgehen. Es muß unterstrichen werden, daß das CERD lediglich autorisiert ist, sich zur Verwirklichung der Konvention gegen Rassendiskriminierung zu äußern.[90]

Dabei gibt es auch gerade hinsichtlich Art. 7 noch zahlreiche Verbesserungen zu erreichen. Zwar haben sich bei den Anfragen des CERD deutlich die Schwerpunkte Minderheitenerziehung, Erziehung zu Völkerfreundschaft und die Achtung der kulturellen Identität herausgebildet, aber die Analyse der Staatenberichte zeigt, daß dieser Artikel immer noch zu kurz und ungenau abgetan wird.[91]

Insbesondere ist kritisch zu vermerken, daß die Tätigkeit der Massenmedien im CERD noch kaum beachtet wird, und dies, obwohl sie eine hervorragende Verantwortung für die Verbreitung der Ideen der Völkerfreundschaft haben.[92]

87 Vgl. A/33/18, para. 51. Es ist Devetak zu folgen, wenn er feststellte „. . . that, although freedom of expression was undoubtedly a basic principle in the sphere of human rights, the State parties, by ratifying or acceding to the Convention, undertook to restrict that freedom by virtue of the obligations accepted by them; and that two types of obligations under the Convention restricted that freedom to some degree: the obligations set forth in article 4 and those imposed by article 7“ (ebenda).

88 Vgl. A/36/18, para. 38.

89 Vgl. zur UNESCO-Deklaration über Rassen und Rassenvorurteile N. Lerner, New Concepts in the UNESCO Declaration on Race and Racial Prejudice, in: Human Rights Quarterly, Bd. 3 (1981), S. 6ff. und zur Schaffung einer Durchsetzungsprozedur für die Deklaration analog zum Berichtsmechanismus der Rassendiskriminierungskonvention. A. Eide/J. Egeland, The System of Report by State Parties as a Human Rights Implementation Mechanism, UNESCO-Document SS-82/CONF. 5/S. 4ff.

90 Auf den durch das Mandat des CERD begrenzten Rahmen der entsprechenden Abgrenzungs- aber auch Kooperationsmöglichkeit mit der UNESCO weist z. B. Mohr hin. Vgl. M. Mohr, Fragen der Durchsetzung von Völkerrechtsnormen, dargestellt anhand der Antirassismuskonvention von 1965 und der UN-Menschenrechtskonventionen von 1966, Dissertation B, Berlin 1981, S. 108f.

91 Vgl. CERD/3, para. 91, wo eingeschätzt wird, daß die Resultate der Staatenberichte insgesamt „mager“ sind.

92 Vgl. W. Kleinwächter, Informationsfreiheit und friedliche Koexistenz — Zu den völkerrechtlichen Grundlagen einer neuen internationalen Informations- und Kommunikationsordnung, in: Schriften und Informationen des DDR-Komitees für Menschenrechte, 3/1985, S. 159ff.

Es ist bei der gesamten Mediendiskussion noch viel zu wenig realisiert worden, daß Art. 7 eine Rechtspflicht für fast 130 Staaten begründet, keine Rassenhetze in Massenmedien zu dulden und im Gegenteil darauf hinzuwirken, daß Rassenvorurteile durch die Medien abgebaut werden müssen. Insofern muß auch der Art. 7 in Zukunft einen Schwerpunkt der Arbeit des CERD bilden.

5. Schlußbemerkung

Die dargestellten Schwerpunkte der Tätigkeit des CERD zeigen deutlich die große Breite der Pflichten, die für die Staaten aus der Teilnahme in der Konvention entstehen. In der Tat geht es nicht nur um das für alle Staaten aus der UNO-Charta resultierende Verbot der Rassendiskriminierung,[93] sondern um die *Beseitigung aller Formen* dieser so eng mit der Ausbeutung und Unterdrückung verbundenen gesellschaftlichen Erscheinung. Obwohl der Konvention heute noch nicht alle Staaten angehören — vor allem fehlen Staaten mit schwerwiegenden Problemen der Rassendiskriminierung und Systemen des institutionalisierten Rassismus —, bedarf es noch großer Anstrengungen, diese allgemeine Norm des Völkerrechts zu verwirklichen.[94]

Die Praxis des CERD macht zudem deutlich, daß wichtige Kernbestimmungen der Konvention in einigen Staaten noch mangelhaft realisiert werden. Deshalb stehen vor der Staatengemeinschaft auch in Zukunft zwei Aufgaben: einerseits die Anzahl der Teilnehmerstaaten zu erhöhen[95] und andererseits die Bestimmungen der Rassendiskriminierungskonvention immer umfassender zu erfüllen. Zu beiden Problemen erhalten die Staaten durch das CERD wichtige und nützliche Hinweise. Insgesamt muß man einschätzen, daß sich das CERD als Durchsetzungsorgan der Teilnehmerstaaten bewährt hat.

[93] Vgl. Th. C. van Boven, Distinguishing Criteria of Human Rights, in: Karel Vasak/Ph. Alston (Hrsg.), The International Dimensions of Human Rights, Band 1, Westport — Paris 1982, S. 45. Dort heißt es: „The intensity of the prevailing sentiments against racism and racial discrimination, the awareness of urgency and the political climate have made the principle of racial non discrimination one of the foundations of the international community as represented in the UN. Members of this community are bound by this principle on the basis of the UN Charter, even if they do not adhere to the various international instruments specifically aimed at the elimination of racial discrimination and apartheid."

[94] A. Eide, Study on the achievements made and obstacles encountered during the first Decade to Combat Racism and Racial Discrimination, in: UN-Document E/CN.4/Sub. 2/1985/7, para. 126.

[95] Dazu dienen die sog. „Statusresolutionen". Vgl. auch D. Weissbrodt, A New Nations Mechanism for Encouraging the Ratification of Treaties, in: Human Rights Quarterly, Bd. 4 (1982), S. 333ff.

Резюме

Х.-Й. Хайнце

Основные направления деятельности Комитета по ликвидации расовой дискриминации

Международная Конвенция о ликвидации всех форм расовой дискриминации вступила в силу 4 января 1969 года. В том же году были избраны члены Комитета по ликвидации расовой дискриминации (КЭРД), который приступил к работе в 1970 году. Учитывая прошедший с тех пор период времени, можно поставить вопрос о главных целях КЭРД в борьбе против расовой дискриминации. Первая цель — это обязательство государств ликвидировать расовую дискриминацию. Для этой цели государства должны пересмотреть свои законы относительно их возможного расистского содержания. Кроме того, они не имеют права применять расистские законы. Далее, государства обязаны, в случае необходимости, запретить расовую дискриминацию законом. Бросается в глаза, что государства с правовой системой „Коммон Лоу" еще не отвечают этому требованию. Типичным примером этого является Великобритания, которая, трижды изменив свое законодательство со дня вступления в силу Конвенции, все-таки не наложила всеобщего запрета на расовую дискриминацию. Это вызвало критику со стороны КЭРД, так как ни одно государство не может отказаться от международно-правовых обязательств, ссылаясь на внутригосударственное право. Запрет расовой дискриминации должен сопровождаться его осуществлением, следовательно, государства — участники Конвенции должны обеспечить юридическую возможность корректировать дискриминацию посредством решения суда. Поэтому КЭРД придает большое значение информации о решениях национальных судов в случаях расовой дискриминации. И все же, не следует переоценивать значение решений судов или ставить степень реализации Конвенции в прямую зависимость от количества приговоров, вынесенных за дискриминирующие действия. Так, нельзя сравнивать в этом отношении капиталистические и социалистические государства, так как в последних расовая дискриминация полностью искоренена и, следовательно, общесудебный порядок не имеет в этом плане такого значения, которое он неизбежно должен иметь в капиталистических государствах.

Конвенция обязывает государства проводить всеми средствами политику ликвидации всех форм расовой дискриминации. Согласно третьей статье Конвенции, эта обязанность включает в себя также активное выступление против южноафриканского расистского государства. Несмотря на резкое противодействие империалистических государств, КЭРД требует от государств — участников отчета о своих связях с расистским государством ЮАР. Обязательным является прекращение связей с ЮАР на всех уровнях, так как в противном случае имели бы место повышение авторитета этого расистского государства и поддержка режима апартеида, что является несовместимым с обязательствами участников Конвенции. Ввиду экономических интересов, преследуемых империалистическими государствами в ЮАР, в рамках КЭРД и впредь будет вестись ожесточенная борьба за реализацию данных положений Конвенции, что можно было бы охарактеризовать как вторую главную цель деятельности КЭРД. Статья 4 требует от государств-участников Конвенции принятия закона о запрете распространения расистских идей и запрета расистских организаций, а также наказания за членство в таких организациях. Данная статья выражает третью главную цель КЭРД.

Против этой статьи имелись резкие выступления со стороны империалистических государств уже во время разработки Конвенции. Несмотря на это она была включена в Конвенцию и имеет обязательный характер для всех государств-участников, ибо против этой статьи не было никаких оговорок. И все же, данное положение осуществляется еще недостаточно в буржуазных государствах несмотря на то, что со дня своего образования КЭРД неоднократно и настоятельно указывал на необходимость выполнения именно данного обязательства. Проявляя многочисленные инициативы (как, например, издание общего комментария), КЭРД способствовал тому, что значительное количество буржуазных государств отказалось от своего первоначального категорического отказа. Так, во многих буржуазных государствах существуют ныне законы, преследующие распространение расистской пропаганды. Кроме того, имеются сообщения о ряде приговоров, вынесенных лицам за распространение расистской пропаганды. Однако, очень многие законы еще недостаточно последовательны и допускают манипуляции при их толковании.

Гораздо хуже обстоит дело с обязательством запрещения расистских организаций. Против таких организаций в капиталистических государствах не было предпринято, вопреки положениям Конвенции, каких-либо серьезных мер. Это и не отрицается, однако, зачастую можно встретить утверждения о том, что запреты, якобы, ни к чему не приводят. Согласно определенным утверждениям, эти организации не играют, якобы, никакой роли, и то, что правительства сами справляются с такими крайними взглядами, свидетельствует лишь о силе демократии. Тем самым, империалистические государства нарушают одно из главных положений Конвенции. Данное положение было принято, однако, на основе накопленного исторического опыта — не в последнюю очередь сделанного в фашистской Германии — и оно учитывает объективную опасность распространения расистских идей.

Вследствии этого КЭРД имеет все основания требовать безоговорочного осуществления данной статьи.

Запрет распространения расистских идей получил целесообразное дополнение в Конвенции, а именно: государствам вменяется в обязанность применять эффективные меры, направленные на улучшение взаимоотношений между народами и этническими группами (статья 7). Данные меры относятся к системе просвещения, средствам массовой информации и к культуре. Они расчитаны на самое широкое применение в целях обеспечения их эффективности. Несмотря на это, КЭРД еще недостаточно ставит в центр внимания указанные проблемы в государственных отчетах. На основе многочисленных инициатив КЭРД и интенсивного сотрудничества с ЮНЕСКО можно, однако, исходить из того, что в будущем будет повышено внимание к этим вопросам. Это также относится к проблеме мер содействия ранее дискриминированным группам.

Summary

H.-J. Heintze

Main Activities of the Committee on the Elimination of Racial Discrimination

The International Convention on the Elimination of All Forms of Racial Discrimination came into force on January 4th, 1969. In the same year the members of the Committee on the Elimination of Racial Discrimination (CERD) were elected and in 1970 the Committee started to work. More than 15 years later one could well inquire after the main features of the struggle against racial discrimination followed by the CERD. Firstly, stress is on the obligation of the States to eliminate racial discrimination. To put this into practice the States have to review their laws in order to delete racist contents possibly included. They are not allowed to apply racist laws. Furthermore, the States are obliged to prohibit racial discrimination by legislation where appropriate. It is generally noticed that States with a common law system do not meet this requirement. Great Britain may serve as a typical example — laws have been threefold changed since the coming into operation of the Convention but nevertheless no general ban on racial discrimination has been promulgated. This has been criticized by the CERD because no State can withdraw from international obligations, referring to its domestic law. The ban on racial discrimination is connected with its implementation, therefore the member-States of the Convention shall assure domestic remedies in order to correct discrimination caused by the jurisdictional practice of courts. The CERD therefore attaches great importance to gathering information about national jurisdiction in cases of racial discrimination. Yet the significance of judicial decisions should not be over-estimated and the number of convictions on ground of discriminative acts should not serve as a measure of the implementation of the Convention. For example it is impossible to make a comparison between capitalist and socialist States because the latter have eradicated racial discrimination and consequently legal measures there are not as important as they necessarily are in capitalist States.

The Convention engages the States parties to pursue by all appropriate means the elimination of all forms of racial discrimination. This task, in connection with article 3, makes it indispensable to adopt measures against the racist South African State. In spite of the vehement opposition of imperialist States the CERD requires from States parties to report on their relations with the racist regime in South Africa. It is absolutely indispensable to suspend all kinds of relations to the racist State in order to avoid revaluation and support of the regime of apartheid, incompatible with the obligations of a State party to the Convention. In view of the economic interests of imperialist States in South Africa one could expect within the CERD also in the future a vehement struggle for the implementation of this provision, thus effecting a second important subject of CERD activities. Article 4 demands of the States parties the prohibition of the dissemination of racist ideas, the prohibition of racist organizations and the punishment of members of such organizations. This article constitutes the third focal point in the work of the CERD.

Even during the elaboration of the Convention this article was vehemently opposed by the imperialist States. Nevertheless it found admission into the Convention and is of unrestrained validity for all States parties because no reservation has been made with respect to this article. The implementation of this provision by the western States, it is true, remains insufficient, although the CERD since its constitution continuously has layed stress upon the necessity of giving effect to this obligation. By numerous initiatives (e.g. the passing of a general commentary) the CERD promoted the dissociation of a great number of western States from their former strict rejection. In many western States there are now laws declaring punishable the dissemination of racial hatred. Some cases of punishment of persons who had disseminated racial hatred have been reported. Nevertheless most laws are not effective enough and leave room for tricks of interpretation.

Even worse seems the situation regarding the obligation to prohibit racist organizations. In contradiction to the Convention almost no measures have been taken by western States against such organizations. They do not deny this fact, arguing that prohibitions would prove ineffective. Such organizations were just insignificant and one could cope with those extreme opinions by the force of democracy. Thus the imperialist States outrage a central provision of the Convention, a provision which, after all, has been adopted on the basis of the historical experiences with fascist Germany and which corresponds to the objective dangers resulting from the dissemination of racist ideas. The CERD is doubtlessly right to postulate again and again the unconditional implementation of this article.

In the Convention the prohibition of dissemination of racist ideas is logically complemented by the obligation to adopt effective domestic measures for better mutual relations among nations and ethnical groups (article 7). These measures are to cover the fields of education, mass media and culture and must be far reaching in order to be effective. The CERD has not yet layed enough emphasis on the discussion of these problems. As a result of many initiatives of the CERD and an effective co-operation with the UNESCO one could expect more attention to these issues in the future. The same applies to the problem of measures for promoting formerly discriminated groups.

M. Kemper

Erfüllungssicherung völkerrechtlicher Vereinbarungen im Rahmen der sozialistischen ökonomischen Integration

Das Komplexprogramm der sozialistischen ökonomischen Integration (söI) aus dem Jahre 1971 forderte die Ausarbeitung und Durchführung entsprechender Maßnahmen „ausgehend von der Notwendigkeit der konsequenten Einhaltung des Prinzips der Verantwortlichkeit der Staaten.“[1] Insbesondere sollte ein Verfahren für die Beilegung von Streitfragen geschaffen werden, die aufgrund des Eintritts dieser Verantwortlichkeit entstehen. Auf die zentrale Aufgabenstellung, Maßnahmen zur Einhaltung der Verantwortlichkeit zu entwickeln, haben die Juristen der Mitgliedsländer des RGW (ML-RGW) mit der Vorlage eines Regelungsentwurfs der völkerrechtlichen materiellen Verantwortlichkeit reagiert. Darin war bei Verletzung von Verpflichtungen aus Wirtschaftsabkommen der Ersatz des durch die Verletzung verursachten Schadens für den Fall vorgesehen, daß sich der Verletzer wegen einer der im einzelnen festgelegten Gründe nicht von der Verantwortlichkeit befreien konnte.[2] Die XXIX. RGW-Tagung hat diese Regelung mit der Maßgabe verabschiedet, sie bei Verletzung solcher Abkommen anzuwenden, durch die die „Bedingungen“ ausdrücklich in Bezug genommen werden und auf Abkommen, die auf einer speziell zu vereinbarenden Liste festgelegt werden. Eine entsprechende Liste ist nicht vereinbart worden, eine spezielle Bezugnahme in keinem Abkommen erfolgt, so daß die „Bedingungen“ „totes“ Recht geblieben sind.[3]

Diese Reaktion der Praxis vollzieht sich auf dem Hintergrund einer undifferen-

[1] Komplexprogramm für die weitere Vertiefung und Vervollkommnung der Zusammenarbeit und Entwicklung der sozialistischen ökonomischen Integration der Mitgliedsländer des RGW, Abschn. 15, Ziffer 3, in: Grunddokumente des RGW, Berlin 1978, S. 135.

[2] Zum Inhalt der „Bedingungen über die materielle Verantwortlichkeit ...“ vgl. G. Kálmán, Materal'naja otvetstvennost' stran-členov SEV za ich ekonomičeskie objazatel'stva, in: Acta iuridica (Budapest), Bd. XVI (1974) fasc. 1—2; ferner H. de Fiumel, Prawno-międzynarodowa odpowiedzialność majątkowa państw, Wrocław—Warszawa—Krakow—Gdańsk 1979, S. 56ff.

[3] H. de Fiumel, ebenda, S. 104f., bestätigt, daß die ML-RGW die angebotene Regelung der Staatenverantwortlichkeit bisher weder durch spezielle noch durch allgemeine Inbezugnahme zur Geltung gebracht haben, Er berichtet, daß eine Reihe sowjetisch-polnischer Ressortabkommen über die Spezialisierung und Kooperation der Produktion zwar die materielle Verantwortlichkeit der Partnerstaaten wegen ihrer Nicht- oder nichtgehörigen Erfüllung vorsehen, daß sie deren konkrete Ausgestaltung jedoch einer ipso iure geltenden Regelung der ML-RGW vorbehalten.

zierten Bejahung des Schadensersatzes als Elementarfolge der Verletzung jeglicher im Rahmen der söI eingegangener völkerrechtlicher Verpflichtungen durch die sozialistische Rechtswissenschaft.[4] Die Theorie deduziert aus dem unbestrittenen Grundsatz, daß jede Völkerrechtsverletzung die völkerrechtliche Verantwortlichkeit des Verletzer-Staates und damit — unter entsprechenden subjektiven Voraussetzungen — seine Pflicht zum Ersatz des dem Partnerstaat durch diese Pflichtverletzung verursachten Schadens begründet, eine Schadensersatzpflicht auch für jegliche Verletzung völkerrechtlicher Verpflichtungen aus der söI[5]. Die Praxis aber hat von diesem formell unbestreitbaren allgemeinen Recht bisher kaum Gebrauch gemacht. Sie realisiert Schadensersatzansprüche, wo sie eine ganz spezifische Ausformung gefunden haben (wie beispielsweise im Strafzins der Internationalen Bank für wirtschaftliche Zusammenarbeit[6]). Sie ist anscheinend bereit — die Verhandlungen über die Regelung von Havarien beim Transport abgebrannter Kernbrennstäbe lassen dies vermuten — für ganz spezifische Sachverhalte auch den Ersatz des tatsächlich eingetretenen Schadens vorzusehen. Offensichtlich sieht die Praxis jedoch hinsichtlich der für die söI typischen Planungs- und Koordinierungsverpflichtungen eine allgemeine Schadensersatzpflicht nicht als effektives Instrument der Erfüllungssicherung an. Um die Erfüllung dieses Typs zwischenstaatlicher Verpflichtungen zu sichern, hat die Praxis der söI sukzessiv neue Formen entwickelt bzw. übernommene Formen neu kombiniert.

Im Grunde ging es dabei um die Überwindung des statischen Konzepts definitiver, streng abgegrenzter Pflichten, deren Nichterfüllung durch Vermögenstransfer von Fiskus zu Fiskus auf ebenso definitive Weise kompensiert werden konnte. In Wirklichkeit muß sich die rechtliche Regelung weltweit — in besonderem Maße jedoch im Prozeß der söI — der Herausforderung stellen, die mit der außerordentlichen Komplexität und Dynamik moderner sozialer Prozesse verbunden ist.

Definitive Handlungen (z. B. Warenlieferungen aus gemeinsamen Investitionsobjekten) sind Jahrzehnte voraus zu planen und die zu ihrer Sicherstellung erforderlichen Investitions- und Produktionsmaßnahmen über mehrere Perspektivplanzeiträume zwischen den Beteiligten zu koordinieren. Beteiligt sind regelmäßig

[4] Vgl. aus der neueren Literatur z. B. Autorenkollektiv, Das System rechtlicher Regelung der sozialistischen ökonomischen Integration — Grundriß, Berlin 1976, S. 53ff.; H. de Fiumel Prawno-międzynarodowa odpowiedzialnóść majatkowa państw, a. a. O., S. 105; H. Bär, in: Autorenkollektiv unter Leitung von M. Kemper und L. Rüster, Internationales Wirtschaftsrecht. Rechtliche Regelung der sozialistischen ökonomischen Integration, Berlin 1983, S. 89f.

[5] Der „Kurs meždunarodnogo prava v 6 tomach", Bd. 5, Moskva 1969, S. 412, führte zur Begründung folgenden Spruch des StIGH an: „Es ist ein Grundsatz des Völkerrechts, daß die Verletzung einer Verpflichtung die Pflicht zur Wiedergutmachung in angemessener Form zur Folge hat" (russ.).

[6] Vgl. dazu D. Krahl, in: Internationales Wirtschaftsrecht. Rechtliche Regelung der sozialistischen ökonomischen Integration, a. a. O., S. 244.

eine riesige Zahl von Betrieben. Die Koordinierung muß deshalb zwischen zahlreichen Kombinaten und Vereinigungen, zwischen den Zweigorganen und den zentralen Organen der Volkswirtschaften erfolgen. Sie kann sich nicht in einer einmaligen Abstimmung erschöpfen, sondern muß zwischen wechselnden Beteiligten iterativ stattfinden, wobei eine sukzessive Annäherung der Handlungsprogramme an die realen Bedürfnisse und Potenzen erfolgt.

Juristisch wird dieser gleichermaßen komplexe wie dynamische Prozeß widergespiegelt und bewirkt durch ein vieldimensionales Gefüge wechselseitig verknüpfter Rechte und Pflichten, die in zahlreichen zwischen*staatlichen* Vereinbarungen (völkerrechtlichen Verträgen und Entscheidungen internationaler Organisationen) sowie internationalen Wirtschaftsverträgen (IWV) zwischen den *Wirtschaftseinheiten* fixiert sind.

Für die *völkerrechtliche* Regelung der sozialistischen ökonomischen Integration typisch sind deshalb Ketten zwischenstaatlicher Vereinbarungen (Empfehlungen und Beschlüsse internationaler ökonomischer Organisationen sowie völkerrechtliche Übereinkünfte und Verträge) mittels derer ein- und dasselbe ökonomische Grundproblem in unterschiedlichem Zusammenhang, zugleich aber auch bei zunehmender Konkretisierung der Leistungspflichten rechtlich geregelt wird. So stellen sich die Partner in multi- und bilateralen Programmen (z. B. in den „Langfristigen Zielprogrammen“ oder im „Programm der Spezialisierung und Kooperation der Produktion zwischen der DDR und der UdSSR“) grundlegende Aufgaben mit einem 10—15jährigen Planungshorizont. Sie schließen in Realisierung dieser Programme multi- und bilaterale Abkommen zur Lösung von Schwerpunktproblemen der Wissenschaft, Technik und materiellen Produktion ab (z. B. Generalabkommen und bilaterale Abkommen über die Spezialisierung und Kooperation der Produktion). Die sich daraus für die Fünfjahrpläne der Teilnehmerländer ergebenden Konsequenzen werden in den Protokollen der Vorsitzenden der zentralen Planungsorgane, die wechselseitigen Lieferungen und Leistungen in den langfristigen Handelsabkommen sowie in den Jahresprotokollen erfaßt. Vorbereitet und flankiert werden diese völkerrechtlichen Verträge regelmäßig durch Entscheidungen zwischenstaatlicher Organisationen (insbesondere durch Empfehlungen des RGW) bzw. durch Vereinbarungen (Übereinkünfte), die im Rahmen der Tätigkeit ihrer Organe getroffen werden.

Diese völkerrechtlichen Vereinbarungen sind vielfach verflochten mit *internationalen Wirtschaftsverträgen*; häufig sind zwischenstaatliche Pflichten untersetzt durch kongruente Pflichten der Wirtschaftsorganisationen. So schließen Empfehlungen des RGW zu konkreten Objekten der Spezialisierung und Kooperation verschiedentlich den vollständigen Text eines Internationalen Spezialisierungs-/Kooperationsvertrages (ISKV) ein. Mit Annahme der Empfehlung verpflichten sich die betreffenden ML-RGW, ihre zuständigen Wirtschaftsorganisationen zum Anschluß dieses ISKV zu veranlassen, gleichzeitig übernehmen die Staaten jedoch die Pflicht, die Erfüllung der Verträge zu gewährleisten (entsprechende Positionen in den Plänen und Bilanzen zu berücksichtigen usw.).[7] Außenhandelslieferverträge (AHLV) werden gelegentlich sogar vor Abschluß der Handelsabkommen, sehr häufig aber vor Abschluß der Jahresprotokolle abgeschlossen. Ihr Inhalt wird im Regelfall in den Positionen und Kontingenten der Warenlisten dieser völkerrechtlichen Verträge berücksichtigt. Soweit die Warenlisten nicht bereits auf diese Weise durch AHLV untersetzt sind, wird dies durch Abschluß entsprechender AHLV nach Unterzeichnung des Handelsabkommens und/oder des Jahresprotokolls gesichert. Auf diese Weise werden hinsichtlich derselben Positionen im Prinzip kongruente Pflichten der Staaten auf völkerrechtlicher Ebene sowie der Außenhandelsunternehmen (AHU) auf wirtschaftsvertraglicher Ebene begründet. Die AHU verpflichten sich zur Lieferung und Abnahme, die Staaten aber zum Erlaß entsprechender Leitungsakte (Planung, Bilanzierung, Einstellung ökonomischer Hebel), die die Lieferung und Abnahme gewährleisten.[8]

Die Struktur der sozialistischen internationalen Wirtschaftsbeziehungen ist also durch ein vieldimensionales Geflecht internationaler Rechtspflichten geprägt — Ketten völkerrechtlicher Vereinbarungen sind durch eine Vielzahl internationaler Wirtschaftsverträge untersetzt, die teils vor teils nach den betreffenden völkerrechtlichen Vereinbarungen abgeschlossen werden. Das führt zu charakteristischen Doubletten von Verpflichtungen: ein und dieselbe gegenständliche Leistung (z. B. die Einstellung oder Aufnahme der Produktion eines bestimmten Erzeugnisses, die Lieferung oder Abnahme einer Ware) wird doppelt (in einer völkerrechtlichen Vereinbarung und einem IWV) erfaßt. Das ist — wie wir noch im einzelnen sehen werden — durchaus sinnvoll, wenn gewährleistet wird, daß sich die Verpflichtung der Staaten und der Wirtschaftsorganisationen selbst, aber auch die Rechtsfolgen ihrer Verletzung wechselseitig ergänzen.

Die Vielgliedrigkeit dieses Systems von Entscheidungen internationaler Organisationen, völkerrechtlicher Verträge und internationaler Wirtschaftsverträge ist — wie gesagt — eine Folge der Komplexität der Integrationsbeziehungen und der damit zusammenhängenden Vielzahl beteiligter Subjekte, ferner eine Folge der Langfristigkeit und Dynamik dieser Beziehungen. Komplexität und Dynamik gemeinsam begründen ihren iterativen Charakter. Mit dem Abschluß unterschiedlicher zwischenstaatlicher Vereinbarungen, die sich auf ein- und denselben Gegenstand der internationalen ökonomischen Zusammenarbeit beziehen, wird unter verschiedenen Aspekten, mit unterschiedlicher Detailliertheit und für unterschiedliche Zeiträume die ökonomische Zusammenarbeit organisiert. Jede Vereinbarung enthält für sich spezifische Staatenverpflichtungen, tritt aber zugleich — vorausgesetzt ihr Inhalt ist systemkonform — als Form der Ausgestaltung eines Gesamtkomplexes von Rechten und Pflichten der Staaten auf und trägt damit zur

[7] Vgl. dazu H. Hutschenreuter/A. Köhler, in: ebenda, S. 205.
[8] Vgl. D. Krahl, in: ebenda, S. 246.

Sicherung der Erfüllung paralleler oder nachfolgender Verpflichtungen bei. Das gleiche gilt bei kongruenten Verpflichtungen aus völkerrechtlichen und international-wirtschaftsrechtlichen Verträgen; auch sie tragen — systemkonform gestaltet — zur wechselseitigen Erfüllungssicherung bei.

Folgerichtig orientieren die Beschlußdokumente des RGW-Wirtschaftsgipfels in einem ihrer drei juristischen Schwerpunkte auf die Festigung der vertraglichen Grundlagen der söI durch die Weiterentwicklung des *Systems der Abkommen und Verträge.*[9] Das bedeutet, daß unnötigen Doppelungen und Widersprüchen zwischen Abkommen und Verträgen entgegenzuwirken ist, daß notwendige Weiterentwicklungen des Abkommens- und Vertragsinhalts im Rahmen der einzelnen Vereinbarung und beim Abschluß von Folgevereinbarungen zu realisieren sind. Es bedeutet ferner, daß eine sinnvolle Parallelität der Verpflichtungen aus völkerrechtlichen Vereinbarungen und IWV anzustreben ist, was ihre Synchronisierung soweit wie möglich, die Isolierung ihrer Gültigkeit soweit wie nötig einschließt.

Diese komplexe Aussage bedarf zweifellos näherer Erläuterung — deshalb folgen zunächst einige Bemerkungen zum Verhältnis von Stabilität und Flexibilität der Abkommen und Verträge und danach zur Zielkongruenz und Selbständigkeit der völkerrechtlichen Vereinbarungen und IWV.

Stabilität und Flexibilität der einzelnen völkerrechtlichen Vereinbarungen und IWV werden gewährleistet durch die grundsätzliche Geltung des Prinzips pacta servanda sunt und die Organisation einer entsprechenden Erfüllungskontrolle einerseits, durch die Bereitstellung spezifischer Mechanismen für eine Anpassung der Vereinbarungen an veränderte Bedingungen sowie durch die Möglichkeit bewußter Veränderungen der Verpflichtungen in Folgevereinbarungen andererseits. Eine bedeutsame Rolle bei der Erfüllungskontrolle spielt u. a. das Sekretariat des RGW, das gemäß Art. 2e des RGW-Statuts die Erfüllung von Empfehlungen und Beschlüssen der Ratsorgane sowie der im Rahmen ihrer Arbeit erzielten Übereinkünfte kontrolliert und entsprechende Berichte dem Exekutivkomitee in regelmäßigen Abständen zur Behandlung vorlegt. Wichtige Funktionen bei der Anpassung entsprechender Verpflichtungen üben die Organe des RGW, die Wirtschaftsausschüsse (bzw. die Paritätische Regierungs-Kommission DDR-UdSSR), die Räte der Bevollmächtigten (RdB) sowie die Beratung der Bevollmächtigten Vertreter der Seiten (BBVS) aus.[10] So muß beispielsweise laut Ziffer 27 des Berichts über die Effektivitätserhöhung von Empfehlungen des RGW eine Empfehlung, die wegen der Unmöglichkeit ihrer Erfüllung durch ein ML-RGW

[9] Vgl. im einzelnen I. A. Gringolz in seinem Diskussionsbeitrag auf der XXVIII. Jahrestagung der Gesellschaft für Völkerrecht der UdSSR — vgl. dazu den Bericht von F. Enderlein/J. Kirsten/H. Wünsche-Pietzka, in: Staat und Recht (zitiert als: StuR), 9/1985, S. 766.

[10] Vgl. dazu im einzelnen L. Rüster, in: Internationales Wirtschaftsrecht. Rechtliche Regelung der sozialistischen ökonomischen Integration, a. a. O., S. 65ff.

für die anderen Teilnehmerländer ihre Bedeutung verliert, vom betreffenden RGW-Organ überprüft und ggf. aufgehoben und ihr Inhalt erneut verhandelt werden.

Stabilität und Elastizität der Verpflichtungen werden auch durch die auf den verschiedensten Gebieten realisierten stereotypen Abkommensfolgen (z. B. Protokoll der Vorsitzenden der zentralen Planungsorgane über die 5-Jahrplan-Koordinierung/5-Jahres-Handelsabkommen/Jahresprotokoll) gesichert. Die Verhandlung und der Abschluß des jeweiligen Folgeabkommens (pactum de negotiandum und pactum de contrahendo) sind in allen diesen Fällen Gegenstand einer typischen Verpflichtung des „Mutter"-Abkommens.[11] In Realisierung dieser formellen Verpflichtungen werden die substantiellen Verpflichtungen der „Mutter"-Abkommen konkretisiert und präzisiert. Sie können in wechselseitiger Übereinstimmung der Partner auch korrigiert werden; ist eine solche Übereinstimmung nicht herbeizuführen, bleibt allerdings der durch das „Mutter"-Abkommen gesetzte Rahmen maßgebend.

Ein anschauliches Beispiel der Verwirklichung eines solchen Mechanismus bietet die Untersetzung der Handelsabkommen durch die Jahresprotokolle. Grundlage der Verhandlungspositionen der Partnerländer für das jeweilige Jahresprotokoll ist das Projekt des betreffenden Volkswirtschaftsplanes. Bei seiner Ausarbeitung haben alle Beteiligten die Ausgangsverpflichtung des langfristigen Abkommens und andere bereits eingegangene langfristige Bindungen (Spezialisierungs-/Kooperationsvertrag, langfristige AHLV usw.) berücksichtigt, zugleich aber auch entsprechende volkswirtschaftlich notwendige Veränderungen vorgenommen. Manchmal decken sich solche Änderungswünsche mit denen des Partners, häufig lassen sie sich im Wege globaler Kompromisse mit dem Partner realisieren. Soweit keiner dieser beiden Wege begangen werden kann, bleibt die ursprüngliche Verpflichtung maßgebend. Der betreffende Partner kann selbstverständlich auch in diesem Fall wegen unausweichlicher volkswirtschaftlicher Interessen die Realisierung dieser ursprünglichen Verpflichtung versagen, dies geschieht dann jedoch mit allen — unten näher zu erläuternden — Konsequenzen völkerrechtlicher Vertragsverletzung.

Voraussetzung einer wechselseitigen Erfüllungssicherung völkerrechtlicher Vereinbarungen und IWV sind — so paradox dies klingen mag — sowohl die weitestgehende Zielkongruenz ihrer Inhalte als auch ihre relative Isolierung gegeneinander.

Die erste Aussage bedarf kaum eines Beweises. Es liegt auf der Hand, daß eine Erfüllung der Handelsabkommen beispielsweise nur in dem Maße erfolgen kann, wie ihre Positionen in AHLV gebunden und letztere realisiert werden — umge-

[11] Zur diesbezüglichen Verpflichtung der „Vorsitzendenprotokolle" vgl. Zusammenarbeit der RGW-Länder in der Planung — Rechtsfragen, Berlin 1977, speziell die diesbezüglichen Äußerungen von H. Bär/M. Kemper (S. 39f.), A. G. Averkin (S. 121f.) und G. Kálmán (S. 135).

kehrt werden die Partnerstaaten jene Leitungsakte, die den Abschluß und die Erfüllung entsprechender AHLV ermöglichen und notwendig machen, grundsätzlich entsprechend ihren in den Handelsabkommen und Jahresprotokollen festgelegten Verpflichtungen erlassen. Im Interesse der Sicherung dieser Kongruenz werden deshalb die Partner der völkerrechtlichen Vereinbarungen und die Partner der IWV immer versuchen, deren Inhalt im Verhandlungsweg in Übereinstimmung zu bringen (beispielsweise bereits bestehende IWV beim Abschluß der Jahresprotokolle zu berücksichtigen, im Jahresprotokoll nicht zu bilanzierende Lieferverpflichtungen durch Stornierung der betreffenden AHLV aufzuheben).

Schwieriger ist es, die zweite Aussage verständlich zu machen — versuchen wir es anhand eines Beispiels: Nehmen wir an, ein langfristiger AHLV sei bereits vor Abschluß des Handelsabkommens zustandegekommen, eine Aufnahme der betreffenden Position aus Bilanzierungsgründen im Abkommen und im Jahresprotokoll jedoch nicht möglich gewesen. Geschah die Nichtaufnahme im übereinstimmenden Interesse beider Partnerstaaten, werden sie auch Wege finden, ihre AHU zur Aufhebung des betreffenden AHLV zu veranlassen. Welches Schicksal soll der AHLV jedoch erleiden, wenn mangels eines solchen gemeinsamen Interesses der AHLV nicht aufgehoben wird? Eine analoge Problemstellung ergibt sich, wenn der AHLV zunächst in Übereinstimmung mit dem langfristigen Handelsabkommen abgeschlossen, dann die betreffende Position aber nicht in das Jahresprotokoll aufgenommen wurde. In beiden Fällen sind — wie die Praxis der Außenhandelsschiedsgerichte nach anfänglichen Schwankungen nunmehr stabil feststellt — die betreffenden IWV ungeachtet ihrer mangelnden Deckung durch eine entsprechende völkerrechtliche Vereinbarung gültig, es sei denn die Aufnahme entsprechender Positionen in das Abkommen bzw. in das Jahresprotokoll wäre durch den betreffenden IWV selbst zur Bedingung seiner Wirksamkeit erklärt worden.[12] Auf diese Weise wird eine automatische Gleichschaltung völkerrechtlicher und wirtschaftsvertragsrechtlicher Pflichten verhindert, was eine Ausnutzung der IWV respektive der Rechtsfolgen ihrer Verletzung als stabilisierendes Instrument (auch für die zwischenstaatlichen Beziehungen) gewährleistet.

Dieser Zusammenhang zwischen den Rechtsfolgen völkerrechtlicher und wirtschaftsvertragsrechtlicher Pflichtverletzungen wird in unseren weiteren Überlegungen noch eine große Rolle spielen. Bevor wir uns diesem speziellen Problem der Rechtsfolgeregelung zuwenden können, müssen wir uns jedoch zunächst ganz allgemein mit der Erfüllungssicherung völkerrechtlicher Vereinbarungen durch die Regelung der völkerrechtlichen Rechtsfolgen der Nicht- und nichtgehörigen Erfüllung befassen. Wir nähern uns damit dem Problem der *Verantwortlichkeit* der Staaten und Wirtschaftsorganisationen wegen der Nicht- und der nichtgehö-

[12] Vgl. M. Kemper/D. Maskow, in: Internationales Wirtschaftsrecht. Rechtliche Regelung der sozialistischen ökonomischen Integration, a. a. O., S. 94.

rigen Erfüllung ihrer im Prozeß der söI eingegangenen Verpflichtungen — einem Problem, das den zweiten der oben apostrophierten drei juristischen Schwerpunkte des RGW-Gipfels darstellt.

Kaum eine juristische Frage ist durch die sozialistische Rechtswissenschaft so ausgiebig publizistisch behandelt worden wie die völkerrechtliche Verantwortlichkeit.[13] Hinzu kommt, daß die Kodifikationsarbeiten der ILC auf diesem Gebiet weit fortgeschritten sind.[14] Dabei dominiert die Meinung, völkerrechtliche Verantwortlichkeit sei gegeben, wenn ein Tun oder Unterlassen eines Völkerrechtssubjekts vorliegt, durch das dessen völkerrechtliche Pflichten gegenüber anderen Völkerrechtssubjekten verletzt werden.[15] Als Rechtsfolgen der völkerrechtlichen Verantwortlichkeit, als „Sanktionen" im weiteren Sinne, werden von den meisten Autoren Schadensersatz, alle sonstigen Arten der Wiedergutmachung, Repressalien und Zwangsmaßnahmen gegen den Rechtsverletzer verstanden.[16] Was liegt näher, als diese allgemeinen Grundsätze der sozialistischen Völkerrechtswissenschaft über die völkerrechtliche Verantwortlichkeit auch auf die Verletzung zwischenstaatlicher Vereinbarungen im Rahmen der söI anzuwenden und als völlig unbestrittene Rechtsfolge den Schadensersatz zu bejahen. Differenzen treten bei einem solchen Herangehen lediglich hinsichtlich der Frage auf, ob „einseitige Zwangsmaßnahmen" als Rechtsfolgen in diesen Beziehungen überhaupt zulässig sind bzw. ob sie vom Begriff der Staatenverantwortlichkeit erfaßt sind.[17] Fast keine Rolle spielt in der sozialistischen Völkerrechtsliteratur das „Leistungsverweigerungsrecht".[18]

[13] Aus dem großen Kreis sowjetischer Autoren seien hier nur angeführt D. B. Levin, M. Ch. Farukšin, G. I. Tunkin, P. M. Kuris, W. A. Wasilenko, A. W. Orlowskij, W. A. Masov, J. M. Rybakov, Ju. M. Kolosov und N. A. Ušakov. In der DDR-Literatur (mit weiteren Literaturangaben) vgl. B. Graefrath/E. Oeser/P. A. Steiniger, Völkerrechtliche Verantwortlichkeit der Staaten, Berlin 1977; Autorenkollektiv unter Leitung von H. Kröger, Völkerrecht, Lehrbuch, Teil 2, Berlin 1982, Kap. 22.

[14] Zum aktuellen Stand der Kodifikation vgl. N. A. Ušakov, Osnovanija meždunarodnoj otvetstvennosti gosudarstv, Moskva 1983.

[15] Vgl. Völkerrecht, Lehrbuch, Teil 2, a. a. O. S. 263f. Die Verfasser des Lehrbuches knüpfen damit u. a. an die Auffassungen des Spezialberichterstatters der ILC zur völkerrechtlichen Verantwortlichkeit R. Ago (vgl. A/CN.4/233, S. 10ff.) an.

[16] Vgl. so u. a. G. I. Tunkin, Teorija meždunarodnogo prava, Moskva 1970, S. 478; M. Ch. Farukšin, Meždunarodnaja pravosubjektnost', Moskva 1971, S. 162f.; P. M. Kuris, Meždunarodnye pravonarušenija i otvetstvennost gosudarstva, Vilnjus 1973, S. 47; Völkerrecht, Lehrbuch, Teil 2, a. a. O., S. 260.

[17] Diese Meinungsverschiedenheiten sind bereits durch die allgemeine Verantwortlichkeitstheorie programmiert; denn von der oben skizzierten allgemeinen Auffassung abweichend zählt z. B. V. A. Vasilenko (Otvetstvennost' gosudarstva za meždunarodnye pravonarušenija, Kiev 1976, S. 213ff.) die Sanktionen (im eigentlichen Sinne) überhaupt nicht zu den Rechtsfolgen der völkerrechtlichen Verantwortlichkeit. E. T. Usenko bezeichnet die Sanktion als ein „besonderes rechtschützendes Institut, das sich vom Institut der Verantwortlichkeit unterscheidet"; vgl. E. T. Usenko, Zum Verhältnis von Kategorien des Völkerrechts und des innerstaatlichen Rechts, in: Gesellschaftswissenschaftliche Beiträge, 2/1984, S. 136.

Soweit sich Vertreter der sozialistischen Völkerrechtswissenschaft (bzw. des Internationalen Wirtschaftsrechts) speziell mit den Rechtsfolgen der Nicht- und der nichtgehörigen Erfüllung der im Prozeß der söI getroffenen völkerrechtlichen Vereinbarungen befaßt haben, sind sie von der Geltung der skizzierten allgemeinen Definitionen und Prinzipien auch in diesem speziellen Bereich ausgegangen. Durchgängig ist der Ersatz des eingetretenen tatsächlichen Schadens als eine Rechtsfolge dargestellt worden, deren ausdrückliche völkerrechtliche Gestaltung zwar befürwortet, jedoch nicht als konstitutiv angesehen wird.[19] Wie im Völkerrecht im allgemeinen gehen auch hier die Meinungen darüber auseinander, ob Sanktionen im eigentlichen Sinne Bestandteile der völkerrechtlichen Verantwortlichkeit sind und ob ihre Anwendung dem Wesen der Staatenbeziehungen im Prozeß der söI entspricht.[20]

Die Reaktion der Praxis ist zwiespältig. Die „legislative" Praxis der Ständigen Beratung für Rechtsfragen des RGW hat sich — stark von der Völkerrechtswissenschaft beeinflußt — längere Zeit für den Schadensersatz und gegen Leistungsverweigerungsrechte eingesetzt; in der Praxis der Rechtsanwendung (Abkommenspraxis) hingegen wurde in keinem einzigen Fall Schadensersatz vereinbart, geschweige denn realisiert, Leistungsverweigerungsrechte hingegen werden als wirksame Mittel der Erfüllungssicherung angesehen.[21]

[18] Meines Wissens erwähnen (in der sozialistischen Völkerrechtsliteratur) nur B. Graefrath/E. Oeser/P. A. Steiniger, Völkerrechtliche Verantwortlichkeit der Staaten, a. a. O., S. 184 und S. 193 sowie das Autorenkollektiv unter Leitung von E. Oeser und W. Poeggel (Grundriß, Völkerrecht, Berlin 1983, S. 239 und 244ff.) ausdrücklich „Leistungsverweigerungs- und Zurückbehaltungsrechte" als typische Repressalien bei Vertragsverletzungen.

[19] So ausdrücklich H. de Fiumel, Prawno-międzynarodowa odpowiedzialnóść majątkowa państw, a. a. O., S. 57f. Implizit sind davon jedoch auch ausgegangen: M. Kemper/J. Kirsten, Fragen des gemeinsamen Leitungsmechanismus der RGW-Mitgliedstaaten, in: StuR, 1/1965, S. 1ff.; M. Kemper, Erhöhung der ökonomischen Verantwortlichkeit der RGW-Staaten, in: Autorenkollektiv, Sozialistische ökonomische Integration — Rechtsfragen, Berlin 1974, S. 164; Autorenkollektiv, Das System rechtlicher Regelung der sozialistischen ökonomischen Integration — Grundriß, a. a. O., S. 53ff.; H. Bär, in: Internationales Wirtschaftsrecht. Rechtliche Regelung der sozialistischen ökonomischen Integration, a. a. O., S. 89f.

[20] A. Wasilkowski, Zagadnienie odpowiedzialności majątkowej państw za zobowiązania podejmowane w obrad RWPG, in: Państwo i prawo, 8—9/1971, S. 302f. und H. de Fiumel, Prawno-międzynarodowa odpowiedzialnóść majątkowa państw, a. a. O., S. 100, beantworten diese Frage verneinend; H. Bär, in: Internationales Wirtschaftsrecht. Rechtliche Regelung der sozialistischen ökonomischen Integration, a. a. O., S. 89, hingegen sieht Schadensersatz und Selbsthilferecht als Formen der Verantwortlichkeit an.

[21] Vgl. u. a. K. Mehnert, Die rechtliche Regelung des Warenaustausches zwischen den ML-RGW durch Handelsabkommen, Diss., Berlin 1968, Hochschule für Ökonomie „Bruno Leuschner" (HfÖ), S. 90; G. Kálmán, Materal'naja otvetstvennost' stran-členov SEV za ich ekonomičeskie objazatel'stva, a. a. O., S. 84; H. Bär, in: Internationales Wirtschaftsrecht. Rechtliche Regelung der sozialistischen ökonomischen Integration, a. a. O., S. 89.

Tatsächlich helfen Mechanismen, welche die Erfüllung von Leistung und Gegenleistung in Abhängigkeit bringen, die Stabilität völkerrechtlicher Vereinbarungen zu sichern. Sie spielen eine Rolle aufgrund von synallagmatischen Beziehungen innerhalb eines einzelnen Abkommens — in dieser Form begründen sie ein Leistungsverweigerungs- und Zurückbehaltungsrecht auf der Einrede des nichterfüllten Vertrages. Wegen der komplexen Zusammenhänge zwischen den Abkommen werden sie jedoch gelegentlich auch über die Grenzen des einzelnen Abkommens hinaus ausgeübt; in diesem Fall begründet die Nichterfüllung von Pflichten aus einem Vertrag die Verweigerung von Rechten aus einem anderen Vertrag. Entsprechende Mechanismen wirken implizit, ohne daß sie ausdrücklicher Regelung bedürfen. Ihre explizite Gestaltung in einer Reihe von Investbeteiligungsabkommen ist jedoch unbedingt zu begrüßen, weil sie die Effektivität entsprechender Mechanismen erhöht. Für diese Fälle wurde festgelegt, daß bei Verzug des einen Partners, d. h. bei Verzug seiner zu erbringenden Leistungen die Verzögerung der Inbetriebnahme und der nachfolgenden Lieferungen durch das Standortland gerechtfertigt ist und daß sich bei Nichterbringung von Leistungen für das Objekt die Leistungen aus dem Objekt entsprechend verringern.[22] Ein Mangel der gegenwärtig vereinbarten Mechanismen besteht darin, daß zwar die Leistungen aus dem Investitionsobjekt zur Leistung bei Errichtung des Objekts in Beziehung gesetzt werden, daß Leistungsstörungen des Investors (Lieferverspätung usw.) jedoch nicht in gleicher Weise geahndet werden.

Abstrakt betrachtet stellen diese Leistungsverweigerungsrechte und Zurückbehaltungsrechte Repressalien dar. Sie sind einseitige Zwangsmaßnahmen des in seinen Rechten verletzten Staates, der deshalb und im Rahmen der Verhältnismäßigkeit berechtigt ist, Verpflichtungen gegenüber dem Verletzerstaat nicht zu erfüllen, um auf diese Weise die Folgen der Rechtsverletzung einzuschränken und den Verletzer zur Erfüllung der verletzten Pflicht oder zur Wiedergutmachung zu zwingen.[23] Ihrer Wirkungsweise nach handelt es sich also um „Repressalien", die auf die Rechte und Pflichten aus demselben Vertrag oder aus eng miteinander verbundenen Verträgen bezogen sind.[24] Sie basieren auf der auch für das Völkervertragsrecht charakteristischen Reziprozität[25] und sind deshalb — in Anlehnung an zivilrechtliche Terminologie — verschiedentlich mit der „Einrede des nichterfüllten Vertrages" begründet worden.[26] Trotz prinzipieller Übereinstimmung der Wirkungsweise von Leistungsverweigerungsrechten und anderen Repressalien

[22] Vgl. u. a. B. Mitzschke, in: ebenda, S. 232.
[23] Vgl. Völkerrecht, Grundriß, a. a. O., S. 245.
[24] Vgl. B. Graefrath/E. Oeser/P. A. Steiniger, Völkerrechtliche Verantwortlichkeit der Staaten, a. a. O., S. 193.
[25] Vgl. ebenda, S. 184.
[26] Vgl. z. B. K. Mehnert, Die rechtliche Regelung des Warenaustausches zwischen den ML-RGW durch Handelsabkommen, a. a. O.; in Anlehnung an G. Dahm, Völkerrecht, Bd. 3, Stuttgart 1961, S. 133.

ist Unterscheidung geboten, und zwar sowohl wegen ihrer unterschiedlichen internationalen Reputation als auch wegen der bei ihrer Ausübung zu berücksichtigenden Nuancen.[27]

Im Rahmen der söI sind die Zurückbehaltungs- und Leistungsverweigerungsrechte Ausdruck des Zusammenhangs und der Abhängigkeit, die zwischen den jeweiligen Leistungen der Partnerstaaten bestehen. Bei Abschluß der betreffenden Abkommen dominiert die sog. „Paketmethode"; die Partner schnüren entsprechende „harte" und „weiche" Leistungen in Abhängigkeit vom Paket der Gegenleistungen zusammen. Es liegt auf der Hand, daß eine einseitige Herausnahme harter Leistungen aus einem Paket Konsequenzen für den Inhalt des Partnerpaketes haben muß. Die Drohung entsprechender Konsequenzen dient der Erfüllungssicherung, ihre Realisierung der Substituierung der ausgebliebenen Leistung (Verwendung im eigenen Land bzw. Veräußerung gegen Valuta, die zur Substituierung der ausgebliebenen Leistung verwandt werden kann).

In den für die söI typischen zwischenstaatlichen Vereinbarungen verpflichten sich die Partner zu innerstaatlichen Leitungs-/Planungsmaßnahmen. Diese Verpflichtungen sind in einem iterativen Prozeß entstanden, sie müssen auch nach ihrer Fixierung gleichermaßen stabil wie flexibel gehalten werden. Der Nichterlaß oder die Änderung entsprechender Leitungsmaßnahmen wird mit der Androhung entsprechender Gegenmaßnahmen beantwortet. Das führt häufig zur nachträglichen Realisierung der betreffenden Verpflichtung (z. B. zu einer Bilanzierung der Leistung für das nächste Abkommensjahr) ggf. jedoch auch zu einer entsprechenden Abänderung der Leitungs- und Planungsmaßnahmen des Partnerlandes. Der iterative Prozeß zwischenstaatlicher Leitungskoordinierung wird mit anderen Mitteln fortgesetzt.

Geht man der Frage nach, warum der Ersatz des tatsächlichen Schadens bei Verletzung von Leitungs-/Planungspflichten im Gegensatz zu den Leistungsverweigerungsrechten gar keine Rolle spielt, so kommt man zu dem Schluß, daß die primär gebrauchswertbezogene Koordinierung volkswirtschaftlicher Leistungen im Prozeß der söI auch analoge Stabilisierungsformen erfordert. Solche Formen stellen die Leistungsverweigerungs- und Zurückbehaltungsrechte dar, nur ausnahmsweise aber ein Schadensersatz in transferablen Rubel. Hinzu kommen die Schwierigkeiten, in Fällen dieser Art den eingetretenen volkswirtschaftlichen Schaden im Geldausdruck zu ermitteln und das Äquivalenzprinzip trotz der völlig unterschiedlichen Lohn-, Preis- und Gebührensysteme der Partnerländer zu wahren.[28]

[27] Vgl. dazu B. Graefrath/E. Oeser/P. A. Steiniger, Völkerrechtliche Verantwortlichkeit der Staaten, a. a. O., S. 184, S. 215.

[28] Vgl. dazu im einzelnen G. Ruhland, Die Bemessung des Schadensersatzes bei Verletzung von völkerrechtlichen Verpflichtungen aus wechselseitigen Wirtschaftsverträgen durch die RGW-Staaten, Diss., Berlin 1975, (HfÖ).

Das bedeutet — wie eingangs bereits festgestellt — nicht, daß dem Ersatz des tatsächlichen Schadens auf zwischenstaatlicher Ebene im Prozeß der söI keinerlei Bedeutung zukäme. Offensichtlich hat er seine Daseinsberechtigung, wo die Staaten das unverhältnismäßig hohe Risiko einer Wirtschaftsoperation durch eine Garantiezusage in eigene Verantwortung nehmen (so bei der beabsichtigten Zusage eines unbegrenzten Schadensersatzes bei der Havarie eines Transports abgebrannter Kernbrennstäbe; er ist allerdings auch hier nur notwendig, weil die Staaten nicht den Weg der Versicherung und Rückversicherung solcher Havariefälle gehen wollen).

Aber auch für den Fall der Verletzung zwischenstaatlicher Koordinierungsverpflichtungen soll Schadensersatz nicht ausgeschlossen werden; er soll jedoch so weit wie möglich über die Transmission zwischenbetrieblicher Beziehungen realisiert werden. Das setzt voraus,

1. daß entsprechende zwischenstaatliche Koordinierungsverpflichtungen bereits mittels IWV und ihren strengen Sanktionsmechanismen stabilisiert werden sollen, daß mit anderen Worten die betreffenden völkerrechtlichen Verpflichtungen schon durch IWV untersetzt sind;
2. daß diese IWV unabhängig von der Aufnahme respektive Löschung der jeweiligen Position in den völkerrechtlichen Verträgen sind, daß ihre Wirksamkeit also beispielsweise nicht von der Existenz entsprechender völkerrechtlicher Verpflichtungen abhängig gemacht (unter aufschiebender oder ausschließender Bedingung abgeschlossen) wird;
3. daß einseitige staatliche Leitungsakte, die die Unmöglichkeit der Leistung aus IWV bewirken, die Wirtschaftsorganisationen grundsätzlich nicht von der Verantwortlichkeit befreien.

Zur ersten Voraussetzung: Die Partner müssen im konkreten Fall entscheiden, ob sie dem betreffenden Koordinierungsverhältnis in diesem Stadium schon ein solches Maß an Sicherheit und Festigkeit beimessen wollen, daß sie die entsprechenden Leistungen bereits durch IWV binden und einen einseitigen Ausstieg aus der damit unmittelbar oder mittelbar begründeten Koordinierungspflicht mittels des relativ strengen Sanktionssystems der IWV-Regelung ahnden. Wenn sie dies wünschen, können sie den Abschluß von IWV bereits veranlassen, obwohl der zwischenstaatliche Koordinierungsprozeß hinsichtlich der betreffenden Position noch nicht endgültig abgeschlossen ist. Sie können den Gegenstand, die Zahl der Parteien solcher IWV ausdehnen, indem sie den Anteil sogenannter „Direktbeziehungen“ zwischen den Wirtschaftseinheiten der ML-RGW vergrößern — womit der dritte der oben avisierten juristischen Schwerpunkte des RGW-Gipfels angesprochen ist.[29]

[29] Vgl. dazu W. Knüpfer, Aspekte der Vervollkommnung der Rechtsgrundlagen der sozialistischen ökonomischen Integration unter den Bedingungen der Intensivierung, in: StuR 8/1985, S. 669ff.

Auf die *zweite Voraussetzung* sind wir oben bei Begründung der Notwendigkeit relativer Isolierung von völkerrechtlichen Vereinbarungen und IWV bereits eingegangen. Vielschichtig und kompliziert ist die *dritte Voraussetzung*. Um sie zu realisieren muß zunächst die Befreiung der Partner aus IWV von der Verantwortlichkeit in den Fällen ausgeschlossen werden, in denen die Nichterfüllung der betreffenden IWV eine Folge staatlicher Leitungsakte ist.

Wir wollen die damit verbundenen Probleme anhand des Außenhandelsliefervertrages (AHLV) bzw. anhand seiner Regelung, den Allgemeinen Lieferbedingungen des RGW (ALB), erläutern.[30] Bei wortgetreuer Anwendung der Ziffern 1 und 2 des § 68 der ALB sind staatliche Akte, die für die Wirtschaftsorganisation die Unmöglichkeit der Lieferung oder Abnahme begründen, Umstände höherer Gewalt: entsprechende Akte werden nach Vertragsabschluß erlassen, sie sind bei Vertragsabschluß durch die betreffende Wirtschaftsorganisation unvorhersehbar und unabwendbar, und es handelt sich bei ihnen um Ereignisse außerordentlichen Charakters. Wenn entsprechende Akte für die Nichterfüllung kausal waren, wäre die betreffende Wirtschaftsorganisation demgemäß von der Verantwortlichkeit zu befreien.[31]

Tatsächlich wird jedoch nur noch von wenigen Autoren der Standpunkt vertreten, die Wirtschaftsorganisationen seien in allen Fällen einer infolge staatlicher Leitungsakte eingetretenen Unmöglichkeit der Erfüllung des AHLV von der Verantwortlichkeit zu befreien.[32] Einige Autoren meinen, eine Befreiung sei nur wegen der aufgrund von Planungsakten oder Akten niederer Leitungsebene eingetretenen Unmöglichkeit der Erfüllung ausgeschlossen.[33] Überwiegend wird die Auffassung vertreten, bis zu einer befriedigenden Regelung der Staatenverantwortlichkeit müsse eine (von J. Jakubowski so bezeichnete) „Transmission der Verantwortlichkeit" stattfinden.[34] Das heißt, daß entgegen dem Wortlaut der

[30] Gegenwärtig gelten die ALB/RGW 1968/1975 i. d. F. von 1979 (GBl. II 1979 Nr. 6 S. 81).

[31] Dazu und zu den folgenden Ausführungen vgl. U. Findeisen/M. Kemper, Ist die Befreiung von der Verantwortlichkeit bei einer infolge staatlicher Leitungsakte eingetretenen Nichterfüllung des Außenhandelsliefervertrages zulässig?, in: Wiss. Zeitschrift der HfÖ „Bruno Leuschner" Berlin, 2/1985, S. 16ff.

[32] Vgl. so z. B. M. P. Bardina, Otvetstvennost' chozjastvennych organizacij stran-členov SEV po vnešnetorgovym sdelkam, Moskva 1981, S. 69ff.

[33] Vgl. so z. B. B. D. M. Genkin, Pravovoe regulirovanie vnešnej torgovli SSSR, Moskva 1961, S. 51; L. Popov, Gründe zur Befreiung des Verkäufers von der Verantwortung. Internationales Symposium über die Probleme des RGW-Rechts (23.—27. Mai 1983, Varna) — Vorträge, S. 70ff. und H. de Fiumel, W sprawie odpowiedzialności majątkowej państw z tytulu zobowiązań gospodarczych w ramach RWPG, in: Panstwo i prawo, 2/1982, S. 116.

[34] Vgl. z. B. von O. Kampa/M. Kemper/L. Rüster, Für eine neue Qualität der rechtlichen Regelung des Außenhandelsliefervertrages, in: Recht im Außenhandel, 4/1963, S. 10; A. Wasilkowski, Zagadnienie odpowiedzialności majątkowej państw za zobowiązania podejmowane w obrad RWPG, a. a. O., S. 306; J. Jakubowski, Materialnaja otvetsvennost' gosudarstv členov SEV materialnaja otvetsvennost' chozjaistvennych organizacii. Materialien der internationalen Konferenz zu Fragen der materiellen Verantwortlichkeit der ML-RGW, War-

Ziffern 1 und 2 des § 68 der ALB der Schuldner dann nicht von der Verantwortlichkeit befreit werden soll, wenn die Nichterfüllung seiner Pflichten die Folge staatlicher Leitungsakte war.

H. de Fiumel lehnt eine solche Regelung ab, weil seines Erachtens bereits die gegenwärtige völkerrechtliche Regelung ein solches „Surrogat" erübrigt. Daß dem nicht zugestimmt werden kann, haben wir oben begründet.

M. P. Bardina begründet ihre Ablehnung mit dem Prinzip der gesonderten Verantwortlichkeit des Staates und der staatlichen Wirtschaftsorganisationen.[35] Nun hat — soweit wir sehen — kein einziger Jurist aus einem Mitgliedsland des RGW dieses Prinzip je in Zweifel gezogen. Zu Recht geht man jedoch davon aus, daß in den entfalteten Ware-Geld-Beziehungen zwischen den Wirtschaftsorganisationen der globale Tausch zwischen den staatlichen Eigentümern vollzogen wird und daß deshalb die Staaten alle wesentlichen Äquivalenzbedingungen (Preisklauseln, ALB usw.) in den Handelsabkommen verbindlich bestimmen. Das schließt ein, daß die Staaten auch festlegen können, daß ihre AHU unter ganz bestimmten Umständen Ereignisse verantworten sollen, die von diesen an sich nicht beeinflußbar sind. Eine solche Regelung beeinträchtigt allerdings die wirtschaftliche Rechnungsführung der Betriebe, wenn der Staat seiner Wirtschaftsorganisation nicht einen Ausgleichsanspruch aus einem speziellen Risikofonds zubilligt. Sicher hat bei allen Auffassungen, die zu einer uneingeschränkten Verantwortlichkeitsbefreiung wegen staatlicher Akte oder zumindest wegen genereller Export- oder Importverbote tendierten, die Überlegung eine Rolle gespielt, daß derartige Leitungsakte im intersystemaren Handel im allgemeinen als Befreiungsgrund angesehen werden. Dabei ist übersehen worden, daß ungeachtet der prinzipiellen Bereitschaft zur Befreiung wegen staatlicher Akte die sozialistischen Staaten im Wege gegenseitiger Vereinbarung für einen definierten Bereich ihrer internationalen Wirtschaftsbeziehungen dieses Recht ausschließen können. Genau wie sie beispielsweise die Vertragsstrafensätze erhöhen können, können sie die Gründe für den Haftungsausschluß einschränken. Daraus Argumente gegen die juristische Selbständigkeit sozialistischer AHB und für die Zulässigkeit eines Durchgriffs auf das Vermögen des Staates (oder umgekehrt) herleiten zu wollen,

schau 1973, S. 8ff.; A. Kanda, Odpuvédnost hospodárskych organizaci za nespleni smluvnich povinnosh v dusledku jednostrannsko opatveni statu v zahranicnini obchode denskych statu RVHP, in: Pravnik 1974, S. 956ff.; M. Kemper/H. Strohbach/H. Wagner: ALB/RGW 1968 — Kommentar, Berlin 1975, S. 276ff.; A. Wiesniewski, Zwolnienie od odpowiedzialnosci konstraktowéj na podstawie ogolnych warunkow dostaw RWPG, Warszawa 1979, S. 91f.; I. Szász, Obščie uslovija postavok SEVa, Moskva 1978, S. 165; Autorenkollektiv, Kommentar na OUD SIW 1967/1975, Sofia 1980, S. 297f.; M. Kemper/D. Maskow, in: Internationales Wirtschaftsrecht. Rechtliche Regelung der sozialistischen ökonomischen Integration, a. a. O., S. 129ff.; F. Enderlein, Juristische Selbständigkeit sozialistischer Außenhandelsbetriebe contra „Durchgriff", in: StuR, 5/1984, S. 405ff.

35 Vgl. M. P. Bardina, Otvennost' chozjastvennych organizacij stran-členov SEV po vnešnetorgovym sdelkam, a. a. O., S. 71ff.

ist völlig abwegig. Dies hat neuerdings F. Enderlein noch einmal überzeugend nachgewiesen.[36]

Meinungsverschiedenheiten bestehen unter den Befürwortern der „Transmission", ob sie — abgesehen von der im Verhältnis DDR-UVR und DDR-VRP bestehenden Rechtslage — bereits *de lege lata* gilt. Während einige Autoren (so z. B. B. I. Szász, A. Wassilkowski, J. Jakubowski, A. Kanda, G. Kálmán und A. Wisniewski) als Voraussetzung einer solchen Regelung die ausdrückliche Vereinbarung der betreffenden Partnerstaaten ansehen, vertreten andere Autoren den Standpunkt, es genüge ein entsprechender Konsensus zwischen den Mitgliedsländern des RGW, die Wirtschaftsorganisationen trotz des Wortlauts des § 68 Ziff. 1 und 2 in den erwähnten Fällen nicht von der Verantwortlichkeit zu befreien. Sie glauben, auf einen solchen Konsensus aus der Diskussion in den zuständigen Arbeitsgruppen des RGW und aus einer über mehrere Jahre stabilen Praxis der Außenhandelsschiedsgerichte schließen zu dürfen.[37] Auf der Vermutung eines solchen Konsensus basiert auch die Spruchpraxis des Schiedsgerichtes bei der Kammer für Außenhandel der DDR. In den Verfahren 177/81 bis 181/81 ging der entsprechende Schiedsausschuß davon aus, daß gemäß dem Wortlaut des § 68 bei einer nach Vertragsabschluß erfolgten Reduzierung der Exportlizenzen eine Befreiung des Lieferers von der Verantwortlichkeit möglich zu sein scheint, daß zwischen den Mitgliedsländern des RGW jedoch im allgemeinen ein Konsensus vermutet werden darf, ihre Wirtschaftsorganisationen solange wegen „einseitiger Akte" ihrer Staaten einstehen zu lassen, wie das System der völkerrechtlichen materiellen Verantwortlichkeit noch keine praktikable Reaktion auf derartige Akte gegenüber den Staaten selbst ermöglicht.

Wie der Schiedsausschuß in den betreffenden Schiedssprüchen weiter ausführt, sind die Prämissen einer solchen Spruchpraxis allerdings nicht gegeben, wenn das Handeln des betreffenden Partnerstaates (seines Schiedsgerichts) die Vermutung eines entsprechenden Konsensus in den wechselseitigen Beziehungen mit diesem Land widerlegen. Das sei im Verhältnis DDR-SRR der Fall, weil das rumänische Schiedsgericht mehrfach (so z. B. in den Verf. 251/1979 und 264/1980) die Nichterteilung einer Genehmigung für den Export in die DDR als Umstand höherer Gewalt qualifiziert habe. Unter diesen Umständen sah sich der Schiedsausschuß gezwungen, im Verhältnis zwischen Partnern aus der DDR und der SRR die Reduzierung von Exportlizenzen in Übereinstimmung mit dem Wortlaut des § 68 als Umstände höherer Gewalt anzusehen und den Partner, der infolge eines solchen Aktes seine Verpflichtung aus AHLV nicht erfüllt hat, von der Verantwortlichkeit zu befreien.

[36] Vgl. F. Enderlein, Juristische Selbständigkeit sozialistischer Außenhandelsbetriebe contra „Durchgriff", a. a. O., S. 401 ff. und derselbe, Staatliche Akte — ein Fall höherer Gewalt?, in: StuR, 1/1985, S. 42 ff.

[37] Vgl. so z. B. M. Kemper/H. Strohbach/H. Wagner, ALB/RGW 1968 — Kommentar, a. a. O., S. 281.

Zweifellos ist diese Spruchpraxis des DDR-Schiedsgerichts problematisch. Selbstverständlich wäre es zu begrüßen, wenn durch exakte zwischenstaatliche Vereinbarungen (in der Art des Ergänzungsprotokolls DDR-UVR)[38] die latenten Unklarheiten über die Wertung „einseitiger staatlicher Akte" erledigt würden. An der Lösung des Problems wird im Rahmen der Ständigen Beratung für Rechtsfragen des RGW gearbeitet.

Das Problem wird dadurch kompliziert, daß nur wegen einiger Arten staatlicher Akte eine Befreiung ausgeschlossen werden soll, wegen anderer Akte (sicherheitspolitische Hoheitsmaßnahmen, Veterinär- und Hygienemaßnahmen usw.) jedoch eine Befreiung der Wirtschaftsorganisationen von der Verantwortlichkeit möglich sein soll. Die erforderliche Differenzierung kann weder nach der Ebene (Maßnahmen der zentralen Staatsorgane und Maßnahmen nachgeordneter Organe), noch durch eine Unterscheidung zwischen Export- und Importverboten einerseits sowie Planungsakten andererseits erfolgen. Eine Abgrenzung ist m. E. in der Weise möglich, daß solche Akte als Befreiungsgrund ausgeschlossen werden, die entgegen der jeweiligen völkerrechtlichen Verpflichtung ergangen sind, das innerstaatliche Planungs- und Leitungssystem so einzustellen, daß Abschluß und Erfüllung entsprechender internationaler Wirtschaftsverträge gesichert sind.

Eine solche Differenzierung würde eine Befreiung der betreffenden Wirtschaftsorganisation für den Fall gestatten, daß es sich bei dem betreffenden staatlichen Akt um eine sicherheitspolitische oder ähnliche Maßnahme gehandelt hat, oder wenn der betreffende Akt zwar wirtschaftspolitischer Natur, jedoch völkerrechtsgemäß gewesen ist. Gemeint sind damit jene Fälle, in denen das konkrete Ex- oder Importverbot durch den betreffenden Staat in Ausübung eines Leistungsverweigerungsrechts (begründet auf der Einrede des nichterfüllten völkerrechtlichen Vertrages)[39] erfolgte, oder aus einem anderen Grund nicht völkerrechtswidrig war.[40]

[38] In Ziffer 3 des Ergänzungsprotokolls DDR/UVR heißt es: „Planungs- und Leitungsakte gelten nicht als Umstände, die von der Verantwortlichkeit befreien." In Ziffer 2 des Ergänzungsprotokolls DDR/VRP wird hingegen festgelegt: „Akte der Wirtschaftsplanung gelten nicht als Umstände, die die Partner von der Verantwortlichkeit für eine teilweise oder völlige Nichterfüllung der Verpflichtungen befreien."

[39] In den Verfahren 251/79 und 264/80 des rumänischen Schiedsgerichts war aufgrund des folgenden Sachverhalts zu entscheiden: Der Beklagte lieferte nur die Hälfte des vereinbarten Mais. Die deshalb geforderte Konventionalstrafe lehnte er mit der Begründung ab, das zuständige Ministerium seines Landes habe die erforderliche Exportgenehmigung nicht erteilt, und dies sei geschehen, weil das Partnerland seinerseits im Abkommen gebundene Waren nicht geliefert habe. Der Schiedsausschuß entschied, daß die Gründe dahingestellt bleiben können, weshalb die Exportgenehmigung versagt wurde. („Das Gesetz verpflichtet das Ministerium nicht, seine Entscheidung zu begründen, mehr noch, es gibt der Schiedsgerichts-Kommission nicht das Recht, die Gründe für eine solche Entscheidung zu prüfen.") Er wertete die Nichterteilung bzw. sogar die Zurückziehung der bereits erteilten Exportgenehmigung als höhere Gewalt und befreite in beiden Fällen den Verkäufer gem. § 68 von der Verantwortlichkeit.

[40] Vgl. dazu im einzelnen B. Graefrath/E. Oeser/P. A. Steiniger, Völkerrechtliche Verantwortlichkeit der Staaten, a. a. O., S. 72ff.

Problematisch an einer solchen Differenzierung ist, daß eine Überprüfung staatlicher Akte auf ihre Völkerrechtsgemäßheit den Außenhandelsschiedsgerichten nicht gestattet ist.[41] Auf dieses Problem und die neuesten Vorschläge zu seiner Lösung komme ich weiter unten zurück.

M. E. wäre es falsch, wenn die Außenhandelsschiedsgerichte in dieser Situation (im Widerspruch zu der geschilderten Tendenz der ALB-Verhandlungen) die Wirtschaftsorganisationen generell wegen staatlicher Akte von der Verantwortlichkeit aus AHLV befreien würden. Andererseits verlangt der Gleichberechtigungsgrundsatz entsprechende Reaktionen für den Fall, daß sich die Schiedspraxis eines Partnerlandes in dieser Richtung entwickelt. Das Schiedsgericht der DDR gewährt deshalb gewissermaßen eine Option, bis zum Beweis einer entgegengesetzten Praxis im jeweiligen Partnerland eine Befreiung wegen Plan- und Bilanzentscheidungen, spezieller Ex- und Importverbote, Lizenzverkürzungen u. ä. zu verweigern.

Nahezu von allen Autoren, die für eine Verweigerung der Befreiung wegen der fraglichen Leitungsakte eintreten, wird dies als ein Provisorium betrachtet, das nur bis zum Inkrafttreten einer wirksamen völkerrechtlichen Schadensersatzregelung bestehen soll. Auch ich habe bis zu meinen jüngsten Äußerungen zum Problem diesen Standpunkt vertreten.[42] Bei fortschreitender Beschäftigung mit dieser Frage haben jedoch meine Zweifel zugenommen, ob ein Ersatz des tatsächlich eingetretenen Schadens auf zwischenstaatlicher Ebene im Falle der Verletzung völkerrechtlicher Koordinierungsverpflichtungen überhaupt eine adäquate Lösung darstellt. Ich habe diese Zweifel oben begründet und angedeutet, daß ich mehr und mehr dazu neige, eine Transmission des *Schadensersatzes* auf die Ebene der Wirtschaftsorganisation bei völkerrechtswidrigen Leitungsakten, die für die Unmöglichkeit der Erfüllung von IWK kausal sind, als die der Verletzung dieses Typs völkerrechtlicher Verpflichtungen adäquate Folge anzusehen.

Es geht dabei *nicht* um eine Transmission der völkerrechtlichen *Verantwortlichkeit*, sondern nur um einen speziellen Vollzug des Schadensersatzes. Der Staat bleibt verantwortlich. Das kann beispielsweise darin seinen Ausdruck finden, daß auf zwischenstaatlicher Ebene eine Nachholung der Leistung in einem späteren

[41] Anderer Auffassung ist anscheinend F. Enderlein, Staatliche Akte — ein Fall höherer Gewalt?, in: StuR, 1/1985, S. 47.

[42] In dem gemeinsam mit U. Findeisen verfaßten Artikel (Ist die Befreiung von der Verantwortlichkeit bei einer infolge staatlicher Leitungsakte eingetretenen Nichterfüllung des Außenhandelsliefervertrages zulässig?, a. a. O.)heißt es auf S. 86f.: „Vorausgesetzt, es würde eine voll funktionsfähige Regelung der Staatenverantwortlichkeit zwischen den Mitgliedsländern des RGW existieren, so könnte eine Befreiung der Wirtschaftsorganisationen von der Verantwortlichkeit in allen Fällen erfolgen, in denen die Nichterfüllung des betreffenden AHLV eine Folge staatlicher Leitungsakte ist. Soweit die betreffenden Akte durch den Staat entgegen seinen völkerrechtlichen Verpflichtungen erlassen worden ist, wäre der betreffende Staat selbst zur Verantwortung zu ziehen und ggf. ... zum Schadensersatz zu verurteilen.“

Planjahr protokolliert wird, womit sich der Partnerstaat zur erneuten Aufnahme der Position in die Bilanz verpflichtet. Das kann aber auch zur Ausübung eines Leistungsverweigerungsrechts seitens des Partnerstaates (beispielsweise durch die Kürzung entsprechender Kontingente „harter“ Waren) führen.

Sicher wird einer solchen Lösung entgegengehalten werden, daß sie gegen eine allgemeine Norm des Völkerrechts verstoße, daß der durch die völkerrechtliche Vertragsverletzung dem Staat entstandene Schaden nicht mit dem der Wirtschaftsorganisation aus IWV zu ersetzenden Schaden identisch sei. Ich meine jedoch, daß es in das Ermessen der Staaten gestellt ist, auf die Verletzung welcher Pflichten sie mit Schadensersatzansprüchen reagieren wollen und in welcher Form dies geschieht. Unter diesem Gesichtspunkt kann m. E. aufgrund der permanenten Praxis aller RGW-Mitgliedsländer (auf die Verletzung von Koordinierungspflichten *nicht* mit zwischen*staatlichen* Schadensersatzansprüchen zu reagieren, statt dessen aber auf eine Verantwortlichkeitsbefreiung ihrer Wirtschaftsorganisationen zu verzichten) auf das Entstehen einer entsprechenden gewohnheitsrechtlichen Norm geschlossen werden. Dabei erfolgt eine Kompensation des Schadens, der dem Eigentum des in seinen Rechten verletzten Staates entstanden ist, aus dem Eigentum des Verletzerstaates, wenngleich dies zunächst über die Fonds der Betriebe realisiert wird. Wie die Praxis beweist, machen die Gläubiger dabei von der Möglichkeit, den Ersatz des tatsächlich entstandenen Schadens zu fordern, keinen Gebrauch, obwohl durch die ALB keine Begrenzung der Höhe entsprechender Ansprüche vorgesehen ist. Offensichtlich ist der Nachweis lohnender Schadensersatzansprüche in der durch die §§ 67 D und E zugelassenen Struktur kaum möglich. Deshalb begnügen sich die Partner regelmäßig mit der nicht beweispflichtigen Pauschale von 8 % des Vertragswertes. Daraus darf mit einiger Sicherheit gefolgert werden, daß die Vertragsstrafe über den IWV eine effektivere Kompensation gewährleistet als der Ersatz des tatsächlichen Schadens auf zwischenstaatlicher Ebene.

Wenn diese Art der Schadensregelung bei völkerrechtswidrigen Leitungsakten nicht mehr nur als Provisorium, sondern als eine dem Verpflichtungstyp und seiner Interdepedenz zum IWV adäquate Lösung angesehen würde, dann wäre allerdings eine Reihe flankierender zwischenstaatlicher Vereinbarungen zu empfehlen.[43] Kernstück dieser Regelung müßte die Bildung eines zwischenstaatlichen Schiedsgerichts beim RGW und eine ausdrückliche Vereinbarung der Staaten sein, wonach *völkerrechtswidrige* staatliche Leitungsakte, die für die Unmöglichkeit der

[43] Die folgenden Empfehlungen basieren weitgehend auf Vorschlägen, die F.-R. Töpfer in einem Artikel erstmals unterbreitet und in seiner Dissertation im einzelnen entwickelt hat; vgl. F.-R. Töpfer, Die Verantwortlichkeit in den sozialistischen Wirtschaftsbeziehungen und die Aufgaben der völkerrechtlichen Schiedsgerichtsbarkeit in diesem System, in: Wiss. Zeitschrift der HfÖ „Bruno Leuschner“ Berlin, 2/1985, S. 101 ff.; derselbe, Die Rolle der völkerrechtlichen Schiedsgerichtsbarkeit im System der Verantwortlichkeit in den Wirtschaftsbeziehungen der ML-RGW, Diss., Berlin 1985 (HfÖ).

Leistung aus einem IWV kausal sind, die betreffende Wirtschaftsorganisation nicht von der Verantwortlichkeit befreien.

Auf der Grundlage einer solchen Regelung könnten entsprechende Verfahren folgendermaßen ablaufen: Eine Wirtschaftsorganisation erfüllt einen IWV nicht, der Vertragspartner fordert Vertragsstrafe oder Schadensersatz und klagt im Falle ihrer Verweigerung beim zuständigen Außenhandelsschiedsgericht (AHSG). Vor diesem Schiedsgericht behauptet der Beklagte, daß ihm die Leistung infolge eines Leitungsaktes seines Staates unmöglich war und daß dieserAkt völkerrechtsgemäß gewesen sei. Wird vom Partner bestritten, daß es sich um einen völkerrechtsgemäßen Leitungsakt gehandelt hat, so setzt das AHSG das Verfahren aus. Der Gläubigerstaat beantragt beim *zwischenstaatlichen* Schiedsgericht Feststellung, ob ein völkerrechtsgemäßer Leitungsakt für die Unmöglichkeit der Leistung kausal war. (Völkerrechtsgemäß sind z. B. Leitungsakte, die aufgrund von Naturkatastrophen, aus sicherheitspolitischen, sanitären, hygienischen u. ä. Gründen erlassen werden oder auf einem völkerrechtlichen Leistungsverweigerungs- oder Zurückbehaltungsrecht basieren.) Nachdem das völkerrechtliche Schiedsgericht seine Entscheidung gefällt hat, setzt das AHSG das ausgesetzte Verfahren fort; es befreit den Beklagten von der Verantwortlichkeit, wenn Kausalität und Völkerrechtsgemäßheit eines Leitungsaktes festgestellt wurden — es verurteilt den Beklagten zur Zahlung von Vertragsstrafe oder Schadensersatz, wenn das zwischenstaatliche Schiedsgericht auch nur eine dieser beiden Fragen verneint hat.

Die ML-RGW realisieren also — wie unsere Untersuchungen insgesamt ergeben haben — ein eigenständiges System der Erfüllungssicherung ihrer zwischenstaatlichen Verpflichtungen im Rahmen der söI. Seine konkreten Formen knüpfen an die konkreten Verpflichtungsinhalte an, sie bilden gleichzeitig ein komplexes Gefüge, das der Dialektik des staatlich-sozialistischen Eigentums, des ihm gemäßen Prinzips der Wirtschaftsleitung (Demokratischer Zentralismus) und der Dialektik von Staaten- und Unternehmensbeziehungen entspricht. Diese Komplexität, die gegenseitige Abhängigkeit, Ergänzung und Widerspruchsfreiheit der Teilstrukturen bildet eine Voraussetzung für die Funktionstüchtigkeit des Systems. Das gilt auch für die Gestaltung seiner Verantwortlichkeitsregelung, sowohl für ihre materiell-rechtlichen wie für ihre prozessualen Bestandteile. Im wesentlichen ist diese Forderung *de lege lata* erfüllt — einige Vorschläge für die Vervollkommnung des Systems *de lege ferenda* wurden in diesem Beitrag skizziert.

Резюме

М. Кэмпер

Обеспечение выполнения международно-правовых соглашений в рамках социалистической экономической интеграции

На чрезвычайную комплексность и динамику социалистической экономической интеграции и на обусловленный этим итеративный характер отношений управления практика стран-членов СЭВ реагировала путем развития новых правовых форм и путем новой комбинации существующих правовых форм. Типичное для социалистической экономической интеграции координирование управления осуществляется во многоразмерной структуре взаимосвязанных прав и обязанностей, которые зафиксированы в многочисленных межгосударственных соглашениях (международно-правовых договорах и решениях международных организаций), а также в международных хозяйственных договорах. Международно-правовое регулирование осуществляется в рамках межгосударственных соглашений, при помощи которых осуществляется в различных аспектах регулирование основной экономической проблемы при одновременной растущей конкретизации обязанностей поставки. При этом мы наблюдаем многократное переплетение этих международно-правовых соглашений с международными хозяйственными договорами; часто межгосударственные обязанности обоснованы конгруэнтными обязанностями в международных хозяйственных договорах. Каждое из этих соглашений содержит специфические обязанности, и выступает одновременно как форма оформления всего совокупного комплекса прав и обязанностей, что способствует обеспечению выполнения параллельных или последующих обязанностей. Следовательно, решения экономической конференции стран-членов СЭВ на высшем уровне ориентируют на дальнейшее развитие *системы* соглашений и договоров. Предпосылкой взаимного обеспечения выполнения международно-правовых соглашений и международных хозяйственных договоров являются как широкая конгруэнция их содержания так и их относительная изолированность по отношению друг к другу. При соблюдении последней предпосылки правовые последствия невыполнения международных хозяйственных договоров могут использоваться также как стабилизирующий фактор межгосударственных обязанностей.

Существенное значение для обеспечения выполнения международно-правовых соглашений имеет регулирование ответственности государств и хозяйственных организаций — это вторая главная юридическая задача в решениях конференции стран-членов СЭВ на высшем уровне. По существующему мнению, международно-правовая ответственность дана тогда, когда действие или упущение международно-правового субъекта идет в разрез с международно-правовыми обязанностями по отношению к другим международно-правовым субъектам. Большинство авторов рассматривает в качестве правовых последствий возмещение убытков и все другие виды возмещения, а также репрессалии и прочие принудительные меры по отношению к правонарушителю. Некоторые авторы считают правовыми последствиями также соответствующие права на удержание и на отказ от поставки.

„Законодательная" практика Постоянной консультации СЭВ по правовым вопросам до сих пор отдавала предпочтение прежде всего возмещению убытков как потенциальному правовому последствию, однако, „правоприменительная" практика заключения соглашений не приняла соответствующие предложения, использовала, однако, прежде всего превентивно право на отказ от поставки. В основном это означает, что итеративный процесс межгосударственного координирования управления продолжается другими средствами после нарушения соответствующих обязанностей по координированию. Возмещение убытков не исключается и при нарушении межгосударственных обязанностей координирования, однако, в этом случае, оно дложно по возможности реализироваться через трансмиссию отношений между предприятиями. Это предполагает:

— что соответствующие международно-правовые обязанности уже являлись предметом международных хозяйственных договоров (это существенно зависит от реализации главной юридической задачи экономической конференции стран-членов СЭВ на высшем уровне, от развития прямых связей между хозяйственными организациями); и
— что противоречащие международному праву государственные акты управления, которые вызывают невозможность выполнения поставки по международному хозяйственному договору, не освобождают хозяйственные организации от ответственности.

Если между партнерами существует спор о том, был ли соответствующий международному праву государственный акт управления причиной для невыполнения международного хозяйственного договора, то следовало бы приостановить соответствующий процесс перед внешнеторговым арбитражем и дать возможность партнеру, который это утверждает, доказать правильность своего утверждения перед международно-правовым арбитражем.

Summary

M. Kemper

Methods of Ensuring the Implementation of International Agreements within Socialist Economic Integration

In order to cope with the extreme complexity and dynamics of socialist economic integration and the iterative nature of management processes the practice of member-States of the Council for Mutual Economic Assistance (CMEA) developed new and combined existing legal formes. The management coordination, typical for socialist economic integration, takes place within a multidimensional system of interrelated rights and obligations stipulated in numerous interstate agreements (international treaties and decisions of international organizations) and in international commercial contracts. The different aspects of a basic economic problem are quite often regulated by a whole chain of interstate agreements which at the same time allows to concretize step by step the terms of performance. These international agreements are interrelated with international, commercial contracts which often establish congruent obligations. Each of these agreements contains specific obligations and represents at the same time a broader form of regulation contributing to the implementation of parallel or subsequent obligations. The decisions of the CMEA economic summit stress the necessity of a further development of *this system* of agreements and contracts. Securing mutually the implementation of international agreements and contracts presupposes both the congruency of their contents and their relative separation from each other. The latter prerequisite enables the use of the legal consequences of non-performance of a commercial contract as a stabilizing factor with respect to the fulfilment of interstate obligations.

Considerable importance for the implementation of international agreements is attached to the regulation of the responsibility of States and economic organizations, which is the second main legal issue of the CMEA economic summit documents. According to the prevailing view State responsibility arises from an act or omission imputable to a subject of international law and constituting a violation of its obligations towards other subjects of international law. Most scholars regard compensation and all other forms of reparation as well as reprisals and other coercive measures against the author State as legal consequences of State responsibility. Some authors mention also the right to withhold performance as legal consequence.

The "legislative" practice of CMEA legal commission has so far favoured indemnification as a possible legal consequence, but this opinion was not adopted by state practice which preferred the (mostly preventive) use of the right to withhold performance. In other words, the iterative process of management coordination is continued by other means following a breach of the respective coordination duties.

Indemnification may not be excluded as a legal consequence also in the case of a violation of interstate coordination duties. However, it should be implemented through the network of contractual relations between enterprises. This presupposes, that the respective international legal obligations should already be the object of international commercial contracts (which largely depends on the implementation of the third main legal issue of the CMEA economic summit — the development of direct relations between economic units) and also that internationally wrongful management acts of a State, causing impossibility to an international commercial obligation, do not exempt the economic units from responsibility. If, as the case may be, there is a dispute between the partners concerning the fact that non-compliance with an international commercial contract was caused by an act of State lawful under international law, the respective commercial arbitration procedure should be suspended. The partner who invoked the act of State should be given the possibility to prove his case before an international arbitral tribunal.

E. Konstantinov

Development of the Principle of Sovereignty in Space Law

The further development of outer space activity, especially its applied aspect, referring to the practical uses of outer space for earth purposes and the evolving of space law proceeding from it, concern different aspects of the principle of sovereignty. In the present study several of them will be considered, namly — the space limitation of the sphere of complete and exclusive sovereignty, the advancing of the sovereign rights exerted by the States in outer space, and the compliance with the principle of sovereignty in the practical uses of outer space. The investigation of these problems is actual, since they play an important role for the correct interpretation and application of space law, and for its promotion.

The development of the principle of sovereignty by space law is determined to a great extent by the fact that international law approaches the mastering of outer space, from the very start, as a problem of global significance. The Treaty on Principles Governing the Activities of States in the Exploration and Use of Outer Space including the Moon and other Celestial Bodies (The Space Treaty), of 1967, obligates all States to carry out space activity for the benefit and in the interest of all countries (Art. I). Moreover, outer space is proclaimed to be the province of all mankind (Art. I). Subordinate to this approach is the exclusion of national appropriation of outer space by claim of sovereignty (Art. II). In the same vein is the Agreement Governing the Activity of States on the Moon and other Celestial Bodies of 1979 (The Moon Treaty), which proclaimes the celestial bodies of the Solar System to be the common heritage of all mankind. All these regulations are an expression of the international legal understanding of States that their international legal cooperation in the field of space activity is determined to a great extent by its global nature.

The international legal regulation of the mastering of outer space as a global problem is determined by a number of objective causes. Many space activities, carried out by a given State, directly affect the interests and sovereign rights of other States in many fields — direct television broadcastings via satellite, the use of data, obtained by remote sensing of the Earth from outer space, etc. . . At the same time, no State alone can solve the problems of the mastering of outer space by itself, even if it has significant scientific-technical and economic potential. The mastering of outer space is a global problem also due to the fact that it is a historical inevitability for mankind. It reflects, to a considerable degree, the political attitude of the governments towards the future development of the world. The more mankind advances, the more it feels the need of exploration and use of outer space — an activity that offers it unlimited possibilities. Therefore, mankind cannot, deviate from or postpone the evolution of space activity, and solve the problems of international co-operation connected with it, including the international legal ones, unless it sacrifices the interests of the future generations, including the prospects of solving other global problems.

The international legal approach to outer space as a global problem is manifested in the creation of rights common to all States — for instance the right to carry out free space activities, the rights proceeding from the proclaiming of all celestial bodies to be the common heritage of mankind. To apply the concept of common heritage of mankind to outer space is unthinkable without making sure that the principle of peaceful exploration and exploitation is scrupulously observed. That has been stressed from the very beginning in numerous resolutions of the General Assembly of the United Nations. Art. III of the Space Treaty expressly states that "States Parties to the Treaty shall carry on activities in the exploration and use of outer space . . . in accordance with international law . . . in the interest of maintaining international peace and security and promoting international co-operation and understanding." It is therefore absolutely necessary "to prevent the spread of the arms race to outer space" (Res. 1884, XVIII) in order to ensure peaceful co-operation in outer space among States on the basis of sovereign equality. The use of outer space for the betterment of mankind, its common use by all States and the implementation of the specific rules of space law very much depend on reaffirming and strictly observing the principle of use of outer space exclusively for peaceful purposes. Thus, preventing a militarization of outer space has become a key point for the development of space law and is being treated accordingly in the proposals of Socialist States, in particular, in the allembracing disarmament concept presented by M. Gorbatchev in January 1986.

The acquisition of rights common to all States, occurs at the expense of the respective limitation of some of their other individual rights, related to their sovereignty. This limitation concerns two trends — the further development of the complete and exclusive sovereignty of the States in outer space, and their exerting of sovereign rights in outer space.

1. The Spacial Limitation of Sovereignty by Space Law

The development of the principle of sovereignty has undergone essential spacial limitation since the beginning of space law. According to the Space Treaty of 1967, outer space including the Moon and other celestial bodies, is not subject to national appropriation by claim of sovereignty, by means of use or occupation, or by any other means (Art. II). The Moon Treaty of 1979 substantiates this prohibition referring to the celestial bodies within the Solar System, proclaims them to be a common heritage of all mankind (Art. XI, Para. 1) and forbids their national appropriation by claim of sovereignty, by means of use or occupation, or by any other means (Art. XI, Para. 2). From the very beginning of its origination, space law put a legal barrier before the spacial expansion of the complete and exclusive sovereignty of the States in outer space, which was excluded from their territorial sphere. This principle is of basic and imperative significance for space law, for the interpretation and application of its norms, for its future development. It laid the foundations of the common use of outer space.

The spacial limitation of sovereignty by international law makes illegal all aspirations for territorial expansion in outer space. This international legal regulation is especially actual in connection with the claims of the equatorial States to extension of their sovereignty over the geostationary orbit, which constitutes a part of free outer space. The manifestation of the spacial limiting function of space law regarding sovereignty, is a relatively new phenomenon in international law. Up till now, the new spacial spheres, situated beyond the States' territory, affected by human activity — as for instance the sea, airspace, the Antarctic etc. — have almost always been the object of territorial claims and appropriation. In international law the States have always shown the tendency to expand the territorial spheres wherein they are allowed to exert sovereign rights or jurisdiction, on the behalf of the regions falling under the regime of *res communis*, or representing no man's land.[1] There are many such examples — the territorial sea, national airspace, the contiguous zone, the continental shelf, the exclusive economic zone where the States' sovereign rights extend over its biological and mineral resources.

However, space law did not lead to the manifestation of yet another phenomenon, well-known in international law — the adoption of new concepts for the establishing of international zones with a specific regime, often implying new expansion of sovereignty. This was not only due to the territorial redistribution among States, of the existing zones, but also to the acquisition of new rights by only some States in the new zone, which practically limits the sovereign rights of the rest of the States for free use of these zones. For example, we can once again turn to the recent developments of international law of the sea. It showed that the introduction of the concept of "common heritage" did not automatically exclude the striving towards expansion of sovereignty on the part of some States. The international legal implementation of this concept was connected with an essential territorial redistribution of the free sea spaces to the benefit of extending the sovereignty and the sovereign rights of some coastal States. They acquired wider regions — the contiguous zone, the continental shelf, the exclusive economic zone — wherein

1 See B. Bacotic, Space Law Problems at the Turn of the Century: An Overview of Some Warning Trends in Public International Law, in: Proceedings of the Twenty-Sixth Colloquium on the Law of Outer Space, New York 1984, p. 346.

they exert sovereign rights at the expense of limiting the rights of other States, which up to that time were allowed to exercise them in the free zones of the high seas. The acceptance of the concept of outer space being the province of all mankind, and its common heritage did not lead to any such phenomena, as limiting the common rights of all States and expanding the sovereign rights of single States.

A new moment in international law is also the quick pace at which the norms of space law are created, whereby the spacial limitation of State sovereignty is achieved.

So far, in international law it has been possible to create relatively fast norms allowing States to extend their sovereignty to new territorial spheres which were not yet claimed by other States — for instance the contiguous zone, the continental shelf, the airspace above State territory. The situation, however, is quite different when a limitation of expansionist tendencies is envisaged. In these cases, the law-making process is considerably longer, more complex, and not always so successful, as regards the final results. An example in this respect is the drafting of the Antarctic Treaty of 1959, which did not settle the territorial claims of the States in the Antarctic region, as well as the III UN Conference on Law of the Sea.

These peculiarities of the international legal regulation on the spacial development of State sovereignty, appearing as a result of the limiting influence of the norms of space law, are a novelty in international law. They can be explained by two main reasons. Firstly by the States' awareness, at the very beginning of the evolution of space law, that the regulation of outer space activity must be approached as a global problem, and that there exist interests common to all States, which should be guaranteed by international law. Secondly by the lack of specific international legal regulation in this field of space law which does not hinder the appearance of these peculiarities.

International law, by excluding outer space from the States' territory, has not yet entirely solved one important problem, relating to the spacial expansion of State sovereignty — the international legal definition of the boundary separating it from free outer space. So far this issue has been unsuccessfully discussed in the Legal Sub-Committee of the United Nations Space Committee. A number of reasons call for its solution:

First of all, it must be stated that the legal regime of the national airspace essentially differs from that of outer space. Whereas the former is governed by the principle of State sovereignty, the latter is free for exploration and use. It is evident that without a definite boundary between the two neighbouring spacial spheres, the application of the norms operative within each of them, might lead to legal collisions. The establishment of this boundary will eliminate the danger of disputes on territorial problems which, as history proves, have always strained the relations between States. Examples are the claims of the equatorial States for extension of their sovereign rights at the expense of outer space, by expanding them over the geostationary orbit. Another case is the carrying on of free outer space activity within airspace where it enters into conflict with sovereignty. Moreover, without a spacial delimitation of airspace from outer space there are potential conditions for the arising of conflicts around the legal definition of given activities with regard to their inclusion within a regime of norms operative in only one of the two adjacent spheres. As an example we can take article IV of the Space Treaty of 1967, posing the issue at which height above the Earth's surface the weapons of mass destruction should be deployed, so that they might be considered to be situated in outer space, where their installing is prohibited. The regime of airspace outside national jurisdiction — over the high seas, the Antarctic, the international straits — also differs essentially from that of outer space, hence the necessity of their spacial limitation from each other, too.

Owing to the essence of the use of the space above the Earth, the upper frontier of sovereignty should conform to the functional requirements and legal regime of the two main activities carried out within it — airspace and outer space activities. If we consider the international legal delimitation of airspace from the viewpoint of Air Law, it includes the space where navigation is possible, due to the aerodynamic properties of the air in a wide range of speed, from subsonic to supersonic.[2]

From the viewpoint of Air Law and the future development of aerial navigation, the upper boundary of State sovereignty should not necessarily exceed 100 km above Earth surface. There exist quite a few facts, determining the contours of an international legal orientation referring to the height where this delimitation can be fixed, taking into account the functional requirements of freedom of outer space.

For instance, among most States there exists an agreement that the lowest perigee of the Earth's satellites, is considered as the lowest frontier of outer space, or in any case, as a part of it. We might even express the assumption that a similar customary law norm is being made.[3] The lowest perigee is extremely appropriate for an inner frontier of outer space, since from a scientific-technical viewpoint it is a constant, based on invariable physical characteristics and with little dependency on scientific-technical progress.

The specialists suggest the height of 110—120 km, as the lowest possible effective perigee of spaceships, whose orbit is of certain duration.[4]

The solution to the problem of the freedom of orbital flights of spacecraft at a height of less than 100—110 km which could possibly be accepted as a boundary between airspace and outer space, should not prove to be an obstacle, blocking the settling of the issue of limitation. Several variants can be proposed, providing their free carrying out:

[2] See Doc. A/AC.105/C.2/7, paras. 124—126.

[3] See Doc. A/AC.105/C.2/L.133/Add. 6, 18. 2. 1982; D. Goedhuis, The Changing Legal Regime of Air and Outer Space, in: International and Comparative Law Quarterly, vol. 27 (1978), p. 590.

[4] See M. Marcoff, Traité de droit international public de l'espace, Fribourg 1973, pp. 308—309.

a) The flights at lower orbits must not be especially regulated, since they are of no practical significance. In this case their carrying out will proceed on the conditions of space transit ("innocent passage" through airspace).

b) If the specialists clarify which is the lowest perigee of the spaceships, its limit can be accepted as the inner frontier of outer space.

c) If the delimitation is fixed at 100—110 km, the freedom of carrying out lower orbital flights must be explicitly formulated. It is taken into consideration that they will not seriously infringe on the interests and security of the States, especially in the field of air-navigation.

d) In variant c) a formulation can be adopted, granting the States whose airspace is traversed by lower orbital flights the right to demand that they conform with its interests. In this case the freedom of carrying on of lower orbital flights is granted, unless the state traversed objects. In the latter case the "innocent passage" will be carried out under the conditions of outer space transit through airspace.

The issue of the spacial delimitation of airspace from outer space is closely linked with the international legal regulation of outer space activity, when carried out within airspace. Two main types of activities are carried out therein — space flights and air-navigation. It is therefore expedient that the two be delimited by international legal means. Here it is necessary that a solution be sought, corresponding, on the one hand, to the functional requirements of free space transit, and on the other, with regard to the sovereign rights of the traversed States, which they do not want to relinquish at present.

The setting up of specific norms of space law that are operative within the spacial sphere, where the norms of international air law are operative as well, is compulsory due to the fact that while the air-navigation is regulated entirely by air law, space law does not altogether regulate the carrying out of space activity within airspace, which it uses as a transit zone, and does not conform this regulation to the required degree with the other norms, operative in this spacial sphere. This, on its part, leads to conflicts between the norms of air law and space law.

Besides, there exist disputes around the issue to what extent the carrying out of peaceful transit outer space activity in national airspace is free and under what conditions it has to be effected.[5] Within this sphere every kind of activity, including outer space activity, is subject to the sovereignty of the subjacent states. The freedom of air-navigation is guaranteed by air law by means of concluding respective international treaties. Space transit through national airspace can also be carried out, but naturally only on an international legal basis. In this respect, the arguments center around the issue, whether such international legal norms, permitting this kind of activity, exist at all. The authors' opinions differ on the subject whether the right of each State to use the airspace of other states for the launching of ob-

[5] See W. Schwenk, Der Durchflug von Weltraumgegenständen durch den nationalen Luftraum, in: Zeitschrift für Luft- und Weltraumrecht, vol. 31 (1982), pp. 3—11.

jects into outer space and their returning back to Earth, without being hindered may be derived from the Space Treaty. While some authors support this right, others reject it. The required international practice, whence the rules concerning this issue could be derived, is also lacking. But there already exist precedents in the legislature of some States, which legally consider the space objects of foreign States within their airspace as aircraft and introduce a permission regime for them. Thereby, they practically do not recognize a general freedom of space transit through airspace, but set the terms for its carrying out under the permission regime of their State, characteristic for air-navigation.[6] In this case, an infringement of the permission regime is considered as a wrongful act leading to the State's international legal responsibility.

The working out of a special international legal regulation for space transit is also imperative owing to the fact that international air law cannot be automatically applied, with respect to outer space activity, even when it is not regulated. This is possible only if such an implementation is explicitly provisioned by air law. On its part, the space transit, unless it is regulated on an international legal basis, must comply with the airspace regime. Outer space activity cannot be lawful if it violates the legal norms established therein.

The indiscriminate carrying out of outer space flights, especially with the intensive future development of outer space activities, at any heights and in any directions within airspace, may give rise to difficulties for the traversed State and cause severe damage to it, including to its air-navigation. Conversely, air-navigation might endanger the security of space transit. The claims to the free outer space transit become meaningless, unless the cooperation of the traversed State and the coordination with the international legal regime of airspace beyond national jurisdiction be provisioned. At the present moment this can be achieved by means of international legal regulation of the outer space activity within airspace, which is advantageous to all States.

It is necessary that the international legal regulation of transit outer space activity within airspace, guarantee that it can freely be carried out. This would correspond to the requirement as laid down in the Space Treaty of 1967. It is essential to supplement with this clause the universal international treaty, which would define the demarcation line between airspace and outer space.

It is also imperative for this treaty to provide the legal means by which the coordination of the transit outer space activity with all other activities, carried out in airspace, and with the interests of the States in whose airspace it is conducted, be effected. Since these issues differ considerably for the separate regions of the Earth and will change in future, their detailed legal regulation in the universal treaty is hardly expedient. This treaty, guaranteeing the common right to free

[6] See for instance the Hungarian Law of Civil Aviation and the State Decree No. 17, of 1981, for its implementation, as well as § 1 (2) of the Law of Airtransport of the FRG.

space transit, must leave the settling of the concrete conditions for effecting space transit, to be agreed upon by the States involved. This can be accomplished on a bilateral basis, as well as multilaterally, for instance regarding separate regions.

From this formulation it follows that space transit cannot be refused groundlessly, unless for reasons corresponding to the stipulations of the universal treaty, on the part of the overflown State.

Such an approach conforms with the demands of the functionalists, for the free carrying out of outer space activity without its being severed, and so falling under different legal regimes.[7] At the same time the sovereignty of the States is not infringed upon, since the outer space transit is carried out on a contractual basis.

It is essential for the universal international treaty to stipulate that the State launching the space object retains jurisdiction and control over it during its entire flight, including the transit passage through foreign airspace. Such a functional approach is essential both from a technical, as well as from a legal point of view. It is not expedient for the flight, which, from an operative viewpoint, can be regarded as a unified entity, to fall under different legal regimes and jurisdictions.

It is imperative that the universal international treaty takes into consideration the statute of the hybrid air-outer space navigation aircraft (for instance of the type "spaceshuttle"), when they traverse foreign airspace. According to international law, when these aircraft travel in airspace, using the aerodynamic properties of the air, they are treated as aircraft with all ensuing legal consequences. But if these aircraft operate with rocket propulsion in airspace and are heading for, or returning from outer space, they can be considered as spaceships from a legal viewpoint. Hence, during one and the same flight, these spacecraft may fall under different legal regimes. It is therefore advisable to stipulate a functional criterion in the universal treaty, which would delimit the use of hybrid spacecrafts for outer space or airnavigation purposes. The purpose and essence of the activity carried out may be used to this end. If the activity of the spaceship is related to activities characteristic of air-navigation, as, for instance, the transport of passengers, cargo and mail from one point of the Earth to another, irrespectivly of the fact that during the flight the spaceship traverses outer space, then to this activity must be governed by the regime determined by international air law. The freedom of space transit refers only to outer space activity, relating to the going to and returning from outer space.

2. Space Law and the Development of the Sovereign Rights on Outer Space

The spacial limitation of State sovereignty by space law does not exclude space activity, on the contrary, it provides the opportunity for States to exercise sover-

[7] See N. M. Matte, Droit aerospatial, Paris 1969, pp. 84—88.

eign rights in outer space and to carry on space activities. Their freedom is guaranteed by space law. Article I of the Space Treaty proclaims outer space and the celestial bodies to be free for exploration and use for all States. Therefore, the use of the freedom of space activity guaranteed by international law is a sovereign right of every State, an expression of its sovereignty. Each State, on the basis of its sovereignty, has the right to decide how to carry out its space activity.

Naturally, space activity does not enjoy absolute freedom. As all other expressions of sovereignty, the freedom to exercise sovereign rights in space should be used in compliance with international law.

Further, due consideration should be given to those international legal norms that set certain limits to the sovereign right of carrying out free space activity, in order that the rights and interests common to all States be guaranteed. For this purpose it is insufficient to bar the way of territorial appropriation of outer space, and to formally permit all States to carry on free space activity. At the contemporary stage of development of society it is not always necessary to exert full and exclusive sovereignty over a given spacial sphere, so as to obtain a definite effect of its use. The envisaged result can be achieved without the territorial appropriation of the region. Therefore, it is often sufficient to acquire sovereign rights, to expand the jurisdiction, or even just the political-economic sphere of influence. Space is not significant as such for itself alone. The importance of outer space proceeds from the possibility that its space and resources be used — for instance, for space flights, for the building of space stations, for the launching of satellites into geostationary orbit, for the exploitation of the mineral resources of the celestial bodies, for the obtaining of solar energy etc. For all these reasons, which are of such great significance to the common use of outer space, are those provisions of space law, limiting some sovereign rights in outer space relating to its use for the individual needs of single States, in order to guarantee by international legal means — by the granting of common rights to all States — its use to the benefit of all mankind.

In this connection space law displays the following objective dependency, regarding the international regulation of the sovereign rights of States in outer space — the greater the common, mutual interest of the States in the international legal regulation of the use of a certain spacial sphere (outer space) and its resources to the benefit and in the interests of all, the more the individual sovereign rights of States for free carrying out of outer space activity are limited (individual rights), and the rights of all States relating to certain types of outer space activity and the results obtained therewith (common rights) are extended. This objective dependence is manifested in the gradual expression of the limiting function of space law regarding the states' individual sovereign rights in outer space.

The global international approach to outer space has led to the creation of rights showing the interest in its mastering common to all States — for instance, the rights proceeding from the proclaiming of the celestial bodies of the Solar System as a common heritage of mankind. A characteristic feature of these rights is that they are granted to all States, giving them the direct right to benefit from certain space activities, even when they do not participate in them — for instance, by equitably sharing the benefits derived from the resources of the celestial bodies, proclaimed as a common heritage. The granting of these rights is connected with the respective limitation of some sovereign rights in outer space, bringing direct benefit to the single States that are carrying them out.

The limiting function of space law regarding the exercise of sovereign rights in space, directed towards meeting the individual requirements of the single States varies in degree, depending on the application of two different legal concepts for outer space and celestial bodies of the Solar System — that of a province of all mankind, and that of a common heritage of mankind.

The international legal status of outer space as a province of all mankind, admits a relatively high degree of exercise of individual sovereign rights. They are limited according to Art. I of the Space Treaty of 1967, by the necessity that outer space activity be carried out for the benefit and in the interest of all countries, independently of the degree of their economic and scientific development. This international obligation which essentially constitutes a certain limitation of the sovereign right for the free carrying out of outer space activity, is however, not guaranteed by other regulations. It defines foremost the perspective of further development of space law and is of great importance for the understanding of the other norms of the Treaty.[8] This formulation practically means that the results from the exploration of outer space serve the interests of all States, of every human being, of the general progress of civilization, without the introduction of international control. Each State carries out space activity based on its own space program or jointly with other States, in accordance with the concluded international agreements.[9] The great freedom of the international legal regime over outer space offers wide opportunities for satisfying the individual national interests of the space States, which have the possibility of carrying out space activity.

Of practical significance for the present application and further development of space law is the fact that the obligation, requiring that space activity be conducted for the benefit and in the interests of all countries, does not bind the space States to share the results of their space activities with other States. At the same time this regime does not hinder the non-space States, through international cooperation on the basis of international law, to avail themselves of this activity

[8] See A. S. Pirandov (ed.), Tendencii razvitija kosmičeskogo prava, Moskva 1971, pp. 40—41; C. Q. Christol, The Jus Cogens Principle and International Space Law, in: Proceedings of the Twenty-Sixth Colloquium on the Law of Outer Space, New York 1984, p. 4.

[9] See J. Kolosov, Politiko-pravovye aspekty osvoenija kosmosa, in: Meždunarodnaja žizn, 2/1979, pp. 92—93.

— for instance in the sphere of meteorology, communications, obtaining of data from the remote sensing of the Earth from outer space etc.

In contrast to the concept of outer space, being the province of all mankind, the concept of common heritage considerably limits the exercise of the individual sovereign rights in outer space, directed towards the immediate meeting of their individual needs and extends those rights which serve the interests of all mankind. This concept reflects the global nature of the mastering of outer space and its connection with the social processes. It was adopted in the Treaty of 1979, in the Agreement Governing the Activities of the States on the Moon and other Celestial Bodies, and concerns all celestial bodies of the Solar System. This concept which hitherto has also been adopted for the sea-bed beyond national jurisdiction in the new Law of the Sea Convention, represents a qualitatively new view regarding the States' common use of the areas that do not fall within the sovereign sphere of any country. Its main principles are as follows:

1. The territorial sphere and its natural resources, regarding which the concept is applied, cannot become the property of any State, i.e. it is not subject to national appropriation.
2. It is necessary to create a system for international management, in which all States participate.
3. The benefits obtained from the exploitation of the territorial sphere, proclaimed as a common heritage of all mankind, must be shared equally by all States.
4. Use exclusively for peaceful purposes.[10]

Until now the States have accepted only the general formulation of the principle of "common heritage", with regard to the celestial bodies. However, the problem of how precisely to effect this international management of the resources and sharing the benefits derived from them has not yet been agreed upon. Only a formulation, which takes into account the interests of the non-space States, as well as of those having the greatest contribution for the exploitation of the natural resources of the celestial bodies, has been accepted. These are the criteria for the creation of an international regime of management, laid down in the Moon Treaty of 1979. They proceed from an equitable and not from an equal sharing of the benefits which takes into account not only the needs and interests of the developing countries, but also the efforts of those who have contributed to the exploitation of the celestial bodies. This regime will be the object of future negotiations and agreements on the basis of international law and its basic principles. So far, it has not imposed a moratorium on the economic use of celestial bodies.

[10] See D. Goedhuis, Conflicts in Interpretation of the Leading Principles of the Moon Treaty of 5 December 1979, in: Netherlands International Law Review, 1981, p. 15; W. A. Kewenig, The Common Heritage of Mankind — A Political Slogan or a Key Concept of International Law?, in: Law and State, vol. 24 (1981), pp. 7—30.

Until the setting up of an international regime for exploitation of the natural resources of the celestial bodies the issue remains of interest, whether the States may exercise sovereign rights over the natural resources of the celestial bodies, derived thereby. For the time being, the Moon Treaty does not permit the natural resources "on site" to become the property of the States (Art. XI, Para. 3). Therefore, the following interpretation is possible — those natural resources that are no longer in place, i.e. have been extracted and are no longer to be found on the celestial bodies, can be used by the State which obtained them.

In future a number of disputes might arise from the bringing in the foreground of a new category of the international relations — mankind. There already exist a number of viewpoints regarding it as the "proprietor" of the celestial bodies.[11] This definition however, is not precise. It contains a potential danger of disregarding state sovereignty. The interpreting of the formulation "a common heritage to all mankind", should proceed from the principle according to which subjects of international cooperation in space are only the States and the international organizations within the framework of their statute competencies. This standpoint has been recognized in a number of international legal documents and foremost in the UN Charter and the treaties in the field of international cooperation in outer space. At the present stage of international relations, the interests of mankind can be promoted solely through sovereignty and the cooperation among the States, based on the principles of peaceful co-existence.

The reasons for the greater degree of limitation of the individual sovereign rights of States, regarding the celestial bodies, are hidden primarily in the global nature of their utilization and its connection with the social processes. This is owed to the fact their resources are not inexhaustible. However, their entirely free use shall place the less-developed part of the world in still greater backwardness, notwithstanding the fact that formally all States enjoy equal rights. The right of the first one becomes a barrier to everyone else, who has later on obtained an opportunity to carry out the same kind of activity. This fact is added by the well-known law of physics, according to which two bodies cannot occupy one and the same space simultaneously. That is why the concept of "common heritage to all mankind", as a whole, although new in the international cooperation among States and not yet sufficiently clarified both theoretically and practically, can be estimated as progressive. Some of the basic principles characterizing this concept as a positive international phenomenon, are the following: It is applied to regions that are outside the States' sovereignty, and excludes their seizure. This means that the celestial bodies cannot be appropriated by those States who first begin to carry on activities on them. In this way a barrier is put before the dangerous and egoistic practice of the States which we have witnessed during the 70ies, when a

[11] See R. Jankowitsch, Mond und Himmelskörper im neuen Völkerrecht des Weltraums, in: Zeitschrift für Luft- und Weltraumrecht, vol. 30 (1981), pp. 178—179.

number of States appropriated huge areas of the high seas and the sea-bed, belonging to all.

A positive element of this concept is the fact that it is directed toward accounting for the interests of those states that do not participate in the exploitation of the natural resources of the celestial bodies. This refers mostly to the requirements and interests of the developing countries. Should the full freedom of using these resources be retained, it would be economically beneficial only to those States, capable of exploiting them. The free exploitation would lead the less developed part of the world to even greater backwardness, inspite of the fact that formally they have equal rights for the exploitation of the natural resources of the celestial bodies. The advantages possessed by the former in their economic exploiting of the natural resources of the celestial bodies, will become a barrier to those who will later on acquire the possibility of their exploitation. From this viewpoint the concept of "common heritage of all mankind" is in compliance with the principles of the "new international economic order". In this way it does not permit the celestial bodies to become the "common heritage" solely of the transnational corporations. It is not incidental that its authors and strongest adherents are precisely the developing countries. The accepting of this concept as a leading principle of the States' activity on the celestial bodies is a success, and proves the increased political role of the developing countries in the contemporary international relations.

Another positive element of the concept is that it concerns the natural resources of the celestial bodies which are exhaustible and their use must be carefully planned, taking into consideration not only the interest of the present generations, but that of those to come as well. In this sense, an additional element of planning in the interest of the community of states is introduced in the sphere of international relations, and so the anarchy brought about by the laws of the "free market" is delimited.

At the same time the attempts at limiting the individual sovereign rights of States in outer space itself, by extending the concept of the common heritage of mankind, can be qualified as unrealistic.[12]

Although the problem of exploration and use of outer space is a global one, the space activity has not as yet been put under international control and there are no prospects to reach such a result. Should the concept of "common heritage" be introduced with regard to outer space, it would imply that the freedom of its use be revoked and replaced by a special international regime. Moreover, the already existing principle of cooperation will have to be substituted by the prin-

[12] See for instance J. Tinbergen, Peresmotr meždunarodnogo poradka, Moskva 1980, p. 65; A. A. Cocca, Tratamiento Legal de la Materia Extraterrestre, Buenos Aires 1967. Similar concepts are advocated by some states as for example Sweden (see UNDoc. A/AC.105/C.2) and Chile (see Doc.A/AC.105/PV. 1967, p. 6, 10. 7. 1979).

ciple of the equal or equitable sharing of the benefits derived from this activity. The present possibility of settling the disputes by consultations among States, will be replaced by an interstate organ. Such an approach does not correspond to the now-existing political, military, legal and economic conditions of international cooperation in outer space. That is why this idea can hardly be expected to receive the approval of all States, especially that of the space States, and without this it cannot be applied. Hence it is unrealistic and cannot be of positive practical significance in international relations, but it can rather become a source of conflicts.

3. The Practical Use of Outer Space and the respect for Sovereignty

The broadening of the applied aspects of space activity its directing towards the solution of Earth problems ever more often raises the issue of the recognition of foreign sovereign rights and enhances to a considerable degree the political, economic, military, ideological and other state interests towards it. The problem is further complicated by the fact that some of the new types of space activity, affecting foreign sovereignty, have not yet been specifically regulated by international law. This state of affairs poses the problem of the legal conditions under which the carrying out of outer space activity is permitted when it infringes upon foreign territory or sovereign rights. The lack of specific international legal norms regulating the different types of outer space activity can and does engender controversies and conflicts among the states, which contradictions have negative consequences for international security and cooperation. The advance of applied outer space activity objectively calls for a new supplementary international legal regulation, which on the one hand will defend the sovereign rights of States affected by foreign outer space activity, and on the other, will guarantee the freedom of exploration and use of outer space and thereby of the different kinds of space activity.

In connection with the new problems, posed by the implementation of sovereign rigths in outer space, in theory and in the international legal practice of some States, are advocated viewpoints whereby it is essential to work out new legal, moral and political concepts, guaranteeing the uses and perspectives of mastering outer space to the benefit of all mankind.[13] This concept is principally true, but only inasmuch as the "new legal concepts" do not signify illegal severing of space law from the system of international law and its basic imperative principles (jus cogens) and are not aimed at the revision of the principle of sovereignty.

[13] See Doc. A/SPC/35/SR.16, p. 2.

The problem of "severing" must be mentioned, since a number of viewpoints proceeding from it, absolutize the freedom in the exploration and use of outer space. They consider that when a certain kind of outer space activity is not explicitly forbidden, it is permitted, even if it enters into conflict with some basic principles of general international law. For instance, it is maintained that so far as the agreements in the field of space law do not put concrete limitations on certain types of use of outer space, there is no reason at present to introduce such limitations.[14] Therefore it is considered unnecessary to create a specific regulation for the new types of space activity, since it would be contradictory to the Space Treaty of 1967, and the clause laid down therein, concerning the freedom of outer space and of space activity.[15] In this connection it is stressed that the freedom of exploration and use of outer space neutralizes the effectivity of the action of sovereignty and therefore creates the necessity of reorganizing its concept, since in its present state it does not correspond to reality.[16] The respect for the principle of State sovereignty is seen as an obstacle to the practical and effective use of outer space.[17] Similar theoretical deliberations give reason for controversy between the freedom of exploration and use of outer space and the principle of State sovereignty. It must be taken into consideration however, that if the freedom of outer space activity is placed hierarchically, according to its legal force, above the principle of sovereign equality, it would be illegally limited by it.

Such conclusions deserve attention, since they lie in the foundations of the official stand of some Western States. During negotiations in the organs of the UN for the international legal regulation of the new types of outer space activity, their representatives often state, that these activities are not prohibited, since they are not regulated by international law. However, accepting such a thesis would practically mean to promote such rules of behaviour, which in many cases will lead to one-sided advantages from the new types of outer space activity only for those States that are at present scientifically and technologically prepared to benefit from them.

For instance, with reference to the dissemination of data obtained by the remote sensing of the Earth from outer space, concerning the territory of a foreign State, the USA and other developed Western States maintain that except for moral considerations, States are not bound by any other obligations, regarding the commercial use of the information about the natural resources of foreign States.[18] The USA officially sell and circulate such data and take pains to legalize these practices

[14] See E. Galloway, Direct Broadcast Satellites, Amsterdam 1974, p. 4.

[15] See Legal Implications of Remote Sensing from Outer Space, Leiden 1966, pp. 101—102.

[16] See ibid., pp. 113—124.

[17] See ibid., pp. 114, 117; S. M. Beresford, The Future of National Sovereignty, in: Proceedings of the Second Colloquium on the Law of Outer Space, London 1959, Vienna 1960.

[18] See W. S. H. Lay/H. J. Taubenfeld, The Law Relating to Activities of Man in Space, Chicago 1970, pp. 187—188; Doc.A/SPC/35/SR.15.

by international law.[19] Similar is the stand of these States with regard to the direct television broadcastings by satellites, when they are intended for direct receiving by the home TV sets of the population of foreign States. They consider that such broadcastings should be carried out freely, without the consent of the foreign State concerned.[20] Such theses set above the sovereign rights of the affected States the freedom of carrying out the mentioned new space activities which hitherto have not been specifically regulated by international law. This naturally creates the danger, as, for instance, in the case of the direct television broadcastings, of their becoming an instrument of unwanted and unlawful intervention in the domestic affairs of foreign States, and a source of international conflicts.

Such concepts are not in compliance with international law. Outer space is not a legal vacuum, and the freedom of its exploration and use is not an absolute one. Outer space and space activity are subject to the basic principles of international law. They represent a binding legal basis for peaceful co-operation among equal States in all spheres of international relations. Their recognition is obligatory, regardless of the spacial sphere wherein the State activities are conducted — on Earth, in airspace or in outer space. This requirement is clearly defined in contemporary international law. It follows both from the UN Charter and from the Declaration on the Basic Principles of International Law adopted unanimously by the General Assembly of the United Nations Organization in 1970, as well as from the Space Treaty of 1967. This Treaty alongside with proclaiming the freedom of exploration and use of outer space, simultaneously obliges the States to carry out such activities in compliance with international law, including the UN Charter (Art. III of the Space Treaty). Therefore the legality of each concrete type of outer space activity in the absence of special regulation in international law concerning it, depends on the extent to which it is in conformity with the basic imperative principles of international law, including the principle of sovereign equality. This principle retains its imperative force with regard to space law.

Without embarking upon a discussion of the debated issue whether any of the principles of space law have become imperative principles of international law, we shall only stress the fact that the above conclusion would not be changed by the eventual raising of the freedom of exploration and use of outer space to the rank of an imperative principle of international law.[21] According to the Declaration of the General Assembly of the United Nations Organization of 1970, concerning the principles of international law, in the interpretation and application of these principles, they must be considered as interrelated, and each principle should be regarded in the context of the other principles.

[19] See Doc. A/SPC/35/SR.16, p. 2.

[20] See W. S. H. Lay/H. J. Taubenfeldt, The Law Relating to Activities of Man in Space, op. cit., pp. 187—188; Doc. A/SPC/35/SR.16, p. 12.

[21] See C. Q. Christol, The Jus Cogens Principle and International Space Law, op. cit., pp. 1—7.

Hence, nothing in contemporary international law admits the possibility of settling the arising conflicts between the carrying out of the new types of space activity and the sovereign rights of States being harmful to sovereignty. The settling of these conflicts is possible solely by means of the further development of international space law. This can be done both by customary legal means, as well as by contractual legal means, but it is by no means legal to violate the principle of sovereign equality. The People's Republic of Bulgaria and the other socialist States stand for exactly such an international settlement of the arising issues with regard to the wider use of outer space for Earth purposes.

In some outer space activities, as, for instance, the remote sensing of the Earth from outer space and the direct television broadcastings, a number of complicated conflicts with the sovereign rights of the States arise.

The sovereign rights of a given state over its natural and material resources are infringed on, when they become the object of extending and use of data received by remote sensing of the Earth from outer space and the information obtained therewith. In this respect it is significant to stress the fact in working out, on a legal basis, of the remote sensing of the Earth from outer space, it is necessary to take into account the principle of complete and exclusive sovereignty of States over their own natural resources, including the information concerning them. Although not yet precisely settled by international law, the problem as to who has sovereign rights over the information concerning the natural resources, can be solved only in favour of the State, whose sovereignty extends over the natural resources subject of this information. This conclusion logically proceeds from the fact that the value of the information is determined by its indissoluble connection with the natural resources. It is essential that international law should unequivocally further the principle of sovereignty. At the same time however, the freedom of exploration and use of outer space, guaranteed by international law must be complied with.[22]

It is obligatory to obtain the preliminary consent of the sensed State, regarding the dissemination of information relating to its territory. In this way infringement on its sovereign rights, and also any possible harmful use of such information for political, economic, military, and other purposes might be avoided. The use of this information on the basis of the concept of the "free market", without the consent of the respective affected State, will infringe on its sovereign rights.

Simultaneously however, there are data, obtained from the territory of a given State, that are not so essential for its security and economic interest, as they are significant to the interest of all nations — for instance, in connection with meteorology and the protection of environment. The circulation and use of such data to

[22] See Doc. A/SPC/35/SR.16, p. 8.

the interest of all States is in compliance with the principles of the Space Treaty and does not infringe on the sovereignty of the sensed State. The problem crops up more in connection with the determining of the boundary between the two kinds of data. It can be solved only by international legal means, in conformity with the basic principles of international law.

The carrying out of direct television broadcastings that can be received directly by the home TV sets of the population without the consent of the recepient State, state, infringes on its sovereign right to regulate its own territory and constitutes an illegal intervention in its home affairs. In international relations there exists no commonly accepted legal principle of "free flow of information". On the contrary — the States themselves have the right to decide the problem of what kind of information the population on its territory is to receive. This requirement has been accepted as an objective necessity with the purpose of assuring the peaceful co-existence of States with different political and economic systems and interests, as well as different ideology. The uncontrolled international dissemination of information can prove to be dangerous, especially to those states not-possessing information sources of their own. It is a well known fact that these sources belong to a limited number of states. According to contemporary international law even the human right of seeking, receiving and disseminating any kind of information and ideas, irrespective of the state boundaries (Art. 19, Para. 2 of the Covenant on Civil and Political Rights), is entirely subject to state sovereignty and can be legally limited (Art. 19, Para. 3, of same Covenant)[23].

Hence, for the carrying out of direct television broadcastings on foreign territory, it is necessary to obtain the agreement of the State on whose territory the broadcasting shall have effect.[24] This is its sovereign right which must be respected although hitherto no special international legal agreement has been worked out, regulating the direct television broadcastings via satellite. This standpoint received considerable legal-political support by the adoption with 107 votes for to only 13 against, of the General Assembly resolution, concerning the principles governing the use by the states of artificial Earth satellites for direct international television broadcastings, of Dec. 10, 1982. This resolution expresses the legal opinion of the overwhelming majority of states in the world today, that the direct television broadcastings are to be carried out only with the permission of the recipient state (para 14) and that they must be conducted in a manner compatible with the sovereign rights of States, including the principle of non-intervention (para. 1).

[23] See V. S. Vereshchetin, Space Activities of "Nongovernmental Entities", Issues of International and Domestic Law, in: Proceedings of the Twenty-Sixth Colloquium on the Law of Outer Space, New York 1984, pp. 261—264.

[24] See General Assembly resolution 37/92, December 10, 1982.

In conclusion it must be stressed that the practical and theoretical significance of the principle of sovereign equality of the States for the furthering and application of space law is constantly increasing. This principle occupies an ever more important position in the argumentation, when discussing the latest problems of space law, concerning the regulation of the newest types of outer space activity. The regulation of the applied space activity should give due respect to the protection of the sovereign rights of States.

Резюме

Е. Константинов

Развитие принципа государственного суверенитета в международном космическом праве

Для развития и применения космического права постоянно возрастает теоретическое и практическое значение принципа суверенного равенства. Этот принцип занимает все более широкое место в дискуссиях по новейшим проблемам космического права. В статье обсуждаются следующие основные вопросы, связанные с развитием суверенитета в космическом праве: пространственное ограничение сферы суверенных прав государств в космосе и соблюдение принципа государственного суверенитета при практическом использовании космоса. Одновременно подчеркивается, что предотвращение милитаризации космоса и обеспечение использования космического пространства в мирных целях является предпосылкой для решения этих вопросов.

Развитие принципа суверенитета в космическом праве определяется в значительной степени тем, что международное право с самого начала подходило к проблеме освоения космоса как к глобальной проблеме. Для развития в этом плане характерно создание прав, которые предоставлены всем государствам. Приобретение таких общих прав сопровождается ограничением иных индивидуальных прав государств. Ограничение идет по двум направлениям: пространственное ограничение полного и исключительного суверенитета государств и осуществление ими суверенных прав в космосе.

Космическое право поставило барьер перед пространственным расширением суверенитета в космосе: космос был исключен из территориальной сферы государств. Пространственно-ограничительная функция космического права в отношении суверенитета представляет собой сравнительно новое явление в международном праве.

Все еще не является разрешенным с международно-правовой точки зрения вопрос о делимитации воздушного и космического пространства и о регулировании транзитной космической деятельности через воздушное пространство. Верхняя граница суверенитета должна учитывать функциональные требования и правовой режим воздухоплавания и космической деятельности. Этим требованиям отвечает высота 100—110 км. Свобода орбитальных полетов спутников ниже этого предела может быть обеспечена на международно-правовой основе.

Необходимо провести международно-правовым способом различие между осуществлением воздухоплавательной и космической деятельности в воздушном пространстве. При этом нужно удовлетворить как функциональные требования свободы космического транзита, так и соблюдение суверенных прав перелетаемого государства. Государство, запустившее космический объект, должно сохранить юрисдикцию и контроль над ним в время всего полёта.

Пока еще не установлен и режим гибридных воздушно-космических аппаратов, когда они пролетают через чужое воздушное пространство. Здесь было бы целесообразно достичь договоренности о функциональных критериях, которые позволили бы различать между использованием таких аппаратов в воздухоплавательных и космических щелях, а также о применении соответствующего международно-правового режима. Таким критерием может служить цель и сущность осуществляемой деятельности.

Пространственное ограничение суверенитета не отменяет, а, наоборот, обеспечивает возможность государств осуществлять суверенные права в рамках реализации космической деятельности. Осуществление гарантированной космическим правом свободы космической деятельности является суверенным правом каждого государства, проявлением его суверенитета. Эта свобода не абсолютна и должна находиться в соответствии с нормами международного права. В работе выделены нормы международного права, ограничивающие в определенной мере свободу космической деятельности с тем, чтобы обеспечить общие всем государствам права и интересы.

В космическом праве проявляется следующая закономерность в области международно-правового регулирования суверенных прав государств в космосе — чем выше общий интерес государств в использовании космоса на благо всех, тем больше ограничиваются международно-правовым способом индивидуальные суверенные права на свободное осуществление деятельности в космосе, которая не отвечеает этому — получившему правовое выражение — интересу. Тем самым расширяются общие всем государствам права в отношении определенных видов космической деятельности и полученных из них результатов. Эта закономерность проявляется в разных ступенях ограничения индивидуальных суверенных прав. Выражением этого подхода является применение двух международно-правовых конценпций о правовом статусе космического пространства и небесных тел — общее достояние всего человечества и общие наследие человечества.

Развитие прикладной космической деятельности, результаты которой направлены на удовлетворение потребностей на замле, вызывает необходимость выработки новой, дополнительной международно-правовой регламентации. Она призвана с одной стороны защищать суверенные права затронутых государств, а, с другой стороны, обеспечить свободу исследований и использования космического пространства. С точки зрения международного права невозможно поставить свободу космической деятельности на иерархически более высокую ступень, чем принцип суверенного равенства, имеющий императивную силу. Попытки отрыва космического права от системы основных принципов международного права недопустимы.

В статье деляюся конкретные предложения по вопросам дистанционного зондирования Земли из космоса и прямого телевещания из спутников. В этих областях возникают сложные конфликты с суверенными правами государств на земле.

Resümee

E. Konstantinov

Die Entwicklung des Prinzips der staatlichen Souveränität im internationalen Weltraumrecht

Die theoretische und praktische Bedeutung des Prinzips der souveränen Gleichheit für die Entwicklung und Anwendung des Weltraumrechts nimmt ständig zu. Auf dieses Prinzip beruft man sich oft in Diskussionen zu aktuellen Fragen des Weltraumrechts. In dem Beitrag werden folgende, mit der Entwicklung des Weltraumrechts zusammenhängende Fragen behandelt: die räumliche Begrenzung der Sphäre der vollen und ausschließlichen Souveränität; die Entwicklung der souveränen Rechte der Staaten im Weltraum sowie die Einhaltung des Prinzips der staatlichen Souveränität bei der praktischen Nutzung des Weltraums. Zugleich wird deutlich gemacht, daß unabdingbare Voraussetzung für die Lösung all dieser Fragen die Verhinderung einer Militarisierung des Weltraums und die Sicherung seiner friedlichen Nutzung ist.

Die Entwicklung des Prinzips der Souveränität im Weltraum wird in hohem Maße dadurch bestimmt, daß das Völkerrecht von Anfang an die Erschließung des Weltraums als ein globales Problem bewertet hat. Die Schaffung von Rechten, die alle Staaten innehaben, ist charakteristisch für dieses Herangehen. Der Erwerb solcher Rechte ist mit einer gleichzeitigen Begrenzung der individuellen Rechte der Staaten verbunden. Diese Begrenzung betrifft vor allem zwei Richtungen: die räumliche Begrenzung der vollen und ausschließlichen Souveränität der Staaten und die Verwirklichung souveräner Rechte im Weltall.

Das Völkerrecht hat der räumlichen Erweiterung der Souveränität im Weltraum Grenzen gesetzt. Der Weltraum wurde aus der territorialen Sphäre der Staaten ausgegliedert. Die räumlich-begrenzende Funktion des Weltraumrechts in bezug auf die Souveränität stellt eine relativ neue Erscheinung im Völkerrecht dar.

Aus völkerrechtlicher Sicht noch nicht gelöst sind die Fragen der Abgrenzung des Luftraumes vom Weltraum sowie des Transits durch den Luftraum bei Weltraumtätigkeiten. Bei der Festlegung der oberen Grenze des Luftraumes müssen funktionale Erfordernisse sowie das rechtliche Regime der Luftfahrt und der Weltraumtätigkeit Berücksichtigung finden. Diesen Erfordernissen entspricht eine Höhe von 100—110 km. Die Freiheit der Orbitalflüge von Satelliten unterhalb dieser Grenze kann auf völkerrechtlicher Basis gewährleistet werden.

Es ist erforderlich, mit völkerrechtlichen Mitteln eine Unterscheidung zwischen Luftfahrttätigkeit und Weltraumtätigkeit im Luftraum zu erarbeiten. Dabei ist es notwendig, sowohl die funktionalen Erfordernisse der Freiheit des Weltraumtransits als auch die souveränen Rechte des überflogenen Staates zu berücksichtigen. Der Startstaat muß die Jurisdiktion und die Kontrolle über das Weltraumobjekt während der gesamten Dauer des Fluges behalten.

Noch nicht geregelt ist auch der Status kombinierter Luft-Weltraum-Objekte, wenn sie fremden Luftraum durchfliegen. Hier wäre es notwendig, funktionale Kriterien zu vereinbaren, die es ermöglichen würden, zwischen einer Nutzung zu Weltraum- und zu Luftfahrtzwecken zu unterscheiden. Als solche Kriterien könnten das Ziel und die Natur des Fluges dienen.

Die räumliche Begrenzung der Ausdehnung der Souveränität verhindert nicht, sondern — im Gegenteil — garantiert die Ausübung souveräner Rechte durch alle Staaten auf dem Gebiet der Weltraumtätigkeit. Der Anspruch auf Freiheit der Weltraumtätigkeit ist vom Völkerrecht gewährleistet und stellt ein souveränes Recht jedes Staates, Ausdruck seiner Souveränität dar. Diese Freiheit ist nicht absolut. Sie muß den Normen des Völkerrechts entsprechen. In der Arbeit werden diejenigen Völkerrechtsnormen hervorgehoben, die in gewissem Maße die Freiheit der Weltraumtätigkeit begrenzen, um dadurch den gemeinsamen Rechten und Interessen aller Staaten zu entsprechen.

Bei der völkerrechtlichen Regelung der souveränen Rechte der Staaten im Weltraum kommt folgende Gesetzmäßigkeit zur Geltung: je größer das gemeinsame Interesse der Staaten an der Nutzung des Weltraums zu Gunsten aller, desto mehr werden auf völkerrechtlichem Wege die individuellen souveränen Rechte auf freie Weltraumtätigkeit, die diesem rechtlich geschützten Interesse nicht entsprechen, begrenzt. Somit werden die gemeinsamen Rechte aller Staaten in bezug auf bestimmte Arten der Weltraumtätigkeit und daraus erzielter Resultate erweitert. Diese Gesetzmäßigkeit kommt in verschiedenen Abstufungen der Begrenzung der individuellen Rechte zum Ausdruck. Es werden zwei verschiedene Konzeptionen über den Status der Himmelskörper und des Weltraums angewandt: das Regime des Weltraumvertrages von 1967 und die Konzeption des gemeinsamen Erbes der Menschheit.

Die Entwicklung der angewandten Weltraumforschung und -tätigkeit, deren Resultate auf der Erde (u. a. auch wirtschaftlich) genutzt werden, hat die Notwendigkeit einer zusätzlichen völkerrechtlichen Regelung hervorgerufen. Bei der Erarbeitung dieser Regelung ist es erforderlich, einerseits die souveränen Rechte der betroffenen Staaten zu schützen und andererseits die Freiheit der Forschung und der Nutzung des Weltraums zu gewährleisten. Aus völkerrechtlicher Sicht ist es unzulässig, die Freiheit der Weltraumtätigkeit — hinsichtlich der juristischen Kraft — auf eine hierarchisch höhere Stufe als das zwingende Prinzip der souveränen Gleichheit aller Staaten zu stellen. Die Versuche, das Weltraumrecht aus dem System der zwingenden Grundprinzipien des Völkerrechts herauszureißen, sind völkerrechtswidrig.

Es werden Fragen der Erdfernerkundung und des Satellitenfernsehens, bei denen komplizierte Konflikte mit den souveränen Rechten der Staaten auf der Erde entstehen, behandelt und konkrete Wege für deren Lösung vorgeschlagen.

M. Mohr

Mittel und Methoden der Normdurchsetzung im Völkerrecht der Gegenwart

1. Zur Aufgabenstellung

Das Problem, wie man Völkerrecht verwirklichen und seine Effektivität gewährleisten kann, ist stets eine zentrale Frage für Juristen und auch die breitere Öffentlichkeit gewesen. Was nutzen all die völkerrechtlichen Prinzipien und Normen in einer Welt, die von Klassengegensätzen geprägt ist und in der es heute — angesichts des Nuklear- und Weltraumkriegskurses Reagans — um die Sicherung des Überlebens der Menschheit, um die Aufrechterhaltung von Koexistenzbeziehungen geht?!

Eine Lösung dieser Fragen liegt sicherlich nicht in neuen „Weltordnungs"-Modellen wie sie beispielsweise Falk entwickelt, der das „Staatensystem" durch eine „form of central guidance" „überwinden" will und hierfür Ansätze ausgerechnet bei den multinationalen Konzernen sieht.[1] Die bestehende Koexistenz- und Völkerrechtsordnung ist und bleibt „dezentralisiert"; aber nicht nur das — sie wird bestimmt durch den Grundsatz der souveränen Gleichheit ihrer Mitglieder, der Staaten, und dem dahinter stehenden Prinzip der Gleichberechtigung der beiden existierenden sozialökonomischen Systeme.

Genau gegen diesen, für das Funktionieren jener Ordnung unabdingbaren Souveränitäts- und Gleichberechtigungsgrundsatz richtet sich aber die bisherige Politik der gegenwärtigen US-Administration. Sie richtet sich damit gewissermaßen gegen das Wesen des (Völker-)Rechts, das diese juristische Gleichheit oder Gleichberechtigung schützt, indem es — im Sinne der Marxschen Formel — gleicher Maßstab für ungleiche Gebilde ist.[2] So nimmt es nicht wunder, daß wir heute mit einem Rechtsnihilismus konfrontiert sind, der seinen krassen Ausdruck im Verhalten der US-amerikanischen Regierung gegenüber dem IGH im Nikaragua-Fall gefunden hat. Eben noch Hüter von „law and order" im Weltmaßstab, ist man nun zumindest „skeptisch", ob sich Völkerrecht und IGH generell noch mit den „nationalen Interessen" der USA vereinbaren lassen — eine Position der

[1] Vgl. R. A. Falk, The Future of World Order, in: Ius et societas. Essays in Tribute to Wolfgang Friedmann, The Hague — Boston — London 1979, S. 57.

[2] Vgl. K. Marx, Kritik des Gothaer Programms, in: K. Marx/F. Engels, Werke, Bd. 19, S. 20f.

Anmaßung, die nicht nur die Weltöffentlichkeit, sondern auch die juristische und demokratische Öffentlichkeit in den USA brüskiert.[3]

Es besteht also genügend Anlaß, sich mit der Stärkung und Durchdringung des Völkerrechts als Recht zu befassen, den Prozeß der Verwirklichung und Wirksammachung von Völkerrecht tiefgründiger zu analysieren. Dem kommt entgegen, daß man sich sowohl in der Völkerrechtswissenschaft als auch in der (allgemeinen) Rechtstheorie seit einiger Zeit stärker mit konzeptionell-theoretischen Fragen der Normverwirklichung beschäftigt. Insgesamt wächst die Erkenntnis, daß eine allgemeine, umfassende Rechtstheorie das Völkerrecht — trotz aller seiner Besonderheiten — mit einbeziehen muß.[4]

Um in dieser Richtung voranzukommen, ist es erforderlich, die Spezifik rechtlicher Vorgänge, des Rechtsbildungs- und — was uns hier besonders interessiert — des Rechtsverwirklichungsprozesses im Völkerrecht zu erfassen, Mittel und Methoden der Normdurchsetzung herauszuarbeiten und in ihrer Wirkungsweise zu beschreiben. Das muß geschehen, obwohl oder gerade weil das Völkerrecht wie das Recht überhaupt, speziell der Normverwirklichungsprozeß, in breitere soziale und normative Strukturen eingebettet sind. Innerhalb der sowjetischen Völkerrechtswissenschaft hat in diesem Zusammenhang vor allem Tunkin die Vorstellung von einem umfassenden internationalen normativen System entwickelt, dem u. a. das Völkerrecht angehört.[5] Lukašuk/Dmitrieva betonen den jeweils spezifischen Wirkungsmechanismus der unterschiedlichen, im Rahmen dieses Systems existierenden Normtypen; sie weisen aber ebenfalls darauf hin, daß die Erfüllung völkerrechtlicher Normen nicht nur vermittels rechtlicher, sondern auch politischer, moralischer u. a. Stimuli gewährleistet werden kann.[6]

[3] Vgl. z. B. A. D'Amato (Editorial Comments), in: American Journal of International Law (zitiert als: AJIL), Bd. 79 (1985), S. 401; kritisch dagegen H. Briggs, ebenda, S. 373ff. Vgl. weiter auch B. Graefrath, Das Ende einer Legende. Marginalie zur Rule of Law im Völkerrecht, in: K.-H. Schöneburg (Hrsg.), Wahrheit und Wahrhaftigkeit in der Rechtsphilosophie, Berlin 1986, S. 195ff.

[4] Vgl. J. T. Usenko, Zum Verhältnis von Kategorien des Völkerrechts und des innerstaatlichen Rechts, in: Sowjetwissenschaft. Gesellschaftswissenschaftliche Beiträge, 2/1984, S. 130; Vgl. weiter auch ebenda, S. 137; D. I. Feldman, Sistema meždunarodnogo prava, Kazan 1983, S. 5, S. 40; L. Lotze, Die Friedensfrage im Recht und die Verantwortung der marxistisch-leninistischen Rechtstheoretiker, in: Die Friedensfrage im Recht, Beiträge eines Kolloquiums (hrsg. von B. Graefrath und K. A. Mollnau), Berlin 1985, S. 137ff.

[5] Vgl. u. a. G. I. Tunkin, A New Dimension of International Law: Normative Model of Global International System, in: B. Graefrath (Hrsg.), Probleme des Völkerrechts 1985. Beiträge, Berlin 1985, S. 267ff.

[6] Vgl. I. I. Lukašuk/G. K. Dmitrieva, Meždunarodnoe pravo v meždunarodnoj normativnoj sisteme, in: ebenda, S. 161f.

2. Die Subjekte der Normverwirklichung und die grundlegende Rolle der Vereinbarung

Im Unterschied zum Landesrecht ist das Völkerrecht „horizontal" strukturiert, sind es im Völkerrecht stets die Rechtssubjekte — die souveränen Staaten — selbst, die das Recht festlegen und durchsetzen.[7] Nur durch das Tätigwerden der Völkerrechtssubjekte können Völkerrechtsnormen gesetzt und durchgesetzt werden; sie allein sind Träger des völkerrechtlichen Rechtsbildungs- und Rechtsverwirklichungsprozesses.

Die Form, in der sich die Völkerrechtsbildung vollzieht, kann aufgrund der souveränen Gleichheit der hieran beteiligten Subjekte, der Staaten, allein die der Vereinbarung sein. Vereinbarung und Zustimmung sind aber auch für sämtliche gemeinsamen, zwischenstaatlich-völkerrechtlichen Aktivitäten der Staaten im Zuge der Normverwirklichung bestimmend. Černičenko unterstreicht als entscheidende Besonderheit völkerrechtlicher Akte, darunter völkerrechtlicher Rechtsanwendungsakte (die nicht nur einseitige Handlungen eines Staates sind), daß sie stets eine zwischenstaatliche Zustimmung oder Vereinbarung erfordern.[8] Die Vereinbarung durchzieht somit das gesamte Völkerrecht — sie reicht von der Festlegung völkerrechtlicher Grundprinzipien über allgemeine multilaterale Verträge hin bis zu konkreten zwischenstaatlichen Abmachungen und Rechtsverhältnissen. Man findet sie in den Verfahrensregelungen internationaler, mit Rechtsdurchsetzungs- (z. B. Kontroll-)Befugnissen ausgestatteter Institutionen ebenso wie bei der Abwicklung konkreter Streit- bzw. Verantwortlichkeitsfälle.

In diesem Zusammenhang sei betont, daß auch die Möglichkeit „einseitiger", „zwangsweiser" Reaktionen im Rahmen der völkerrechtlichen Verantwortlichkeit, in Gestalt von Repressalien, Selbstverteidigung oder anderen Selbsthilfe- bzw. Zwangsmaßnahmen, stets auf eine entsprechende Vor-Vereinbarung zurückgeht — nämlich auf die Vereinbarung, in den jeweiligen Situationen auf Rechtsverletzungen so reagieren zu dürfen.[9] Solche Reaktionen müssen sich natürlich im — ebenso vereinbarten — Rahmen der völkerrechtlichen Grundprinzipien sowie des grundsätzlichen Erfordernisses der Verhältnismäßigkeit bewegen, um zulässig zu sein. Das ist aber nicht mehr gewährleistet, und es läuft auf eine Aus-

[7] Von der Völkerrechtssubjektivität internationaler zwischenstaatlicher Organisationen wird hier und im folgenden (in diesem Zusammenhang) abgesehen.

[8] Vgl. S. V. Černičenko, Juridičeskie fakty i meždunarodnye pravootnošenija, in: Sovetskij Ežegodnik meždunarodnogo prava (zitiert als: SEMP), 1983, Moskva 1984, S. 93, S. 97f.

[9] Malanczuk weist z. B. darauf hin, daß gerade im Völkerrecht, dem ein institutionalisiertes, effektives Rechtsdurchsetzungssystem fehlt, weiter die Notwendigkeit besteht, Repressalien zur Durchsetzung subjektiver Rechte zuzulassen. Vgl. P. Malanczuk, Zur Repressalie im Entwurf der International Law Commission zur Staatenverantwortlichkeit, in: Zeitschrift für ausländisches öffentliches Recht und Völkerrecht (zitiert als: ZaöRV), Bd. 45 (1985), S. 297ff.

höhlung des Gewaltverbots hinaus, wenn z. B. Reisman (vor dem Hintergrund der Grenada-Aggression der USA) die Rechtmäßigkeit einseitiger „Zwangsmaßnahmen" daran mißt, ob sie einer nebulösen „world order" (in seinem Verständnis) entsprechen oder nicht.[10] Mit einem ähnlichen Trend ist die in der westlichen Völkerrechtsliteratur verstärkt anzutreffende Favorisierung des Einsatzes ökonomischer Druck- oder Zwangsmittel (zur Durchsetzung politischer Interessen einzelner Staaten oder Staatengruppen) verbunden.[11]

Nur die Partnerstaaten einer Vereinbarung, des Vertrags- oder Gewohnheitsrechts, können auch die Verwirklichung der hierin enthaltenen Normen betreiben. So ist es beispielsweise unzulässig und stellt einen Akt der Einmischung dar, daß sich die USA um die Einhaltung der UN-Menschenrechtskonventionen, denen sie selbst nicht angehören, in anderen, d. h. Konventionsstaaten „kümmern"[12]. Es kann auch immer nur das verwirklicht, durchgesetzt und kontrolliert werden, was tatsächlich vereinbart worden ist.

Der exakte Inhalt einer völkerrechtlichen Vereinbarung, ihr Umfang und ihr Charakter, sind also jeweils genau zu prüfen und den Durchsetzungsschritten zugrunde zu legen; hiernach bestimmen sich auch Umfang und Art der jeweiligen Durchsetzungsmaßnahmen. So hat z. B. M. Gorbatschow im Rahmen des vorgeschlagenen umfassenden Abrüstungsprogramms erklärt: „Der Weltraum muß friedlich bleiben. Dorthin dürfen keine Angriffswaffen gebracht werden, und sie dürfen nicht einmal entwickelt werden. Und möge dafür die strengste Kontrolle geschaffen werden, einschließlich der Öffnung entsprechender Laboratorien für Inspektionen."[13]

Die Tatsache, daß die Normverwirklichung im Völkerrecht von der Identität der Rechtsetzungs- und -durchsetzungssubjekte, von Souveränität und Vereinbarung geprägt ist, bedeutet nicht etwa, daß es sich hierbei um „primitives" Recht handeln würde, das im Zuge einer „Höherentwicklung" hin zu „Überstaatlichkeit" überwunden werden müßte.[14] Die strikte Beachtung jener Besonderheiten, vor allem des Vereinbarungserfordernisses, ist Voraussetzung dafür, daß — speziell im Zusammenhang mit erga-omnes-Konstruktionen und einseitigen Reak-

[10] Vgl. W. M. Reisman, Coercion and Self-Determination: Construing Charter Article 2 (4), in: AJIL, Bd. 78 (1984), S. 643ff.; dagegen s. O. Schachter, The Legality of Pro-Democratic Invasion, in: ebenda, S. 648ff.

[11] Vgl. u. a. W. Kewenig, Die Anwendbarkeit wirtschaftlicher Zwangsmaßnahmen im Völkerrecht, in: Berichte der Deutschen Gesellschaft für Völkerrecht, Heft 22, Heidelberg 1982, S. 11ff.; H. Neuhold, Die Einhaltung des Völkerrechts in einer außenpolitischen „Kosten-Nutzen-Analyse", in: German Yearbook of International Law (zitiert als: GYIL), Bd. 19 (1976), Berlin (West) 1977, S. 332ff.

[12] Analog ist auf dem Abrüstungsgebiet von den USA verlangt worden, daß Nichtpartnerstaaten am jeweiligen Kontroll- und Durchsetzungsprozeß teilhaben; vgl. z. B. CD/PV. 357, S. 16.

[13] Neues Deutschland (zitiert als: ND) vom 16. 1. 1986, S. 1.

tionen — die Gefahren des Mißbrauchs und von „Chaos“ ausgeschlossen werden.[15] Wenn es sich tatsächlich um Verpflichtungen mit erga-omnes-Charakter handelt, dann hat deren Verletzung zur Folge, daß hierauf alle Staaten in der vereinbarten Art und Weise kollektiv oder individuell reagieren können. Das ist jedoch zweifelsfrei nur im Fall internationaler Verbrechen so, d. h. von Verletzungen zwingend gültiger Normen, die für die Aufrechterhaltung von Frieden und internationaler Sicherheit von grundlegender Bedeutung sind. In einem solchen Fall, z. B. dem der Apartheid, sind die Staaten auch individuell und ohne besondere Bevollmächtigung seitens der UN zu „gewaltlosen“ Gegenmaßnahmen (Repressalien) legitimiert — aufgrund der entsprechend vorliegenden Vereinbarung.[16]

Dies hat nichts mit der Akzeptierung einer „actio popularis“ oder einer verschwommenen „rule of law“ in Völkerrecht der Gegenwart zu tun,[17] sondern ist Ausdruck des vereinbarten und damit real existierenden Gehalts der Völkerrechtsordnung. Davon entfernt man sich jedoch, wenn man die Möglichkeit von erga-omnes-Reaktionen, auch oder gerade, bei allgemeinen bzw. einzelnen Menschenrechtsverletzungen, die nicht die umrissene Verbrechensdimension erreicht haben, bejaht. Das ist aber, wenngleich mit Abstufungen, symptomatisch für die moderne bürgerliche Doktrin.[18]

Einen besonderen vertraglichen Ausdruck hat die ausschließliche bzw. gemeinsame Verantwortung der Partnerstaaten völkerrechtlicher Vereinbarungen hinsichtlich der Durchsetzung der dort festgelegten Normen im gemeinsamen Art. 1

[14] Vgl. so „klassisch“ H. Kelsen, Principles of International Law, New York 1956, S. 9, S. 22, S. 403 (u. a.).

[15] Vgl. solche Befürchtungen z. B. bei P. Weil, Towards Relative Normativity in International Law, in: AJIL, Bd. 77 (1983), S. 422, S. 433.

[16] Vgl. in dieser Richtung U.N. Centre against Apartheid. Notes and Documents, 16/84, Oct. 1984: Legal aspects of unilateral sanctions against South Africa (Comments from the Netherlands university lecturers in international law), S. 4ff.; paras. 6, 7; vgl. auch Hofmann, bei dem es heißt, daß „. . . gerade das Konzept des internationalen Verbrechens, das auf Grund seiner unbestrittenen *erga omnes*-Wirkung alle anderen Staaten als verletzt ansehen läßt, diesen zwingend auch die Befugnis zu geben (scheint), als Gegenmaßnahmen gewaltlose Repressalien zu ergreifen“ (R. Hofmann, Zur Unterscheidung Verbrechen und Delikt im Bereich der Staatenverantwortlichkeit, in: ZaöRV, Bd. 45 (1985), S. 227f.).

[17] Vgl. so C. J. Jenks, The General Welfare as a Legal Interest, in: Ius et societas, a. a. O., S. 155f.

[18] Vgl. u. a. ebenda, S. 155; G. Jaenicke, International Public Order, in: Encyclopedia of Public International Law, Instalment 7 (1984), S. 315; H.-H. Lindemann, Die Auswirkungen der Menschenrechtsverletzungen in Surinam auf die Vertragsbeziehungen zwischen den Niederlanden und Surinam, in: ZaöRV, Bd. 44 (1984), S. 82f., S. 85ff.; R. Hofmann, Zur Unterscheidung Verbrechen und Delikt im Bereich der Staatenverantwortlichkeit, in: ZaöRV, Bd. 45 (1985), S. 228, Anm. 126. Die beiden letztgenannten Autoren grenzen sich allerdings ausdrücklich von Simma ab, der ganz allgemein und auch hinsichtlich vertraglich fixierter Menschenrechte Repressalien für zulässig hält (vgl. z. B. B. Simma, in: Berichte der Deutschen Gesellschaft für Völkerrecht, Heft 22, a. a. O., S. 67).

der vier Genfer Abkommen vom 12. 8. 1949 gefunden. Hiernach verpflichten sich die Vertragsparteien, die vorliegenden Abkommen „unter allen Umständen einzuhalten und (ihre) Einhaltung durchzusetzen". Ergänzt wird diese Bestimmung durch Art. 89 des ersten Zusatzprotokolls von 1977, demzufolge sich die Vertragsparteien in Fällen ernster Verletzungen der Abkommen oder des Protokolls verpflichten, „„. . . to act, jointly or individually, in co-operation with the United Nations and in conformity with the United Nations Charter." Auf diese, im humanitären Völkerrecht anzutreffende besondere Konstruktion haben sich die UN und das IKRK wiederholt gestützt, wenn sie im Falle schwerer Verletzungen jenes Rechts vom Rechtsverletzer die Normeinhaltung verlangten und an die anderen Vertragsstaaten appellierten, in dieser Richtung ihren Einfluß geltend zu machen.[19]

3. Die Struktur des Normverwirklichungsprozesses

Die entscheidende Besonderheit des Völkerrechts der Gegenwart liegt also darin, daß es von den Völkerrechtssubjekten — den souveränen Staaten — im Wege der Vereinbarung geschaffen und auch durchgesetzt wird. Von dieser charakteristischen Besonderheit abgesehen bzw., eher, unter ihrer Berücksichtigung handelt es sich beim Völkerrecht um Recht, um ein System oder eine Ordnung rechtlicher Normen. Vasil'ev hebt z. B. hervor, daß es, trotz aller Unterschiede zwischen Völkerrecht und innerstaatlichem Recht, bestimmte Gemeinsamkeiten als Recht gibt, was ebenfalls den Aufbau des Normverwirklichungsprozesses betrifft: Jener setzt sich, ganz allgemein, aus folgenden Relationen zusammen: Norm/Adressat, der die Norm erfüllt; Norm/rechtsanwendender bzw. konkretisierender Akt/ Adressat, der die Norm erfüllt.[20]

Eingebettet in das oben erwähnte breitere soziale Umfeld — auch als Wirken und Wirkung des Rechts bezeichnet[21] — zerfällt der Prozeß der Normverwirkli-

[19] Vgl. hierzu z. B. L. Condorelli/L. Boisson de Chazournes, Quelques remarques á propos de l'obligation des Etats de „respecter et faire respecter" le droit international humanitaire „en toutes circonstances", in: Studies and essays on international humanitarian law and Red Cross principles in honour of J. Pictet, Genf — Den Haag 1984, S. 17ff., insbes. S. 26ff.; J. de Preux, The Geneva Conventions and Reciprocity, in: Review of the Red Cross, Bd. 25 (1985), No. 244, S. 28.

[20] Vgl. A. M. Vasil'ev, O sistemach sovetskogo i meždunarodnogo prava, in: Sovetskoe gosudarstvo i pravo (zitiert als: SGP), 1/1985, S. 67f., S. 71.

[21] Vgl. z. B. S. V. Černičenko, Realizacija meždunarodno-pravovych norm, ejo predposilki i rezultaty, in: SEMP, 1980, Moskva 1981, S. 53ff.

chung als spezifischer rechtlicher Prozeß also im wesentlichen in den Vorgang der Erfüllung oder Einhaltung von Normen und den der Rechtsanwendung, d. h. besonderer Aktivitäten zur Sicherung und Förderung der Einhaltung von Normen. Rechtsanwendung bedeutet Anwendung des Rechts auf bestimmte Situationen, ein „Dazwischentreten" mit dem Ziel, die Einhaltung des Rechts sicherzustellen bzw. zu befördern. Insoweit sind Rechtsanwendungsaktivitäten — die im Völkerrecht (allein) durch die Rechtssubjekte, die Staaten, bzw. von diesen bevollmächtigte internationale Organe vorgenommen werden — von der bloßen, insgesamt aber entscheidenden und zu gewährleistenden Normerfüllung abgrenzbar.

Gerade im Völkerrecht findet Rechtsanwendung nicht nur im Verletzungs- oder Konfliktfall statt und ist bei weitem nicht auf „gerichtliche" Tätigkeit beschränkt. Es geht hier um eine breite Auffassung von „Rechtsanwendung", um die Herausarbeitung bzw. den Einsatz besonderer rechtlicher Instrumentarien im Rahmen des Rechtsverwirklichungsprozesses, die man auch unter den (allgemein-rechtstheoretischen) Begriff der Gewährleistungsmittel subsumieren könnte.[22] Anknüpfend an die Terminologie, die in der Staatenpraxis und Völkerrechtsliteratur verwandt wird, kann man ebenso von Mitteln, Verfahren u. ä. der „Durchsetzung" („implementation") völkerrechtlicher Normen sprechen, wobei man sich allerdings von der reinen einzel- bzw. innerstaatlichen „Durchsetzung" im Sinne der Normerfüllung oder aber einer nur zwangsweisen Normdurchsetzung abgrenzen muß. In jedem Fall umfaßt nach meinem Verständnis Rechtsanwendung oder -durchsetzung im Völkerrecht häufig auch nichtverbindliche Vorgänge, etwa in Gestalt von Empfehlungen der UN-Vollversammlung mit Konkretisierungseffekten oder von Empfehlungen (anderer) internationaler Durchsetzungsorgane, z. B. des Antirassismuskomitees (CERD) und seiner „suggestions and recommendations". Alles hängt von der entsprechenden Vereinbarung der Staaten ab, mit der sie festlegen, auf welche Weise und mit welcher Wirkung Normdurchsetzung vorgenommen wird. In der bürgerlichen Doktrin häufig anzutreffende Vorstellungen von Völkerrechtsdurchsetzung, die obligatorische „Drittparteientscheidungen" in den Mittelpunkt stellen,[23] laufen letztlich auf eine „vertikale" Strukturierung der Völkerrechtsordnung hinaus und gehen damit an der rechtlichen und politischen Realität vorbei.

[22] Vgl. z. B. Marxistisch-leninistische Staats- und Rechtstheorie, Lehrbuch, Berlin 1975, S. 472ff. Zum aktuellen Stand der DDR-Diskussion hinsichtlich des Verständnisses von Rechtsanwendung vgl. Die eigenverantwortlich-schöpferische Komponente in der Rechtsanwendung und ihr Einfluß auf die gesellschaftliche Wirksamkeit des sozialistischen Rechts. Materialien des VI. Berliner Rechtstheoretischen Symposiums, Berlin 1986.

[23] Vgl. so z. B. auch den derzeitigen ILC-Berichterstatter zur Staatenverantwortlichkeit, W. Riphagen, in (u. a.) A/CN.4/389, S. 31, para. 13; S. 36, para. 32 sowie A/CN.4/SR.1890, paras. 8, 9.

4. Mittel, Methoden und Verfahren völkerrechtlicher Normdurchsetzung

Nunmehr sollen die Vorgänge und Erscheinungen im Völkerrecht näher behandelt werden, die man im eben dargestellten Sinne unter Normanwendung oder -durchsetzung fassen könnte. Ich unterscheide hier zwischen den entsprechenden *Methoden*, d. h. bestimmten zugrundeliegenden, allgemeinen und unterschiedlichen Grundmechanismen und den (konkreten) *Mitteln bzw. Verfahren*, die unter Ausnutzung einzelner oder mehrerer Methoden den Rahmen für Rechtsanwendungs- bzw. -durchsetzungsaktivitäten (auch „Akte" o. ä.) abgeben.

Da wäre als erstes die Methode (oder das Institut) der (völker-)rechtlichen Verantwortlichkeit, die deutlich rechtsanwendende Züge trägt und die insbesondere auch „prophylaktische" Wirkungen entfalten kann. Eine zweite, typische Methode völkerrechtlicher Normanwendung ist die der friedlichen Streitbeilegung, deren Bedeutung sich allerdings nicht auf die von der bürgerlichen Doktrin häufig herausgestellte obligatorische Gerichtsbarkeit reduzieren läßt, sondern die vom Grundsatz der freien Wahl und Vereinbarung der Mittel bestimmt wird.

Vom Verletzungs- bzw. Streitfall und damit von der klassischen Rechtsanwendungssituation gelöst ist bereits ein dritter, im gegenwärtigen Völkerrecht weit verbreiteter Grundmechanismus der Normdurchsetzung: die Informations- oder Kontrollmethode (wobei an dieser Stelle Kontrolle nicht in dem breiten, letztlich alle Durchsetzungsmittel umfassenden Sinne verstanden wird). Diese Methode steht in engster Verbindung mit der Normerfüllung und der Erfüllungsbereitschaft der Staaten. Hieran anknüpfend trägt sie auf spezifische Weise zur Normverwirklichung bei, indem sie vermittels Informationssammlung und -austausch die Normeinhaltung „stimuliert".

Schließlich läßt sich vielleicht noch eine vierte, besondere Methode völkerrechtlicher Normdurchsetzung ausmachen; die der Konkretisierung oder Bekräftigung, und zwar unabhängig von Einzelfällen, von Verantwortlichkeit, Streitbeilegung oder Kontrolle. Hierbei habe ich — der Form nach meist unverbindliche — Äußerungen internationaler Organisationen bzw. der Staaten im Auge, durch die bestehendes Recht (als solches) bekräftigt, ausgelegt oder konkretisiert und auf diese Weise seine Einhaltung gefördert wird. Ein typischer Anwendungsfall dieser Durchsetzungsmethode sind Resolutionen der UN-Vollversammlung vom Charakter der Prinzipiendeklaration, der Aggressionsdefinition oder der Deklaration über Nichteinmischung, soweit sie inhaltlich nicht über vorhandenes Völkerrecht hinausgehen.

Die genannten Durchsetzungsmethoden existieren in verschiedenen Formen, in vielerlei Gestalt vertraglich oder anderweitig vereinbarter sowie praktizierter Mittel und Verfahren. Sehr häufig findet man Übergänge und Kombinationen, z. B. zwischen der Streitbeilegung und der Verantwortlichkeit, die — aufgrund des Vereinbarungscharakters des Völkerrechts — eben meist nicht „einseitig" abgewickelt werden kann. Dennoch ist die jeweilige Methode bzw. Methodenkombination und -ausprägung in der entsprechenden zwischenstaatlichen Vereinbarung von Durchsetzungsaktivitäten festgelegt, und es ist unzulässig, vereinbarungswidrige „Umfunktionierungen“ seitens einzelner Staaten bzw. internationaler Organe vorzunehmen, etwa dergestalt, daß man ein der Informationsmethode verhaftetes Berichtsverfahren in ein fact-finding-Verfahren als Ausdruck von Verantwortlichkeit verwandelt.

Die *allgemeinen* Erscheinungsformen völkerrechtlicher Verantwortlichkeit sind im wesentlichen bekannt; sie werden z. Zt. im Zusammenhang mit dem Entwurf des Teils 2 des ILC-Verantwortlichkeitsprojekts diskutiert und reichen von der Reparation über die Reziprozität/Repressalie bis hin zur Selbstverteidigung.[24] Ähnliches kann von der Streitbeilegung gesagt werden, die in den allgemein bekannten Formen und Verfahrensgestalten existiert, wie sie in Art. 33 UN-Charta Erwähnung gefunden haben. Auf all dies soll hier nicht näher eingegangen werden. Im nachfolgenden soll vielmehr versucht werden — wenn auch nur beispielhaft —, spezielle, (meist) vertraglich verankerte Durchsetzungsmittel und -verfahren zusammenzustellen, die sich auf die erwähnten Durchsetzungsmethoden stützen. Es geht darum, einzelne Typen solcher Mittel und Verfahren zu kennzeichnen, die gegenwärtig in verschiedenen völkerrechtlichen Normbereichen bzw. der Praxis internationaler Beziehungen häufig anzutreffen sind:

4.1. Das Berichtsverfahren

Dieses Verfahren der periodischen oder andersartigen Berichterstattung ist unmittelbare, charakteristische Äußerung der Informationsmethode. Es hat vor allem im Bereich der Menschenrechte und im Rahmen entsprechender Vertrags- und Organisationssysteme (z. B. der UN-Menschenrechtskonventionen, der Antirassismus- und Frauen-Konvention; der UNO, der UNESCO, der OAS, der ILO) Verbreitung gefunden.[25]

4.2. Beobachtungs- und Kontrollverfahren

Hierzu rechnen Verfahren und Erscheinungen von (ständiger) Kontrolltätigkeit internationaler Organe bzw. Organisationen, z. B. im Rahmen des IAEA-Kon-

[24] Vgl. hierzu u. a. B. Graefrath/M. Mohr/E. Oeser, Rechtsfolgen bei völkerrechtlicher Verantwortlichkeit, in: Staat und Recht (zitiert als: StuR), 12/1982, S. 1073ff.; B. Graefrath/M. Mohr, Völkerrechtliche und strafrechtliche Verantwortlichkeit für internationale Verbrechen, in: StuR, 1/1986, S. 35ff.

[25] Vgl. hierzu z. B. M. Mohr, Völkerrechtliche Verfahrensfragen bei der Durchsetzung von Menschenrechtskonventionen (Teil 1), in: DDR-Komitee für Menschenrechte, Schriften und Informationen, 2/1983, S. 54.

trollsystems. Als solcher steht dieser Verfahrenstyp (noch) in enger Verbindung zur Informations- oder Kontrollmethode; seine Praktizierung kann aber auch — ebenso wie die des Berichtsverfahrens — zur Aufdeckung von Verletzungsfällen bzw. entsprechenden „Verdachtsmomenten“ führen und damit zur (allerdings gesondert zu vereinbarenden bzw. vereinbarten) Anwendung der Verantwortlichkeits- bzw. Streitbeilegungsmethode hinüberleiten.

Eine praktisch sehr bedeutsame Ausprägung dieses Verfahrenstyps finden wir in Gestalt der „nationalen technischen Kontrollmittel“ („NTM“) im Bereich der Rüstungsstopp- und Abrüstungsvereinbarungen. Ihr Einsatz ist nur auf der Grundlage entsprechender Vereinbarungen zulässig und grenzt sich (damit) deutlich von Spionagetätigkeit o. ä. ab. Er hat, worauf ausdrücklich hingewiesen wird, in Übereinstimmung mit den allgemein anerkannten Prinzipien des Völkerrechts zu erfolgen (vgl. z. B. Art. XII ABM-Vertrag; Art. V Salt I [Zeitweiliges Abkommen]; Art. IV des 81er bzw. 83er SU-Vertragsentwurfs zur Verhinderung einer Weltraummilitarisierung).

Unter Beachtung von Gegenseitigkeits- und Vereinbarungserfordernissen räumen Artikel X und XII des Weltraumvertrages bzw. Art. XV/1 des Mondvertrages bestimmte Beobachtungs- und Besuchsmöglichkeiten ein. Im Zusammenhang mit Kontrolle bzw. ihrer Erleichterung stehen auch die im Weltraum- und Mondvertrag (vgl. Art. XI bzw. V/1) sowie in der Konvention über die Registrierung von Weltraumobjekten enthaltenen Festlegungen hinsichtlich der Information des UN-Generalsekretärs bzw. der Öffentlichkeit über Weltraumunternehmungen. Beispiele für das Beobachtungs- und Kontrollverfahren findet man gleichfalls in ganz anderen völkerrechtlichen Normbereichen, z. B. in der Konvention über den Schutz der Meeresumwelt des Ostseegebiets. Die dort vorgesehene Kommission hat u. a. die Aufgabe, „. . . die Durchführung dieser Konvention ständig zu beobachten . . .“ (Art. 13a).

4.3. Beschwerdeverfahren

Dieses Verfahren knüpft klar an die völkerrechtliche Verantwortlichkeit an; ihm liegt ein Verletzungsverdacht bzw. -vorwurf zugrunde. Es enthält aber ebenfalls Elemente der friedlichen Streitbeilegung. Man stößt auf diesen Verfahrenstyp u. a. — in Gestalt des Staatenbeschwerdeverfahrens — im Bereich der Menschenrechte[26] oder — unter Einschaltung des UN-Sicherheitsrates — in multilateralen Abrüstungsvereinbarungen (vgl. z. B. Art. V/3—5 der Umwelt-Konvention [ENMOD]). Die in den einzelnen Verträgen vorgesehenen Verfahren sind praktisch so gut wie noch nie zur Anwendung gekommen. Dennoch wirken sie durch

[26] Vgl. hierzu z. B. ebenda, S. 55.

ihre bloße Existenz, die Möglichkeit ihres Beschreitens, fördernd auf den Normverwirklichungsprozeß,[27] worin sich auch der oben erwähnte „prophylaktische" Effekt völkerrechtlicher Verantwortlichkeit äußert.

Eine gewisse Sonderstellung nimmt das im menschenrechtlichen Bereich anzutreffende Individualbeschwerdeverfahren ein, das meist, aber nicht ausschließlich fakultativ angelegt ist.[28] An die Zulässigkeit und Ausgestaltung dieses Verfahrens sind besonders strenge Anforderungen zu stellen, da es sonst leicht zu Einmischungen und Beziehungsbelastungen führen kann und damit als Durchsetzungsverfahren uneffektiv ist.[29] Als solches kann sein Sinn — im Zusammenspiel mit anderen Verfahrenstypen (Berichts/Staatenbeschwerdeverfahren) — nur darin bestehen, auf einzelne oder auch massenhafte Fälle von Normverletzungen zu reagieren und insoweit eine Form der Realisierung völkerrechtlicher Verantwortlichkeit darzustellen. Somit kann die Funktion dieses Verfahrens darin gesehen werden, über die Behandlung von Einzelfällen auf die Einhaltung bestimmter Verpflichtungen hinzuwirken, weniger aber darin, dem konkreten Individuum substantiell zu helfen, das im Souveränitätsbereich des jeweiligen Staates verbleibt und auch aufgrund eines solchen Verfahrens nicht zum Subjekt des Völkerrechts bzw. völkerrechtlicher Normdurchsetzung wird.[30]

4.4. Untersuchungsverfahren

Hiermit sind nicht so sehr Untersuchungsverfahren im Sinne der klassischen Mittel friedlicher Streitbeilegung gemeint als vielmehr (weitreichendere) „fact-finding"-Verfahren im Zusammenhang mit Verletzungssituationen. Hieraus, d. h. aus dem Vorliegen bzw. der Behauptung völkerrechtlicher Verantwortlichkeit, resultiert die Berechtigung solcher Verfahren, die völlig von der jeweils vorliegenden, speziellen Vereinbarung oder Zustimmung abhängt.

Man findet fact-finding-Verfahren u. a. im Bereich schwerwiegender Menschenrechtsverletzungen wie im Falle der UN-Untersuchungen zu Chile[31] oder aber

[27] Vgl. z. B. so auch R. M. Timerbajev, Kontrol' za ograničeniem vooruženij i razoruženiem, Moskva 1983, S. 63.

[28] So ist im System der OAS-Menschenrechtskonvention das Individualverfahren obligatorisch und das Staatenbeschwerdeverfahren fakultativ. Vgl. u. a. D. Shelton, Implementation Procedures of the American Convention on Human Rights, in: GYIL, Bd. 26 (1983), Berlin (West) 1984, S. 244.

[29] Es gibt z. B. eine deutliche und m. E. begründete Kritik in dieser Hinsicht am oben erwähnten UNESCO-Verfahren. Vgl. u. a. 23 C/17, Annex II, para. 17; Annex III (33. meeting), para. 14.

[30] Vgl. in dieser Richtung (skeptisch) selbst im Hinblick auf das westeuropäische System P. T. Muchlinski, The Status of the Individual under the European Convention on Human Rights and contemporary International Law, in: International and Comparative Law Quarterly, Bd. 34 (1985), S. 379ff.

[31] Vgl. z. B. auch die entsprechende OAS-Praxis; siehe D. Shelton, Implementation Procedures of the American Convention on Human Rights, in: GYIL, Bd. 26 (1983) a. a. O., S. 241.

— auf fakultativer Basis — im humanitären Völkerrecht (vgl. z. B. Art. 90 des ersten Ergänzungsprotokolls). Insgesamt sind gerade bei diesen Verfahren das Vereinbarungserfordernis und Interventionsgrenzen zu beachten sowie Überbewertungen zu vermeiden.[32] Solche Verfahren werden von den Staaten nur selten bzw. nur dann akzeptiert, wenn klare Kompetenzabgrenzungen vorgenommen werden (können).

Derartige Überlegungen gelten auch für eine Sonderform des Untersuchungs- oder fact-finding-Verfahrens, die im Abrüstungsbereich eine Rolle spielt: das Inspektionsverfahren. Dieses Verfahren, bei dem es Übergänge bzw. Anknüpfungspunkte zum o. g. Beobachtungs- oder Kontrollverfahren gibt, bedarf in dem hier verwandten, weitreichenden Sinne (Vor-Ort-Inspektion „on challenge") und in Verbindung mit der inhaltlichen Vereinbarung immer einer entsprechenden konkreten Vereinbarung. Solcherart Zusammenhänge kommen z. B. in Art. III des Meeresbodenvertrages zum Ausdruck, der deutlich stufenweise aufgebaut ist und, anknüpfend an das Beobachtungsverfahren sowie „Erfüllungszweifel", die Möglichkeit von Inspektionen (in Abs. 2 und 3) vorsieht.[33] Ein gutes, wichtiges Beispiel für klar vereinbarte und abgegrenzte Inspektionstätigkeit bietet die IAEA im Rahmen ihres Garantiesystems und auf der Grundlage spezieller vertraglicher Vereinbarungen. Neben den ständigen, vor Ort durchgeführten (Routine-)Inspektionen gibt es hier auch — falls sie unzureichend sind — die Möglichkeit von speziellen (ad-hoc-)Inspektionen und schließlich bei der Anwendung von Verantwortlichkeitsmaßnahmen seitens der Organisation bei festgestellten Verletzungen.[34]

Zur Akzeptierung eines so begriffenen und ausgestalteten Inspektionsverfahrens war und ist die Sowjetunion — entgegen anderslautenden westlichen Behauptungen — bereit. Ganz allgemein hat M. Gorbatschow im Hinblick auf die vorgeschlagene, vollständige nukleare Abrüstung erklärt: „Die Kontrolle über die Rüstungen, die der Vernichtung und Begrenzung unterliegen, würde sowohl mit

[32] Skeptische Äußerungen z. B. hinsichtlich des Werts der Untersuchungsverfahren nach den Genfer Abkommen werden selbst in IKRK-Kreisen geäußert. Vgl. Action by the International Committee of the Red Cross in the event of breaches of international humanitarian law (Extract from the International Review of the Red Cross, March—April 1981), S. 5; H. P. Gasser, Scrutiny, in: The Australian Yearbook of International Law, Bd. 9 (1985), S. 351 f.

[33] Vgl. hierzu auch R. M. Timerbajev, Kontrol' za ograničeniem vooruženij i razoruženiem, a. a. O., S. 61 f.

[34] Vgl. z. B. die (übersichtliche) Darstellung bei H. Blix, Aspects juridiques des garanties de l'Agence internationale de l'énergie atomique, in: Annuaire français de droit international (zitiert als: AFDI), Bd. 29 (1983), Paris 1984, S. 37 ff. Vgl. weiter beispielsweise die detaillierten Regelungen zu Inspektionen (ad hoc-, Routine- und Sonderinspektionen) im Abkommen DDR/IAEA über die Anwendung von Sicherheitskontrollen vom 7. 3. 1971 (Art. 71 ff.). In diesem Zusammenhang vgl. schließlich auch die Möglichkeit spezieller Inspektionen in Verbindung mit dem Beschwerdeverfahren nach Annex 4 des Vertrages über eine kernwaffenfreie Zone im Südpazifik von 1985.

nationalen technischen Mitteln als auch durch Inspektionen an Ort und Stelle erfolgen. Die UdSSR ist bereit, beliebige andere zusätzliche Kontrollmaßnahmen zu vereinbaren."[35]

4.5. Konsultationsverfahren

Abrüstungsverträge enthalten häufig die Festlegung von Konsultationen, die dazu dienen sollen, die Verwirklichung des jeweiligen Vertrages zu fördern und damit im Zusammenhang stehende Probleme zu erörtern bzw. zu lösen (vgl. z. B. Art. V/1 ENMOD-Konvention). Konsultationen sind mitunter auch vorgesehen, um Zweifel an der Vertragserfüllung durch einen Vertragsstaat zu klären (vgl. z. B. Art. III/2, 3 des Meeresbodenvertrages). Einen bestimmten kooperativen, institutionellen Rahmen für die Realisierung dieses Verfahrens bietet eine Konsultativkommission wie sie beispielsweise gemäß den SALT-Vereinbarungen besteht. Überhaupt enthalten sehr viele bilaterale Verträge Vereinbarungen über die Einsetzung von Kommissionen mit entsprechenden Aufgabenstellungen. So sieht z. B. Art. 19 des Transitabkommens DDR/BRD vor, daß die Abkommenspartner „„. . . eine Kommission zur Klärung von Schwierigkeiten und Meinungsverschiedenheiten bei der Anwendung oder Auslegung dieses Abkommens" bilden.[36]

Das Konsultationsverfahren in dem hier gemeinten Sinne eines besonderen Durchsetzungsverfahrenstyps nimmt gleichfalls eine Zwischenstellung zwischen Verantwortlichkeit und Streitbeilegung sowie — am Rande noch — der Informationsmethode ein. Es ist als solches aber nicht identisch mit der Vorstellung von Konsultationen bzw. Verhandlungen als Verfahren der friedlichen Streitbeilegung im allgemeinen bzw. in einem möglichen anderen Sinne.[37]

[35] ND vom 16. 1. 1986, S. 1. In Verbindung mit dem Vorschlag, ein gemeinsames Moratorium für Nukleartests einzuführen, hat die Sowjetunion ihre Bereitschaft erklärt, „. . . mit den USA auch einige Maßnahmen zur Kontrolle vor Ort zu vereinbaren, um eventuelle Zweifel an der Befolgung eines solchen Moratoriums aus der Welt zu schaffen" (Prawda vom 19. 12. 1985, nach ND vom gleichen Tage, S. 2). Vgl. ähnlich auch Pkt. 12c) des zwischen SED und SPD ausgehandelten Rahmens für ein Abkommen über eine chemiewaffenfreie Zone. Hiernach werden durch die „ständige internationale Kommission" Inspektionen an Ort und Stelle durchgeführt, wenn die Anlässe eines Verletzungsverdachts nicht behoben werden können (ND vom 20. 6. 1985, S. 3).

[36] Weitere derartige Beispiele finden sich u. a. in Art. 17/3 des Abkommens DDR/VRP über die Zusammenarbeit auf dem Gebiet des Kraftverkehrs vom 25. 11. 1971 oder in Art. 25ff. des Vertrages DDR/ČSSR über die gemeinsame Staatsgrenze vom 3. 12. 1980 (jeweils Bildung einer Gemischten Kommission).

[37] Vgl. E. Oeser, Verhandlungen im Völkerrecht, in: B. Graefrath (Hrsg.), Probleme des Völkerrechts, 1985. Beiträge, a. a. O., S. 198f.; vgl. auch Ch. Thun-Hohenstein, Konsultationen: Versuch einer Klassifizierung, in: Österreichische Zeitschrift für öffentliches Recht und Völkerrecht, Bd. 35 (1984), S. 155ff.

4.6. Überprüfungskonferenzen

Eine Sonderstellung innerhalb der Palette möglicher Durchsetzungsmechanismen und -mittel nehmen Versammlungen, Konferenzen der Vertragsstaaten, speziell Überprüfungskonferenzen, ein wie sie gerade im Abrüstungsbereich (auf bi- oder multilateraler Grundlage)[38] vorgesehen sind und auch stattfinden. Diese Konferenzen bringen in besonders deutlicher Weise die tragende Rolle der Vereinbarungssubjekte, eben der Vertragsstaaten, bei der Normdurchsetzung zum Ausdruck; sie geben die Möglichkeiten einer breiten, vielfältigen Anwendung verschiedenster Durchsetzungsmethoden und -verfahren, u. a. auch der o. g. spezifischen Methode der Normbekräftigung bzw. -konkretisierung. Im Kern dienen sie einer allgemeinen Überprüfung und Einschätzung der Vertragserfüllung wie auch der vertraglich fixierten Durchsetzungsverfahren.

Die Konferenzen demonstrieren die Bedeutung der Vereinbarung für völkerrechtliche Durchsetzungsaktivitäten. So ist es ein großer Erfolg und für die Wirksamkeit einer solchen Konferenz entscheidend, daß auf der III. NPT-Überprüfungskonferenz — im Unterschied zur vorangegangenen — ein inhaltliches Abschlußdokument vereinbart und verabschiedet werden konnte.[39] Ein gutes Beispiel für typische und wichtige Ergebnisse bzw. Feststellungen einer Überprüfungskonferenz enthält das Abschlußdokument der 1. ENMOD-Konferenz. Es beinhaltet u. a.:

- einen Appell an alle (!) Staaten, sich jeder, die Konvention „gefährdender“ Handlung zu enthalten;
- eine Bekräftigung der Verpflichtung der Vertragsstaaten zur effektiven Vertragseinhaltung;
- eine Bestätigung der gewissenhaften Einhaltung der Verpflichtungen (des Art. I) durch die Vertragsstaaten;
- die Äußerung von Befriedigung darüber, daß kein Vertragsstaat es nötig gefunden hat, die Beschwerde- und Kontrollverfahren nach Art. V in Gang zu setzen;
- die Feststellung, daß die vorgesehenen Konsultations- und Zusammenarbeitsverfahren ausreichend sind, um Beschwerden oder Streitigkeiten wirksam zu klären.[40]

5. Zum Verhältnis zwischen Rechtsbildung und Rechtsanwendung

Im Rahmen der vorliegenden Abhandlung geht es um die Darstellung von Mitteln und Methoden völkerrechtlicher Rechtsanwendung oder -durchsetzung, d. h.

[38] Ein Beispiel für den bilateralen Bereich bietet der ABM-Vertrag (Art. XIV/2).
[39] Vgl. NPT/CONF. III/64/I, Annex I, S. 1ff.
[40] Vgl. ENMOD/CONF. I/13/II, S. 2ff.

der Anwendung oder Durchsetzung vereinbarten, gültigen Vertrags- oder Gewohnheitsrechts, das in entsprechenden völkerrechtlichen Instrumenten niedergelegt ist. An die jeweiligen Instrumente, die — für sich — Resultate bzw. Erscheinungsformen völkerrechtlicher Rechtsbildung oder -setzung sind, knüpfen die betreffenden Mittel und Methoden an; auf die Förderung der Verwirklichung dieser Instrumente ist die Rechtsanwendung gerichtet.

Es ist natürlich auch möglich, die Instrumente des Vertrags- oder Gewohnheitsrechts selbst als Erscheinungen der Rechtsanwendung bzw. Rechtsverwirklichung zu begreifen, nämlich von vorhandenem höherstehenden oder allgemeinen Völkerrecht;[41] letztlich läßt sich alles auf die völkerrechtlichen Grundprinzipien zurückzuführen. Dies sagt aber m. E. nichts weiter, zeigt jedoch, daß es notwendig ist, zwischen verschiedenen Ebenen der Rechtsanwendung zu unterscheiden: Hier beziehen sich Rechtsanwendung und die ihr zugeordneten Mittel und Methoden auf das jeweilige, einzelne völkerrechtliche Instrument, die spezielle völkerrechtlich-normsetzende Vereinbarung.

Eine zu starke Vermengung der verschiedenen Ebenen und Erscheinungen von Rechtsbildung und Rechtsanwendung im Völkerrecht, eine allgemeine Verwischung der entsprechenden Unterschiede hätte zur Folge, daß man letztlich die Existenz des Rechts von dessen Anwendung bzw. Durchsetzung oder Einhaltung abhängig machen würde. Dies aber liefe auf nichts anderes als auf die klassische Stufenlehre Kelsens hinaus, für den galt, „Creation and application of law are only relatively, not absolutely, opposed to each other", und der der „Zustimmungs-Theorie" vorhielt, „. . . that a state (can), by non-recognition of international law or by withdrawing its recognition, prevent the application of this law."[42]

Solche und ähnliche Vorstellungen sind besonders im Völkerrecht unangebracht, wo aufgrund nichtnormgemäßen bzw. normverletzenden Verhaltens häufig eine Spannung zwischen Rechtsbildung und Rechtsverwirklichung, zwischen den vorhandenen „gesetzten" Normen und der Rechtswirklichkeit besteht. Eine möglichst klare Unterscheidung zwischen dem vereinbarten, existierenden Recht und dem, was — ebenso im Vereinbarungswege — durchgesetzt oder angewandt wird, bedeutet, daß man die Haltung des Rechtsverletzers nicht zum Maßstab des Rechts macht, daß die Existenz des Rechts nicht von seiner tatsächlichen, umfassenden Anwendung oder Einhaltung abhängig gemacht wird. Wenn z. B. die UN-Vollversammlung die Abhaltung einer Weltkonferenz über Sanktionen gegen das südafrikanische Rassistenregime beschließt (Res. 40/64 C), so handelt es sich dabei zweifellos um eine Maßnahme der Rechtsanwendung oder -durchsetzung. Die Effektivität dieser Maßnahme wird durch die ablehnende Haltung der USA und ihrer engsten Verbündeten erheblich beeinträchtigt. Das bedeutet aber nicht,

[41] Vgl. — analog — für das innerstaatliche, sozialistische Recht H. Klenner, Vom Recht der Natur zur Natur des Rechts, Berlin 1984, S. 203f.

[42] H. Kelsen, Principles of International Law, a. a. O., S. 304, S. 313.

daß das Apartheidverbot — auch für Südafrika selbst — seine Gültigkeit verloren hätte!

Im Völkerrecht sind Rechtsetzungs- und -durchsetzungssubjekte identisch, haben die Staaten alles selbst in der Hand und durchzieht die Vereinbarung alle rechtlichen Prozesse und Erscheinungen. Deshalb sind Wechselwirkungen und Übergänge zwischen Rechtsbildung und Rechtsanwendung im Völkerrecht oft besonders ausgeprägt und Differenzierungen u. U. schwierig. Dennoch sind Unterscheidungen und Abgrenzungen m. E. möglich und auch notwendig: Das eine ist die jeweilige inhaltliche Vereinbarung des Vertrags- oder Gewohnheitsrechts, das einzelne normativ-rechtsetzende Instrument, das andere die hierauf bezogene, ebenfalls vereinbarte und von den gleichen Subjekten getragene Aktivität der Rechtsanwendung in Gestalt der Realisierung der genannten spezifischen Mittel und Methoden. Besonders auch aus Kompetenzgründen ist eine derartige Abgrenzung erforderlich. Einzelne Staaten, „Dritte", internationale Durchsetzungsorgane können sich nicht ohne Rücksicht auf die Vereinbarungsnotwendigkeit Rechtsetzungsbefugnisse anmaßen; sie können nicht eindeutig rechtsanwendende Vorgänge mit rechtsbildender Wirkung ausstatten. Genau das ist aber typischerweise bei der bürgerlichen Konstruktion einer „richterlichen Rechtsschöpfung" im Völkerrecht der Fall. Zutreffend ist dagegen eingewandt worden, daß diese Konzeption die staatliche Souveränität und die grundlegende Rolle der Vereinbarung bei der Schaffung und Vervollkommnung des Völkerrechts ignoriert, daß internationale Gerichte und Schiedsgerichte prinzipiell das Recht nur anwenden, allein auf seiner Grundlage und in seinem Rahmen handeln können.[43]

So meint beispielsweise Bleckmann, daß der Richter im Landesrecht wie im Völkerrecht notwendig mit „Rechtsetzungsfunktionen" ausgestattet sein müßte, und er entwickelt schließlich seine Idee von einer „konsekutiven Rechtsetzung" im Völkerrecht, aus der sich bindende Rechtssätze ohne eine „eindeutige" Quellen-Zuordenbarkeit ergeben würden.[44] Solche und ähnliche Vorstellungen findet man innerhalb der bürgerlichen Doktrin vor allem in bezug auf das Völkergewohnheitsrecht, aber auch darüber hinaus; es ist vom „formlosen Konsens", von „spontaner Rechtsbildung", von „instant law" u. ä. die Rede.[45] Zu Recht hat

[43] Vgl. V. N. Lichačev, Rol' ustanovlenija probelov v processe soveršenstvovanija meždunarodnogo prava, in: Meždunarodnoe pravo i sovremennost', Tbilisi 1984, S. 133f. Auch Klenner wendet sich — trotz aller Betonung dialektischer Wechselwirkungen zwischen Rechtsetzung und Rechtsanwendung — gegen Konstruktionen eines „Fallrechts" oder von Gerichten mit gesetzgeberischer Vollmacht. Vgl. H. Klenner, Vom Recht der Natur zur Natur des Rechts, a. a. O., S. 206.

[44] Vgl. A. Bleckmann, Die Praxis des Völkergewohnheitsrechts als konsekutive Rechtsetzung, in: Völkerrecht als Rechtsordnung. Internationale Gerichtsbarkeit. Menschenrechte. Festschrift für H. Mosler (Beiträge zum öffentlichen Recht und Völkerrecht, Bd. 81), Berlin (West) — Heidelberg — New York 1983, S. 99, S. 103; vgl. auch ders., Grundprobleme und Methoden des Völkerrechts (Kolleg Rechtstheorie, Sonderband 1), München 1982, S. 185ff.

[45] Vgl. z. B. besonders verschwommen und zustimmungsfeindlich M. Bos, The Identification of Custom in International Law, in: GYIL, Bd. 25 (1982), Berlin (West) 1983, S. 11ff.

Tunkin derartigen Konzeptionen entgegengehalten, daß man bei aller Dynamik der Völkerrechtsentwicklung die Rolle der Rechtsbildungsvereinbarung nicht überspielen könne.[46] Ballreich stellt in diesem Zusammenhang die Frage, ob es sich bei den fraglichen Phänomenen nicht vielmehr erst um Voraussetzungen „... für Rechtsbildung, nicht selber schon anwendbares Recht ..." handeln würde.[47]

Neben bzw. im Vorfeld völkerrechtlicher Rechtsetzung oder Rechtsfortbildung treffen die Staaten häufig auch Vereinbarungen im politisch-nichtrechtlichen Bereich — typisches Beispiel: die Schlußakte von Helsinki. Dabei, dem sog. „soft law" oder — im Tunkinschen Sinne — nichtrechtlichen Bestandteilen des „internationalen normativen Systems"[48], handelt es sich (selbst) nicht um (neues) Völkerrecht; es kann also — für sich — auch nicht Gegenstand völkerrechtlicher Rechtsanwendung oder -durchsetzung sein. Hierauf macht u. a. Wengler aufmerksam, für den die Folge eines „nichtrechtlichen Vertrages" darin besteht, nicht Bestandteil der Völkerrechtsordnung mit ihrem „Normerzwingungssystem" zu sein.[49]

Wohl aber ist es m. E. möglich, daß Erscheinungen bzw. Bestandteile von „soft law" als Anwendung oder Durchsetzung existierenden Völkerrechts, vorhandener Instrumente, begriffen werden. Wie mehrfach betont, kann völkerrechtliche Rechtsanwendung, z. B. in Gestalt von UN-Vollversammlungsresolutionen, auch unverbindlich sein und, unabhängig von Einzelfällen, der Bekräftigung oder Konkretisierung vorhandenen Rechts dienen, d. h. insoweit auch „normativen" Charakter tragen.[50] Lukašuk/Dmitrijeva sprechen von der wachsenden Bedeutung sogenannter Empfehlungsnormen, Resolutionen internationaler Organisationen, die sowohl einen möglichen Rechtsbildungseinfluß haben als auch Mittel zur Rechtsnormverwirklichung darstellen können.[51] Übergänge und Wechselwirkungen zwischen Rechtsanwendung und Rechtsbildung, zwischen dem bestehenden

[46] Vgl. G. I. Tunkin, Soviet Theory of Sources of International Law, in: Völkerrecht und Rechtsphilosophie. Internationale Festschrift für St. Verosta zum 70. Geburtstag, Berlin (West) 1980, S. 69ff.

[47] H. Ballreich, Wesen und Wirkung des „Konsens" im Völkerrecht, in: Völkerrecht als Rechtsordnung, a. a. O., S. 23.

[48] Vgl. z. B. G. I. Tunkin, A New Dimension of International Law, in: B. Graefrath (Hrsg.), Probleme des Völkerrechts 1985. Beiträge, a. a. O., S. 267.

[49] Vgl. W. Wengler, Die Wirkungen nichtrechtlicher Verträge zwischen Staaten, in: Archiv des Völkerrechts, Bd. 22 (1984), S. 316.

[50] Vgl. zur Möglichkeit „normativer" Rechtsanwendung im Völkerrecht auch S. V. Černičenko, Juridičeskie fakty i meždunarodnye pravootnošenija, in: SEMP, 1983, a. a. O., S. 90.

[51] Vgl. I. I. Lukašuk/G. K. Dmitrieva, Meždunarodnoe pravo v meždunarodnoj normativnoj sisteme, in: B. Graefrath (Hrsg.), Probleme des Völkerrechts 1985, Beiträge, a. a. O., S. 182. Vgl. in diesem Zusammenhang auch Lachs, der solchen (z. B. UN-)Resolutionen eine Bedeutung für die Bestätigung, Interpretation oder Aktualisierung existierenden Rechts zubilligt: M. Lachs, The Threshold in Law-Making, in: Völkerrecht als Rechtsordnung, a. a. O., S. 496f.

Recht und der Weiterentwicklung des Rechts bzw. Vorstufen dazu zeigen sich also besonders bei Phänomenen der Konkretisierung, Bekräftigung oder Präzisierung. Diese werden hier als spezifische Methode völkerrechtlicher, insbesondere auch unverbindlicher Rechtsanwendung verstanden, der Durchsetzung bestehender völkerrechtlicher Normen und Prinzipien und entsprechender völkerrechtlicher Instrumente. Inhaltlich bzw. instrumental darüber hinausgehende Bekräftigungen oder Konkretisierungen sind dem Bereich der Rechts-(fort-)bildung bzw. ihrem Vorfeld zuzurechnen. Ein Beispiel soll diese Zusammenhänge und häufig nicht scharf zu trennenden Übergänge deutlich machen:

Die UN-Vollversammlung hat mit Res. 40/70 beschlossen, als erste Phase der Ausarbeitung eines Weltvertrages über Gewaltverzicht in den internationalen Beziehungen eine Deklaration über den Verzicht auf Gewaltanwendung und die friedliche Beilegung von Konflikten vorzubereiten. Soweit diese Deklaration über das bestehende, in der UN-Charta verankerte und in der Prinzipiendeklaration interpretierte Gewaltverbot nicht hinausgeht, stellt sie einen unverbindlichen Akt der Rechtsanwendung (der Bekräftigung, Konkretisierung) dar. Sofern die Deklaration inhaltliche Weiterentwicklungen erhalten würde, trügen diese den Charakter politisch-nichtrechtlicher Normen; sie zielten auf Rechts-(fort-)bildung ab, ohne es selbst sein zu können. Falls es dann zum Abschluß und Inkrafttreten eines Weltvertrages kommt, handelt es sich tatsächlich um (vertragliche) Rechtsbildung, wobei man dann ebenfalls, innerhalb eines solchen Vertrages, zwischen Passagen bloßer Bekräftigung schon bestehenden Rechts und insoweit (nunmehr verbindlicher) „Rechtsanwendung" sowie neuen normativen Inhalten — eigentlicher „Rechtsfortbildung" — unterscheiden kann.

In besonders plastischer Weise kommen die hier angedeuteten Wechselwirkungen auch bei der behandelten Institution der Überprüfungskonferenzen bzw. anderer (institutionalisierter) Treffen und Versammlungen von Vertragsstaaten zum Ausdruck. Diese Einrichtungen umfassen alle Partnerstaaten des betreffenden Vertrages und sind deshalb — von vornherein — in der Lage, neben der Überprüfung der Wirksamkeit eines Vertrages auch über die Notwendigkeit seiner Veränderung oder Ergänzung zu befinden und ggf. entsprechende Schritte einzuleiten. Eine solche Kompetenz ist z. T. ausdrücklich im Vertrag festgestellt worden. So heißt es z. B. in Art. XIV/4 der Konvention über die Verhütung der Meeresverschmutzung durch das Einbringen von Abfällen und anderen Stoffen von 1972: „Auf den Konsultativtreffen oder Sondersitzungen der Vertragsparteien wird ständig die Durchführung dieser Konvention überprüft, und auf ihnen können . . . u. a.: a) Änderungen dieser Konvention und ihrer Anlagen . . . überprüft und beschlossen werden . . ."[52]

[52] Vgl. ähnlich z. B. die Aufgaben der alle Vertragsstaaten umfassenden und oben erwähnten Kommission zur Ostsee-Konvention (Art. 13c); vgl. weiter auch analoge Funktionen der SALT-Konsultativkommission (Art. XIII/1f ABM-Vertrag bzw. Art. XVII/2f SALT II) sowie der Konsultativkommission gemäß dem oben genannten Südpazifik-Vertrag (Art. 11).

6. Interpretation und Konkretisierung

Aus der allgemeinen Rechtstheorie ist bekannt, daß Rechtsanwendung notwendig mit Normauslegung bzw. -konkretisierung verbunden ist.[53] Das gilt auch für das Völkerrecht. Auch hier sind normanwendende oder -durchsetzende Aktivitäten zwangsläufig mehr oder minder stark mit der Interpretation bzw. Konkretisierung der jeweiligen anzuwendenden und durchzusetzenden Normen verbunden. Dies kann aber inhaltlich immer nur im Rahmen jener Normen geschehen; schließlich handelt es sich um die Durchsetzung bestehenden Rechts, die mit Hilfe der genannten Methoden und Verfahren — wie dem Berichts-, dem Beschwerde- oder dem Untersuchungsverfahren — vorgenommen wird. Internationale Organe, denen die Staaten Durchsetzungsfunktionen in Gestalt der Realisierung solcher Verfahren übertragen haben, können im Wege der „Interpretation" nicht über das zwischenstaatlich Vereinbarte hinausgehen. Das betrifft sowohl die normativ-substantielle Seite als auch die prozedurale, d. h., die Organe können nicht im Wege der „Eigen-Interpretation" oder „-Konkretisierung" den ihnen vereinbarungsgemäß zugestandenen Kompetenzrahmen ausweiten. Genau das wird aber häufig, besonders im menschenrechtlichen Bereich, versucht.[54]

Neben Interpretation und Konkretisierung im Zuge „individualisierender" Rechtsanwendung — unter Zuhilfenahme der Verantwortlichkeits-, der Streitbeilegungs- oder der Kontrollmethode — gibt es, wie bereits dargestellt, nach meinem Dafürhalten auch Bekräftigungen, Auslegungen und Konkretisierungen im Sinne einer eigenständigen Durchsetzungsmethode. Typisches Beispiel dafür ist die „authentische" Interpretation der völkerrechtlichen Grundprinzipien, die durch die UN-Prinzipiendeklaration von 1970 vorgenommen wurde. In jedem Fall, entweder in Verbindung mit den genannten Methoden oder als selbständige Methode, besitzen Vorgänge der Normauslegung und -konkretisierung deutliche Durchsetzungseffekte. Sie erleichtern und ermöglichen manchmal erst die Normbefolgung und damit die Normverwirklichung insgesamt. Das betrifft z. B. besonders abstrakt gefaßte Norminhalte oder aber Streit- und Verletzungssituationen, in denen der genaue Norminhalt geklärt werden muß. Das betrifft schließlich auch bestimmte Situationen im Sinne regionaler Besonderheiten, neuer historischer Entwicklungsphasen o. ä., die eine Bekräftigung, eine Aktualisierung oder Präzisierung der Norm erfordern (Beispiel — wiederum — die Schlußakte von Hel-

[53] So spricht Mollnau von der „konkretisierende(n) Zurichtung der anzuwendenden Normen" vor der logischen Operation im Rahmen der Rechtsanwendung. Vgl. K. A. Mollnau, Strukturelle Optimierung des sozialistischen Rechts als Komponente seiner Effektivität, in: Struktur- und Systemgestaltung des sozialistischen Rechts und ihr Einfluß auf dessen Effektivität. Materialien des V. Berliner Rechtstheoretischen Symposiums, Berlin 1984, S. 25.

[54] Vgl. Beispiele dafür bei M. Mohr, Völkerrechtliche Verfahrensfragen bei der Durchsetzung von Menschenrechtskonventionen (Teil 2), in: DDR-Komitee für Menschenrechte, Schriften und Informationen, 2/1984, S. 24f.

sinki). Dann treten allerdings oft Übergänge zur Rechtsbildung bzw. zu politisch-nichtrechtlichen normativen Weiterentwicklungen der gerade skizzierten Art auf.

Ein spezielles Verfahren oder Mittel, das auf die Auslegung völkerrechtlicher Normen zielt, ist das des (gerichtlichen) Gutachtens. Es kann eine Phase bei der Abwicklung eines Streit- oder Verantwortlichkeitsfalls darstellen bzw. auf irgendeine andere Weise damit und demzufolge mit den betreffenden Durchsetzungsmethoden im Zusammenhang stehen. Dies kann man wohl überwiegend von den (bisher erstatteten) IGH-Gutachten sagen, die nach Art. 65/1 UN-Charta von UN-Organen oder „ermächtigten" (Spezial-)Organisationen eingeholt werden können.[55] Es ist aber auch möglich, daß das Gutachtenverfahren unabhängig von anderen Verfahren und Methoden zum Einsatz kommt[56] und insoweit Ausdruck der beschriebenen Auslegungs- und Konkretisierungsmethode ist.

Größere rechtliche und praktisch-politische Bedeutung besitzt u. a. das Gutachtenverfahren vor dem Interamerikanischen Menschenrechtsgerichtshof gemäß Art. 64/1 der OAS-Menschenrechtskonvention. Es erstreckt sich nicht nur auf die Auslegung der Konvention sowie die Konventionsstaaten, sondern auf alle OAS-Mitgliedstaaten (einschl. aller OAS-Organe) und die von ihnen abgeschlossenen Menschenrechtsverträge. Buergenthal bezeichnet es als Ersatz für die wenig aussichtsreiche „substantielle Jurisdiktion" des Gerichtshofs (bisher 4 Gutachten gegenüber einer Fallentscheidung) und als insgesamt politisch flexibler.[57]

Gutachten sind prinzipiell unverbindlich; Verbindlichkeit erlangen sie oder, besser gesagt, ihr Inhalt erst durch entsprechende Zustimmung bzw. Vereinbarung der Staaten.[58] Gleiches gilt für alle anderen Erscheinungsformen von Auslegung und Konkretisierung im Verlaufe des völkerrechtlichen Normdurchsetzungsprozesses wie auch — gemäß den obigen Darlegungen — für diesen Prozeß insgesamt. In der Regel kann man dabei davon ausgehen, daß internationale Durchsetzungs-

[55] Obwohl sie eigentlich (zwangsläufig) nicht direkt mit Streitfällen *zwischen Staaten* in Verbindung standen; vgl. J. P. Egido, Condiciones de Voto en los Organos Politicos de la Sociedad de Naciones y Naciones Unidas en la Petición de Opiniones Consultativas, in: ZaöRV, Bd. 33 (1973), S. 265 (Summary). Vgl. die allgemeine Übersicht mit (kritischer) Einschätzung auch bei S. Rosenne, On the non-use of the advisory competence of the International Court of Justice, in: British Yearbook of International Law, Bd. 39 (1963), London — New York — Toronto 1965, S. 1ff.

[56] Vgl. so ausdrücklich Art. 1/2 des Protokolls Nr. 2 zur (West-)Europäischen Menschenrechtskonvention vom 6. 5. 1963.

[57] Vgl. Th. Buergenthal, The Advisory Practice of the Inter-American Human Rights Court, in: AJIL 79 (1985), S. 2, S. 26; vgl. auch D. Shelton, Implementation Procedures of the American Convention on Human Rights, in: GYIL, Bd. 26 (1983), a. a. O., S. 240, S. 253. In dieser Richtung (einer größeren „Flexibilität" von Gutachten) auch G. Bacot, Réflexions sur les clauses qui rendent obligatoires les avis consultatifs de la C.P.J.I. et de la C.I.J., in: Revue Générale de Droit International Public, Bd. 84 (1980), S. 1066.

[58] Vgl. auch ebenda, S. 1030ff.

organe keine Befugnis zu verbindlicher Normauslegung oder -konkretisierung besitzen. Dennoch können diesbezügliche Äußerungen der Organe durchaus ihre Wirkungen entfalten, entweder im Sinne politisch unverbindlicher Orientierungen oder aber über die nachfolgende ausdrückliche Anerkennung und Vereinbarung durch die Staaten. Solche Wirkungen können jeweils über den konkreten, engeren Fall, z. B. die Streitparteien, hinausreichen.

Schließlich sei darauf hingewiesen, daß Interpretation und Konkretisierung hier nur im Rahmen des Rechtsanwendungs- oder -durchsetzungsprozesses gesehen werden. Sie haben insoweit nichts gemein mit einzelstaatlicher, individueller „Interpretation" bei der Normbefolgung und -erfüllung durch den verpflichteten Staat. Hierbei handelt es sich im eigentlichen, zwischenstaatlich-völkerrechtlichen Sinne gar nicht um Interpretation oder Konkretisierung, sondern um Ausfüllung des durch die Völkerrechtsnorm vorgegebenen, mehr oder minder breiten „Erfüllungsspielraums". Dieser wird aber überschritten, wenn ein Staat wie z. B. die USA in bezug auf den ABM-Vertrag eine Vertrags-„Interpretation" vornimmt, die auf eine Aushöhlung des vereinbarten Norminhalts hinausläuft.[59]

7. Der Normdurchsetzungsprozeß im Lichte des Verhältnisses von Völkerrecht und innerstaatlichem Recht

Aktivitäten im innerstaatlich-landesrechtlichen Bereich sind oft entscheidend für die Erfüllung völkerrechtlicher Verpflichtungen und damit für den Rechtsverwirklichungsprozeß des Völkerrechts insgesamt. Dabei geht es vor allem um die „Transformation" völkerrechtlicher Verpflichtungsinhalte ins innerstaatliche Recht, um legislative und andere Erfüllungsschritte der einzelnen Staaten. Es kommen aber auch innerstaatliche Rechts*anwendungs*aktivitäten, in Gestalt von Gerichtsurteilen und anderen Rechtsanwendungsentscheidungen in Betracht. Das betrifft vor allem die Bereiche des Ausländerrechts, der Rechtshilfe, des Wirtschafts- und Handelsrechts sowie des See- und Verkehrsrechts. Auch z. B. auf dem Gebiet des humanitären Völkerrechts sind innerstaatliche Rechtsanwendungsschritte, konkret die konsequente strafrechtliche Ahndung schwerer Verletzungen der Genfer Abkommen und des ersten Ergänzungsprotokolls (als Kriegsverbrechen), von wesentlichem Einfluß auf den Grad der Verwirklichung und damit die Effektivität der entsprechenden völkerrechtlichen Normen. Nicht zuletzt gehören hierher Maßnahmen zur Bekämpfung international fixierter Straftat-

[59] So spricht Docke von Bemühungen bestimmter US-amerikanischer Politiker um „. . . geschickte Vertragsinterpretationen zur rechtlichen Koexistenz von SDI und ABM-Vertrag" sowie von „interpretative(r) Aufweichung" (B. Docke, Weltraumrecht und Weltraumrüstung. Rechtliche Aspekte der Strategic Defense Initiative, in: Demokratie und Recht, Bd. 13 (1985), S. 421 f.).

bestände wie Terrorismus, Flugzeugentführungen, Geiselnahme u. a., deren pflichtgemäße strafrechtliche Unterbindung dem Schutz der internationalen Beziehungen und der Sicherung der internationalen Zusammenarbeit dient.

Ein interessantes Beispiel für die Bedeutung innerstaatlicher Rechtsanwendung liefert u. a. der UN-Namibiarat. Dort wurde beschlossen, vor den Gerichten derjenigen Länder Klage zu erheben, deren Unternehmen oder Einzelpersonen dem Ratserlaß zum Schutz der natürlichen Ressourcen Namibias zuwiderhandeln. Die Einleitung eines ersten derartigen Verfahrens ist für die Niederlande gegen eine niederländisch-britisch-bundesdeutsche Gesellschaft festgelegt worden.[60] Nichts mit innerstaatlicher Rechtsanwendung zum Zwecke der Umsetzung von Völkerrecht hat es dagegen zu tun, wenn z. B. D'Amato ohne Rücksicht auf den völkerrechtlichen Sachverhalt und einzelstaatliche Zuständigkeitsregelungen die Zulässigkeit von Klagen vor US-amerikanischen Gerichten gegen die PLO, Libyen u. a. wegen irgendwelcher terroristischer Vorfälle verlangt![61]

Da es keine Identität zwischen Völkerrecht und innerstaatlichem Recht, grundsätzlich kein direktes, vom Staat nicht vermitteltes Hineinwirken von Völkerrecht in den innerstaatlichen Rechtsraum gibt, ist innerstaatliche Rechtsanwendung — auch wenn sie auf die beschriebene Weise zur Völkerrechtsverwirklichung allgemein beiträgt — nicht gleichbedeutend mit *völkerrechtlicher*, im zwischenstaatlichen Bereich angesiedelter Rechtsanwendung oder -durchsetzung. Das betont z. B. auch Vasil'ev, der schreibt, daß es lediglich um entsprechend vermittelte Wirkungen gehen kann, obwohl es möglich sei, daß konkretisierende Normativ- oder Rechtsanwendungsakte des innerstaatlichen Rechts der Sicherung der Verwirklichung von Völkerrechtsnormen dienen können.[62]

Die Beachtung dieser Zusammenhänge gebieten einfach die Prinzipien der souveränen Gleichheit und des Interventionsverbots. Auch wenn Staaten völkerrechtliche Verpflichtungen eingehen, wird dadurch nicht der Bereich der innerstaatlichen Zuständigkeit aufgehoben. In diesem Bereich findet die innerstaatliche Rechtsanwendung zwecks Umsetzung von Völkerrecht und in Übereinstimmung mit völkerrechtlich vereinbarten Aufgabenstellungen statt. Die konkrete, landes-

[60] Vgl. A/40/24 (Part I), S. 86 und S. 245.

[61] Vgl. A. D'Amato, Judge Bork's Concept of the Law of Nations Is Seriously Mistaken (Editorial Comments, Agora: What Does Tel-Oren Tell Lawyers?), in: AJIL, Bd. 79 (1985), S. 92ff.

[62] Er setzt allerdings (ohne weitere Erläuterung) hinzu: „. . . und umgekehrt", was mir eigentlich unklar bleibt. Nicht ganz folgen kann ich auch der Überlegung Ignatenkos, eine bestimmte „Durchregelung" einzelner Bereiche (vom Völkerrecht in das innerstaatliche Recht hinein) und in diesem Zusammenhang die Existenz gewisser „rechtsanwendender Komplexe" anzunehmen, die über das „vom Staat geschaffene Recht" hinausgehen. Hierdurch wird m. E. eine nicht begründete Trennung zwischen (innerstaatlicher) Rechts*bildung* und (entsprechend „gemischter") Rechts*anwendung* im innerstaatlichen Bereich angenommen. Vgl. G. V. Ignatenko, Meždunarodnoe pravo i sovetskoe pravo: problemy vsaimodeistvija pravovych sistem, in: SGP, 1/1985, S. 75ff. Gegen eine solche direkte Wirkung des Völkerrechts hat sich in der (nachfolgenden) Diskussion auch Ushakov ausgesprochen; vgl. ebenda, S. 81f.

rechtlich-spezifische Ausgestaltung und Handhabung der hierzu gehörenden Aktivitäten bleibt grundsätzlich dem jeweiligen Staat im Rahmen eines durch die Völkerrechtsnorm vorgegebenen „Erfüllungsspielraums“ überlassen. Dieser Spielraum kann verschieden weit sein: Er ist relativ breit bei allgemein-menschenrechtlichen Verpflichtungen, deren konkrete innerstaatliche Ausgestaltung (mit Notwendigkeit) dem einzelnen Land weitgehend überlassen bleibt; er ist relativ eng bei Verpflichtungen zur Verfolgung von Kriegs- und Menschlichkeitsverbrechen, wo er in Gestalt spezieller Vorgaben — der Nürnberger Prinzipien — abgesteckt wird. Der Umfang des innerstaatlichen Erfüllungsspielraums, der schließlich die Verletzungs- und damit die Verantwortlichkeitsschwelle markiert, hängt auch von der Art und dem Typ der jeweiligen völkerrechtlichen Verpflichtung ab. So gibt es beispielsweise einen (gewissen) Unterschied zwischen sogenannten Verhaltens- und Ergebnisnormen.[63]

Das alles findet seinen Ausdruck im Grundsatz des Art. 27 der Wiener Vertragsrechtskonvention, der m. E. umfassend verstanden werden muß und insbesondere für das hier betrachtete Gebiet der Rechtsanwendung oder -durchsetzung gilt: Fehlende oder unzureichende Rechtsdurchsetzungsschritte im innerstaatlich-landesrechtlichen Bereich zur Umsetzung völkerrechtlicher Verpflichtungen heben die Gültigkeit dieser Verpflichtungen im zwischenstaatlich-völkerrechtlichen Bereich nicht auf, wie sie die Anwendung entsprechender Schritte in eben diesem Bereich nicht ausschließen. Um es auf die Formel eines Beispiels zu bringen: Das Karlsruher Urteil zum Grundlagenvertrag befreit die BRD nicht von der völkerrechtlichen Verantwortlichkeit für die Nichteinhaltung des Vertrages.

Die prinzipielle Trennung, aber auch der Zusammenhang zwischen völkerrechtlicher und landesrechtlicher Rechtsanwendung äußert sich schließlich in der Regel vor der Erschöpfung des innerstaatlichen Rechtsweges. Sie bedeutet, daß in bestimmten Normbereichen (vor allem des Menschenrechtsschutzes und der Ausländerbehandlung) erst die Ausschöpfung aller landesrechtlichen Rechtsanwendungsmöglichkeiten vorliegen muß, bevor (in Form der Einleitung von Beschwerdeverfahren oder der Geltendmachung des diplomatischen Schutzrechts) völkerrechtliche Rechtsanwendung erfolgen kann.

8. Grundsätze der Gestaltung und Handhabung völkerrechtlicher Durchsetzungs- und Kontrollmechanismen

Aus den völkerrechtlichen Grundprinzipien und weiteren dargestellten Zusammenhängen ergeben sich bestimmte, konkrete(re) Grundsätze dafür, wie die in

[63] Vgl. hierzu u. a. M. Mohr, Fragen der Durchsetzung von Völkerrechtsnormen, dargestellt anhand der Antirassismuskonvention von 1965 und der UN-Menschenrechtskonventionen von 1966, Diss. B, Berlin 1981, S. 129f.

Frage stehenden Durchsetzungsmechanismen zu begreifen und anzuwenden sind. Insbesondere im Zusammenhang mit der Problematik der internationalen Kontrolle im Abrüstungsbereich sind in Literatur und Staatenpraxis solche Grundsätze im einzelnen entwickelt worden. Hierauf weisen beispielsweise Kotljarov sowie Kolosov/Staševskij hin.[64] Derartige Grundsätze erscheinen u. a. auch im Abschlußdokument der 1. UN-Abrüstungssondertagung; auf sie wird im erwähnten, zwischen SED und SPD ausgehandelten Rahmenabkommen für eine chemiewaffenfreie Zone ausdrücklich Bezug genommen.

Im folgenden soll versucht werden, drei solcher mehr übergreifender und komplexer Grundsätze zu umreißen, die mir von besonderer, aktueller Wichtigkeit zu sein scheinen.

8.1. Die Notwendigkeit der richtigen Einordnung der Mechanismen (die entscheidende Rolle der Erfüllungsbereitschaft und die Vermeidung von Überbewertungen)

Oben war erläutert worden, wie völkerrechtliche Rechtsanwendungs- oder Durchsetzungsmechanismen in den Gesamtprozeß völkerrechtlicher Normverwirklichung eingeordnet werden können. Entscheidend ist und bleibt die Normerfüllung durch die verpflichteten Staaten, ihre entsprechende Erfüllungsbereitschaft. Hierauf sind die erörterten Mechanismen, Methoden und Verfahren zwar gerichtet; sie können aber die Normerfüllungsbereitschaft der Staaten, die Normerfüllung selbst, nicht ersetzen. Insoweit sind sie zu- und untergeordnet und erfüllen eine gewisse Hilfs- oder flankierende Funktion. Die Erfüllungshaltung der Staaten wird bei weitem nicht nur durch den (möglichen) Einsatz völkerrechtlicher, auf die Normdurchsetzung orientierter Mittel bestimmt; auf sie wirken viele andere, darunter auch nicht- oder außerrechtliche Faktoren ein wie etwa die Gegenseitigkeit (Reziprozität).[65]

In diesem Sinne kommt es darauf an, jede Überbewertung von Durchsetzungs- und Kontrollmechanismen, ihre Verabsolutierung und Loslösung vom Erfüllungsprozeß zu vermeiden. So ist beispielsweise von Bedeutung, daß in dem sowjetischen und in dem „Göttinger" Vertragsentwurf zur Nichtmilitarisierung des Weltraums ausdrücklich auf Erfüllungsverpflichtungen, speziell im Hinblick auf den jeweiligen Jurisdiktions- und Kontrollbereich sowie das Verbot von Unterstützungs-

[64] Vgl. u. a. I. I. Kotljarov, Pravovye aspekty osuščestvlenija meždunarodnogo kontrolja iz kosmosa, in: SEMP, 1978, Moskva 1980, S. 325ff.; Ju. M. Kolosov/G. Staševskij, Bor'ba za mirnyj kosmos. Pravovye voprosy, Moskva 1984, S. 119.

[65] Vgl. hierzu näher u. a. M. Mohr, Zu Struktur, Methoden und Formen des völkerrechtlichen Normdurchsetzungsprozesses, in: Durchsetzungsprobleme des Völkerrechts (Wissenschaftliche Schriftenreihe der Humboldt-Universität zu Berlin 1983), Berlin 1983, S. 65f.

und Umgehungshandlungen, hingewiesen wird (vgl. Art. 3 und 6 des SU-Entwurfs von 1983 bzw. Art. 12, 13 und 15 des Göttinger Entwurfs).[66]

Es gilt also: Normkontrolle kann Normeinhaltung nicht ersetzen, sondern nur fördern, wobei die Effektivität der Kontrollmittel von der Kooperationsbereitschaft der Staaten abhängt. Wenn die Staaten grundsätzlich zu Verhandlungen und Vereinbarungen, zu Kooperation und Erfüllung bereit sind (und nur dann), ist es möglich, die Anwendung internationaler Durchsetzungsmechanismen zu vereinbaren und wirksam zu realisieren. Wenn der politische Wille da ist, können all jene technischen und politischen Kontrollprobleme gelöst werden, die von westlicher, speziell US-amerikanischer Seite und insbesondere im Zusammenhang mit einer Verhinderung der Militarisierung des Weltraums, oft als unüberwindlich hingestellt werden.[67] Dabei kann es natürlich u. U. einen günstigen Zeitpunkt für den Einsatz von Kontrollmitteln geben, der generell *vor* der Einführung und Stationierung der betreffenden Waffensysteme liegt.[68] Zu beachten ist schließlich, daß es vorhandene Lösungen und Modelle für Kontroll- und Verifikationsfestlegungen gibt, auf die man zurückgreifen kann.[69] Ein Beispiel in dieser Hinsicht stellt das bereits erwähnte Garantie- und Kontrollsystem der IAEA dar, das insgesamt erfolgreich und effektiv arbeitet. Als gute und beispielhafte Lösung kann man auch das mehrstufige, ausbalancierte Kontrollsystem des Vertrages über eine kernwaffenfreie Zone im Südpazifik bezeichnen (vgl. Art. 8).

So betrachtet und eingeordnet, haben völkerrechtliche Kontroll- und Durchsetzungsmaßnahmen ihre Berechtigung und sind auch notwendig zur Gewährleistung der Einhaltung von Völkerrechtsnormen. Die Sowjetunion, erklärte Gen. Gorbatschow, „... ist nicht weniger als irgendein anderes (Land) an einer zuverlässigen und strikten Kontrolle interessiert.“ Und in seiner Rede auf dem XXVII. Parteitag der KPdSU stellte er ebenso knapp wie einleuchtend fest: „Abrüstung ohne Kontrolle ist unmöglich, aber auch Kontrolle ohne Abrüstung ist sinnlos.“[70]

[66] Eine Übertreibung der hier kritisierten Art liegt aber beispielsweise vor, wenn für Wolfrum die Akzeptabilität des sowjetischen Entwurfs von 1983 „... depends entirely upon whether it provides for effective verification“ (R. Wolfrum, The Problems of Limitation and Prohibition of Military Use of Outer Space, in: ZaöRV, Bd. 44 (1984), S. 804).

[67] Vgl. z. B. (den US-Luftwaffengeneral) D. A. Vogt, in: Arms Control in Outer Space, in: Proceedings of the American Society of International Law, 76th Annual Meeting, S. 293f.; dagegen z. B. Ju. M. Kolosov/S. G. Staševskij, Bor'ba za mirnyj kosmos, a. a. O., S. 125.

[68] Vgl. z. B. (hinsichtlich eines ASAT-Verbots) R. Imai, Diplomatie und Rüstungskontrolle. Zur Beteiligung von Drittstaaten an der Überwachung von Rüstungskontroll-Abkommen, in: Europa-Archiv, Bd. 40 (1985), S. 344.

[69] Vgl. z. B. St. Gorove, Arms Control in Space: Issues and Alternatives, in: Zeitschrift für Luft- und Weltraumrecht, Bd. 33 (1984), S. 202.

[70] ND vom 28./29. 12. 1985, S. 5 bzw. ND vom 26. 2. 1986, S. 9.

8.2. Die Abhängigkeit von der (zugrundeliegenden, durchzusetzenden) Vereinbarung

Oben ist ausführlich beschrieben worden, welche grundlegende, aber auch differenzierte Bedeutung der Vereinbarung bei der Völkerrechtsschaffung und -durchsetzung und konkret auch im Rahmen des Normdurchsetzungsprozesses, der dabei angewandten Mittel und Verfahren, zukommt. Dies geht in den Bestand des Grundsatzes ein; hier soll aber herausgestellt werden, daß überhaupt erst eine inhaltliche Vereinbarung vorliegen muß, die es durchzusetzen gilt und auf die sich die betreffenden Mittel beziehen. Jene Vereinbarung steht im Vordergrund; es kommt auf eine Zuordnung im Sinne des unter 8.1. Gesagten an.

Diesem Grundsatz steht die häufig zu beobachtende Taktik imperialistischer Kreise — vor allem im Abrüstungsbereich — entgegen, durch Verweis auf die Kontrollproblematik (angebliche Kontrollschwierigkeiten, mangelnde Kontrollbereitschaft des Partners o. ä.) bzw. übertriebene Kontrollforderungen inhaltliche Verhandlungen und Vereinbarungen (überhaupt) zu blockieren.[71] Kontroll- und Durchsetzungsschritte können nicht *vor* und nicht unabhängig von der substantiellen, durchzusetzenden Vereinbarung gesehen bzw. festgelegt werden. So wurde z. B. von sowjetischer Seite erklärt, daß man im Falle der Erzielung einer Vereinbarung über das Verbot chemischer Waffen bereit ist, die Standorte der entsprechenden Betriebe rechtzeitig zu nennen sowie strenge Kontrolle, „einschließlich internationaler Überwachung an Ort und Stelle“ anzuwenden.[72]

Zusammenhang zwischen (primärer) inhaltlicher Normvereinbarung und Durchsetzungsmechanismus heißt auch, daß dieser Mechanismus dem Norminhalt wie auch der jeweiligen Durchsetzungssituation angemessen sein muß. Dies reduziert sich nicht auf den aus dem Verantwortlichkeitsrecht bekannten Proportionalitätsgrundsatz, sondern bedeutet Angemessenheit im weitesten Sinne, also für alle Durchsetzungsmaßnahmen und — von vornherein — für ihre Festlegung. So enthält beispielsweise para. 31 des Schlußdokuments der 1. UN-Abrüstungssondertagung die Aussage: “The form and modalities of the verification to be provided for in any specific agreement depend upon and should be determined by the purposes, scope and nature of the agreement.”[73]

[71] So schreibt z. B. Lodgaard: „Rigid demands for verification have often blocked the adoption of arms limitation measures. Either they have been made for the lack of trust or to create a smokescreen for continued arms buildups“ (S. Lodgaard, Nuclear disengagement, in: S. Lodgaard/M. Thee (eds.), Nuclear Disengagement in Europe (Sipri, PUGWASH), London — New York 1983, S. 42).

[72] Vgl. ND vom 16. 1. 1986, S. 1.

[73] Vgl. auch Pkt. 9 des erwähnten SED/SPD-Dokuments zu den Kontrollprinzipien, wo verlangt wird: „. . . Umfang und Charakter der Kontrolle müssen dem Umfang der Abrüstungsmaßnahmen adäquat sein“ (ND vom 20. 6. 1985, S. 3).

8.3. Die Beachtung des Interventions- und Mißbrauchsverbots

Das gesamte gegenwärtige Völkerrecht und alle völkerrechtlichen Aktivitäten können sich nur im Rahmen der zwingend gültigen Grundprinzipien des Völkerrechts bewegen. Davon hängt ihre Rechtmäßigkeit ab. Das gilt auch für Maßnahmen der Normdurchsetzung und -kontrolle. Von besonderer Relevanz sind in diesem Zusammenhang die Prinzipien der souveränen Gleichheit (gerade auch im Sinne der Gleichberechtigung und der Gegenseitigkeit) und das Interventionsverbot. Para. 92 des genannten UN-Schlußdokuments postuliert „. . . to develop appropriate methods and procedures (of verification) which are non-discriminating and which do not unduly interfere with the internal affairs of other States or jeopardize their economic and social development."[74]

Wie bereits hervorgehoben wurde, fällt mit der Vereinbarung einer völkerrechtlichen Norm nicht der innerstaatliche Zuständigkeitsbereich weg. In ihm vollziehen sich in der Regel die entscheidenden völkerrechtsumsetzenden und -erfüllenden Aktivitäten; er ist (weiterhin) besonders auch unter dem Aspekt von Kontroll- und Durchsetzungsmaßnahmen zu respektieren. Diese können in jenen Bereich nur soweit „hineinwirken" oder „hineinsehen", wie tatsächlich die inhaltlichen und prozeduralen Vereinbarungen reichen. Das ist z. B. die Grundlage dafür, daß die Staaten über die vielfältigen, im einzelnen aber nicht vorgeschriebenen innerstaatlichen Maßnahmen zur Umsetzung menschenrechtlicher Verpflichtungen innerhalb entsprechender Durchsetzungssysteme berichten. Es besteht aber auch eine Vereinbarung darüber, daß im Falle schwerwiegender, friedensgefährdender Menschenrechtsverletzungen vom Typ des Apartheidverbrechens ein solcher Erfüllungsspielraum nicht mehr vorhanden ist. Hier können sich internationale Durchsetzungsaktivitäten, z. B. in Gestalt kollektiver UN-Maßnahmen, direkt mit einem derartigen Fall als einer internationalen, durch innerstaatliche Zuständigkeit nicht mehr gedeckten Angelegenheit beschäftigen.

Über diese Zusammenhänge setzt sich z. B. das Konzept der „open invitation" hinweg, das im US-amerikanischen Entwurf einer C-Waffen-Konvention enthalten ist und das auf eine allumfassende, ständige und einen Selbstzweck erfüllende Vor-Ort-„Beobachtung" hinausläuft. Zurecht ist dieses Konzept als unrealistisch, diskriminierend und beziehungsgefährdend kritisiert worden. Es wurde auch darauf hingewiesen, daß „(w)hile verbally advocating control, the United States, when it comes to putting further verification measurer into practice, change their line greatly."[75]

[74] Hierauf bezugnehmend, heißt es im ebengenannten Dokument (ebenda): „Dementsprechend müssen Vereinbarungen das Recht eines jeden Staates auf Sicherheit gewährleisten und dafür Sorge tragen, daß in keinem Stadium ein einzelner Staat oder eine Gruppe von Staaten daraus Nutzen gegenüber anderen Staaten ziehen können."

[75] CD/PV.290, S. 27 bzw. (vgl.) CD/PV.280, S. 8f.

Solchen und ähnlichen Konzepten liegt weder das für jede völkerrechtliche Vereinbarung notwendige Mindestmaß an Vertrauen zugrunde noch sind sie geeignet, selbst zur Vertrauensbildung beizutragen und damit einen wesentlichen Zweck von Kontroll- und Durchsetzungsmaßnahmen zu erfüllen.[76] Derartige, tendenziell interventionistisch gestaltete Kontrollkonzepte und -mechanismen sind — im Sinne der anzustrebenden Erfüllungsförderung — einfach nicht effektiv. Es ist schließlich — wie oben dargelegt — nicht möglich, daß Kontrolle die Einhaltung ersetzt und daß Kontrollsysteme so „perfekt" und „absolut" sind, daß sie unabhängig von der Erfüllungsbereitschaft der Staaten funktionieren.[77]

In diesen Zusammenhang gehört m. E., was der Vertreter Sri Lankas auf der Genfer Abrüstungskonferenz feststellte: „. . . verification must be protected against misuse through irresponsible, mischievous and provocative challenges which could lead to counter-challenges and a consequent over-burdening of the verification machinery as well as a jeopardizing of the stability of the Convention."[78]

In der Tat handelt es sich um Rechtsmißbrauch, wenn völkerrechtliche Kontrollmittel so konzipiert und eingesetzt werden, daß hierdurch eine Verletzung völkerrechtlicher Grundprinzipien, speziell der beiden genannten, erfolgt, daß weitere Rechte und Vereinbarungen bzw. der Kontrollzweck mißachtet wird. Dann handelt es sich nicht mehr um Normdurchsetzung, sondern selbst um Rechtsverletzungen mit entsprechenden Reaktionsmöglichkeiten der betroffenen Staaten.[79] Geschichte und Gegenwart der internationalen Beziehungen sind voll von Beispielen für imperialistische Versuche, internationale Kontroll- und Durchsetzungsmechanismen solcherart mißbräuchlich und völkerrechtswidrig anzuwenden. Das betrifft vor allem den Bereich der Menschenrechte, aber auch — mit besonders schwerwiegenden Konsequenzen — den der Abrüstung, wie die von den USA ausgelöste „Diskussion" um angebliche SALT-Verletzungen seitens der UdSSR demonstriert.[80]

[76] Vgl. para. 31 des Abschlußdokuments der 1. Sondertagung, dessen 1. Satz lautet: „Disarmament and arms limitation agreements should provide for adequate measures of verification satisfactory to all parties concerned in order to create the necessary confidence and ensure that they are being observed by all parties."

[77] Vgl. Argentinien während der Diskussion in der Genfer Abrüstungskonferenz zu angeblichen Schwierigkeiten, eine Teststopp-Vereinbarung zu kontrollieren, und der Notwendigkeit von „Perfektionierungen": „. . . it has to be assumed that a totally perfect verification system which completely rules out any possibility of violations for ever and ever does not exist and will never exist in any disarmament agreement . . ." (CD/PV.292, S. 20).

[78] CD/PV.279, S. 16.

[79] Vgl. zur Konzeption des Rechtsmißbrauchs im Völkerrecht allgemein Kiss, der u. a. hierunter ausdrücklich die Kompetenzausübung durch internationale Organe entgegen ihrem ursprünglichen Zweck („détournement de pouvoir") faßt. Vgl. A. C. Kiss, Abuse of Rights, in: Encyclopedia of Public International Law, Instalment 7 (1984), S. 1.

[80] Vgl. hierzu die klare Stellungnahme in der TASS-Erklärung vom 29. 12. 1985 zu einem Bericht an den USA-Kongreß über angebliche sowjetische SALT-II-Verletzungen, in: ND vom

9. Fragen der Organisation und Institutionalisierung

Wie oben unterstrichen wurde, haben die Völkerrechtssubjekte, die Partnerstaaten einer völkerrechtlichen Vereinbarung, auch deren Durchsetzung, d. h. die Anwendung entsprechender Mittel und Methoden in der Hand. Sie können dabei individuell und „ad hoc“ vorgehen, aber auch organisiert und institutionalisiert, also im Rahmen allgemeiner oder spezieller internationaler Organisationen bzw. anderer Zusammenschlüsse und unter Tätigwerden entsprechender internationaler Organe.

Dabei ist zu beachten, daß solche institutionalisierten Durchsetzungssysteme, die auf einen bestimmten Partner- und Verpflichtungskreis gerichtet sind, grundsätzlich nicht auf andere Partner- und Verpflichtungskreise übertragen werden können. Das würde dem Vereinbarungs- und Angemessenheitsgrundsatz widersprechen; die spezifische, notwendige und vereinbarte Ausprägung eines Durchsetzungssystems innerhalb einer Organisation muß gewahrt bleiben. Diese Frage hat beispielsweise immer wieder im Zusammenhang mit den Forderungen eine Rolle gespielt, das ILO-Normdurchsetzungssystem gewissermaßen als Modell zu betrachten und beliebig auf andere menschenrechtliche Organisations- und Zusammenarbeitsbereiche zu übertragen.[81]

Etwas anderes ist es, wenn aufgrund von Überschneidungen der Verpflichtungsinhalte wie auch der Vereinbarungspartnerschaften zwischen verschiedenen Durchsetzungssystemen und -organen eine Koordinierung bzw. Kooperation erfolgt. Dies setzt aber ebenfalls eine demgemäße vertragliche oder anderweitig vereinbarte Festlegung voraus, wie man sie u. a. im Bereich der Menschenrechte häufig findet. So gibt es beispielsweise eine Zusammenarbeit zwischen dem CERD und der UNESCO bei der Bekämpfung von Diskriminierung im Erziehungswesen, aber auch eine Kooperation zwischen UNESCO und ILO hinsichtlich des Lehrerstatus.[82]

30. 12. 1985, S. 6. Vgl. — im analogen B- und C-Waffen-Kontext — auch Goldblat, der resümiert: „All these suspicions of breaches, none of which has been either proved or disproved, have negatively affected the international climate. In addition, they may have weakened confidence in the relevant treaties and cast a shadow on arms control efforts“ (J. Goldblat, Agreements for Arms Controll: A critical survey (Sipri), London 1982, S. 102).

[81] Vgl. z. B. die Sowjetunion, die sich entschieden dagegen ausgesprochen hat, die ILO als Beispiel für die Tätigkeit der Expertengruppe zur Konvention über ökonomische, soziale und kulturelle Rechte anzusehen; s. E/1985/WG.1/SR.22, para. 28.

[82] Die diesbezügliche Zusammenarbeit zwischen UNESCO und ILO hatte sogar zur Einsetzung eines „Joint Committee“ geführt; vgl. 22 C/21, paras. 35—37. Auf der 23. Generalkonferenz der UNESCO ist die Kooperation mit der ILO im Rahmen des UNESCO-Berichtsverfahrens hinsichtlich bestimmter weiterer Instrumente (erneut) fixiert worden. Wichtig ist dabei die Feststellung, die sich im para. 4 der von der Generalkonferenz bestätigten Exekutivratentscheidung 121 EX/5.5.3 findet und die lautet: „. . . it being understood that UNESCO will retain the initiative in implementing the procedure, and that the procedure will not be modified by the intervention of ILO . . .“

Der Sinn und die Notwendigkeit einer Institutionalisierung völkerrechtlicher Normdurchsetzungsmechanismen hängt oft mit einer besonderen, „kollektiven" oder „objektiven" Verpflichtungsstruktur zusammen, wie man sie gerade im Menschenrechts- und Abrüstungsbereich findet. Allgemein kann — bei Beachtung der hier entwickelten Grundsätze — durch das Einschalten von internationalen Organisationen und Organen der Wirkungsgrad einzelner Durchsetzungsmittel erhöht werden, ist die Anwendung bestimmter Verfahren, so des Berichtsverfahrens, nur auf diese Weise sinnvoll möglich. Schließlich kann durch den Einsatz institutionalisierter Durchsetzungsmechanismen ein gewisser „Objektivierungs"-Effekt erzielt werden, der hier allerdings nicht im Sinne einer supranationalen Abhebung von Willen und Position der beteiligten, souveränen Staaten gemeint ist.

Ein gutes Beispiel für derartige Zusammenhänge und Wirkungen bietet die IAEA. Sie hat z. B. die Behauptung Israels widerlegt, die Bombardierung des irakischen Kernreaktors hätte mit der Nichteinhaltung von Sicherheitsgarantien durch den Irak in Verbindung gestanden.[83] Ein weiteres Beispiel ist die SALT-Konsultativkommission. Auf den Sitzungen der Kommission, „. . . eines offiziell zur Überprüfung der Einhaltung der geschlossenen Vereinbarungen durch beide Seiten eingesetzten Gremiums . . .", wurde die Haltlosigkeit US-amerikanischer „. . . Behauptungen über irgendwelche ‚sowjetischen Verletzungen' vor Augen geführt."[84]

Im Zusammenhang mit der Kontrolle im Abrüstungsbereich und dem Einsatz technischer, z. B. kosmischer Kontrollmittel, ist desöfteren eine Beteiligung von „Drittstaaten" bzw. die Einrichtung von speziellen Organisationen verlangt worden.[85] Dies setzt aber klare Vereinbarungen in inhaltlicher und prozeduraler Hinsicht voraus, was beispielsweise beim französischen Projekt der Schaffung einer „International Satellite Monitoring Agency" (ISMA) nicht ausreichend berücksichtigt worden ist.[86] Bei Vorliegen solcher Vereinbarungen würde es sich dann gar nicht mehr um „Drittstaaten" handeln, sondern um Beteiligte institutionalisierter Durchsetzungsmechanismen. In diese Richtung zielt auch der sowjetische Vorschlag der Gründung einer internationalen Weltraumorganisation, der u. a. die Mitwirkung an der Kontrolle der Einhaltung von Verträgen gegen die Weltraummilitarisierung obliegen würde.[87] Die UdSSR hat sogar ihre Bereitschaft

[83] Vgl. G. Fischer, Le bombardement par Israel d'un rácteur nucléaire irakien, in: AFDI, Bd. 27 (1981), Paris 1982, S. 147ff.

[84] TASS-Erklärung vom 29. 12. 1985, a. a. O. Zu Recht verwies Israeljan darauf, daß die Frage solcher „Verletzungen" in diese Kommission und nicht in die Genfer Abrüstungskonferenz gehörte; vgl. CD/PV.290, S. 25.

[85] Vgl. R. Imai, Diplomatie und Rüstungskontrolle, in: Europa/Archiv, Bd. 40 (1985), S. 337ff.

[86] Vgl. (dementsprechend kritisch) u. a. Ju. M. Kolosov/S. G. Staševskij, Bor'ba za mirnyj kosmos, a. a. O., S. 124ff. Der ISMA-Vorschlag spielt in der internationalen Diskussion immer noch eine Rolle; vgl. z. B. Australien, CD/PV.329, S. 15.

[87] Vgl. ND vom 17./18. 8. 1985, S. 5; vgl. hierzu auch B. Docke, Weltraumrecht und Weltraumrüstung, in: Demokratie und Recht, Bd. 13 (1985), S. 426.

erklärt, das Angebot von sechs Staaten zu akzeptieren, die auf ihrem jeweiligen Territorium Beobachtungsstationen zur Überwachung einer Teststopp-Vereinbarung einrichten würden.[88]

Weiter oben ist mehrfach betont worden, daß die Tätigkeit und die Kompetenzen internationaler Gremien im Prozeß der Normdurchsetzung völlig von der Vereinbarung und Zustimmung der beteiligten Staaten abhängen. Dennoch kann man häufig Trends einer Verselbständigung dieser Organtätigkeit beobachten, z. B. in Form einer nicht vereinbarungsgemäßen bzw. vereinbarungswidrigen „Geschäftspraxis" der Organe oder aber einer Verselbständigung der Sekretariatstätigkeit. Klare Beispiele in dieser Hinsicht enthält u. a. die Praxis des UNESCO-Individualbeschwerdeverfahrens.[89] Hieran wird aber auch deutlich, wohin derartige Tendenzen und Praktiken führen, nämlich zu einer Untergrabung des für die Durchsetzungstätigkeit internationaler Organe unerläßlichen Kooperations- und Vertrauensverhältnisses gegenüber den Staaten. Es kommt zu kritischen, negativen Reaktionen der Staaten, die bis zur Einstellung der Kooperation führen können.[90]

Neben zwischenstaatlichen nehmen auch nichtstaatliche internationale Organisationen (NGO's) oder die „internationale Öffentlichkeit" als solche Einfluß auf die Normdurchsetzung bzw. -verwirklichung im Völkerrecht der Gegenwart.[91] Es ist aber zu beachten, daß solche nichtstaatlichen Kräfte und Vorgänge prinzipiell *außerhalb* der völkerrechtlich-zwischenstaatlichen Prozesse stehen. Dennoch sind sie als außerrechtliche, politisch-moralische Faktoren wirksam und von nicht zu unterschätzender Bedeutung. Es ist auch möglich, daß sie aufgrund spezieller Vereinbarungen in zwischenstaatliche Diskussionen und Aktivitäten einbezogen werden. So können bekanntlich NGO's innerhalb des ECOSOC oder der UNESCO einen besonderen, abgestuften Status besitzen und entsprechend an der Arbeit der zwischenstaatlichen Organisation teilnehmen. Eine ganz besondere Stellung hat — auf der Basis vertraglicher Vereinbarungen — das IKRK im Rahmen des humanitären Völkerrechts. Aber auch hier zeigt sich ganz deutlich,

88 Vgl. z. B. Rede von M. Gorbatschow, in: ND vom 28. 11. 1985, S. 4.

89 Vgl. z. B. (zur herausragenden Rolle des Generaldirektors im Verfahren) 120 EX/17, para. 20; S. 28, Anm. 1.

90 Vgl. entsprechende Positionen in der Diskussion des Committee on Conventions and Recommendations zu dieser UNESCO-Verfahrenspraxis; s. 23C/17, Annex II (121 EX/49), paras. 17, 19—21, 23. Vgl. schließlich auch die z. T. sehr kritischen Äußerungen zum UNESCO-Individualbeschwerdeverfahren insgesamt während der Diskussion auf der 23. UNESCO-Generalkonferenz, 23C/COM.V/2, Part III, paras. 5, 7, 8.

91 Ein aktuelles und wichtiges Beispiel hierfür stellt die an die III. NPT-Konferenz übergebene Gemeinsame Erklärung der UN-Gesellschaften der UdSSR und der USA dar; vgl. Abrüstung. Informationsblatt der Weltabrüstungskampagne, Bd. 3 (1983) 3, S. 8. Nach den Verfahrensregeln der Konferenz können NGO's an den Sitzungen des Plenums und der Hauptausschüsse teilnehmen; s. ebenda, S. 7.

daß die Durchsetzungsaktivitäten des IKRK von der Zustimmung der betreffenden Staaten abhängen.[92]

Völkerrechtliche Mittel und Methoden der Normdurchsetzung — ob innerhalb oder außerhalb internationaler Organisationen angewandt — können gerade in der gegenwärtigen Phase der Entwicklung der internationalen Beziehungen einen wichtigen Beitrag zum Schutz und zur Stärkung der Völkerrechtsordnung leisten. Das ist jedoch nur möglich, wenn ihr Einsatz im Einklang mit den Grundprinzipien des Völkerrechts und den weiteren, hier entwickelten Grundsätzen, so dem Vereinbarungsgrundsatz, erfolgt. Zu beachten ist schließlich, was Mingasov am Ende seiner Untersuchungen zur Effektivität völkerrechtlicher Normen feststellte: „... die juristischen Garantien der Einhaltung von Rechtsnormen (Verantwortlichkeit, Sanktionen, Kontrolle usw.) sowie spezifische Mechanismen (internationale Organe und Organisationen) (spielen) eine bedeutende Rolle bei der Erhöhung der Effektivität des Völkerrechts ... Entscheidend sind jedoch die sozial-politischen Faktoren und Bedingungen."[93]

[92] So wird in einer IKRK-Veröffentlichung betont: „The ICRC is not superior to the contracting parties and cannot assume a judicial power which has not been given to it and which, moreover, it has never wished to possess" (Action by the International Committee of the Red Cross in the event of breaches of international humanitarian law, a. a. O., S. 2).

[93] L. Ch. Mingasov, Nekotorye teoretičeskie voprosy effektivnosti norm meždunarodnogo prava, in: Meždunarodnoe pravo i sovremennost', a. a. O., S. 102.

Резюме

М. Мор

Методы и средства имплементации правовых норм в современном международном праве

Вопрос об обеспечении соблюдения норм международного права и тем самым об его эффективности всегда был и остается исключительно важным в теоретическом и практическом планах. Его значение повысилось в связи с обострением противоборства на международной арене по вопросам предотвращения гонки вооружений в космосе и на земле и за укрепление политики мирного сосуществования. При этом возрастает необходимость придерживаться основных принципов мирного сосуществования и международного правопорядка: принципа суверенного равенства и равноправия обеих общественно-политических систем. Теоретическое исследование поставленной проблемы облегчается тем, что в последнее время в науке международного права и в общей теории права наблюдаются сдвиги в этом направлении. Исходя из этого, необходимо выявить специфические черты процессов правотворчества и правоприменения в международном праве и в связи с этим охватить средства и методы имплементации и описать механизм их функционирования.

Государства, в качестве субьектов международного права, обьединяют в себе функции правотворчества и правоприменения. Соответственно вся деятельность, связанная с созданием норм права и обеспечением их выполнения, проводится на основе соответствующего соглашения. Только участники данного соглашения наделены правомочиями по реализации содержащихся в нем правовых норм. Содержание, объем и характер международно-правового соглашения необходимо положить в основу соответствующих мер контроля и обеспечения выполнения обязательств.

Осуществление как международного так и внутригосударственного права охватывает два процесса — процесс выполнения нормы и процесс применения (имплементации) норм права, т. е. особые деятельности, направленные на обеспечение или содействие выполнению правовых норм. Правоприменение в международном праве не ограничивается случаями правонарушений или иных конфликтов. Оно охватывает также меры конкретизации, которые, как, например, резолюции Генеральной Ассамблеи ООН, могут иметь рекомендательный характер.

Методами имплементации в международном праве — в отношении случаев правонарушений и споров — являются международно-правовая ответственность и мирное разрешение споров. Другой способ можно определить как метод информации или контроля. Вне зависимости от споров и случаев нарушений такой способ имплементации оказывает стимулирующее влияние на соблюдение норм путем сбора и обмена информацией. Четвертый способ — это метод конкретизации или подтверждения, независимо от отдельных случаев ответственности, разрешения споров или контроля.

Эти способы имплементации существуют в форме различных средств и процедур, которые часто взаимосвязаны или выступают в смешанных формах. Типичным для большого числа договоров и отраслей современного международного права является процедура представления докладов (отчетов), метод наблюдения и контроля, процедура жалоб, расследования, консультации, а также конференции, на которых рассматривается и оценивается выполнение обязательств по данному договору.

Рассматриваемые здесь средства и методы служат имплементации норм договорного и обычного права, закрепленного в соответствующих документах. В этой связи встает вопрос о том, в какой мере можно проводить различие между этими средствами и методами — как явлениями в сфере правоприменения — и договоренностями, являющимися объектом имплементации и результатом правотворческого процесса.

Такое дифференцирование важно также при разграничении компетенций, которые, к примеру, размываются концепцией так называемого „судейского правотворчества". С другой стороны, именно в международном праве, где субъекты правотворчества и правоприменения совпадают, налицо целый ряд взаимних связей и переходов между созданием и применением права. Их можно особо отчетливо показать на примере мер конкретизации, которые находятся как в сфере (рекомендательного) правоприменения, так и в области дальнейшего развития и создания правовых норм.

Общий принцип гласит, что правоприменение необходимо связано с толкованием и конкретизацией норм права — как в связи с методами ответственности, разрешения споров или контроля так и в качестве самостоятельного метода. Причем толкование должно всегда находиться в пределах содержания согласованных норм. Специальным средством, направленным на толкование международно-правовых норм, является консультативное заключение.

Внутригосударственное законодательство и правоприменение являются важными средствами реализации содержания международно-правовых норм. При этом внутригосударственное правоприменение имеет место во внутренней юрисдикции, а международно-правовое — в межгосударственной области. Отсутствие или недостаточность внутригосударственной имплементации не отменяет действительности международно-правовых обязательств и не исключает применения мер по обеспечению выполнения обязательств в соответствии с международным правом.

Общепризнанные принципы международного права и изложенные выше соображения могут послужить основой для выработки принципов понимания и применения механизмов международно-правовой имплементации. Они имеют комплексный характер и являются весьма актуальными, особенно в области разоружения. К ним следует отнести:

а) необходимость правильной оценки места этих механизмов (решающая роль готовности к выполнению взятых на себя обязательств и избежание возникновения завышенных ожиданий);

б) взаимозависимость и связь с соглашением, лежащим в основе и являющимся объектом имплементации;

в) строгое соблюдение запрета вмешательства и злоупотребления методами имплементации.

Средства имплементации могут применяться государствами индивидуально и „ad hoc", а также коллективно в институционализированных рамках универсальных и специализированных международных организаций и с помощью специальных органов. Следует отметить, что такие институционализированные системы имплементации в принципе всегда ограничены соответствующим кругом участников и обязательств. Институционализирование особенно выгодно тогда, когда налицо специальные структуры обязательств — как, например, в области прав человека или разоружения — или таких методов имплементации, как процедура докладов (отчетов). Необходимо отметить, что деятельность и компетенции международных органов в процессе имплементации полностью зависят от соответствующего соглашения и согласия участвующих государств.

Summary

M. Mohr

Means and Methods of Implementation of Legal Norms in Contemporary International Law

The problem of ensuring the observance of international legal obligations, and thus the effectiveness of international law, has always been and still is of great importance in legal theory and political practice. It became even more acute in view of the dramatic confrontation on the international arena concerning the efforts to stop the arms race and to strengthen relations of peaceful coexistence. Today it is more important than ever to proceed from the basic principle of peaceful coexistence and the international legal order, that is, sovereign equality, reflecting the concept of equal recognition of both socio-economic systems.

Recent developments in the doctrine of international law and in general legal theory facilitate the theoretical analysis of this subject. In this connection it is necessary to single out the specifics of international law relating to the formation and realization of legal norms as well as to find out means and methods of implementation and describe the mechanism of their functioning.

In international law it is always the legal subjects themselves which create and implement legal rules. Accordingly, all law-making and implementation activities in international law are based on mutual agreement. Thus only the parties to an agreement are competent to enforce the obligations established therein. The measures of implementation and control necessarily depend on the contents and nature of the respective agreement.

The realization of international law and of law in general is composed of two processes — the process of fulfillment and of application (or implementation) of legal norms, i.e. specific activities aimed at ensuring or promoting fulfillment. The application of rules of international law is not limited to cases of violation or conflict. In the view of the author it encompasses for instance also measures of concretization which — as e.g. UN General Assembly resolutions — may even be of a non-binding character.

The methods of implementation in international law — concerning cases of breaches or disputes — are State responsibility and peaceful settlement of disputes, respectively. Another method could be described as the method of information and control. By means of gathering and exchanging information it stimulates the observance of legal norms independently of the existence of a breach or a dispute. As a fourth method the concretization or reaffirmation of existing law may be considered. It is also independent of single cases of responsibility, dispute settlement or control.

These four implementation methods exist in various forms as means and procedures, which are often interrelated or combined. Typical for a great number of treaties and branches of modern international law are reporting procedures, monitoring and control procedures, complaint procedures, investigation and consultation procedures as well as review conferences.

These means and methods are agreed upon in the respective international legal instruments in order to ensure their implementation. In general it is possible to distinguish between substantive rules and means aimed at their implementation. This differentiation is of a certain importance for the delimitation of competences which, for instance, is being blurred by the concept of so called "judicial law-making". On the other hand, exactly because of the identity of law-making and law-applying subjects, in international law there are many interactions and "transition forms" between law-making and law application. This becomes particularily evident in processes concretizing legal norms, which may fall both within the sphere of binding or non-binding law application and that of development and formation of (new) legal norms.

It is generally accepted that law application necessarily involves the interpretation and/or concretization of norms — either in connection with the methods of State responsibility, dispute settlement or control, or possibly as an independent method. It should be noted, however, that interpretation must always remain within the framework of the rules agreed upon and reflect its contents. A special procedure or means of interpretation is the advisory opinion.

Municipal legislation and law application represent important means of realizing international legal norms. It should, however, be pointed out that municipal law application takes place in the sphere of domestic jurisdiction whereas international law application belongs to the interstate sphere. An international obligation which is not or only insufficiently implemented by municipal law does not loose its validity under international law and does not impair implementation measures in the sphere of international law.

There are certain principles and guidelines concerning the understanding and application of international implementation measures that may be deduced from the basic principles of international law and the considerations mentioned above. Some of these principles and guidelines which are of a more complex nature and are related to burning problems such as e.g. disarmament are the following:

a) the necessity of correctly assessing the place of implementation mechanisms, the effectiveness of which is based on the willingness of States to fulfill their obligations;

b) the dependency on and interaction with the (primary) agreement;

c) observance of the prohibition of intervention and abuse of implementation measures.

The means and methods of implementation may be applied by States individually and "*ad hoc*", but also collectively, i.e. within the institutionalized framework of universal or special international organizations or other forms of co-operation and through respective international organs. It should be stressed, however, that such institutionalized implementation systems basically function only within the framework of the States-parties to the agreement and the respective obligations. In the case of special structures of obligations — which can be found, for instance, in international human rights conventions and agreements on arms control — their specific nature is most adequately reflected by an institutionalized framework. It is important that the implementation activities and competences of international organs conform fully with the agreement and are based on the consent of the parties concerned.

А. П. Мовчан

Современный международный правопорядок

В наши дни понятие „международный правопорядок", „международный юридический порядок" или „правопорядок в мире" стало активно использоваться в заявлениях и выступлениях официальных представителей государств, в различных международных, правительственных актах и документах, в дипломатической переписке, а также в публикациях по проблемам современного международного права и отношений между государствами.

Так, в выступлениях руководителей Советского государства и КПСС неоднократно указывалось на то, что „мы вместе с другими социалистическими странами выступаем за такой правопорядок в мире, при котором народ каждой страны — большой и малой — мог бы самостоятельно определять свою судьбу", мы хотим возродить дух, атмосферу и сущность разрядки и „намерены пойти еще дальше, к надежной системе международного правопорядка и безопасности".[1]

В Заявлении Советского правительства от 23 апреля 1983 г., а также в Заявлении ТАСС от 15 сентября 1984 г. и от 6 июня 1985 г. подчеркивалось, что „Правопорядок в международном районе морского дна и в Мировом океане вообще может быть обеспечен только путем строгого выполнения всеми государствами положений Конвенции и решений Конференции ООН по морскому праву".[2] Такие конференции ООН по кодификации и прогрессивному развитию международного права, по мнению Э. Хименес де Аречага[3], „. . . еще более усовершенствовали существующий правопорядок благодаря участию в них на принципах демократии и справедливости всех заинтересованных государств". В отдельных позднейших публикациях на Западе, посвященных, в частности, международному сообществу, также стало обращаться внимание на важное значение международного общего или универсального юридического порядка.[4] Что касается работ юристов-международников, опубликованных в странах социалистического содружества, то для них характерно постоянное обращение к тем или иным кон-

[1] Правда, 1985, 20 февраля, с. 2; Известия, 1985, 30 мая, с. 2.
[2] Правда, 1983, 23 февраля; Правда, 1984, 15 сентября; Правда, 1985, 7 июня.
[3] Эдуардо Хименес де Аречага, Современное международное право, Москва 1983, с. 473.
[4] H. Mosler, The international society as a legal community, Alphen aan den Rijn 1980, p. 17; S. Bastid, Ambitions et limites de l'ordre juridique international. Essays in international law in honour of Judge Manfred Lachs, The Hague 1984, p. 45—54.

кретным проблемам и задачам укрепления и дальнейшего прогрессивного развития современного международного правопорядка.[5]

Однако, „к сожалению, наука международного права, — как справедливо отмечает М. И. Лазарев, — пока еще не располагает не только сколько-нибудь значительной работой по вопросу о международном правопорядке, но даже и четким определением такового“.[6]

Поэтому анализ такой правовой категории как „международный правопорядок“ или же „правопорядок в современном мире“ представляет несомненный научный интерес.

Но есть к тому и другие крайне важные причины научного, политико-правового и практического характера. Ведь до сих пор еще на Западе имеют место попытки оспорить, да и вообще поставить под сомнение нормативно-правовую природу, всеобщую юридическую обязательность принципов и норм международного права. Как это признается и в американских публикациях, „правительство Рейгана заменило концепцию режима публичного международного права новой концепцией, согласно которой для Соединенных Штатов закон неписан“, и поэтому „любой даже изощренный исследователь международных отношений неизбежно придет к выводу, что действия Соединенных Штатов подтверждают, что то, что они делают, является незаконным“.[7]

В силу этого перед юристами-международниками вновь со всей остротой встала проблема исследования вопросов правотворческой и особенно правоприменительной деятельности государств на международной арене. Этой актуальной задаче, несомненно, отвечает исследование понятия, сущности и значения современного международного правопорядка.

1. Социально-политические и юридические основы современного международного правопорядка

Если прежде всего попытаться выявить общий подход самых различных юристов-международников к понятию „международный правопорядок“,

[5] А. П. Мовчан, Разрядка международной напряженности и международный правопорядок, — Советское государство и право, 1976, Н 11, с. 94—101; Л. А. Алексидзе, Некоторые вопросы теории международного права: императивные нормы Тбилиси 1982;
B. Graefrath (Hrsg.), Probleme des Völkerrechts 1985. Beiträge, Berlin 1985;
А. П. Мовчан, Вклад ООН в укрепление международного правопорядка и мира (к 40-летию ООН), — Правоведение 1985, Н. 6.

[6] М. И. Лазарев, Теоретические вопросы современного международного морского права, Москва 1983, с. 123.

[7] Syracuse Journal of International Law, vol. 11 (1984), № 1, p. 2, 3,8; В. Большаков, Пирамида насилия, — Правда, 1985, 25 февраля, с. 6.

то можно придти к выводу, что в самой общей форме под ним понимается порядок отношений между государствами, созданный и закрепленный нормами международного публичного права. В процессе такого анализа сразу же замечаем, что многие юристы-международники упускают из виду тот непреложный факт, что в каждую конкретную историческую эпоху правопорядок в отношениях между государствами складывается на основе действующего в эту эпоху международного публичного права и, следовательно, он отражает как юридическое содержание конкретных требований принципов и норм международного права, так и социально-политическую сущность международного права данного исторического периода.

В общей теории права справедливо обращается внимание на то, что правовой категории „правопорядок" присущи два взаимосвязанных элемента — социально-политический и юридический. При этом подчеркивается, что сущность понятия „правопорядок" состоит в том, что оно отражает как „социальные цели", так и „объективный итог" правового регулирования, поскольку „законодатель всегда стремится влиять на общественные отношения, формировать их в своих интересах, обеспечивая выгодный для себя порядок. Это цель. А итог — приведение общественных отношений в состояние урегулированности и порядка с помощью всех правовых средств формирования общественных отношений".[8] Поэтому четко различаются, например, буржуазный правопорядок и социалистический правопорядок, которые имеют свои только им присущие социально-политические и правовые особенности.[9]

Несомненно, что эти два тесно взаимосвязанных элемента — социально-политический и юридический — присущи и понятию „международный правопорядок". Не случайно поэтому в советской литературе по международному праву речь идет о том, что каждой общественно-экономической формации соответствует свой исторический тип международного права и, следовательно, свой международный правопорядок. Эти положения являются исходными для понимания сущности и значения основ современного международного правопорядка.

1.1. Принцип мирного сосуществования государств

Современная эпоха — это весьма сложный исторический период перехода от капитализма к социализму. Для нашей эпохи характерно одновременное существование государств с различным общественно-политическим строем

[8] А. М. Васильев, Правовые категории, Москва 1976, с. 180.

[9] Марксистско-ленинская общая теория государства и права: Социалистическое право, Москва 1970; С. С. Алексеев, Общая теория права. Курс в двух томах, Москва 1981—82; В. В. Борисов, Правовой порядок развитого социализма: вопросы теории, Саратов 1977.

и, следовательно, с различными социальными целями и установками относительно содержания и назначения правового регулирования общественных отношений в международной жизни. Поэтому для создания общего (универсального) правопорядка в современных международных отношениях необходимо было прежде всего обеспечить две его основных предпосылки: 1) чтобы лежащие в основе правопорядка принципы и нормы международного права по своему социально-политическому содержанию соответствовали интересам всего международного сообщества государств в целом, 2) чтобы по своему правовому характеру эти принципы и нормы были юридически обязательными для всех без исключения государств-участников современных международных отношений, независимо от каких-либо различий между ними.

Инициатива и активная роль в создании подобного рода действующего в наше время общего (универсального) международного права принадлежит социализму, в лице первого в мире Советского государства, а затем — всего социалистического содружества.

Общедемократическая сущность действующего международного права, которое составляет нормативную основу правопорядка в современном мире, раскрыта и убедительно показана во всей литературе по международму праву в странах социалистического содружества.

Для целей настоящего поискового исследования необходимо обратить внимание читателя на тот непреложный факт современной действительности, что становление и утверждение единого для всех государств международного правопорядка было бы невозможно без признания международным сообществом идеи (принципа) мирного сосуществования в качестве единственно разумной основы отношений между всеми государствами с различным социально-экономическим строем, которые известны современной политической карте мира. Эта идея пронизывает все положения действующего в наши дни международного права, начиная с важнейшего его документа — Устава ООН.

В советских публикациях, посвященных миропорядку, справедливо отмечается, что нельзя трактовать мирное сосуществование „как один из обычных принципов международных отношений" или „как собирательное понятие, включающее ряд общепринятых норм"; принцип мирного сосуществования — „исключительное явление нашего времени" и представляет собой „норму отношений даже не просто государств с различным социальным строем, а именно социалистических и капиталистических государств".[10]

Именно в этом и состояли усилия советской дипломатии при выработке Устава ООН. Необходимо было обеспечить продолжение сотрудничества, сложившегося в антигитлеровской коалиции между капиталистическими

[10] Г. Х. Шахназаров, Грядущий миропорядок, Москва 1981, с. 98, 100.

странами и Советским Союзом, превратить его в норму взаимоотношений между ними, с тем чтобы, как отмечается в преамбуле Устава ООН, „избавить грядущие поколения от бедствий войны, дважды в нашей жизни принесшей человечеству невыразимое горе". В этих целях государства-создатели ООН провозгласили свою решимость „проявлять терпимость и жить вместе, в мире друг с другом, как добрые соседи", и объединить свои усилия „для поддержания международного мира и безопасности". А ООН должна была стать „центром для согласования действий наций в достижении этих общих целей" (п. 4 ст. I Устава ООН) и служит таким центром вот уже более сорока лет.

Краткая история создания ООН, как и вся последующая деятельность Организации, свидетельствуют о том, что она была задумана и действует как универсальная организация, объединяющая усилия всех государств, в том числе и с различным строем — социалистических и капиталистических государств.

Хотя некоторые официальные деятели империалистических стран, а вслед за ними и отдельные буржуазные юристы-международники до сих пор упорно выступают против термина и принципа „мирное сосуществование", однако реальная действительность, в том числе сами факты участия этих стран в работе различных органов ООН совместно с социалистическими странами, а также в самых разнообразных непосредственных переговорах и соглашениях между странами социализма и капитализма вскрывают полную несостоятельность подобного рода усилий и происков.

В настоящее время идея мирного сосуществования, нашедшая свое международно-правовое закрепление и Уставе ООН, получила широкое всемирное признание, в том числе и во многих других международных документах универсального характера. Так, начиная с 60-х годов в международные конвенции и декларации стали постоянно вводиться требования и положения относительно необходимости содействия развитию дружественных отношений между государствами „независимо от различий в их государственном и общественном строе" (Венская конвенция о дипломатических сношениях 1961 г.), либо „независимо от их политических, экономических и социальных систем и от уровня их развития" (Декларация ООН 1970 г. о принципах международного права).

Эти политико-правовые формулировки убедительно свидетельствовали об утверждании в международном сообществе понимания и активного восприятия той реалии наших дней, что *никакие различия* между государствами, известными современной политической карте мира, не могут служить препятствием для их нормальных отношений и совместного сотрудничества в самых различных областях международной жизни.

Правовая нормативность в международных отношениях (как и во внутригосударственных) находит, как известно, свое проявление в определенности, четкости и всеобщей обязательности юридических формул взаимоотношений субъектов международного права. Именно в такой формулировке — отношения между всеми государствами должны строиться „независимо от их политических, экономических и социальных систем и от уровня их развития“ утвердился принцип мирного сосуществования как наиболее широкая и важная норма, т. е. как основной принцип современного международного правопрядка.

Поскольку одной из характерных черт принципов и норм правопорядка в мире является их всеобщая юридическая обязательность для всех государств, то именно такая формула и отвечает этому требованию. Она была выработана в результате длительного процесса международного нормотворчества на основе согласования воль социалистических, капиталистических и развивающихся стран и является непреложным для них юридическим законом. Его социальная ценность в том, чтобы гарантировать такой правопорядок в международной жизни, при котором каждый народ мог самостоятельно осуществлять свое социальное, экономическое политико-государственное развитие. Его политико-правовое назначение и актуальность в эпоху перехода от капитализма к социализму в том, чтобы поставить политико-правовую преграду антисоциализму и антикоммунизму в отношениях между государствами и народами, который постоянно пытается насадить империализм. Примерами могут служить происки США против Кубы, Никарагуа и других стран Латинской Америки, а также империалистические акции в иных районах земного шара, которые в свете указанных требований современного международного правопорядка являются противоправными, а подчас и преступными.

Таким образом, международно-правовой принцип мирного сосуществования представляет собой исходную и краеугольную основу современного международного правопорядка и его общедемократической социально-политической сущности. Без этого принципа невозможно было бы становление и развитие единого и общего для всех государств (без какого-либо исключения) универсального правопорядка в современном мире.

В идее мирного сосуществования содержатся также и такие важные для понимания правовой категории „международный правопорядок“ подходы как, например, требование осознания всеми элементарной реалии наших дней, что все государства и народы находятся и живут на единой планете Земля и должны совместно решать все глобальные проблемы как единое „международное сообщество государств в целом“. Возникновение этой новой политико-правовой категории также обязано своим происхождением всемирному признанию ленинской идеи мирного сосуществования и имеет непосредственное значение для понимания и исследования очередной социально-политической основы современного международного правопорядка.

1.2. Международное сообщество государств в целом

В канун 40-й годовщины Великой Победы над гитлеровским фашизмом и японским милитаризмом международное сообщество единодушно подчеркнуло в решении, принятом на XXXIX сессии Генеральной Ассамблей ООН, то „уважение, которое испытывают нынешние поколения к жертвам нацизма и фашизма и к борьбе народов против нацизма и фашизма во время второй мировой войны, а также к созданию Организации Объединенных Наций".[11]

Опыт эффективного военного и политического сотрудничества в годы второй мировой войны государств с различным социально-политическим строем убедительно показал возможность и необходимость объединенных коллективных усилий для ликвидации агрессии и предотвращения новых агрессивных войн. Поэтому одним из важных результатов Великой Победы явилось образование ООН как всеобщей организации, объединившей самые различные государства в целях совместного сотрудничества по поддержанию международного мира и безопасности, а также в других областях международных отношений.

Процесс разработки Устава ООН проходил в особый исторический период, когда уже завершалась борьба народов против гитлеровского нацизма. Решающие победы Советской Армии на полях сражений убедительно свидетельствовали о том, что главной силой в этой освободительной борьбе явился Советский Союз. Для данного периода характерен огромный рост международного авторитета и влияния Страны Советов — первого в мире социалистического государства, мощный размах антифашистского движения и подъем национально-освободительных и демократических сил и стремлений. В этих условиях инициативы и непосредственное активное участие советских государственных деятелей, дипломатов и международников в создании ООН имели решающее значение для отражения и закрепления в Уставе ООН общедемократических и гуманных требований, в том числе основных международно-правовых идей и принципов, выдвинутых Великой Октябрьской социалистической революцией, прежде всего, во всемирно известном ленинском Декрете о мире. Накануне 70-й годовщины Великого Октября хотелось бы подчеркнуть, что начало творческому созидательному процессу утверждения современного международного правопорядка было положено победой Великой Октябрьской социалистической революции, возникновением на международной арене Советского социалистического государства, которое совместно со всеми силами демократии и мира повело борьбу за изменение буржуазного международного права и внедрение в него новых прогрессивных идей и начал (принципов запрещения агрессивной войны и ее преступности, принципов самоопределения и равно-

[11] Резолюция Генеральной Ассамблей ООН 39/114, 14 декабря 1984 г.

правия народов, права народов на выбор пути своего самостоятельного развития и многих других).

Великая победа над гитлеровским фашизмом как бы подвела определенный итог этому процессу прогрессивного развития международного права: к завершению создания фундаментальных основ нового исторического типа международного права — общего международного права эпохи перехода от капитализма к социализму, новой нормативной основы международного правового порядка в современном мире.

Этим и объясняется тот исторический факт, что ленинская идея мирного сосуществования государств с различным социально-экономическим строем была положена в основу создания ООН и пронизывает все постановления ее Устава, а исходные положения этого международного документа, содержащиеся, в частности, в преамбуле и главе I о целях и принципах Организации, были насыщены такими новыми прогрессивными требованиями, которые не были известны международным отношениям эпохи капитализма.

Сегодня можно с уверенностью и без какого-либо преувеличения констатировать, что в Уставе ООН были закреплены краеугольные юридические основы нового правопорядка в мире и положено начало существованию новой системы международного права — общего международного права, как системы, отражающей общие интересы *всего международного сообщества государств в целом* и те социальные закономерности развития международных отношений, которые присущи новой исторической эпохе — эпохе перехода от капитализма к социализму. В этом нельзя не видеть всемирно-исторического значения создания ООН для всего последующего развития и укрепления международного правопорядка нашего времени.

В ходе мероприятий, посвященных празднованию 49-й годовщины ООН, были даны высокие оценки как принципам и положениям Устава ООН, так и разносторонней деятельности ООН во имя мира, на благо человечества. В выступлении члена Политбюро ЦК КПСС, министра иностранных дел СССР Э. А. Шеварднадзе было отмечено, что „много полезного для дела мира и международного сотрудничества сделала Организация Объединенных Наций за прошедшие 40 лет. Но еще больше ей предстоит сделать, ибо мы вступаем, судя по всему, в наиболее ответственный период истории человечества, когда ему предстоит решать главный для себя вопрос — жить или погибнуть в ядерной войне".

Генеральный секретарь ООН Перес де Куэльяр подчеркнул, что 90 глав государств и 137 министров иностранных дел не приехали бы на 40-ю сессию Генеральной Ассамблеи ООН, „если бы они не верили в цели и необходимость Организации Объединенных Наций".[12]

[12] International Herald Tribune, 1985, October 21, p. 6.

Учреждение ООН и вся последующая деятельность Организации, которая объединяет практически все государства, вызвали к жизни понятие „международное сообщество государств в целом", которое, по нашему мнению, имеет прямое отношение к понятию и сущности современного международного правопорядка.

Это относится прежде всего к правотворческой деятельности государств, в процессе которой суждение „международного сообщества государств в целом" имеет решающее значение для возникновения, становления и укрепления общепризнанных принципов и норм, составляющих исходную основу современного правопорядка в мире. Достаточно указать на то, что императивные нормы международного права не могут быть изменены без волеизъявления „международного сообщества государств в целом", т. е. без согласования воль социалистических, развивающихся и капиталистических стран. В этом нельзя не видеть реальной гарантии упрочения и перспектив дальнейшего развития международного правопорядка по пути социального и научно-технического прогресса, демократии и мира, ибо страны социалистического содружества, составляющие неотъемлемую часть международного сообщества государств, постоянно проводят именно такой курс.

Еще в ходе создания ООН было уделено важное внимание задаче постоянного укрепления нормативной основы современного международного правопорядка. Так, в преамбуле Устава ООН была четко выражена решимость учредителей Организации „создать условия, при которых могут соблюдаться справедливость и уважение к обязательствам, вытекающим из договоров и других источников международного права". А в ст. 13 Устава ООН было прямо указано на то, что Генеральная Ассамблея ООН „организует исследования и делает рекомендации в целях: а) содействия международному сотрудничеству в политической области и поощрения прогрессивного развития международного права и его кодификации".

Это постановление Устава ООН было сравнительно быстро выработано на окончательной стадии ООН — на конференции в Сан-Франциско в 1945г. В нем четко прослеживается тесная связь между сотрудничеством в политической сфере и в области международного права, которая затем неоднократно подчеркивалась в решениях Генеральной Ассамблеи ООН и в различных комментариях к Уставу ООН. Так, например, в резолюциях Генеральной Ассамблеи ООН, принятых на XV-XVIII сессиях по инициативе СССР и других социалистических стран при активной поддержке со стороны развивающихся стран, отмечалось, что „кодификация и прогрессивное развитие международного права имеют важное значение для превращения международного права в более эффективное средство осуществления целей и принципов, изложенных в статьях 1 и 2 Устава ООН". В широко известных в свое время комментариях Г. Гудрича и Э. Хамбро говорилось о том, что задачи

ООН, предусмотренные в статьях 1, 2, 10, 11, 14, 35 и в главах IX и X Устава ООН, составляют „сердцевину статьи 13 Устава".[13] В этом нельзя не видеть проявления той тесной диалектической связи социально-политических и юридических основ правопорядка в современном мире, которая зачастую игнорируется западными исследователями мирового порядка.

Весьма примечателен и тот факт, что конференция в Сан-Франциско решила не ограничиваться традиционным термином „кодификация", а дополнить его понятием „прогрессивное развитие" международного права, которое было, несомненно, новым для того периода и довольно ясно указывало на то, что Организация должна не только фиксировать действующее международное право, но и содействовать его дальнейшему развитию. Причем при формулировании текста ст. 13 Устава ООН было признано целесообразным прежде всего сказать о „прогрессивном развитии", а затем о „кодификации" международного права. Тем самым государства-учредители ООН, как это видно из материалов конференции в Сан-Франциско, решили подчеркнуть важность задачи прогрессивного обновления международного права с учетом целей и принципов ООН.

Ныне постановления ст. 13 Устава ООН воспринимаются как сами собой разумеющиеся, но в 1945г. это было совершенно новым явлением в международно-правовой жизни, ибо всеобщая политическая организация по поддержанию международного мира и безопасности наделялась функциями, которые до этого считались уделом отдельных юристов-международников, научных юридических учреждений, либо специальных международных конференций.

Задачи и функции ООН по поощрению прогрессивного развития международного права и его кодификации — новое явление в теории и практике международного права. Мероприятия и деятельность Организации по осуществлению этих задач насыщены различным подходом государств к сущности и назначению этой работй ООН и подчас весьма острой дипломатической борьбой и сотрудничеством государств-членов ООН по актуальным проблемам современного международного правопорядка.

Однако в целом в этой деятельности ООН преобладали тенденции дальнейшего развития международного права по пути социального и научно-технического прогресса. Динамизм международной жизни, ускорение общественного прогресса, характерные для наших дней, были присущи и мероприятиям ООН по кодификации и прогрессивному развитию международного права.[14]

[13] H. Goodrich/E. Hambro/A. Simons, Charter of the United Nations, New York — London 1969, p. 133.

[14] Г. В. Игнатенко, Международное право и общественный прогресс, Москва 1972; А. П. Мовчан, Кодификация и прогрессивное развитие международного права, Москва 1972.

Единодушное провозглашение от имени ООН Нюрнбергских принципов в качестве принципов международного права (резолюция Генеральной Ассамблеи ООН 95/1 от 11 декабря 1946г.), осуществеление в рамках ООН кодификации норм морского права (Женевские конвенции 1958г.), дипломатического и консульского права (Венские конвенции 1961г. и 1963г.), права международных договоров (Венская конвенция 1969г.), основных принципов международного права (Декларация о принципах международного права, касающихся дружественных отношений и сотрудничества между государствами в соответствии с Уставом ООН 1970г.) позволили всем государствам-членам ООН придти в 1970г. к решительному выводу о том, что „необходимо и далее содействовать прогрессивному развитию и кодификации международного права — значительный прогресс был достигнут в этой области в течение первых двадцати пяти лет существования ООН — для установления правопорядка в отношениях между государствами".[15]

За 40 лет существования ООН был внесен значительный вклад в прогрессивное развитие международного права и, следовательно, в дело укрепления современного правопорядка в мире. Как справедливо подчеркнул Генеральный секретарь ООН Перес де Куэльяр, „очень часто забывают, что значительно большая часть международного права была кодифицирована с помощью Генеральной Ассамблеи ООН за последние 40 лет, чем за всю предыдушую историю человечества".[16]

ООН придала постоянный и весьма упорядоченный характер важному процессу „прогрессивного развития международного права и его кодификации (ст. 13 Устава ООН)", позитивные результаты которого широко известны. Они коснулись всех основных сфер международно-правового регулирования, в том числе повышения роли основных принципов как активных центров международно-правовой системы, создания новых норм и отраслей международного права, например, космического права — „фундамента правопорядка в космосе" (В. С. Верещетин, Ю. М. Колосов).

Существенным было содействие ООН международно-правовым решениям некоторых глобальных проблем, например, созданию нового правопорядка в Мировом океане, базирующегося на диалектическом сочетании традиционных и новых норм, продиктованных велением времени и достижениями научно-технического прогресса.

Позитивны и новации, внесенные практикой ООН и ее конференций в правотворческий процесс государств как составной части международного правопорядка; они значительно укрепили развитие тенденции согласования воль государств на основе консенсуса как созидательной силы международно-правовых норм.

[15] Декларация по случаю двадцать пятой годовщины Организации Обьединенных Наций, Документ ООН A/L 600 от 24 октября 1970 г., с. 60.

[16] International Herald Tribune, 1985, October 21, p. 6.

ООН дала новый импульс развитию права международных организаций, которое стало „органической частью современного международного права" (Г. Морозов) и, следовательно, международного правопорядка. Повысилась в целом и роль специализированных учреждений ООН в решении повседневных международных вопросов в самых различных и специфических сферах взаимоотношений государств (ЮНЕСКО, ИКАО, ИМО, МСЭ и др.).

Под влиянием Устава ООН, деятельности ООН и международных неправительственных организаций всемерно возросло значение международного правосознания как суждения о том, *что есть* и *что должно быть* юридическим законом в международных отнощениях государств и *какими должны быть пределы усмотрения государств* (в первую очередь США), пытающихся игнорировать те решения, которые были согласованы и одобрены международным сообществом государств в целом (например, Конвенция ООН по морскому праву 1982г.).

В широкой, всемирной поддержке деятельности ООН — один из залогов того, что человечество сможет добиться, как отмечалось на апрельском (1985г.) Пленуме ЦК КПСС, ровных, корректных межгосударственных отношений, основанных на подлинном уважении международного права. Тем самым будет реализована благородная цель ООН; „избавить грядущие поколения от бедствий войны".

1.3. Императивный характер основных норм правопорядка в современном мире

Четкость и определенность юридических формул в международном праве имеет важное значение как для нормотворческой, так и для правоприменительной деятельности государств. Если во внутригосударственных правовых системах к принципам права нередко относят не только основные нормы права, но и основные, руководящие идеи, определяющие характер и существо правового регулирования, то доктрина международного права и практика государств исходят из того, что принципами международного права являются не различного рода идеи (которые при весьма отличных друг от друга идеологиях могли бы по-разному толковаться и отстаиваться дипломатами и юристами-международниками самых разных стран), а общепризнанные основные правовые нормы должного поведения всех государтств и других участников международных отношений, отклонение от которых юридически недопустимо, а подчас преступно.

Такое политико-правовое значение основные принципы международного права получили, опять-таки, в период, когда на международной арене появился новый общественный строй — социализм. Для международно-правовой позиции социалистического содружества стран характерно проведение курса на то, чтобы эти принципы по своей нормативно-правовой природе были непреложными юридическими законами международных отношений.

В наши дни значительно возросли юридический авторитет и значение основных принципов современного международного права. При этом Устав ООН, который справедливо расценивается сегодня международным сообществом как основной документ современного правопорядка в мире, сыграл инициативную и решаюшую роль в утверждении и всеобщем международно-правовом признании таких новых принципов этого правопорядка, как принцип неприменения силы и угрозы силой, принцип равноправия и самоопределения народов, принцип всеобщего уважения прав и основных свобод человека, без которых уже немыслимы международно-правовые отношения в наши дни. Активное содействие оказал Устав ООН и укреплению общепризнанного и общедемократического характера принципов суверенного равенства государств, добросовестного выполнения ими своих международных обязательств, мирного разрешения международных споров, невмешательства во внутренние дела государств и ряда других принципов.

Включение всех этих принципов в Устав такой универсальной международной организации как ООН подчеркнуло их всеобщее значение в качесве непреложной юридической основы отношений между всеми существующими государствами, без какого-либо исключения. Достаточно указать на то, что ныне правомерность тех или иных актов или мероприятий государств, их соответствие современному международному праву и задачам поддержания международного мира и безопасности оценивается правительствами и мировой общественностью с точки зрения их совместимости с принципами Устава ООН.

Придание Уставом ООН новой социально-политической направленности принципам международного права как основным нормам отношений всех государств, отвечающим требованиям международной жизни в эпоху одновременного сосуществования и сотрудничества самых различных по своему социальному строю и уровню развития стран, повысило значение и социальную ценность современного международного права как одного из важных средств укрепления международного мира и правопорядка.

При создании ООН было также уделено серьезное внимание и тому, чтобы принципы Устава ООН в действительности стали непреложными юридическими правилами для всех без ислючения государств и неукоснительно соблюдались ими. С этой целью в Уставе ООН было прямо указано на то, что „Организация обеспечивает, чтобы государства, которые не являются ее членами, действовали в соответствии с этими принципами, поскольку это может оказаться необходимым для поодержания международного мира и безопасности“ (п. 6 ст. 2 Устава). В ст. 103 Устава ООН была подчеркнута преимущественная сила обязательство по Уставу для государств-членов ООН по сравнению с их обязательствами „по какому-либо другому международному соглашению“.

В процессе деятельности ООН также были предприняты дальнейшие шаги по повышению авторитета и юридической силы общепризнанных принципов международных отношений. В результате совместных усилий государств-членов ООН были достигнуты весьма важные позитивные решения, имеющие непосредственное значение для укрепления международного правопорядка. Так, по инициативе Советского Союза и других социалистических стран Генеральная Ассамблея в течение 1961—1970гг. специально рассмотрела международно-правовые принципы мирного сосуществования, „основываясь на своем праве рассматривать общие принципы сотрудничества в деле поддержания международного мира и безопасности“, — принципы неприменения силы и угрозы силой, мирного урегулирования международных споров, невмешательства во внутренние дела государств, сотрудничества, равноправия и самоопределения народов, суверенного равенства государств, добросовестного выполнения международных обязательств. Единогласно одобренная в ООН Декларация 1970 г. закрепила развернутое содержание этих принципов с учетом их дальнейшего активного развития с момента создания ООН. В Декларации было прямо указано на „исключительное значение Устава ООН для установления правопорядка в отношениях между государствами“.

Вопреки скептицизму ряда западных юристов-международников следует подчеркнуть, что в наши дни значительно возрос политико-правовой авторитет основных принципов международного правопорядка. Наука и практика международного права ныне исходят из того, что каждый основной принцип международного права является императивной нормой ins cogens, т. е. „нормой, которая принимается и признается международным сообществом государств в целом как *норма, отклонение от которой недопустимо*“ (подчеркнуто нами А. М. — ст. 53 Венской конвенции о праве международных договоров 1969г.).

По нашему мнению, понятие и действие императивной нормы, отступление от которой вообще недопустимо, не ограничивается лишь сферой права международных договоров (как это утверждается некоторыми юристами-международниками), а действенно в отношении всех мероприятий и шагов государств в любых областях международных отношений. Это мнение подтверждается, в частности, тем, что в международно-правовой жизни не утвердилось понятие „публичный порядок“ („public order“, „ordre public“), которое, конечно, относилось бы и не к договорным отношениям государств. В этих условиях понятие ins cogens восполняет этот пробел и должно толковаться как применимое ко всем — односторонним и совместным — действиям государств в их взаимоотношениях — оно составляет неотьемлемый элемент понятия современного международного правопорядка.

Достигнутое преобразование основных принципов международного права в общепризнанные и общедемократические по своему социально-политическому содержанию правила международных отношений, а также признание за ними „международным сообществом государств в целом" юридического значения как императивных норм ins cogens сыграло решающую роль в создании и утверждении единого правопорядка в международной жизни.

2. Понятие и характерные черты современного международного правопорядка

Суммируя изложенное, можно придти к выводу, что современный международный правопорядок — это воплощающий интересы международного сообщества государств в целом порядок отношений, который установлен и осуществляется на основе принципов и норм действующего международного права и направлен на обеспечение нормальных, миролюбивых и дружественных отношений и сотрудничества между всеми государствами, независимо от их политических, экономических, социальных систем и от уровня их развития.

Побудительным мотивом к поисковым размышлениям о понятии и сущности международного правопорядка послужила дискуссия о системах советского и международного права, в ходе которой, в частности, отмечалось, что в общей теории права ныне складывается новое понятие правовой системы; оно охватывает такие компоненты, как: а) право „в его нормативном определении", б) правовые связи, „отношения, институты, порядок и процедуры, которые осуществляются по правовым установлениям", в) „правопроявления идеологического характера" (юридическая наука, общественное сознание), в то время как, „судя по литературе, у международников о праве как системе норм и о правовой системе говорится в одном значении".[17]

Но такой подход юристов-международников имеет под собой серьезные основания, и он к тому же совершенно не исключает попыток применить системный анализ и к сфере международно-правовой жизни.[18] Все юристы различных специальностей осмысливают свои проблемы, оперируя определенными правовыми категориями и понятиями, почерпнутыми в том числе и из общей теории права.

[17] Советское государство и право, 1985, 1, с. 64—84.

[18] И. И. Лукашук, Международно-правовое регулирование международных отношений, Москва 1975; Г. И. Тункин, Право и сила в международной системе, Москва 1983; Г. И. Тункин, Нормативная модель глобальной межгосударственной международной системы, Вопросы философии, 1984, с. 91—102.

Однако при этом советские международники должны уделять особо пристальное внимание к тому, чтобы их взгляды и мнения были доступны для быстрого восприятия и понимания юристами-международниками и дипломатами самых различных стран, юридических школ и направлений. Это служит первейшей, пусть иногда даже элементарной, но весьма важной предпосылкой для политико-правовой и научной пропаганды и всеобщего усвоения тех положений международно-правовой доктрины и основных концепций социализма, которые составляют неотъемлемый элемент международно-правовой позиции, международного курса Советского Союза и всего социалистического содружества.

С этой точки зрения правовая категория „правопорядок в мире" или „международный правопорядок" является более универсально применяемой юридической категорией научно-практического характера, нежели находящаяся пока в зародышевом состоянии новейшая трактовка понятия правовой системы, и, по нашему мнению, несомненно, охватывает упомянутые выше три основных компонента — право, правовые отношения и процедуры, правосознание. Подтверждением тому служат характерные черты и особенности современного международного правопорядка.

Нормативную основу современного правопорядка в мире составляет общее международное право („в его нормативном определении"). Универсальный и общий характер системы принципов и норм этого действующего ныне международного права обуславливает их применимость и обязательность для всех существующих в наши дни государств, независимо от того, в каком регионе мира они находятся, и независимо от того, по какому социально-экономическому пути они идут и развиваются. Это, в свою очередь, предопределяет универсальность и общий для всех современных государств правопорядок в мире. Хотелось бы при этом лишь заметить, что международно-правовая позиция Советского Союза и других стран социалистического содружества, их социально-политические установки относительно необходимости существования для всех, без каких бы то ни было различий, государств единого международного права и правопорядка настолько уже претворились в жизнь, что в настоящее время термин „общее" международное используется для пояснений сущности и юридической природы действующего международного права лишь в научно-исследовательской и учебной литературе. Официальная практика государств ограничивается применением термина „международное право" в силу очевидности его трактовки как системы принципов и норм, юридически обязательных для всех, без исключения, государств. Это относится и к понятию „международный правопорядок" или „правопорядок в мире".

Ядром, активным центром международного права (как системы норм) являются его основные принципы, которые предопределяют политико-правовой облик этой системы, ее характерные черты и обусловливают функционирование данной правовой системы в целом. Современные международно-правовые прицнпы, закрепленные, в частности, в Уставе ООН, в хельсинкском Заключительном акте, а также и в Конституции СССР, придали этой системе такое новое свойство, как ее юридическая согласованность, единство и целостность, подчинение ее единым началам, пронизывающим все ее содержание в целом. Подобное свойство не было присуще международному праву всех предыдущих эпох.

Эта особенность действующего международного права имела непосредственное важное значение как для возникновения и становления единого международного правопорядка, так и для обеспечения его дальнейшего развития по пути социального прогресса. Главными, определяющими элементами упрочения и развития правопорядка выступают при этом социально-политическая сущность и нормативно-юридическая природа всех основных принципов международного права, которым должны соответствовать все остальные конкретные международно-правовые нормы; причем не только уже действующие, но и находящиеся в процессе своего становления и утверждения в практике отношений государств. Поэтому политико-правовая сущность каждой нормы международного права, как конкретной составной частицы данной единой системы юридических правил международных отношений, не может не быть обусловлена и предопределена рамками общей социально-политической направленности, социальными целями и сущностью общепризнанных принципов современного международного права. В силу этого весь правопорядок в мире в целом направлен на осуществление и развитие нормальных, дружественных отношений между всеми народами и государствами, независимо от каких-либо различий между ними.[19]

Действующая международно-правовая система норм уже не может, как это было в эпоху капитализма, служить империалистической политике произвола. Вот почему в наши дни реакционные акции, осуществляемые силами империализма во главе с США, могут предприниматься только в обход или же в нарушение общепринятых норм международных отношений и явно направлены на подрыв существующего международного правопорядка. Вся система принципов и норм современного международного права в целом, предусматривающая довольно-таки четкие юридические рамки деятельности государств на международной арене, является политико-правовой преградой на пути реализации империалистических устремлений. За соблюдение этих норм выступает подавляющее большинство государств, все мировое общественное мнение, широкие общественные движения наших

[19] А. П. Мовчан, Разрядка международной напряженности и международный правопорядок, Советское государство и право, 1976, 11, с. 94—101.

дней. Все это — мощные факторы упрочения существующего правопорядка в мире.

К осжалению, все эти вместе взятые новые социально-политические и правовые реалии и факторы почему-то упускаются из виду многими западными политологами и юристами-международниками (М. Макдугал, Х. Моргентау, Р. Фолк, Г. Шварценбергер и др.) при исследовании проблем „мирового порядка“ или же „международного юридического порядка“. Игнорирование ими социально-политических основ правопорядка в современном мире, а также диалектической связи и взаимозависимости этих важнейших элементов международного правопорядка с неизбежностью приводит их к крайне пессимистичным, а подчас и реакционным выводам и оценкам. Более того, гиперболизация некоторыми западными политологами и юристами категорий „власти“, „силы“ в международных отношениях служит нередко основанием для „концептуальных“ положений о „падении“ или даже „конце“ (например, Р. Фолк) какого-либо порядка в современном мире, либо суждений о том (например, Г. Шварценбергер), что международное право обладало авторитетом и эффективностью лишь до 1914 года (?!).[20] Основная ошибка либо беда всех этих специалистов состоит в том, что они походят к оценке реальной действительности крайне субъективно, сквозь призму социально-политических устремлений и подходов, которые характерны для той или иной администрации в Вашингтоне или же официальных кругов в Лондоне и находят свое проявление во многих внешнеполитических акциях империализма, направленных на насаждение „холодной войны“ в международных отношениях, на подрыв разрядки международной напряженности, на отказ от конструктивного международного сотрудничества и на прямое нарушение элементарных правил международного общения и современного международного права.

О научной несостоятельности всех такого рода западных „концепций“ относительно отсутствия или же краха мирового, международного правопорядка свидетельствует сама международная жизнь. Для нее характерны постоянные тенденции роста и укрепления нормативной основы мирового порядка (которые нашли свое убедительное проявление во всей сорокалетней деятельности ООН по кодификации и прогрессивному развитию международного права), также неуклонного подъема сил и факторов, выступающих за утверждение и дальнейшее укрепление надежной системы международного правопорядка и безопасности.

Отрадно вместе с тем отметить, что за последнее время на Западе все боль-

[20] R. Falk, The decline of international order: normative regression and geopolitical maelstrom, — The yearbook of world affairs 1982, London 1982, pp. 11—24; R. Falk, The End of World Order, New York — London 1983; G. Schwarzenberger, The Credibility of International Law — The yearbook of world affairs 1983, London 1983, p. 292—301.

ше стали появляться публикации, выражающие трезвые взгляды на действительное положение дел в мире. В них, в частности, стал, вольно или невольно, признаваться опасный и разрушительный для современного международного правопорядка характер внешнеполитических установок и действий администрации Рейгана. Так, специалист в области конституционного права США, профессор Гарвардского унивеситета Лоуренс Х. Трайб подчеркивает, что „и дома, и за рубежом администрация Рейгана дала понять, что она не будет считаться с нормами права; она будет действовать так, как ей нравится". При этом Трайб приводит примеры деяний США на международной арене, которые убедительно показывают, что „администрация подрывает прогресс к миру, в котором государства будут уководствоваться чем-то иным нежели просто законами джунглей". Американский политолог Ричард Барнет признает, что „после войны ни одна администрация так не демонстрировала односторонний произвол, как администрация Рейгана. В области национальной безопасности, экономической политики и дипломатии Вашингтон предпочитает продвигать США посредством своих собственных инициатив и своей властью, но не через механизмы международного сотрудничества".[21] Об этом свидетельствует отказ администрации Рейгана от Конвенции ООН по морскому праву 1982г., пренебрежение к роли ООН и отказ от выполнения решения Международного Суда ООН, подрыв советско-американских отношений, основанных на уважении взаимных интересов, и другие акции Рейгана, на которые ссылается Р. Барнет.

Коренным образом от США отличается отношение Советского Союза к основным устоям и ко всему международному правопорядку в целом. Убедительным свидетельством тому являются положения Конституции СССР об основных принципах современного международного правопорядка, официальные выступления и предложения руководителей Советского государства и КПСС, которые постоянно пронизаны заботой о создании надежной системы международного правопорюдка, безопасности и мира, а также неуклонные усилия Советского государства по повышению роли ООН в укреплении мира и развитии международного сотрудничества, в том числе в области кодификации и прогрессивного развития международного права.

Отношение различных государств к юридическим законам международной жизни, к тому, что есть, а что еще должно стать непреложным правилом, нормой международного права, т. е. „международно-правовая позиция государств", составляет один из элементов структуры международного правопорядка, именно в этой позиции государств находят свое воплощение как все те конкретные социальные цели и политические установки

[21] International Herald Tribune, 1985, October 25, p. 6.

относительно сущности и характера международно-правового регулирования, которые государство заинтересовано воплотить в международную жизнь, так и подход государства к итогам этого правового урегулирования, достигаемого с помощью всех существующих на данном историческом этапе политико-юридических средств формирования правопорядка в мире. Таким образом, понятие, категория „международно-правовая позиция государств" охватывает как нормотворческий, так и правоприменительный порядок в международных отношениях, и тем самым четко указывает на тесную связь процессов создания и реализации международных юридических предписаний с конкретной деятельностью различных государств, без волеизъявления которых невозможны в наши дни ни нормативно-юридическая природа международного права, ни сам международный правопорядок. Международно-правовая позиция государства составляет неотъемлемую часть его внешнеполитической позиции и в сущности выражает его юридическую политику, которую государство проводит в своей правотворческой и правоприменительной деятельности в международных отношениях. Ее эффективность в области, например, международного нормотворчества определяется прежде всего тем, насколько верно она отражает актуальные потребности международного общения, в том числе постоянно и динамично происходящие изменения в мире под воздействием социального и научно-технического прогресса.

Немалое значение при этом имеет и порядок международного нормотворчества как составная часть международного правопорядка. За последние двадцать пять лет здесь также произошли существенные изменения общедемократического характера, направленные на утверждение в практике международных отношений идеи согласования воль, позиций, социальных целей и установок государств как одной из неотъемлемых предпосылок и гарантий укрепления и дальнейшего прогрессивного развития правопорядка в мире. Кодификация существующих и разработка новых международных принципов и норм стала осуществляться методом согласования и на основе консенсуса. Правило консенсуса получило широкое применение как в рамках ООН, так и на международных конференциях и совещаниях (например, на хельсинкском Совещании по европейской безопасности, на Третьей конференции ООН по морскому праву). Накопленный опыт подтверждает, что стремление социалистических стран к нахождению в выработке взаимоприемлемых решений о том, что есть и что должно быть международными правом и каковы должны быть юридические формулировки конкретных правил международных отношений, получает активную поддержку со стороны международного сообщества. Сегодня можно с уверенностью сказать, что в сообществе государств утверждалось понимание, что разрабатываемые на конференциях правила не получат признания в качестве норм общего международного права, если они не будут основаны на соглашении между основными группами государств — социалистических, развивающихся и капиталистических.

Такой порядок международного нормотворчества уже в достаточной мере обеспечивает эффективность международно-правовых позиций социалистических стран и их возрастающее влияние совместно с развивающимися государствами на прогрессивное развитие международного права. Что же касается империалистических стран, то, как справедливо отмечает Е. Т. Усенко, „за четверть века „холодной войны" ее организаторам практически не удалось внедрить в международное право ни один из принципов, составляющих ее устои".[22]

Как известно, „право международных организаций является органической частью современного международного права",[23] а, следовательно, и международного правопорядка. В данном случае нам остается только подчеркнуть, что все юридические правила процедуры работы органов международных организаций, а также международных конференций, определяющих процесс кодификации и прогрессивного развития международного права, разработки и одобрения специфических регламентов, стандартов, правил, например, в области судоходства (ИМО), международных авиационных сообщений (ИКАО), конечно, входят в нормативный массив, определеяющий международный правопорядок. Многие юристы-международники иногда упускают это из виду. Между тем универсальность современных межправительственных организаций и конференций наглядно и убедительно показывает, что для всего сообщества государств в целом применимы и юридические обязательны все те процедуры в области нормотворчества, которые существуют в постоянных и временных международных органах. Эти процедуры определяются на основании согласования воль государств и находят свое закрепление в Уставах международных организаций и в решениях, правилах процедуры международных конференций и совещаний, т. е. в нормативных актах, которые являются юридически обязательными для всех государств-участников.

Именно государства на основе своего суверенного волеизъявления при разработке и ратификации уставов организаций или же при одобрении правил работы конференций и совещаний предопределяют юридическое значение и силу последующих решений и постановлений разлигных органов международных организаций, а также конференций, совещаний государств.

[22] Е. Т. Усенко, Соотношение категорий международного и национального (внутригосударственного) права, Советское государство и право, 1983, 10, с. 48.

[23] Г. И. Морозов, Международные организации: некоторые вопросы теории, Москва 1974, с. 261.

Примером могут служить положения Устава ООН относительно юридической силы и характера решений Совета Безопасности, различных резолюций Генеральной Ассамблеи ООН; положения Чикагской конвенции 1944г. относительно полномочий ИКАО в области создания юридических правил полетов международной гражданской авиации над открытым морем; правила процедуры Третьей конференции ООН по морскому праву относительно консенсуса и „пакетного" метода решения вопросов.

Весьма четкое нормативно-юридическое содержание различных правил процесса или процедур нормотворчества в рамках межгосударственных организаций и конференций, в этом числе и постановлений о правовых формах итогов и результатов этого процесса и их юридической силе, не дают, на наш взгляд, оснований ни для высказываемых в литературе по международному праву опасений в отношении якобы „наднационального" характера некоторых полномочий международных организаций, ни для отдельных попыток придать некоторым решениям международных ограназиций форму международного договора „особого рода" (sai generis). Соответствующие положения уставов международных организаций и правил процедур конференций содержат ясные ответы на такого рода вопросы.

В деятельности международных организаций и конференций сейчас явно ощущается позитивная тенденция к достижению решений на основе единогласия или консенсуса. Применение процедуры голосования при решении нормотворческих проблем становится исключением. Что же касается вновь создаваемых международных органов, то также очевидно стремление государств к тому, чтобы их решения принимались прежде всего на основе консенсуса, либо таким квалифицированным большинством, которое бы обеспечивало гарантию интересов трех различных групп государств (примером может служить процедура работы создаваемого сейчас международного органа по морскому дну).

Понятие „международный правопорядок" охватывает и правоприменительную деятельность государств, которая в наши дни приобрела особую актуальность в связи с угрозой ядерной катастрофы для всего человечества. Учитывая, что этой проблеме постоянно уделяется важное внимание в работах юристов-международников социалистического содружества стран, для завершения задачи настоящей статьи достаточно лишь упомянуть, что предметом проводимых исследований стали такие актуальные вопросы, как: дальнейшие меры по реализации всеобщей обязательности общепризнанных принципов и норм современного международного правопорядка для всего сообщества государств в целом; юридическая обязательность решений универсальных международных конференций; возросшее значение обычно-правовых норм по вопросам, еще не охваченным международными договорами и конвенциями; международно-правовое значение и роль международного общественного мнения и правосознания, профессионального правового мнения юристов-международников, общественных национальных движений и международных неправительственных организаций в современной международной жизни.

Выводы по этим научно-практическим вопросам, несомненно, послужат основой для позитивных суждений о перспективах дальнейшего развития современного правопорядка в мире.

Resümee

A. P. Movtschan

Die Völkerrechtsordnung der Gegenwart

Der Begriff der „Völkerrechtsordnung“, der „internationalen Rechtsordnung“ oder „Rechtsordnung der gegenwärtigen Welt“ wird heute häufig in Deklarationen und Erklärungen offizieller Vertreter, im diplomatischen Schriftwechsel und in Veröffentlichungen über das gegenwärtige Völkerrecht und die internationalen Beziehungen verwendet. Aus diesem Grund ist die Untersuchung einer juristischen Kategorie wie der „Völkerrechtsordnung“ oder „Rechtsordnung der gegenwärtigen Welt“ zweifellos von wissenschaftlichem Interesse.

Ausgangspunkt für die vorliegende Untersuchung ist eine aktuelle Diskussion in der sowjetischen Völkerrechtswissenschaft über den Begriff und das Wesen der gegenwärtigen Völkerrechtsordnung. Im Verlauf dieser Diskussion wurde ein neuer Begriff des Rechtssystems formuliert. Danach hat das Rechtssystem drei Hauptbestandteile: a) das Recht „in seiner normativen Dimension“; b) Rechtsverhältnisse, Institute und Verfahren, die entsprechend den rechtlichen Vorschriften angewendet werden; c) das Rechtsbewußtsein, die Rechtswissenschaft und die öffentliche Meinung. Nach Auffassung des Autors ist der Begriff der Völkerrechtsordmung günstiger und findet eine breitere Anwendung als der noch in Entwicklung befindliche Begriff des Rechtssystems. In seinem heutigen Verständnis umfaßt der Begriff der Völkerrechtsordnung alle drei obengenannten Komponenten — das Recht, die Rechtsverhältnisse und -verfahren und das Rechtsbewußtsein und widerspiegelt auch die Besonderheiten des Völkerrechts. Die wichtigsten Elemente der Völkerrechtsordnung, die in diesem Beitrag diskutiert werden, bestätigen diesen Standpunkt.

Die meisten Völkerrechtler verstehen den Begriff der „Völkerrechtsordnung“ als eine Ordnung in den zwischenstaatlichen Beziehungen, die durch die Normen des Völkerrechts geschaffen und bestimmt wird. Bei näherer Betrachtung ist unschwer zu bemerken, daß einige Völkerrechtler dabei die Tatsache übersehen, daß in jeder konkret-historischen Periode die Völkerrechtsordnung notwendig sowohl den juristischen Inhalt als auch das sozial-politische Wesen der Prinzipien und Normen des Völkerrechts widerspiegelt.

Diese zwei eng miteinander verknüpften Elemente — das sozialpolitische und rechtliche — gehören zweifellos zum Wesen des Begriffs der Völkerrechtsordnung. Daher ist es kein Zufall, wenn die sowjetische Völkerrechtsliteratur davon ausgeht, daß jede gesellschaftliche Formation ihren eigenen historischen Typ des

Völkerrechts und dementsprechend auch die eigene Völkerrechtsordnung determiniert. Diese Elemente bilden auch den Ausgangspunkt für das Verständnis des Wesens der heutigen Völkerrechtsordnung.

Die gegenwärtige Periode ist eine sehr komplizierte Übergangsperiode vom Kapitalismus zum Sozialismus. Charakteristisch für sie ist das gleichzeitige Bestehen von Staaten mit unterschiedlicher Gesellschaftsordnung und daher auch mit verschiedenen sozialen Zielsetzungen und Forderungen hinsichtlich des Inhalts und der Funktion der rechtlichen Regelung internationaler Beziehungen. Aus diesem Grund existieren zwei grundlegende Bedingungen für die Existenz einer universellen Rechtsordnung unter den Bedingungen der gegenwärtigen internationalen Beziehungen: 1. die Prinzipien und Normen des Völkerrechts, auf denen die Rechtsordnung beruht, müssen in ihrem sozialen und politischen Wesen den Interessen der internationalen Staatengemeinschaft als Ganzes entsprechen; 2. diese Normen und Prinzipien müssen für alle Staaten juristisch verbindlich sein, unbeschadet der zwischen ihnen bestehenden Unterschiede.

Es ist für die Zwecke dieser Untersuchung wichtig zu betonen, daß die Herausbildung und Bestätigung einer Völkerrechtsordnung, die alle Staaten umfaßt, unmöglich gewesen wäre, ohne Anerkennung des Prinzips der friedlichen Koexistenz durch die internationale Gemeinschaft als einzige vernünftige Grundlage für die Beziehungen zwischen Staaten mit unterschiedlichen Gesellschaftsordnungen. Dieser Grundgedanke durchdringt alle Bestimmungen des gegenwärtigen Völkerrechts, beginnend mit dem wichtigsten Dokument, der Charta der Vereinten Nationen.

Ausdruck der Normativität in den internationalen (wie auch in den innerstaatlichen) Beziehungen ist die Bestimmtheit, Klarheit und der umfassende Charakter der Rechtsnormen, die die Beziehungen zwischen den Völkerrechtssubjekten regeln. Das Prinzip der friedlichen Koexistenz, wonach sich die Beziehungen zwischen allen Staaten „unabhängig von ihren politischen, ökonomischen und sozialen Systemen und vom Stand ihrer Entwicklung“ gestalten, ist gegenwärtig als breiteste und wichtigste Norm, als Grundprinzip der heutigen Völkerrechtsordnung fest verankert.

Die friedliche Koexistenz enthält einen weiteren wichtigen Aspekt der Völkerrechtsordnung. Er betrifft die grundlegende elementare Tatsache, daß alle Völker und Staaten auf einem gemeinsamen Planeten leben und die gemeinsamen globalen Probleme von der „internationalen Gemeinschaft als Ganzes“ gelöst werden müssen. Die Herausbildung dieser neuen rechtlichen und politischen Kategorie ist auch durch die allgemeine Anerkennung von Lenins Gedanken über die friedliche Koexistenz ermöglicht worden. Sie ist von unmittelbarer Bedeutung für das Verständnis und die Analyse der sozialen und politischen Grundlagen der gegenwärtigen Völkerrechtsordnung.

Im Prozeß der Rechtsbildung spielt der Begriff der „internationalen Gemeinschaft“ eine entscheidende Rolle bei der Bildung und Festigung der allgemein anerkannten Prinzipien und Normen, die die Grundlage der gegenwärtigen Völkerrechtsordnung bilden. Es ist wichtig zu betonen, daß zwingende Völkerrechtsnormen ohne den ausdrücklichen Willen der internationalen Staatengemeinschaft als Ganzes nicht modifiziert werden können, d. h. ohne eine Willenskoordinierung der sozialistischen, der kapitalistischen und der Entwicklungsländer. Es ist unübersehbar, daß der gesellschaftliche, wissenschaftliche und technische Fortschritt, Demokratie und Frieden die wirklichen Garantien für die Stärkung und die weitere Entwicklung der Völkerrechtsordnung bilden. Die sozialistischen Staaten als integraler Bestandteil der internationalen Gemeinschaft verfolgen konsequent diese Politik.

Die Klarheit und Bestimmtheit der Rechtsnormen im Völkerrecht sind bedeutsam sowohl für den Prozeß der Rechtsbildung als auch für die rechtsanwendende Tätigkeit der Staaten. Während im innerstaatlichen Recht nicht nur die grundlegenden Rechtsnormen, sondern auch die wichtigsten Ideen und Vorstellungen über die rechtliche Regelung als Rechtsprinzipien qualifiziert werden, gehen die Völkerrechtswissenschaft und die Staatenpraxis davon aus, daß die Prinzipien des Völkerrechts keine bloßen Ideen, sondern allgemein anerkannte Rechtsnormen sind, die das Verhalten der Staaten und anderer Subjekte der internationalen Beziehungen regeln. Ihre Verletzung ist unzulässig und wird u. U. sogar als internationales Verbrechen qualifiziert.

Die Tatsache, daß die Grundprinzipien des Völkerrechts zu allgemein anerkannten Regeln der internationalen Beziehungen werden konnten und grundsätzlich demokratischen Inhalts sind sowie deren Anerkennung als zwingende — jus cogens — Normen durch die internationale Gemeinschaft als Ganzes hat eine entscheidende Rolle bei der Schaffung und Festigung der gegenwärtigen Völkerrechtsordnung gespielt.

Zusammenfassend kann festgestellt werden, daß die gegenwärtige Völkerrechtsordnung ein System internationaler Beziehungen darstellt, das den Interessen der internationalen Gemeinschaft als Ganzes entspricht. Es beruht auf den Prinzipien und Normen des allgemeinen Völkerrechts und ist darauf gerichtet, die normale, friedliche Zusammenarbeit zwischen allen Staaten, unabhängig von ihrem politischen und ökonomischen System und vom Stand ihrer Entwicklung zu gewährleisten.

Summary

A. P. Movchan

Contemporary International Legal Order

The terms "international legal order", „international juridical order" or "legal order in the contemporary world" have nowadays been frequently used in declarations and statements of official state representatives, in various international, governmental acts and documents, in diplomatic correspondence as well as in publications on problems of contemporary international law and interstate relations. That is why an analysis of such a legal category as "international legal order" or "legal order in the contemporary world" doubtlessly is of scientific interest.

A recent discussion among Soviet scholars was the starting point for the present study on the contents and essence covered by the term "international legal order". In the course of this discussion a new definition of "legal system" has been formulated. According to this view the legal system contains three basic components: a) law "in its normative understanding"; b) legal relationships, institutes, orders and procedures implemented in accordance with legal provisions; c) legal conscience, jurisprudence and public opinion. In the opinion of the author the notion of "international legal order" is a more suitable and universally applicable concept than the notion of "legal system" which is still at a preliminary stage of discussion. "International legal order" in its present understanding includes all three components, mentioned above — law, legal relationships and procedures and legal conscience and reflects the specific features of international law. The main characteristics of "international legal order", discussed in this paper, confirm this point of view.

Most international lawyers understand the notion of "international legal order" as an order of relations between States created and determined by norms of international public law. In analysing this approach one can readily see that some international lawyer loses sight of the immutable fact that the international legal order in every concrete historical period necessarily reflects both the legal contents and the socio-political essence of the principles and norms of international law.

These two closely related elements — socio-political and legal — are undoubtedly inherent to the notion of "international legal order". It is not incidental, therefore, that Soviet literature on international law maintains that every socio-economic formation determines its own historic type of international law and consequently its international legal order. These elements are starting points for the comprehension of the essence of contemporary international legal order.

The present period is a very complicated historic period of transition from capitalism to socialism. It involves the simultaneous existence of States with different socio-political systems and hence with different social aims and directives concerning the contents and function of legal regulation of social relations in international life. Therefore there are two basic prerequisites of a universal legal order in contemporary international relations: 1) principles and norms of international law underlying the legal order have to correspond in their socio-political essence to the interests of the international community of States as a whole; 2) these principles and norms have to be legally binding for all States notwithstanding any differences between them.

For the purposes of this prospecting research the reader's attention should be drawn to the fact that formation and affirmation of an international legal order common to all States would have been impossible without the international community's acknowledgement of the principle of peaceful co-existence as the only reasonable basis of relations between all States with different socio-political order which are represented on the contemporary political map of the world. This idea pervades all provisions of present-day international law beginning with its most important instrument, the UN Charter.

Legal normativity in international (like in municipal) relations finds its expression in the definite nature, clarity and comprehensiveness of the legal norm regulating relations between subjects of international law. The principle of peaceful co-existence according to which relations between all States must be built "irrespective of their political, economic and social systems and of the level of their development" has now been firmly established as the broadest and most important norm, as a basic principle of the contemporary international legal order.

The idea of peaceful co-existence contains also such important aspects of "international legal order" as the basic truth, that all States and nations live on a common planet and have to decide together all global problems as a single "international community of States as a whole". The development of this new political and legal category is also due to the global recognition of Lenin's idea of peaceful co-existence and has an immediate importance for the understanding and analysis of the social-political basis of contemporary international legal order.

In the law-making process the notion of "international community of States" has a decisive importance for the rise, formation and stabilisation of the generally recognized principles and norms constituting the basis of the contemporary legal order in the world. It may be sufficient to indicate that imperative norms of international law cannot be modified without the express will of the "international community of States as a whole", that is without coordinating the wills of socialist, developing and capitalist States. One cannot but see that social, scientific and technical progress, democracy and peace constitute the real guarantees of strengthening and further development of the international legal order. Socialist countries as an integral part of the international community of States persistently pursue this policy.

Clarity and definite nature of legal norms in international law are important both for the law-making and the law-applying activity of States. While in municipal legal systems not only basic norms of law but also basic ideas of legal regulations are classified as principles of law, the doctrine of international law and practice of States proceed from the supposition that principles of international law are not various ideas but generally recognized basic legal norms of the lawful conduct of States and other members of international relations from which deviation is impermissible and sometimes even criminal.

The achieved transformation of basic principles of international law into generally recognized and basically democratic rules of international relations as well as their recognition as peremptory norms — *jus cogens* — by the "international community of States as a whole" have played a decisive role in the creation and affirmation of the contemporary international legal order.

Summing up we can say that contemporary international legal order is a system of international relations meeting the interests of the international community of States as a whole. It is based on the principles and rules of general international law and designed to ensure normal and peaceful relations and cooperation among all States, irrespective of their political and economic systems and of the level of their development.

J. Symonides

Continental Shelf in the Convention on the Law of the Sea of 1982

1. Origin of the International Legal Conception of the Continental Shelf. Unilateral claims

Although the concept of the continental shelf was familiar to the 19-th century oceanography and geology, it became applicable in its international legal sense only after World War II.[1] It was the 1945 Proclamation of President Truman, concerning the sea-bed, that substantially contributed to the evolvement of the international conception of the continental shelf.[2] The United States announced therethrough that it regarded the natural resources of the subsoil and the sea-bed of the continental shelf beneath the high seas but contiguous to its coasts as appertaining to the United States, subject to its jurisdiction and control. At the same time the Proclamation formulated those basic tenets that were to define the shape of the future conception of the continental shelf.

Thus, accordingly, every State was to have the right to exercise control and jurisdiction over the natural resources of the continental shelf. The Proclamation stated that this right was based on the assumption that the continental shelf constituted a prolongation of the territorial area of coastal States, underlined its contiguity to the coasts, and pointed out that the exercise of jurisdiction and control would not alter the legal status of waters superjacent to the continental shelf, which were to maintain their character as high seas with their free and unimpeded navigation.

Although this claim constituted a clear violation of the then binding international law, no State rejected it; on the contrary, a number of States, following the United States, issued similar Proclamations. So did Mexico in October of the same year, and a year later Argentine and Panama, in 1947 Chile, Costarica and Peru, in 1948 Bahamas, in 1949 Persian Gulf States, in 1950 Brazil, Ecuador, British Honduras, Nicaragua and El Salvador. In 1957, that is a year before the 1958

[1] See W. Góralczyk, Szelf kontynentalny, Warszawa 1957; A. Straburzyński, Uprawnienia państw nadbrzeżnych w dziedzinie eksploatacji zasobów morza. Gdańsk 1980, pp. 19—25.

[2] The literature stresses sometimes the precursory role of the British-Venezuelan Treaty of 1942 on the Division of the Subsoil Oil Deposits outside the Limits of the Territorial Sea. Although this Treaty is about claims to the sea-bed resources situated beyond the territorial sea, it is conceptually rather narrow, and does not use the term "continental shelf". Next the Argentinian Decree of 1944 subordinating Argentine's continental shelf to its jurisdiction considers it jointly with subjacent waters.

Geneva Conference, there were approximately 30 States which had laid claims to the continental shelf.[3]

The considerable number of Proclamations rises the question of whether already the 1945—1957 period may be regarded as the one in which a norm of customary law on the continental shelf had evolved and, thus, its very concept became binding in international law. The answer is in the negative. Although a customary norm may be evolved by means of unilateral declarations, provided that they are sufficiently common, identical and approved by the international community, the claims advanced at that time to the continental shelf were far from required uniformity and lacked a comprehensive and concise concept. Divergencies concerned mainly three questions. First: What was the nature of coastal law on the continental shelf? Second: What should be the object of that law? And third: How extensive should be the spacial scope of these claims? While the United States, and also a number of other States, invoked jurisdiction and control over the resources of the shelf, the Latin American States claimed the exercise of sovereignty. The latter States also made claims not only over the mineral resources but also the living resources, and a 200 mile extension of the continental shelf within a wider conception of the "epicontinental sea". Also States adducing the criterion of depth did not specify a uniform linear measure, proposing: 100 metres (Ceylon), 50 metres (Kampuchea) or 100 fathoms (Pakistan and United States). A few States, among them Australia, India, Iran, Israel and South Korea did not define the outer limits of the continental shelf. The greatest uniformity prevailed in the question of preserving the high seas status for the superjacent continental shelf waters. Uniformity was also shown as to the very right of the coastal State to possess a continental shelf.

The IVth Convention, adopted at the Ist Conference on the Law of the Sea in 1958, has firmly introduced into international law the conception of the continental shelf. As the participants in the work on the Convention had no relevant customary norm at their disposal, it constituted rather a step in the gradual development of international law than a codifying set of rules.[4] The Convention dispelled some doubts over the definition and outer limits of the continental shelf as well as those related to the nature of coastal State rights and to the ascertainment of the natural resources of the continental shelf.

The continental shelf was defined as "the seabed and subsoil of the submarine areas adjacent to the coast but outside the area of the territorial sea, to a depth of 200 metres or, beyond that limit, to where the depth of the superjacent waters admits of the exploitation of the natural resources of the said areas". This definition was, according to the doctrine, a legal one. Legally, the continental shelf should begin not at the coast but at the limits of the territorial sea and, as distinct from the geologic shelf, its outer limits were not clearly defined in view of the fact

[3] See Doc. A/AC.135/11.

[4] See A. L. Kołodkin, Mirovoj okean, Moskva 1973, p. 97.

that the exploitation criterion had been adopted.[5] However, the definition was not entirely detached from the geomorphological description of the continental shelf since it made use of the concept involving the contiguity to the coast and, moreover, the criterion of 200 meter depth was, in the majority of cases, in accordance with the geological edge of the continental shelf from which the continental slope begins.[6]

At the 1958 Conference[7], the criterion of exploitation possibilities was criticized by the developed States, i.a. by France and the United States, as lacking precision and subject to various interpretations. But it was finally adopted in order not to hamper — as some delegations had claimed — the scientific-technological progress. This criterion, as has been later clearly demonstrated, has paved the way for new claims, since in the 70-ties any limits of exploitation possibilities not only of the continental shelf but also of the sea-bed subsoil had ceased to exist.

In discussions over the rights of the coastal State, the Latin American States, in accordance with their previous declarations, pronounced themselves for the adoption by the Conference of the wording recognizing the "exercise of sovereignty" by the coastal State, whereas the United States, supported by Sweden, Federal Germany, Norway and Switzerland, proposed the wording expressing the "exercise of jurisdiction and control". It was particularly stressed that the exercise of sovereignty over the sea-bed must inevitably affect the status of the superjacent waters, which would be contrary to the commonly accepted contention that they should not be excluded from under the freedom of the high seas. In the end, in accordance with the proposal of the International Law Commission, the Convention provided a formula that in its Article 2 stated: "The coastal State exercises over the continental shelf sovereign rights for the purpose of exploring it and exploiting its natural resources".

Divergencies of opinions also exerted influence upon the definition of natural resources. The submitted project lacked any closer exposition. In accordance with the Truman-Proclamation, the United States and other developed countries pronounced themselves at the Conference in favour of such a concept of natural resources that would include only mineral resources, and exclude living resources since these, from the very nature of things, appertained to the resources of the high

[5] See A. K. Żudro/J. Ch. Dżawad, Morskoe pravo, Moskva 1974, p. 114.

[6] Also the International Law Commission tended to change its position in this matter. In the 1951 project, it pronounced itself for the criterion of exploitation possibilities, at the 1953 Session it put forward the criterion of 200 miles depth, and in 1956 it adopted both criteria by a majority of votes.

[7] As to the course of the discussion at the Geneva Conference on the Continental Shelf; see W. Birnie, The Law of the Sea Before and After UNCLOS I and II, in: The Maritime Dimension, London 1980, p. 21 et seq; E. Osieke, The Contribution of States from the Third World to the Development of the Law on the Continental Shelf and the Concept of Economic Zone, in: Indian Journal of International Law, 1975, No. 3, p. 319 et seq.

seas with their freedom of fishing. An opposite opinion was put forward by the developing countries. Finally, a proposal of six States was adopted pursuant to which Article 2(4) stipulated that the natural resources consist of "the mineral and other non-living resources of the sea-bed and subsoil together with living organisms belonging to sedentary species, that is to say, organisms which, at the harvestable stage, either are immobile on or under the sea-bed or are unable to move except in constant physical contact with the sea-bed or the subsoil". This solution produced strong criticism in the literature as being inaccurate and sowing the seeds of future disputes and fishing conflicts. However, no objections were raised against the important stipulation of Article 3 of the Convention that the rights of the coastal State over the continental shelf did not affect the legal status of the superjacent waters, as appertaining to the high seas, or of the air space above those waters.

The Convention on the Continental Shelf was not universally binding. In 1977, only 54 States were bound by it, that is, a third of the international community. However, some of its stipulations, particularly those concerning the rights and duties of coastal States, withstood the test of time. Nevertheless, both the definition of the outer limits of the continental shelf and the provisions on the delimitation of the continental shelf between States with opposite or adjacent coasts were submitted to severe criticism at the IIIrd Conference.[8]

2. Alteration of the Concept of the Continental Shelf in the Convention on the Law of the Sea of 1982. Definition and outer limits of the continental shelf

Attempts at the IIIrd Conference to define the continental shelf and to establish its outer limits were contingent upon solving the initial doubt whether, in view of the expected establishment of a 200 mile economic zone, it should exist as a separate entity in maritime areas or whether the adoption of a uniform legal status of that zone comprising not only the waters but also the sea-bed would result, as it were, in its absorption and elimination.[9]

Three opinions were represented on the Sea-Bed Committee. The African countries, in accordance with the Declaration of African Unity,[10] pronounced

[8] As a result of the IIIrd Conference, the principle of "median line and equidistance" has been replaced by the principle of "equitable solution" in Article 83 of the Convention on the Law of the Sea.

[9] See W. Góralczyk, L'évolution du concept de plateau continental. The New Law of the Sea, in: Iranian Review of International Relations, 1978, No. 11—12, p. 134 et seq.; J. F. Pulvenis, Zone économique et plateau continental — unité ou dualité. The New Law of the Sea, ibid., p. 103 et seq.

[10] See Doc. A/CONF. 62/63.

themselves for a uniform régimes in the economic zone which was to "absorb" the continental shelf, some Latin American Countries, along with the proposal the proposal of Colombia, Mexico and Venezuela[11], represented the opinion that, given a uniform legal status for the economic zone, the concept of the continental shelf be preserved for those sea-bed areas that extend beyond the 200 mile limit and, finally, conformably to the third proposal, the economic zone and the continental shelf should be regarded as complementary to one another, provided that the continental shelf would be extensible beyond the outer limits of the economic zone.[12]

The question whether or not the continental shelf could be extended beyond the 200 mile limit of the economic zone became the main subject of dispute already at the start of the negotiations at the Caràcas Session. The land-locked and geographically disadvantaged States, a part of developing countries and also some developed States such as Japan, declared themselves against this possibility. An opposite opinion was expressed by all countries possessing extensive continental shelves and by the Latin American States. Also the United States took the side of the supporters of an extensive continental shelf.

These States, to justify their claims, formulated a new definition of the continental shelf. The submitted proposals used the concept of "continental rise" or „continental margin".[13] Already the first negotiating text of 1975 contained the wording[14] which entered without changes into the Convention as its Article 76 (1): "The continental shelf of a coastal State comprises the sea-bed and subsoil of the submarine areas that extend beyond its territorial sea throughout the natural prolongation of its land territory to the outer edge of the continental margin, or to a distance of 200 nautical miles from the baselines from which the breadth of the territorial sea is measured where the outer edge of the continental margin does not extend up to that distance". Article 76 (3) explains further that "the continental margin comprises the submerged prolongation of the land mass of the coastal State, and consists of the sea-bed and subsoil of the shelf, the slope and the rise. It does not include the deep ocean floor with its oceanic ridges or the subsoil thereof".[15]

The supporters of the new definition of the continental shelf, permitting the

[11] See Doc. A/AC.138/SC.11/-.21.

[12] This position was taken, inter alia, by Argentine. It was referred to by the representative of Spain in the discussion in the Committee II. See Third United Nations Conference on the Law of the Sea, Official Records, vol. II, p. 148.

[13] Working Paper of the Second Committee: Main Trends, Third United Nations Conference on the Law of the Sea, Official Records, vol. III, p. 117.

[14] Article 62, in: Doc. A/CONF.62/WP.8 of 7 May 1975.

[15] This formulation, which resulted from intense negotiations, had been first introduced into the fragment of the 1977 text on submarine ridges, and then entered in its final form into the second revision of the Composite Negotiating Text of 1980. See Doc. A/CONF.62/WP.10/Rev. 2.

exercise of sovereign rights far beyond the 200 mile limit of the economic zone, and not only over the proper shelf in its geomorphological meaning but also over the continental slope and rise, produced a number of arguments. First, they maintained that the definition of the continental shelf embodied in the IVth Geneva Convention should be changed for lack of precision of the "exploitation criterion". Second, they widely adduced the ICJ judgement in matters concerning the North Sea Continental Shelf of 1969, in which the Court had mentioned several times the "natural prolongation of land territory" as justifying the rights of the coastal State to the continental shelf and, moreover, as existing *ipso facto* and *ab initio*.[16] They also referred themselves to the Truman-Proclamation containing a similar justification. And finally, the coastal States argued that, along with the technological progress, they had granted licences for the exploitation of the continental shelf, including its slopes and rises, and, consequently, the existing situation could not be reversed any more. According to the Canadian data, the first licences permitting the exploration of shelf slopes had been issued in 1963, and for the exploration of shelf rises in 1970.[17]

The adversaries of the extensive continental shelf definition claimed as a matter of fact, that the new proposal had replaced the concept of continental shelf by that of continental margin extending to its outer edge. This — they maintained — was contrary to the concept of "contiguity" as embodied in the IVth Geneva Convention (which had been also mentioned by the ICJ), since it did not envisage claims to the continental margin and, moreover, to apply contiguity to areas hundreds of miles away from the coasts would be rather artificial. At last, they stressed that the continental shelf, by its very name, was a shelf appertaining to all States of a given continent and thus their interests would be best secured if the whole sea-bed outside 200 nautical miles would be recognized as the common heritage of mankind.

It may be asked however why the new definition of the continental shelf, which encountered considerable opposition at the start of the IIIrd Geneva Conference, could have been accepted. As it seems, it was not arguments but rather slick tactics of the countries with extensive continental shelves, and also practical considerations, that played the prevailing role. Thus, the opposition of developing countries had been weakened, on the one side, by the announcing of dues for the exploitation of mineral resources beyond the 200 mile limit and, on the other, by the fact that the proposed definition envisaged a 200 mile continental shelf for many developing countries, while the continental shelf, or even the continental margin, of a number of Latin American States did not extend beyond several dozen nautical miles. Moreover, we should not forget that the group of States with a continental

[16] International Court of Justice. North Sea Continental Shelf Cases. Judgment of 20 February 1969, p. 29.

[17] See B. G. Buzan/D. W. Middlemiss, Canadian Foreign Policy and the Exploitation of the Seabed, in: Canadian Foreign Policy and the Law of the Sea, Vancouver 1977, p. 5.

margin extended beyond 200 nautical miles is not a small one —.it amounts to some 40 States. Although only sixteen of them may count on finding important resources of oil and gas[18], they included States whose participation in the Convention was of essential importance and, consequently, the desire to secure their acceptance of the provisions of the future Convention had become a weighty premise for the adoption by other participants of the new definition of the continental shelf.

The approval for the new concept of the continental shelf and of the claims of coastal States, encompassing the outer edge of the continental margin, did not wind up discussions and negotations, since it was exactly the definition of the outer edge of the continental margin and, at the same time, of the outer limits of the continental shelf that constituted the essential factor of a compromise within the framework of a specific minipackage deal. Although the United States proposal submitted at the Caracas Conference[19] envisaged the necessity of a precise definition of the limit of the continental margin, a considerable part of States with extensive continental shelves regarded the hitherto existing term as sufficiently precise. Attempts at the compromise had been undertaken between two extreme standpoints, the one, postulating the adoption of a 200 mile limit and, the other, extending that limit to — as it had been so pictorially described — "the last grain of sand, that is, the last traces of sedimentary rocks on the continental sea-bed rise". The discussion concerning the definition of outer limits became gradually more intense, since it was expected to solve the problem of whether the whole continental margin till its outer wedge, that is, an area of about 8,204.000 nautical miles, would be included in the continental shelf or not.[20]

In seeking a precise definition of the limits of the continental shelf, the socialist States and a group of land-locked and geographically disadvantaged States opted for the adoption of a clear depth or distance criterion. An so, already in the Sea-Bed Committee, the Soviet Union proposed the adoption of a 500 metre isobath or a 100 mile distance from the baseline of the territorial sea, contingently upon that criterion which would be more advantageous for coastal States.[21] Continental shelf States critized the attempts at applying depth or distance criteria as artificial and paying no attention to the geomorphological situation of the sea-bed. Although intense negotiations on the outer limits of the continental shelf had been held at the plenary sessions of the Sea-Bed Committee, the sessions of a special negotiating

[18] According to Neptune of 25 January 1975, p. 3, they are: Argentine, Australia, Brazil, Spain, India, Indonesia, Ireland, Canada, Madagascar, Mauritius, New Zealand, Portugal, Sri Lanka, United States, Great Britain and Soviet Union.

[19] Article 23; see Doc. A/CONF.62/C.2/L.47 of 8 August 1974.

[20] These data are comprised in a document prepared by the UN Secretariat, illustrating the consequences of applying various formulas for defining the outer limits of the continental shelf. See Doc. A/CONF.62/C.2/L.96.

[21] See Doc. A/AC.138/SC.II/L.26.

group, and within a more restricted consultative group, they brought no result or rapprochement of positions at the IIIrd and IVth Sessions. In 1975, the United States proposed that the outer limits of the continental shelf be extended to 60 nautical miles from the foot of the continental slope (the so-called Hedberg formula).[22] In 1976, a proposal for defining the outer edge of the continental margin was submitted by Ireland.[23] According to it, the outer edge of the continental margin could be delineated by: a) a line delineated by reference to the outermost fixed points at each of which the thickness of sedimentary rocks is at least 1 per cent of the shortest distance from such point to the foot of the continental slope, or b) a line delineated by reference to fixed points not more than 60 nautical miles from the foot of the continental slope. At the sixth Session in 1977, in the consultative group presided by K. Njengi (Kenya) and negotiating the outer limits of the continental shelf, the following three opinions were submitted: a) that the outer limits should correspond to that of the economic zone, that is, it should not extend beyond 200 nautical miles; b) that it should be based on the 500 metre isobath; and c) that it should be stablished on the basis of the Irish formula. The first position was represented by the Arab Countries and a considerable part of the Group of 54, for the 500 metre isobath pronounced themselves the Soviet Union, the socialist States and other (Colombia), while countries with extensive continental shelves supported the Irish formula. This last was critized because it had invested coastal States with the possibility of exercising sovereign rights over huge areas of the continental margin, jointly with the continental slope, and also because of its complexity, since the stablishment of the thickness of sedimentary rocks was technically difficult and conducive to disputes over the foot of the continental slope.

At the Session in 1978, the outer limits of the continental shelf had been recognized as one of the seven main problems of the IInd Conference and, in order to reach compromise, the VIth Negotiating Group was created under the chairmanship of A. Aguilar (Venezuela). It accepted as a basis for discussion the Arab proposal for 200 mile limits, the Irish proposal, and the Soviet compromise proposal that the continental shelf be extended to the outer edge of the continental margin, but not beyond 100 nautical miles from the 200 mile limits of the economic zone. However, the positions of particular States remained essentially unchanged. The Irish proposal was supported by countries with extensive continental shelves, that is, by Australia, Canada, United States, Argentine, Brazil and Great Britain, while the Soviet proposal — by the Socialist countries and a part of the Group of 54. During the negotiations, the shelf countries tried to push through the contention that there was a relation between the support by the land-locked and geographically dis-

[22] See A. L. Hollick, US Foreign Policy and the Law of the Sea, Princeton 1981, p. 307.

[23] The proposal was divulged by the Irish delegation together with a corresponding interpretative sketch. Informal document NG 6/1 was later submitted to the VIth Negotiating Group.

advantaged States of the Irish proposal and the parallel support of the shelf countries for the right of access of the land-locked and geographically disadvantaged States to the living resources of the economic zone.

At the VIIth Session in 1979, a number of delegations, i.a. those of Singapore and Indonesia, advocated a compromise envisaging a simultaneous recognition of the Irish formula and the criteria of distance and depth. Such a compromise was reached at the VIIIth Session in 1979 and subsequently included in the first Revised Composite Negotiating Text.[24] It had been contributed to by documents prepared by the Secretariat, according to which the acceptance of the Irish formula would permit the coastal States, in case of applying the first alternative, to extend their sovereign rights over 2,618.000 miles^2, in the case of applying the second — over 2,265.000 miles^2, and jointly with the area of the Arctic Ocean — over 2,618.000 miles^2. Although it was an impressive area, it constituted less than a third of the whole continental margin. But, in spite of this, the presentation of the Irish proposal as a concession and renouncement of a part of "natural" rights by States with extensive continental shelves was regarded at the Conference as rather demagogic.

The subject of another dispute emerged with the question of submarine ridges. As a result of negotiations, a pertinent to that matter compromise had been hammered out, which was entered into the second Revised Composite Negotiating Text.[25] The accepted solution provided that, with submarine ridges occurring, the outer limits of the continental shelf shall not exceed 350 nautical miles, excepting, however, from under that restriction such natural elevations as plateaux, rises, banks and spurs.

Thus the protracted disputes over the limits of the continental shelf were brought to an end with the adoption of a compromise solution embodied in Article 76. The Convention provides that the continental shelf extends to the outer edge of the continental margin. This edge is established by the coastal State according to the Irish proposal, but the line[26] established in this way shall not exceed 350 nautical miles from the baselines from which the breadth of the teritorial sea is measured or 100 nautical miles from the 2,500 metre isobath. In the latter case, the outer limits of the continental shelf may exceed 350 nautical miles where a natural elevation of the continental shelf occurs, and reach in some cases about 400 nautical miles. Also in this instance, the Polish delegation sought during the negotiations a clear establishment of the outer limit based on the criterion of distance.

[24] Article 76 (4) and (5); see Doc. A/CONF.62/WP.10/Rev. 1.

[25] Article 76 (3) and (6); see Doc. A/CONF.62/WP.10/Rev. 2.

[26] The Convention in its Article 76 (7) binds the coastal State to delineate the outer limits of the continental shelf by straight lines not exceeding 60 nautical miles in length.

3. The rights of the coastal State over the continental shelf

In contradistinction to the question of defining the continental shelf and its outer limits, the one of defining the character and scope of rights of the coastal State did not create major difficulties or particular controversies at the IIIrd Conference. Article 77 of the Convention on the Law of the Sea reiterates the relevant stipulation of the IVth Geneva Convention by stating: "1. The coastal State exercises over the continental shelf sovereign rights for the purpose of exploring it and exploiting its natural resources".

An attempt undertaken during the 1974 Caracas Session by some Latin American States, especially by Argentine and Peru, to introduce in place of "sovereign rights" the concept of "sovereignty of the coastal State" over its continental shelf had failed due to lack of wider support.[27] Later, the Article on sovereign rights of the coastal State over the continental shelf was not questioned any more. As formulated in the first negotiating text, it survived with no substantial changes all consecutive mutations and was finally entered into the Convention. It stipulates that the sovereign rights are exclusive in the sense that even if the coastal State does not explore or exploit the continental shelf, no other State may undertake such activities without the express consent of the coastal State. The existence of the rights to the continental shelf does not depend on effective occupation or on any proclamation. Thus, the continental shelf is not a *res nullius* and cannot be appropriated by other States through effective occupation.

Similarly to the IVth Geneva Convention, the Convention on the Law of the Sea embodies a wider definition of the natural resources of the continental shelf comprising not only non-living resources, but also living organisms belonging to immobile sedentary species and mobile ones in constant physical contact to the sea-bed. The inclusion in the natural resources of the continental shelf of the second group of living organisms (which had already created difficulties in applying the Geneva Convention, since the crustacea had been divided into the species belonging to the continental shelf resources, which may not be harvested, and into the species which may be harvested) means that disputes over lobster and king-crab resources beyond the 200 mile limit may be continued. Although Japan had proposed different legal régimes for the mineral and living resources[28]; such régimes did not become subject of negotiations.

The rights of the coastal State over the continental shelf do not affect the legal status of the superjacent waters and the air space above those waters, and the

[27] This standpoint was reflected in a summary of main trends which had come to light at the 1974 Session in Caracas as the Alternative B: "This Sovereignty of a coastal State extends to its continental shelf" (Third United Nations Conference on the Law of the Sea, Official Records, vol. I, p. 182).

[28] See the statement of the Japanese representative, Ogiso, at the Plenary Session in Caracas (ibid).

exercise of these rights must not infringe or result in any unjustifiable interference with navigation and other rights and freedoms envisaged in the Convention. In exploiting the natural resources of the continental shelf, the coastal State may construct artificial islands, installations and other structures. But by doing so it may not interfere with the use of sea lanes recognized as essential to international navigation.

In comparison with the Geneva Convention on the Continental Shelf, the Convention of 1982 contains a new provision on the exclusive right of the coastal State to authorize and regulate drilling on the continental shelf for all purposes. This provision excludes the right sometimes claimed by third States to drilling in connection with scientific research.

The IIIrd Conference also expanded the formulation concerning submarine cables and pipelines on the continental shelf. While preserving the right of all States to lay submarine cables and pipelines on the continental shelf, Article 79 underlines that the coastal State, in exercising its right to take reasonable measures for the exploration and exploitation of its natural resources and to prevent, reduce and control pollution from pipelines, may not impede the laying or maintenance of cables and pipelines, though the delineation of the course for laying such pipelines on the continental shelf is subject to the consent of the coastal State.

The possession of sovereign rights implies the competence of the coastal State to authorize other subjects to conduct exploration and exploitation of the natural resources of the continental shelf. The possibility of access, its conditions, and the competence of respective organs is established by coastal States. The Polish Law on the Continental Shelf of December 17, 1977[29] states in its Article 3 (3) that any activity on the Polish continental shelf requires a permission granted by the Chairman of the Central Office for Geology, and that the construction of structures and installations as well as the establishment around them of safety zones is dependent upon the authorization of a competent marine office. The Law also envisages the possibility of admitting other States, on the basis of international agreements, and of "foreign persons", provided that they have obtained an authorization of the Chairman of the Council of Ministers, to conduct activities on the Polish continental shelf (i.e. research, exploration, extraction and eploration of its natural resources).

[29] Polish Law Gazette (PLG), No. 37, item 164. See also W. Góralczyk, Szelf kontynentalny Polskiej Rzeczy-pospolitej Ludowej, in: Technika i Gospodarka Morska, 1978, No. 4, p. 213 et seq.

4. The principles of conducting marine scientific research on the continental shelf by third States

The expected adoption of a new definition of the continental shelf along with the establishment of its outer limits far beyond the 200 mile zone had clearly indicated — if the principles of conducting scientific research embodied in the IVth Geneva Convention were to be maintained — that the hitherto freedom of exploration would be essentially restricted over extensive areas of the sea-bed, and subjected to the consent of the coastal State. For already Article 5 (8) of that Convention stipulated that any research required the consent of the coastal State, which should be granted if the request was submitted by a qualified institution with a view to scientific research into the physical and biological characteristics of the continental shelf provided that the coastal State would have the right, if it so desired, to participate or to be represented in the research, and that in any event the results would be published.

At the IIIrd Conference attempts were made to find a compromise solution through differentiation between fundamental and applied research, that is, between the research aimed mainly at the increase of human knowledge of the marine environment and the one aimed at the exploration of living and mineral resources with a view to their future exploitation. In the first case, in accordance with the claims of land-locked and geographically disadvantaged States[30] as well as the socialist States at the 1974 Session in Caracas and the 1975 Session at Geneva,[31] the conduct of such research would not require the consent of the coastal State, whereas in the second case, such a consent would be necessary. Although States demanding the freedom of fundamental research had proposed numerous conditions under which States and international organizations might conduct such a research (notification requirement, presence of the representatives of the coastal State, availability of data or aid in their interpretation), they could not put across their point of view. The supporters of the dependence of scientific research on the consent of the coastal State pointed at practical difficulties connected with establishing a clear-cut limit between fundamental and applied research[32] in view of the fact that in the majority

[30] See Doc. A/CONF.62/C.3/L.19 of 23 August 1974 submitted by Australia, Belgium, Bolivia, Botswana, FRG, Denmark, Laos, Lesoto, Liberia, Luxemburg, Nepal, Netherlands, Paraguay, Singapore, Upper Volta and Zambia.

[31] See Doc. A/CONF.62/C.3/L.26 of 3 April 1975 submitted by Bulgaria, Byelorussia, Czechoslovakia, GDR, Hungary, Mongolia, Poland, Soviet Union and Ukraine.

[32] The submitted definitions of marine scientific research contained rather general notions indicating that they did not comprise the exploration of resources of research aimed at direct exploitation of marine resources, but were intended to increase human knowledge and contribute to the preservation of peace. See definitions submitted by Egypt, Netherlands, Spain and Sudan to the Committee III, Third United Nations Conference on the Law of the Sea, Official Records, vol. III, p. 265.

of cases no research of marine environment was without significance for the assessment of living and mineral resources. Hence, according to their point of view, the appraisal of the character of a scientific research should pertain to the coastal State as a consequence of its sovereign rights over the continental shelf. The factor which decidedly affected the final formulation of the principles of conducting scientific research on the continental shelf consisted in that they had been considered jointly with scientific research in the economic zone, which produced a considerable support of the developing countries for the requirement of consent, reiterating thus the solution embodied in the IVth Geneva Convention, though considerably developed and modified.

The principles of conducting scientific research on the continental shelf, as embodied in the 1982 Convention, envisage the consent of the coastal State, which should be granted in normal circumstances if such research[33] is conducted in accordance with the provisions of the Convention, exclusively for peaceful purposes, for the increase of knowledge of the marine environment, and for the benefit of the whole mankind.

The coastal State may withhold its consent to the conduct of marine scientific research on the continental shelf if the project:

a) is of direct significance for the exploration and exploitation of natural resources;

b) involves drilling into the continental shelf, the use of explosives or the introduction of harmful substances into the marine environment;

c) involves the construction, operation or use of artificial islands, installations and structures;

d) contains inaccurate informations concerning the research project.

According to the Convention, the coastal State is also restricted in its freedom to require the suspension or cessation of marine scientific research. Suspension may be required only when a State or international organization does not conduct its research activities in accordance with the information communicated as provided by the Convention, or does not respect the rights of the coastal State. These consist in the right to participate or be represented in marine scientific research, to be provided with a preliminary report, to have access to all data and samples derived from the research as well as to an assessment of such data, samples and

[33] In as much as the IVth Geneva Convention stipulated that the consent of the coastal State should be "normally" granted, the Montego Bay Convention envisages its granting "in normal circumstances". It explains further that normal circumstances may exist even in the absence of diplomatic relations. Abnormal circumstances consist in a state of tension or enmity, connected not infrequently with a military conflict or the use of force, which makes the consent to scientific research impossible or unrealistic. See B. H. Oxman, The Third United Nations Conference on the Law of the Sea: The Eight Session (1979), in: American Journal of International Law, vol. 74 (1980), pp. 25—26. Article 246 of the Convention regulates the conduct of scientific research both in the exclusive economic zone and on the continental shelf.

research results, or to be provided with assistance in their assessment, and to be supplied with information on any major change of the research programme.[34] The cessation of marine scientific research may occur in case of a major change of the research project or research activities, and when the cause that had led to the suspension of the research was not rectified in a reasonable period of time.

An important principle regulating the conduct of marine scientific research is the implication of consent of the coastal State. A State or international organization which intends to undertake marine scientific research shall no less than six months in advance of the expected starting date of the research project provide the respective coastal State with information concerning that project. If the coastal State, within four months of the receipt of the information, has not informed the State or organization intending to undertake the research project about the withdrawal of its consent or about its objections against the supplied information, the research may be commenced. Thus the consent to conduct scientific research need not be given explicitly; it may be implied when opposition is lacking.

One of the more important questions, namely that of marine scientific research beyond the 200 mile limit of the continental shelf, was settled through compromise only at the IXth Session in 1980. The States fighting for an extensive freedom of scientific research as possible, i.a. Japan, Sweden, and FRG, tried to push through the contention justifying the maintenance of the unrestricted freedom of scientific research on the continental shelf beyond the limit of the economic zone. However, the group of countries with extensive continental shelves, i.a. Australia, Argentine, Brazil, Canada and New Zeeland, categorically opposed such solution, arguing that since the continental shelf was a uniform entity of sea areas, its legal status must be uniform, too. In view of the fact that the question of conveying a special status to scientific research on the continental shelf beyond the 200 mile limit had become part of a minipackage and contingent to the recognition of claims over the outer edge of the continental margin, the final compromise introduced a rather important change into the regulation of scientific research within the 200 mile limit and beyond it. So, under Article 246 (6) coastal States may not withhold their consent in respect of marine scientific research projects in this area in view of the fact that they are important for the exploration and exploitation of the continental shelf. In other words, marine scientific research beyond the 200 mile limit may be more extensive and include elements of applied research provided that the coastal State may publicly and officially exclude some special areas in which it is already conducting exploratory or exploitation activities, or intends to undertake them within a reasonable period of time.

[34] Article 249 formulates not only the duty to comply with certain conditions by States and international organizations undertaking marine scientific research, but also the duty to ensure the international availability of the research results and the removal, unless otherwise agreed, of the scientific research installations or equipment.

Another subject of protracted negotations in the Committee III constituted the claim of land-locked and geographically disadvantaged States, which had been already submitted at the 1974 Session in Caracas, on guranteeing their rights to scientific research. Although the group of territorialists, particularly Peru, Spain and Venezuela, had opposed the term "rights" as well as that of "geographically disadvantaged States", the relevant article has been included in the Convention. It stipulates that neighbouring land-locked and geographically disadvantaged States shall be notified by those engaged in scientific research about the research project, and that they shall, at their request and when there is no objection on the part of the coastal State, be given the opportunity to participate in the research or to receive information about its results.

5. Payments and contributions in kind in respect of the exploitation of the continental shelf beyond 200 nautical miles

Having met with considerable difficulties in pushing through a solution establishing the outer limits of the continental shelf beyond 200 nautical miles, the developed States with extensive continental margins — United States, Australia, Canada and Great Britain — put forward at the IIIrd Conference the idea of payments for the exploitation of the mineral resources of the sea-bed beyond the economic zone limit[35] as a *sui generis* compensation for the benefit of developing States. Although the document submitted by the United States to the Committee II, and concerning the economic zone and the continental shelf,[36] contained the postulate that coastal States shall pay for the exploitation of unrenewable natural resources beyond the territorial sea or 200 metre isobath, the whole question became soon enough limited to payments for exploitation beyond the 200 mile limit. The approach to payments was different, in as much as the developed States with extensive continental margins regarded them as a *sui generis* concession to the developing countries, while the other States, especially the Group of 54, considered that the introduction of payments constitutes a prerequisite to the consent of the international community for the diminution of the international area recognized as the common heritage of mankind and, at the same time, also a diminution of profits from the exploitation, which were to be divided, and thus should be not symbolic only but of considerable size.[37]

[35] The idea of payments for the exploitation of the natural resources of the continental shelf was formulated by the President of the United States on 23 May 1970. See Doc. A/AC.138/22.
[36] Doc. A/CONF.62/C.2/L.47 of 8 August 1974.
[37] See J. G. Barsegov, Mirovoj okean: pravo, politika, diplomatija, Moskva 1983, p. 179.

The question of payments had become an important element of the minipackage, which was to clear the path towards a compromise on the outer limits of the continental shelf, and of the negotiations at Committee II meetings, in the VIth Negotiating Group where it had been considered jointly with the continental shelf problems.

Although the very idea of payments was not questioned in principle, the problem of their rate was a matter of argument almost as long as the Conference was in session. The First Negotiating Text of 1975, and also its revised version of 1976, did not establish the rate of payments, and only the Composite Negotiating Text of 1977 contained the proposal to exempt coastal States from payments for the first five years. But in the sixth year they were to pay 1 percent of the value or volume of production. The rate was to increase in subsequent years by 1 percent anually to 5 percent in the tenth year of exploitation and was to remain at that level thereafter.[38] This Canadian proposal was questioned by a considerable part of developing countries and the Group of 54. A compromise Austrian proposal was entered into the revised text of 1979.[39] It envisaged payments at the rate of 1 percent annually, starting in the sixth year of exploitation. These payments were to increase to 7 percent in the twelfth year of exploitation and remain at that level thereafter. Although this solution had been questioned by the continental shelf States as establishing too high a ceiling, and by other countries as too low — for instance, Seychelles had proposed a 10 percent payment — it entered into the Convention. The developed continental shelf countries had also proposed that payments be made dependent not upon the value or volume of production at a site, but upon profit. This proposal, mainly intended to safeguard the interests of States expecting to undertake exploitation in the future, was rejected by the Conference in view of difficulties and problems connected with the accounting of profits. Also an American Proposal to make payments to appropiate United Nations specialized agencies failed to get approval. The majority of States pronounced themselves in favour of payments to be effected through the International Sea-Bed Authority. Article 82 of the Convention devoted to payments and contributions in kind in respect of the exploitation of the non-living resources of the continental shelf beyond 200 nautical miles envisages that they shall be distributed by the Authority on the basis of equitable sharing criteria among the States Parties to the Convention, taking into account the interests and needs of developing States particularly the least developed and the land-locked ones. But it does not mention the geographically disadvantaged States.

A rather vivid discussion arose over item 3 of this Article, envisaging that a developing State, which was a net importer of a mineral resource produced from its continental shelf should be extempted from payments and contributions in

[38] Article 82; Doc.A/CONF.62/WP.10. See J. Symonides, Ważniejsze problemy szóstej sesji III Konferencji Prawa Morza, in: Technika i Gospodarka Morska, 1977, No. 12, p. 664.

[39] Article 82; Doc. A/CONF.62/WP.10/Rev. 1.

respect of that mineral resource. This solution had been introduced into the Composite Negotiating Text of 1977. Its critics maintained that the exclusion of developing countries — net importers — was not equitable, since it diminished the rate of payments destined for distribution among the poorest countries, while the high level of the internal consumption of particular mineral resources by the former ones, mainly of oil and gas, testified to a relatively high level of their development.[40]

What are the potential benefits for the developing countries from the system of payments for the exploitation of continental shelves beyond the limits of economic zone? It is counted that about 15 percent of all oil and gas resources are located in the continental shelf, and also polymetallic, barite, phosphoric concretions and other minerals.[41] The assessments are divergent, but sometimes opinions are voiced that these payments may be higher than profits obtained from the exploitation of the international area.[42] There is obviously no doubt that the exploitation beyond the 200 mile limit is technically complicated because of the occurrence of big depths, unfavourable climatic conditions and ice-covered areas. So it will be undertaken only as the natural resources in the continental shelf become depleted.

6. Delimitation of the outer limits of the continetal shelf. Commission on the Limits of the Continental Shelf

In discussions and disputes about the so-called Irish formula, some delegations pointed out that the reference to geomorphological criteria, such as "the foot of the continental slope" or "the thickness of sedimentary rocks" would create the possibility of arbitrary delimitation of the outer limits of the continental shelf, since in some cases these criteria could become deceptive by allowing considerable discretion or subjective interpretation. Thus, any coastal State, guided by its particular interests, would be able, in the absence of an objectifying factor, to diminish the international area which is the common heritage of mankind. To increase the chance of acceptance of this method of establishing the limits of the continental shelf extending beyond 200 nautical miles, the Irish proposal, submitted to the VIth Neogitating Group, envisaged in its item 5 the creation of a special Commission

40 In view of the lack of time for discussion, this provision has — to a considerable degree — remained in force.

41 See A. Straburzyński, Nowa prawnomiędzynarodowa definicja szelfu kontynentalnego, in: Technika i Gospodarka Morska, 1983, No. 9, p. 441.

42 See J. R. Stevenson/B. H. Oxman, The Third United Nations Conference on the Law of the Sea: The 1975 Geneva Session, in: American Journal of International Law, vol. 69 (1975), p. 782 (note 43). They are informing that a 5 percent (not 7 percent) payment for the production of 700 million barrels from only one oil field in the period of 20 years would at the contemporary prices of oil amount to about 130 million US dollars.

on the Limits of the Continental Shelf which, after receiving the description of the outer limits, would accept it and thus make those limits final and binding.[43] Thus, a possible Commission, which was to exercise advisory functions, and also *sui generis* control functions, became a factor (along with payments for exploitation) designed for a compromise solution.

However, from the very beginning there appeared divergencies as to the competences of the Commission and the character of its recommendations. Should these recommendations be of a non-binding character or should coastal States regard them as obligatory? It goes without saying that States with extensive continental shelves tried to minimalize the role of the Commission. The resolution concerning the Commission was first entered into the revised Composite Negotiating Text of 1979.[44] According to it, coastal States were bound to submit to the Commission the data concerning the outer limits of the continental shelf beyond the 200 mile economic zone, while the Commission itself was to formulate respective recommendations. The outer limits which, taking into account the recommendations of the Commission, would be stablished, should be considered final and binding. This formulation was strongly criticized as leaving coastal States too great a margin of freedom. It was finally consolidated in the Draft Convention of 1981.[45] The limits established on the basis of recommendations issued by the Commission were to be recognized as final and binding. This resolution was questioned by States with extensive continental shelves as too far-reaching. Even at the final XIth Session Great Britain undertook an attempt, unsuccessful anyway, to alter the text, postulating to reiterate the previous formulation envisaging that recommendations were to be "taken only into account".[46] Anex II to the Convention, stipulating the manner of calling into being, composition and tasks of the Commission, was adopted at the IXth Session in 1979 and entered into the second revision of the Composite Negotiating Text of 1980.[47] Its provisions, with a number of changes concerning the composition and manner of electing members of the Commission, had been based to a considerable degree on the Canadian draft project.[48]

The Commission on the Limits of the Continental Shelf, as envisaged in Article 76 of the Convention, shall consist of 21 members-experts in the field of geology, geophysics and hydrography, elected by the States Parties to the Convention,

[43] See Doc. NG6/1.
[44] Article 76/7/; Doc. A/CONF.62/WP.10/Rev. 1.
[45] Article 76/8/; Doc. A/CONF.62/L.78.
[46] See Doc. A/Conf.62/L.126.
[47] See Doc. A/CONF.62/WP.10/Rev. 2.
[48] The text of the Canadian proposal is quoted by B. H. Oxman, The Third United Nations Conference on the Law of the Sea: The Seventh Session (1978), in: American Journal of International Law, vol. 73 (1979), pp. 20—21 (note 62).

having regard to the need to ensure equitable geographical representation.[49] Election shall be held not later than 18 months after the date of entry into force of the Convention, and should take place at a meeting convened by the UN Secretary General. Members are elected for the period of 5 years. The tasks of the Commission consist in:

a) considering the data and other material submitted by coastal States concerning the outer limits of the continental shelf in areas where they extend beyond 200 nautical miles, and to make recommendations in accordance with Article 76;

b) providing scientific and technical advice on request by the coastal State concerned during the preparation of the data by that State.

The Commission works by way of sub-commissions composed of seven members. Recommendations of the subcommission shall be approved by the Commission by a two-thirds majority of votes.

Article 4 of Annex is essential in that it binds coastal States, intending to establish the outer limits of their continental shelf beyond 200 nautical miles, to submit particular scientific and technical data not later than within 10 years after the entry into force of the Convention. Moreover, if we take into account the fact that the future delimitations cannot be regarded as final unless based on recommendations worked out and submitted by the Commission, we may reach the conclusion that the definitive establishment of the outer limits of continental shelves will probably take place no sooner than in the XXIst century.

[49] This solution had been criticized by a group of land-locked and geographically disadvantaged States as rather unfortunate, since there had arisen the danger that particular geographical regions might be represented by the experts of States possessing extensive continental shelves and, consequently, the whole Commission might, as it were, accept on the basis of the principle of mutuality too far-reaching claims. Thus a better solution was to ensure an appropriate representation of particular groups of interests.

Резюме

Я. Симонидес

Проблемы континентального шельфа в Конвенции по морскому праву 1982 года

Хотя понятие континентального шельфа было уже известно в океанографии и геологии уже в XIX веке, в международно-правовом обращении его начали применять, однако, лишь после Второй мировой войны. Основополагающее значение для формирования международно-правовой концепции шельфа имела прокламация президента Трумэна от 1945 года, касающаяся морского дна. Соединенные Штаты объявили в ней, что природные ресурсы морского дна на континентальном шельфе принадлежат США и подлежат их юрисдикции и контролю. Несмотря на тот факт, что такие притязания представляли собой нарушение действующего тогда международного права, они не были отвергнуты. Наоборот, ряд государств также выступил с подобными декларациями.

Четвертая конвенция, принятая на I конференции по морскому праву в 1958 году, окончательно ввела в международное право концепцию континентального шельфа. Поскольку в период разработки отсутствовала законченная обычная норма, указанная концепция не носит кондификационного характера, являясь скорее элементом постепенного развития международного права.

Она устранила определенные сомнения в международной практике, связанные с определением и внешней границей шельфа, характером прав прибрежного государства, равно как и определением ресурсов шельфа. Континентальный шельф определялся в ней как морское дно и недра морских территорий, прилегающих к побережью, но расположенных вне территориального моря до глубины 200 метров или дальше этой границы, если глубина находящихся над ним вод позволяет эксплуатировать природные ресурсы вышеупомянутых территорий.

В период начала переговоров по существу на III конференции основным предметом спора был вопрос о том, должен ли континентальный шельф выходить за внешнюю границу 200-мильной экономической зоны. Уже в первом тексте переговоров 1975 года содержалась формулировка, вошедшая окочательно, без изменений в качестве пункта I статьи 76 в Конвенцию, а именно: „Континентальный шельф прибрежного государства включает в себя морское дно и недра подводных районов, простирающихся за пределы его территориального моря на всем протяжении естественного продолжения его сухопутной территории до внешней границы подводной окраины материка или на расстоянии 200 морских миль от исходных линий, от которых отмеряется ширина территориального моря, когда внешняя граница подводной окраины материка не простирается на такое расстояние".

Противники расширения определения шельфа указывали на то, что по сути дела новое предложение заменяет понятие шельфа понятием „окраины материка", простирающегося до его внешней границы. Это не соответствует концепции „прилегания", содержащейся в четвертой Женевской конвенции, о которой также уже говорилось в Международном суде. Они также подчеркивали, что континентальный шельф, согласно своему названию, является шельфом, принадлежащим всем государствам данного континента и поэтому их интересы будут обеспечены лучшим образом, если все морское дно вне пределов 200-мильной зоны будет признано общим наследием человечества.

Поддержка новой концепции шельфа и притязаний прибрежного государства, доходящих до внешней границы окраины материка, не закончила дискуссии об определении границ самого шельфа.

На сессии в 1978 году внешняя граница континентального шельфа была признана одной из семи основных проблем III конференции по морскому праву. Компромисс был достигнут на восьмой сессии в 1979 году, соответствующая формулировка вошла в первую редакцию сводного переговорного текста. Конвенция окончательно постановляет в статье 76, что континентальный шельф простирается до внешней окраины материка. Эта окраина определяется прибрежным государством, в соответствии с ирландским предложением, но определенная таким образом линия не может выходить за пределы 350 миль от исходной линии, от которой отсчитывается территориальное море или 100 миль от 2 500-метровой изобаты.

В отличие от проблемы определения шельфа и его внешних пределов, вопросы определения характера и объема прав прибрежных государств не вызывали сколько-нибудь значительных прений и не являлись предметом значительного расхождения во мнениях на III конференции. Статья 77 конвенции по морскому праву повторяет соответствующую формулировку четвертой Женевской конвенции, гласящей, что „Прибрежное государство осуществляет суверенные права над континентальным шельфом в целях его разведки и разработки природных ресурсов."

Принятые в конвенции 1982 года принципы проведения научных исследований на континентальном шельфе предусматривают, что они могут проводиться с согласия прибрежного государства. Такое согласие должно даваться при нормальных обстоятельствах, если исследования будут проводиться в соответствии с положениями конвенции, исключительно в мирных целях, для обогащения знаний о морской среде и на благо всего человечества. Одним из наиболее спорных вопросов, по которому удалось достигнуть компромисс лишь на девятой сессии в 1980 году, были исследования на шельфе вне пределов 200-мильной зоны. В соответствии со статьей 246, пункт 6, прибрежные государства не должны брать обратно свое согласие на проведение исследований в этом районе, ибо они имеют определенное значение для разведки и эксплуатации шельфа.

Встречаясь со значительными трудностями при попытке добиться решения, определяющего внешнюю границу шельфа за пределами 200-мильной зоны, развитые государства с широкими окраинами материка выдвинули идею оплат за эксплуатацию минеральных ресурсов морского дна за пределами экономической зоны, в качестве своего рода компенсации, которой бы пользовались развивающиеся страны. Несмотря на то, что сама идея оплат не вызывала сомнений, спорной проблемой стал их объем. В качестве компромисса в пересмотренный текст от 1979 года и в саму конвенцию вошло предложение Австрии о том, чтобы государствами была внесена оплата в размере одного процента, начиная с шестого года эксплуатации ресурсов. Их размер повышался бы на один процент в год, начиная с 12 года эксплуатации и сохранялся бы впредь на том же уровне.

В прениях и спорах вокруг так называемой ирландской формулировки было указано на то, что ссылка на геоморфологические критерии, такие как „подножие континентального склона“ или „толщина осадочных пород“ создает возможность довольно произвольного определения внешних пределов континентального шельфа. Поэтому было предусмотрено учреждение особой Комиссии по границам континентального шельфа, которая, получив описание границы, одобряла бы её. Определённая таким образом граница была бы окончательной и обязательной. Дополнение II к конвенции называет способ учреждения, состав и задачи Комиссии. Учитывая то, что государства раполагают десятилетним периодом до вступления конвенции в силу, в течении которого они могут вносить замечания по порядку работы Комиссии, которая также должна ещё иметь время разработать соответствующие рекомендации, можно сказать, что окончательное определение внешних границ шельфа будет иметь место лишь в XXI веке.

Resümee

J. Symonides

Der Festlandsockel in der Seerechtskonvention von 1982

Obwohl der Begriff des Festlandsockels in der Ozeanographie und der Geologie schon im 19. Jahrhundert bekannt war, gewann er in den internationalen Beziehungen erst nach dem 2. Weltkrieg an Bedeutung. Die Herausbildung einer völkerrechtlichen Konzeption über den Festlandsockel wurde 1945 durch die Proklamation über den Meeresboden von Präsident Truman maßgeblich beeinflußt. Darin erklärten die USA, daß die Ressourcen des Meeresbodens auf dem Festlandsockel ihrer Jurisdiktion und Kontrolle unterliegen. Obgleich derartige Ansprüche eine Verletzung des damals geltenden Völkerrechts darstellten, wurden sie nicht zurückgewiesen; im Gegenteil — eine Reihe anderer Staaten gab ähnliche Erklärungen ab.

Mit der vierten Konvention, die auf der ersten UN-Seerechtskonferenz 1958 angenommen wurde, fand der Begriff des Festlandsockels endgültig Eingang in das Völkerrecht. Da zur Zeit ihrer Ausarbeitung noch keine diesbezügliche Norm des Gewohnheitsrechts existierte, hat die Konvention keinen Kodifikationscharakter, sondern stellt eher ein Element der stufenweisen Weiterentwicklung des Völkerrechts dar.

Sie beseitigte bestehende Zweifel in den internationalen Beziehungen hinsichtlich der Definition und der äußeren Grenze des Festlandsockels sowie der Definition seiner Ressourcen. Im Sinne dieser Konvention umfaßte der Ausdruck „Festlandsockel" den Teil des Meeresgrundes und -untergrundes der an die Küste grenzenden, außerhalb der Zone der Territorialgewässer gelegenen Unterwassergebiete bis zu einer Tiefe von 200 Metern oder, über diesen Grenzwert hinaus, bis dahin, wo die Tiefe des darüber befindlichen Wassers die Ausbeutung der Naturschätze dieser Gebiete gestattet.

In der Anfangsperiode der Verhandlungen auf der 3. UN-Seerechtskonferenz war es vor allem strittig, ob der Festlandsockel über die äußere Grenze der 200-Seemeilen-Wirtschaftszone hinausgehen soll. Bereits im ersten Verhandlungstext von 1975 war eine Formulierung enthalten, wonach sich der Festlandsockel des Küstenstaates auf den Meeresgrund und -untergrund bis zur unter Wasser befindlichen äußeren Grenzen des Festlandes erstreckte, oder bis 200 Seemeilen — gemessen von der Grundlinie für die Bemessung der Breite der Territorialgewässer, wenn sich die äußere Grenze des Festlandes nicht so weit erstreckt.

Die Gegner der Erweiterung des Festlandsockels betonten, daß der neue Vorschlag im Grunde den Begriff des Festlandsockels durch den Begriff „Grenze des

Festlandes“ ersetzte. Das entspreche nicht dem der vierten Genfer Konvention zugrunde liegenden „contiguity“-Prinzip. Sie argumentierten auch damit, daß der Festlandsockel — entsprechend seiner Bezeichnung — allen Staaten des Kontinents gehöre. Daher würden ihre Interessen am besten berücksichtigt, wenn der Meeresboden außerhalb der 200-Seemeilen-Zone zum gemeinsamen Erbe der Menschheit erklärt würde.

Aufgrund der Unterstützung der neuen Festlandsockel-Konzeption und der Ansprüche der Küstenstaaten konnte der Streit über die genaue Grenze des Festlandsockels — trotz zahlreicher Vorschläge — nicht beigelegt werden.

Auf der Sitzung von 1978 wurde die Bestimmung der Grenze des Festlandsockels als eine der sieben Hauptfragen der 3. Seerechtskonferenz bezeichnet. Ein Kompromiß wurde erst auf der 8. Sitzung (1979) erreicht, und die entsprechende Formulierung konnte Bestandteil des Verhandlungstextes werden. Art. 76 der Seerechtskonvention bestimmt endgültig, daß der Festlandsockel bis zur äußeren Grenze des Festlands (Kontinents) reicht. Diese Grenze wird — entsprechend einem irischen Vorschlag — vom Küstenstaat bestimmt, darf jedoch nicht über 350 Seemeilen von der Grundlinie für die Bemessung der Territorialgewässer oder 100 Seemeilen von der 2500 Meter Isobate hinausgehen.

Anders als bei der Bestimmung des Festlandsockels und seiner äußeren Grenze gab es in der Frage der Natur und des Umfangs der Rechte des Küstenstaates auf der 3. Seerechtskonferenz keine nennenswerten Meinungsverschiedenheiten. Art. 77 der Seerechtskonvention wiederholt die entsprechende Formulierung der vierten Genfer Konvention und bestimmt, daß der „Küstenstaat . . . über den Festlandsockel Hoheitsrechte zum Zwecke der Erforschung und Ausbeutung seiner Naturschätze (ausübt)“.

Die in der Konvention von 1982 angenommenen Prinzipien der wissenschaftlichen Forschungsarbeiten auf dem Festlandsockel erfordern, daß solche Arbeiten mit dem Einverständnis des Küstenstaates durchgeführt werden können. Die Genehmigung wird in der Regel erteilt, wenn die Forschungsarbeiten in Übereinstimmung mit der Konvention durchgeführt werden und ausschließlich friedlichen Zwecken und dem Erkenntniszuwachs auf dem Gebiet der Meeresforschung im Interesse der Menschheit dienen.

Eine der strittigsten Fragen war das Regime der Forschungsarbeiten außerhalb der 200-Seemeilen-Zone. Ein diesbezüglicher Kompromiß wurde erst 1980 erreicht. Gemäß Art. 246 Abs. 6 darf der Küstenstaat eine Genehmigung zur Durchführung von Meeresforschungsarbeiten in diesem Gebiet nicht vorenthalten.

Die entwickelten Staaten mit einem Festlandsockel, der über 200 Seemeilen, die ökonomische Zone, hinausgeht, schlugen als Ausgleich für die Ausbeutung der Mineralressourcen in diesem Teil des Festlandsockels Zahlungen zugunsten der Entwicklungsländer vor. Obwohl die Idee der Ausgleichszahlungen als solche keine Zweifel hervorrief, wurde ihre Höhe zum Diskussionsobjekt. Als Kompromißlösung wurde ein österreichischer Vorschlag angenommen. Dementsprechend müssen die Staaten, beginnend im sechsten Jahr der Ausbeutung, ein Prozent einzahlen. Diese Zahlungen sollen um ein Prozent jährlich steigen und nach dem zwölften Jahr auf dem Niveau von sieben Prozent konstant bleiben.

Bei der Diskussion des sogenannten irischen Vorschlags befürchteten einige Staaten, daß der Verweis auf geomorphologische Kriterien zu einer willkürlichen Festlegung der äußeren Grenze des Festlandsockels führen könnte. Deshalb wurde die Gründung einer Kommission für die Grenzen des Festlandsockels empfohlen. An sie sollte eine Beschreibung der äußeren Grenze des Festlandsockels gegeben werden. Ihr obliegt es, die Grenzen zu billigen. Erst wenn die Kommission der vorgeschlagenen Grenze zugestimmt hat, soll sie endgültig und verbindlich werden. Die Arbeitsweise, Funktionen und Zusammensetzung der Kommission sind in der Anlage II zur Konvention festgelegt. Da jedoch die Staaten innerhalb von 10 Jahren die notwendigen wissenschaftlich-technischen Daten vorlegen müssen und die Kommission für ihre Entscheidung weitere Zeit benötigen wird, ist eine endgültige Delimitierung des Festlandsockels erst im 21. Jahrhundert zu erwarten.

N. Trotz

Zur Entwicklung des internationalen Umweltrechts

1. Ausgangspunkt: die Regelungsbereiche des internationalen Umweltrechts

Die Stockholmer Umweltkonferenz von 1972 und die dort verabschiedete Umweltdeklaration[1] hatte die erste Dekade intensiver Bemühungen um den internationalen Umweltschutz eröffnet. Rechtzeitig zu Beginn einer neuen Dekade haben die Staaten 1982 mit der Weltnaturcharta[2] ihren Willen bekundet, die internationale Zusammenarbeit auf dem Gebiet des Umweltschutzes fortzuführen. Konkreten Ausdruck fand das in der Verabschiedung der mittelfristigen Programmplanung zur weiteren Entwicklung des Umweltrechts durch den UNEP-Rat im Jahre 1982[3], worin die Resultate der auf Expertenebene 1981 in Montevideo[4] geführten Programmdiskussionen bestätigt wurden. Deklarationen und Programmdiskussion sind nur sichtbares Zeichen für die große Anzahl von rechtlichen Einzelprojekten, die verwirklicht wurden.[5] Aus der Gesamtheit der Regelungen werden verschiedene Regelungsbereiche und eine gewisse innere Strukturierung des internationalen Umweltrechts erkennbar.

Am deutlichsten läßt sich gegenwärtig der Bereich der internationalen Zusammenarbeit abgrenzen, der sich auf den Schutz der Natur vor Einführung von Schadstoffen und Energien bzw. anderen Fremdeinwirkungen bezieht, die zu einer Zustandsverletzung oder Zerstörung führen. Die internationale Relevanz ergibt sich aus der extra-nationalen Wirkung.

Unter dem Begriff „Beeinträchtigung" (pollution) ist dieser Bereich auch definiert worden, wobei die verschiedenen Versuche weitgehend übereinstimmen, aber durchaus zu keinem völlig befriedigenden Ergebnis geführt haben. Als Bei-

1 Declaration of the UN Conference on the Human Environment, 1972, in: Report of the UN Conference on Human Environment, A/CONF.48/14, vom 3. 7. 1972, S. 2.

2 Text der Resolution 37/7 und der World Charter for Nature zusammen mit den Dokumenten zur Vorgeschichte, zu Staatenstellungnahmen und Voting-Roster, abgedruckt bei: W. E. Burhenne/W. A. Irwin, The World Charter for Nature (Beiträge zur Umweltgestaltung A 80), Berlin (West) 1983.

3 System — Wide Medium — Term Environment Programme, UNEP/GC.10/L.3/Add. 2 vom 31. 5. 1982.

4 Vgl. Report of the ad hoc Meeting of Senior Government Officials Expert in Environmental Law, UNEP/GC.10/5/Add. 2 vom 7. 12. 1981.

5 Vgl. für die von UNEP betreuten Konventionen die Zusammenstellung in: Environmental Law in UNEP, UNEP, Nairobi 1985, S. 4ff.

spiel sei hier auf die Definition der UN-Seerechtskonvention[6] verwiesen, die in Artikel 1 Abs. 1 Ziff. 4 unter dem Begriff „Beeinträchtigung der Meeresumwelt“ versteht: „. . . die unmittelbare oder mittelbare Zuführung von Stoffen oder Energie durch den Menschen in die Meeresumwelt einschließlich der Flußmündungen, aus der sich abträgliche Wirkungen wie eine Schädigung der lebenden Ressourcen sowie der Tier- und Pflanzenwelt des Meeres, Gefährdungen der menschlichen Gesundheit, eine Behinderung der Tätigkeiten auf See einschließlich der Fischerei und der sonstigen rechtmäßigen Nutzung des Meeres, eine Beeinträchtigung des Gebrauchswertes des Meereswassers und eine Verringerung der Annehmlichkeiten der Umwelt ergeben oder ergeben können.“

Eine damit korrespondierende Definition — entsprechend dem unterschiedlichen Medium spezifiziert — findet sich in der ECE-Konvention über weitreichende Luftverschmutzung von 1979[7] (Art. 1).

Wenn in diesen Definitionen auch nicht alle möglichen Fremdeinwirkungen genannt sind, so werden doch wesentliche Aspekte des Problems der Beeinträchtigungen erfaßt; vor allem ist der Regelungsgegenstand insbesondere im Interesse der nationalen Verständigung darüber relativ deutlich bestimmt.

Das läßt sich vom zweiten Bereich der internationalen Zusammenarbeit nicht unbedingt sagen. Dieser umfaßt die Nutzung, Erhaltung und Regeneration von biologischen Ressourcen, worunter u. a. der Naturschutz, die Schaffung von Naturreservaten, die Sicherung genetischer Reserven, der Schutz von biologischen Ressourcen gegen Übernutzung usw. zu verstehen ist. Die internationale Relevanz ist nur eindeutig, soweit es sich um biologische Ressourcen internationaler Gebiete (insbesondere maritime Gewässer) handelt. Darüber hinaus ist es ein Problem der Nutzung nationaler Territorien, wobei allerdings die Bedeutung solcher Schutz- und Erhaltungsmaßnahmen für die Biosphäre insgesamt außer Frage steht.[8] Hier liegt einer der kritischen Punkte bei der Abgrenzung des internationalen Umweltrechts.

Der Sprachgebrauch der englischsprachigen Literatur unterscheidet beide Bereiche ziemlich scharf durch die Bezeichnung „law of pollution“[9] und „law of conservation“, die beide häufig als „environmental law“ zusammengefaßt werden.[10] Soweit unter „conservation“ dann auch die gesamte wirtschaftliche Nutzung verstanden wird, ist diese Zusammenfassung allerdings problematisch.[11]

[6] UN Convention on the Law of the Sea, 1982, A/CONF.62/122 vom 7. 10. 1982.

[7] Convention on Long-Range Transboundary Air Pollution, 1979, abgedruckt in: Report of the High-Level Meeting within the Framework of the ECE on the Protection of the Environment, 1979, ECE/HLM. 1/2.

[8] Zum Problem insgesamt vgl. die IUCN-Studie „World Conservation Strategy“, Gland 1980.

[9] Vgl. A. L. Springer, The International Law of Pollution, Westport (Conn., USA) — London 1983.

[10] So das Verfahren bei D. M. Johnston (ed.), The Environmental Law of the Sea, (IUCN Environmental Policy and Law Paper, Nr. 18), Gland 1981.

Die objektive Einheit aller Bestandteile der natürlichen Umwelt ist notwendig auch die Grundlage für die Einheit der Gesamtregelung des Umweltschutzes. Das schließt jedoch keineswegs regelungsmethodische Differenzen zwischen den beiden hier genannten Bereichen aus, die z. B. die Übertragung von Grundsätzen aus dem Bereich der rechtlichen Regelung der Beeinträchtigung[12] nicht ohne weiteres zulassen.

Aus dem Gesamtbereich des internationalen Umweltrechts werden im folgenden zwei Komplexe behandelt: die Grundlagen des internationalen Umweltrechts (zutreffend für alle Bereiche) und Probleme der rechtlichen Regelung international relevanter Beeinträchtigungen. Die Darstellung der rechtlichen Regelung der Beeinträchtigungen konzentriert sich auf die Herausbildung eines „Allgemeinen Teils", zu dem sich völkergewohnheitsrechtliche Regeln und rechtliche Methoden, Formen und Grundsätze, die sich sichtbar zu verallgemeinerungswürdigen Instrumentarien entwickeln, verdichten.

2. Die Grundlagen der internationalen Zusammenarbeit auf dem Gebiet des Umweltschutzes

Es bedarf heute keiner ausführlichen Begründung mehr, daß die Umweltbelastungen im globalen Meaßstab ein z. T. kritisches Ausmaß angenommen haben und zu einem die Existenz der Menschheit unmittelbar berührenden Problem geworden sind. Wenn auch regionale und medienspezifische Differenzierungen erforderlich sind, so muß insgesamt davon ausgegangen werden, daß die Grenzen der Belastbarkeit der Umwelt zunehmend erreicht werden. Die wachsenden Erkenntnisse der ökologischen Forschung und die damit verbundene Sammlung von Informationen präzisieren diese Grenzen, machen den vorhandenen Spielraum stärker sichtbar und können dadurch die Handlungsmöglichkeiten der Staaten einschränken bzw. einen zusätzlichen Zwang zur Berücksichtigung der gegebenen Grenzen ausüben.

Dieser unstrittige Ausgangspunkt bedarf der Ergänzung durch die gegebenen politischen und wirtschaftlichen Randbedingungen, um das Wesen des Problems für das System der internationalen Beziehungen sichtbar zu machen:

1. Auf Grund der objektiven Zusammenhänge aller natürlichen Systeme der Erde ist die Umweltbedrohung politisch-geografisch nicht eingrenzbar, betrifft die Gesamtheit der Staatengemeinschaft und führt zu einer gegenseitigen Ab-

[11] Vgl. ebenda und dazu die Bemerkungen von N. Trotz in der Rezension zu diesem Werk in: Journal of Maritime Law and Commerce, Cincinnati (Ohio, USA), 2/1985, S. 288ff.

[12] Vgl. A. L. Springer, The International Law of Pollution, a. a. O., S. 54.

hängigkeit der Staaten, bei der das Handeln eines Staates auf die Existenzgrundlage aller Staaten zurückwirkt.

2. Umweltprobleme sind „abgeleitete" Probleme, da sie das Resultat der nationalen Reproduktionsprozesse und der Nutzung der Ressourcen sind, einschließlich der Nutzung der Belastungskapazität der natürlichen Umwelt. Die Lösung der mit dem Schutz der Umwelt verbundenen Probleme berührt in jedem Falle diese originären Prozesse und reicht tief in politische, soziale und wirtschaftliche Zusammenhänge hinein. Es werden Fragen der Souveränität, der Nutzung nationaler und internationaler Ressourcen und der Entwicklung weltwirtschaftlicher Beziehungen aufgeworfen.

3. Umweltprobleme bergen ein Konfliktpotential in sich, insbesondere soweit die Staaten im Interesse ihres Reproduktionsprozesses ein Maximum an Ressourcennutzung und an der Nutzung der Belastungskapazität der Umwelt zu realisieren versuchen. Dabei ist zu berücksichtigen, daß die Umwelt eine „begrenzte Ressource" ist.

Diese Randbedingungen machen deutlich, daß das Umweltproblem nicht abgesondert von anderen globalen Problemen[13] gelöst werden kann und insofern eng mit grundlegenden Prozessen der Auseinandersetzung in der Übergangsepoche um eine friedliche und fortschrittliche Entwicklung der politischen Beziehungen und der Weltwirtschaft verbunden ist. Wie auf anderen Gebieten der internationalen Beziehungen, hat das Völkerrecht seine Funktion als Instrument der Friedenssicherung und Konfliktlösung zu erfüllen. Der Ausbau der rechtlichen Regelung des Umweltschutzes trägt wesentlich zur Ausschaltung von Konfliktmöglichkeiten bei, sichert die Existenzgrundlagen der Menschheit und stabilisiert die friedliche internationale Zusammenarbeit.[14] Dabei sind folgende Aufgaben zu lösen:

1. Schutz der natürlichen Umwelt und der Biosphäre in allen ihren Bestandteilen vor Zerstörung, ihre Erhaltung in einem für das Leben auf der Erde erforderlichen Zustand, wofür die Weltnaturcharta folgende Grundsätze aufstellt:

a) Vermeidung von Störungen der grundlegenden Systeme der Natur;
b) Erhaltung des genetischen Erbes, d. h. Sicherung des Überlebens aller Lebensformen einschließlich des Schutzes ihrer natürlichen Lebensräume;
c) Sonderschutz für einzigartige Gebiete, repräsentative Beispiele aller Ökosysteme und Lebensräume seltener und gefährdeter Arten;

[13] Zum Umweltschutz als globales Problem vgl. H. Paucke/A. Bauer, Umweltprobleme — Herausforderung der Menschheit, Berlin 1979; H. Wünsche, Völkerrecht — eine Waffe im Kampf um den Frieden und die Festigung der internationalen Sicherheit, in: Staat und Recht (zitiert als: StuR), 5/1985, S. 365f. Wegen des Zusammenhangs der globalen Probleme siehe N. Trotz, Rechtsprobleme des grenzüberschreitenden Umweltschutzes im intersystemaren Bereich unter Berücksichtigung der Entwicklung des internationalen Umweltrechts, Diss. B., Potsdam-Babelsberg 1982, S. 15ff.

[14] Vgl. in diesem Sinne H. Wünsche, Völkerrecht — eine Waffe im Kampf um den Frieden und die Festigung der internationalen Sicherheit, a. a. O., S. 365f.

d) Optimale Verwaltung und Nutzung natürlicher Ressourcen einschließlich der Vermeidung negativer Auswirkungen auf andere Ökosysteme;
e) Bewahrung der Natur vor Zerstörung durch Kriege und Feindseligkeiten.

2. Vermeidung von Konflikten bei der Ressourcennutzung einschließlich der Nutzung der Belastungskapazität der Umwelt,

3. Gewährleistung der wirtschaftlichen Entwicklungsmöglichkeiten aller Staaten.

Im Völkerrecht gibt es gegenwärtig zwar eine Reihe vertraglicher Einzelpflichten, jedoch keine allgemeine Norm, die als Grundregelung den Schutz der Umwelt mit allen seinen Aspekten erfaßt und dementsprechende Pflichten festlegt. Die Grundpflichten der Staaten müssen insofern unmittelbar aus den völkerrechtlichen Grundprinzipien hergeleitet werden.

So ist in der Literatur die Pflicht der Staaten zur friedlichen Zusammenarbeit auf dem Gebiet des Umweltschutzes anerkannt[15] und als objektive Notwendigkeit und „Imperativ" bezeichnet worden.[16] Diese Pflicht erzeugt in bezug auf die Staaten eine Bindungswirkung, sich an der Umweltschutzkooperation zu beteiligen und sichert, daß alle national-staatlich beherrschten Teile der Umwelt und alle nationalen Reproduktionsprozesse in diese Zusammenarbeit einbezogen werden, ein Effekt, der auf Grund des objektiven Zusammenhangs aller Bestandteile der natürlichen Umwelt besonders wichtig ist.[17]

Diese Bindungswirkung steht durchaus im Einklang mit der Souveränität der Staaten; es kann hier auf die in der Literatur herausgearbeitete Feststellung verwiesen werden, daß die Pflichten, die aus dem Grundsatz der Zusammenarbeit resultieren, zum Inhalt des Souveränitätsbegriffes gehören.[18]

Ausgehend von den herrschenden Randbedingungen hat der Verfasser unter Anknüpfung an Graefrath[19] an anderer Stelle begründet, daß diese Pflicht zur internationalen Zusammenarbeit inhaltlich durch die Notwendigkeit qualifiziert wird, den Schutz der Umwelt als „Gegenstand des gemeinsamen Interesses" der

[15] Vgl. K. Becher, Probleme völkerrechtlicher Regelung des Umweltschutzes, in: Deutsche Außenpolitik, 5/1977, S. 39f.; A. Šarkov, Ochrana okružajuščej sredy i meždunarodnoe sotrudničestvo, in: Meždunarodnaja Žizn', 5/1976, S. 68ff.; O. Kimminich, Völkerrechtliche Haftung für das Handeln Privater im Bereich des internationalen Umweltschutzes, in: Archiv des Völkerrechts, Bd. 22 (1984), S. 249.

[16] Vgl. R. A. Nowikow (Hrsg.), Umweltprobleme in der Weltwirtschaft und den internationalen Beziehungen, Berlin 1981, S. 83.

[17] Vgl. N. Trotz, Rechtsprobleme des grenzüberschreitenden Umweltschutzes, a. a. O., S. 36ff.

[18] Vgl. B. Graefrath, Zur neuen Qualität des Souveränitätsprinzips, in: Neue Justiz, 9/1980, S. 395ff. Darauf gestützt ebenso H. Wünsche, Völkerrecht — eine Waffe im Kampf um den Frieden und die Festigung der internationalen Sicherheit, a. a. O., S. 363.

[19] Vgl. B. Graefrath, Zur neuen Qualität des Souveränitätsprinzips, a. a. O., S. 396.

Staaten zu behandeln.[20] Es kann auch davon ausgegangen werden, daß die Staaten ihren Willen dazu bekundet haben. Das kommt in solchen Dokumenten wie der Stockholmer Umweltschutzdeklaration, der KSZE-Schlußakte von Helsinki[21] und der Weltnaturcharta zum Ausdruck. Wenn es sich bei diesen Dokumenten auch nicht um rechtsverbindliche Akte handelt, so sollten sie doch selbst in ihrer bloßen deklaratorischen Eigenschaft ausreichen, um eine aus den völkerrechtlichen Grundprinzipien sich ergebende Pflicht inhaltlich auszufüllen und näher zu qualifizieren. So ergäbe sich aus dieser Qualifizierung ein bestimmtes, von den Staaten zu erwartendes Grundverhalten und die gemeinschaftlich formulierte Zielstellung. Der Inhalt dieser Zielstellung wurde oben beschrieben.

Setzt man auf Grund der Deklaration den Konsens über die *Zielstellungen* voraus, so richtet sich an das *Verhalten* der Staaten die Erwartung, daß sie nicht direkt gegen die im gemeinsamen Interesse formulierten Ziele verstoßen oder deren Verwirklichung durch Handlungen unmöglich machen. Bei Anerkennung der Souveränität der Staaten über ihren Reproduktionsprozeß, der Nutzung der nationalen Ressourcen und der Notwendigkeit ihrer wirtschaftlichen Entwicklung, sind sie in diesem Rahmen verpflichtet, die Schutzziele hinsichtlich der Natur in Betracht zu ziehen[22] und sich nach Maßgabe ihrer Möglichkeiten an der Verwirklichung dieser Zielstellungen zu beteiligen.

Diese Erwartungen in bezug auf das Verhalten der Staaten folgen aus der Regel, daß Verpflichtungen, die sich aus den Grundprinzipien des Völkerrechts ergeben, nach Treu und Glauben zu erfüllen sind.[23] Das gilt in jedem Falle für die Pflicht der Zusammenarbeit selbst. Es dürfte allerdings geboten sein, weiterzugehen und auch die zur inhaltlichen Qualifizierung dieser Pflicht abgegebenen Erklärungen nach dieser Regel zu interpretieren. Das würde bedeuten, daß Deklarationen mit Zielstellungen für die Zusammenarbeit der Staaten, die unmittelbar in Ausführung der Grundprinzipien ergangen, aber selbst keine rechtsverbindlichen Dokumente sind, als ernsthafte Absichtserklärungen aufzufassen wären, also mit solchen Erwartungen hinsichtlich des Verhaltens der Staaten verbunden sind, auf die die Staatengemeinschaft sich in gewissem Umfang verlassen kann. In der Anwendung dieser Regel auf die erwähnten Deklarationen liegt eine gewisse Entfernung von ihrem üblicherweise anerkannten Geltungsbereich (Grundprinzipien und Ver-

[20] Vgl. N. Trotz, Rechtsprobleme des grenzüberschreitenden Umweltschutzes, a. a. O., S. 42ff. Vgl. in diesem Sinne auch O. Kimminich, Völkerrechtliche Haftung für das Handeln Privater im Bereich des internationalen Umweltschutzes, a. a. O., S. 249.

[21] Teil „Umwelt"; Schlußakte abgedruckt in: Völkerrecht, Dokumente, Teil 3, Berlin 1980, S. 948ff.

[22] Vgl. M. Kokin, Für weltweiten Umweltschutz, in: Neue Zeit, Moskau, 35/1980, S. 6. Vgl. auch die Bemerkungen bei F. L. Kirgis, Technological Challenge to the Shared Environment: United States Practice, in: American Journal of International Law (zitiert als: AJIL), Bd. 66 (1972), S. 290ff.

[23] Vgl. Völkerrecht, Lehrbuch, Teil 1, Berlin 1981, S. 127ff.

tragsrecht).[24] Das sollte aber zulässig sein, wenn es sich um die inhaltliche Spezifizierung einer sich aus den Grundprinzipien ergebenden Pflicht handelt, so daß Deklarationen mit dieser Aufgabenstellung aufgrund ihrer Bedeutung mit einem völkerrechtlichen Mindeststandard bewertet werden können.

Obwohl die allgemeinen Pflichten der Staaten bereits durch eine Reihe von Einzelregelungen konkretisiert worden sind, darf das nicht darüber hinwegtäuschen, daß das Umweltrecht Prozeßcharakter trägt und ständig den Erfordernissen des Umweltschutzes und den dazu gewonnenen wissenschaftlichen Erkenntnissen angepaßt werden muß. Das wiederum kann nur in Abhängigkeit davon gelingen, wie die Staaten ihren nationalen Reproduktionsprozeß darauf einstellen können. Die oben beschriebenen komplizierten Randbedingungen für die Umweltkooperation machen deutlich, daß das nicht über Nacht möglich ist, sondern ein schrittweises Vorgehen erfordert, wodurch die unterschiedlichen Ausgangsbedingungen der Staaten berücksichtigt werden können (wirtschaftlicher Entwicklungsstand, Ressourcenlage, geographische und ökologische Bedingungen usw.). Offensichtlich sind dafür sehr komplexe Regelungen erforderlich, die sowohl eine ausgewogene Verteilung der mit Umweltmaßnahmen verbundenen Lasten als auch den Schutz der Staaten gegen unzumutbare Beeinträchtigungen ihrer Umwelt ermöglichen. Diese internationalen umweltpolitischen Leitlinien sollten deshalb das Prinzip der „Umweltgerechtigkeit“[25] in sich aufnehmen.

3. Die Herausbildung eines allgemeinen Teils der rechtlichen Regelung der Beeinträchtigungen

3.1. Die Pflichten der Staaten in bezug auf grenzüberschreitende Umweltbeeinträchtigungen

Die bisher behandelte Pflicht der Staaten zur Zusammenarbeit und zur Berücksichtigung des Schutzes der Umwelt als Ganzes bei der Organisierung ihres Reproduktionsprozesses ist Grundlage für ein breites Spektrum der Kooperation. Das gilt auch für die Regelung der konkreten Pflichten in bezug auf Beeinträchtigungen, wobei dafür allerdings der Begriff „Umwelt“ rechtlich zu differenzieren und die dementsprechende Aufteilung nach Territorien unter nationaler Souveränität und nach internationalen Gebieten zu berücksichtigen ist. Außerdem ist in

[24] Vgl. dazu die Bemerkung von H. Wünsche, Völkerrecht — eine Waffe im Kampf um den Frieden und die Festigung der internationalen Sicherheit, a. a. O., S. 363, der eine Untersuchung des Anwendungsbereiches dieser Regel anregt.

[25] Vgl. N. Trotz, Rechtsprobleme des grenzüberschreitenden Umweltschutzes, a. a. O., S. 91 ff.; dort wird dieser Grundsatz mit der Notwendigkeit einer „Symmetrie“ in der Verteilung der Umweltlasten umschrieben.

Betracht zu ziehen, daß natürlich nicht alle Umweltbeeinträchtigungen völkerrechtlich relevant sind, sondern nur solche, die außerhalb der Grenzen eines Staates wirksam werden und auf die rechtlich geschützten Interessen anderer Staaten oder der Staatengemeinschaft treffen und diese verletzen.

Bei Beeinträchtigungen, die von einem Staatsgebiet auf ein anderes wirken, stehen sich das souveräne Recht des Ursprungstaates auf Nutzung seines Territoriums und der Schutzanspruch des möglicherweise betroffenen Staates gegenüber. Dieser Schutzanspruch führt zur Verpflichtung des Ursprungstaates, sein souveränes Recht so auszuüben, daß die Rechte anderer Staaten nicht verletzt werden. Die Verpflichtung ist in der Literatur durchweg anerkannt und so breit untersucht,[26] daß es hier keines erneuten rechtlichen Nachweises bedarf. Sie wird aus dem völkerrechtlichen Nachbarrecht bzw. unmittelbar aus den Grundprinzipien des Völkerrechts hergeleitet, wobei von der „equality" der Staaten (Souveränitätsanspruch einerseits und Integritätsanspruch andererseits) und der damit verbundenen „reciprocity" ausgegangen wird.[27] Soweit das völkerrechtliche Nachbarrecht zur Begründung herangezogen wird, ist dieses in einen umweltrechtlichen Zusammenhang gestellt und unterliegt damit in seiner Interpretation auch den dafür relevanten Grundsätzen.

Als geltendes Völkerrecht ist dieser Grundsatz von den Staaten in eine Reihe von Deklarationen aufgenommen worden (vgl. Prinzip 21 der Stockholmer Umweltdeklaration, Ziff. 21d der Weltnaturcharta). Sehr interessant ist auch der Versuch der ILA, das geltende Völkergewohnheitsrecht in Regeln über grenzüberschreitende Beeinträchtigungen zusammenzufassen.[28] Durch Artikel 193 und

[26] Vgl. insbesondere die umfangreiche Untersuchung von E. Klein, Umweltschutz und völkerrechtliches Nachbarrecht, Berlin (West) 1976. Vgl. außerdem D. Rauschning, Allgemeine Völkerrechtsregeln zum Schutze gegen grenzüberschreitende Umweltbeeinträchtigungen, in: I. v. Münch (Hrsg.), Staatsrecht — Völkerrecht — Europarecht. Festschrift für H.-J. Schlochauer zum 75. Geburtstag. Berlin (West) — New York 1981, S. 557ff.; A. S. Timošenko, Meždunarodno-pravovye sredstva bor'by s transgraničnym zagrjazneniem, in: Sovetskoe gosudarstvo i pravo, 10/1981, S. 72ff.; G. Handl, Territorial Sovereignty and the Problem of Transnational Pollution, in: AJIL, Bd. 69 (1975), S. 50ff. Vgl. desweiteren E. Dietz, Probleme des internationalen Nachbarrechts in: Schweizerisches Jahrbuch für internationales Recht, Bd. XXXV (1979), Zürich 1980, S. 9ff.; Ch. B. Bramsen, Transnational Pollution and International Law, in: Nordisk Tidsskrift for International Ret, 1—4/1972, S. 143ff.; M. Kloepfer, Grenzüberschreitende Umweltbelastungen als Rechtsproblem, in: H. v. Moltke/J. Schmölling/M. Kloepfer/Ch. Kohler, Grenzüberschreitender Umweltschutz in Europa, Heidelberg 1984, S. 57ff.; A. Randelshofer/B. Simma, Kernkraftwerk an der Grenze, in: D. Blumenwitz/A. Randelshofer (Hrsg.), Festschrift für F. Berber, München 1973, S. 389ff. (mit Vorbehalten hinsichtlich der Schlußfolgerungen zu Standortfragen).

[27] Vgl. Legal Aspects of the Conservation of the Environment, Report of the Committee, in: The International Law Association, Report of the Fifty-Eighth Conference held at Manila 1978, o. O. 1980, S. 383ff. (S. 403).

[28] Montreal Rules of International Law Applicable to Transfrontiere Pollution, in: The International Law Association, Report of the Sixtieth Conference, Montreal 1982, o. O. 1983, S. 1ff.

194 Abs. 2 der UNO-Seerechtskonvention von 1982 hat dieser Grundsatz Eingang in das völkerrechtliche Vertragsrecht gefunden, und in der Präambel der Konvention über weitreichende Luftverschmutzung wird unter ausdrücklicher Bezugnahme auf Prinzip 21 der Stockholmer Umweltdeklaration dessen Inhalt wiedergegeben und als Ausdruck der gemeinsamen Überzeugung der Staaten gekennzeichnet.

Ein Unterfall sind in diesem Rahmen ohne Zweifel Beeinträchtigungen, die durch nationale Aktivitäten in internationalen Gebieten verursacht werden und auf nationale Territorien einwirken (zu denken ist insbesondere an Aktivitäten auf dem Offenen Meer[29] und im Weltraum[30]). Die oben genannten Deklarationen und Konventionen wie auch der Weltraumvertrag[31] (Art. VI, VII, IX — einschließlich Weltraumhaftungsvertrag[32]) erfassen in ihren Formulierungen diese Verursachungsrelation ausdrücklich. Soweit Prinzip 21 u. a. auch auf das völkerrechtliche Nachbarrecht gestützt wird, ist natürlich bei dieser Verursachungsrelation in Betracht zu ziehen, daß das Nachbarrecht in seiner klassischen Ausprägung inhaltlich durch das Verhältnis der Staaten und ihrer Territorien bestimmt wird. Es kann jedoch nicht übersehen werden, daß Aktivitäten in internationalen Gebieten unter der Jurisdiktion und Kontrolle von Staaten stattfinden und daß sie dabei die gleiche Verantwortung gegenüber anderen Staaten und deren Territorien tragen, wie bei der Nutzung ihres eigenen Territoriums. Insofern ist diese Verantwortung Ausfluß des Nachbarrechts und basiert auf dem Reziprozitätsverhältnis souveräner Staaten zueinander.

Hinsichtlich der Beeinträchtigungen, die von einem Staatsgebiet ausgehen und Auswirkungen auf internationale Gebiete haben, ist die Rechtslage nicht ganz so eindeutig. Die Anwendung des völkerrechtlichen Nachbarrechts ist hier nicht möglich, da nicht das Verhältnis von Staaten und ihren Territorien zueinander abgegrenzt wird, so daß z. B. eine Verletzung der Integrität eines Staates nicht eintreten kann. Internationale Gebiete stehen zwar allen Staaten zur Nutzung offen, kein Staat kann jedoch einen individualisierten Nutzungsanspruch und damit einen konkreten Abwehranspruch geltend machen. Dem verursachenden Staat stehen die Interessen der ganzen Staatengemeinschaft gegenüber. Verpflichtungen zum Schutz dieser Gebiete betreffen gemeinsame Interessen und lassen sich *erstens*

29 Vgl. dazu N. Trotz, Probleme der Verantwortlichkeit und Haftung im maritimen Umweltschutz, in: Rechtsfragen des maritimen Umweltschutzes (Beiträge zum nationalen und internationalen Seerecht, Heft 8, hrsg. von der Gesellschaft für Seerecht der DDR), Rostock 1984, S. 16.

30 Vgl. A. S. Piradow (Hrsg.), Weltraumrecht, Berlin 1978, S. 86ff., ohne allerdings alle Aspekte des Art. IX des Weltraumvertrages zu erschöpfen.

31 Vertrag über die Prinzipien für die Tätigkeit der Staaten bei der Erforschung und Nutzung des Weltraumes einschließlich des Mondes und anderer Himmelskörper vom 27. 1. 1967, in: Völkerrecht, Dokumente, Teil 2, Berlin 1980, S. 576ff.

32 Konvention über die internationale Verantwortlichkeit für Schäden, die durch Weltraumobjekte verursacht werden, vom 29. 3. 1972, in: Völkerrecht, Dokumente, Teil 3, a. a. O., S. 780ff.

herleiten aus der oben behandelten *qualifizierten* Pflicht zur Zusammenarbeit, bei der im Rahmen gemeinsamer Interessen auch die Formulierung von Schutzzielen möglich ist und dadurch eine bestimmte Verhaltensweise zur Berücksichtigung dieser Schutzziele begründet wird. Die weitere Untersetzung dieser Pflicht hängt *zweitens* vom geltenden Nutzungsregime für derartige Gebiete ab und muß sich auf vertragliche Vereinbarungen stützen. Für die maritimen Gewässer ist ein solcher Schutzanspruch aus dem allgemeinen Nutzungsregime und aus Völkergewohnheitsrecht hergeleitet worden.[33] Hinzu kommt künftig die UNO-Seerechtskonvention, die in Artikel 194 Abs. 2 diese Pflicht ausdrücklich festlegt. Für die Antarktis enthält Artikel IX des Antarktisvertrages[34] den ausdrücklichen Hinweis auf das gemeinsame Ziel des Schutzes und der Erhaltung der antarktischen Tier- und Pflanzenwelt, dem u. a. Vereinbarungen[35] dienen, wobei die Konvention über die Erhaltung der lebenden Meeresressourcen der Antarktis[36] hervorzuheben ist. Insoweit Prinzip 21 der Stockholmer Umweltdeklaration und Ziff. 21d der Weltnaturcharta die Verpflichtung zum Schutz der internationalen Gebiete einschließen, gehören beide Formulierungen zu den Grundsätzen und Zielstellungen, die die Pflicht der Staaten im Hinblick auf ihre gemeinsamen Interessen qualifizieren.

Im Rahmen der Verursachungsrelation „Staat — internationales Gebiet" stellt die Herbeiführung von Beeinträchtigungen durch nationale Aktivitäten in diesen Gebieten einen Unterfall dar, der rechtlich weitgehend analog zu behandeln ist.[37] Prinzip 21 der Stockholmer Umweltdeklaration und Ziff. 21d der Weltnaturcharta erfassen diesen Fall eindeutig. Das gilt auch für Artikel IX des Weltraumvertrages.[38]

Insgesamt wird eine Pflichtenstruktur erkennbar, die der Gesamtheit der rechtlichen Regelung der Beeinträchtigungen zugrunde liegt und deren substantielle

[33] Vgl. R. Luther/K. Mann, Das Prinzip der Freiheit der Meere — eine Norm des Jus Cogens des allgemein demokratischen Völkerrechts, in: StuR, 3/1974, S. 426. Vgl. weiter A. Fleischer, Pollution from Seaborne Sources, in: New Directions of the Law of the Sea, Bd. III, London -- New York 1973, S. 83f.; K. Hakapää, Marine Pollution in International Law (Annales Academiae Scientiarum Fennicae. Dissertationes Humanorum Litterarum 28), Helsinki 1981, S. 144; E. du Pontavice, Pollution, in: L. J. Bouchez/L. Kaigen, The Future of the Law of the Sea, The Hague 1973, S. 132.

[34] Antarktis-Vertrag vom 1. 12. 1959, in: Völkerrecht, Dokumente, Teil 2, a. a. O., S. 469ff.

[35] Agreed Measures for the Conservation of Antarctic Fauna and Flora vom 2. 6. 1964, abgedruckt bei W. Burhenne (Hrsg.), Internationales Umweltrecht — Multilaterale Verträge, Loseblattsammlung, Berlin (West) o. J., Ordnungs-Nr. 964:41.

[36] Konvention über die Erhaltung der lebenden Meeresressourcen der Antarktis vom 20. 5. 1980, in: GBl. der DDR 1982 Teil II Nr. 4 S. 61ff. Vgl. dazu R. Lagoni, Convention of the Conservation of Antarctic Living Resources, in: R. Wolfrum (ed.), Antarctic Challenge, Berlin (West) 1984, S. 93ff.

[37] Vgl. N. Trotz, Probleme der Verantwortlichkeit und Haftung im maritimen Umweltschutz, a. a. O., S. 15ff.

[38] Vgl. A. S. Piradow, Weltraumrecht, a. a. O., S. 86ff.

Ausfüllung einen wesentlichen Aspekt der Entwicklung des internationalen Umweltrechts ausmacht. Modifikationen[39] dieser Pflichten ergeben sich aus zwei „Grenzfällen", auf die einzugehen ist.

3.2. Die Pflichtenlage bei geteilten Ressourcen und globalen Umweltbeeinträchtigungen

Der Begriff der „*natural resources shared by two or more states*"[40] wird in verschiedenen internationalen Dokumenten verwendet (vgl. u. a. Artikel 3 der Charta der ökonomischen Rechte und Pflichten der Staaten), jedoch hat erst UNEP im Rahmen von Richtlinien eine inhaltliche Ausgestaltung versucht.[41] Erfaßt werden sollen damit abgrenzbare einzelne Ressourcen, die auf Grund der Grenzziehung mehreren Staaten zugehören. Die Besonderheit besteht darin, daß jeder einzelne Teilhaberstaat durch übermäßige Nutzung und Umweltbelastung einer solchen Ressource den Nutzungsanspruch der übrigen Staaten blockieren kann. Um die Nutzung durch alle Staaten zu gewährleisten, soll eine angemessene und gerechte Verteilung der Nutzung (equitable use)[42] vorgenommen werden, in deren Rahmen auch die Belastung der Ressource durch Beeinträchtigungen und die Verteilung der eventuellen Belastungskapazität zu erfolgen hat. Es liegt auf der Hand, daß zur Realisierung dieser Zielstellung ein hoher Kooperationsgrad verwirklicht werden muß. Spezielle Pflichten sollen das ermöglichen.[43] Der Unterschied zur allgemeinen Pflicht besteht darin, daß nicht nur die gegenseitige Nichtbeeinträchtigung der Staatsgebiete, sondern eine geschlossene Regelung zur Beeinträchtigung in bezug auf die Gesamtressourcen und ein Ausgleich der Nutzungsansprüche aller Anlieger gefordert wird.

Grundgedanke und wesentliche Elemente des Konzepts (des equitable use) sind dem internationalen Wasserrecht entlehnt, das eine relativ gefestigte gewohnheitsrechtliche Praxis entwickelt hat.[44] Nachdem UNEP versucht hat,

[39] Weitere Differenzierungen der rechtlichen Maßstäbe ergeben sich bei den maritimen Gewässern. Vgl. dazu im einzelnen N. Trotz, Probleme der Verantwortlichkeit und Haftung im maritimen Umweltschutz, a. a. O., S. 11ff.

[40] Vgl. dazu A. S. Timošenko, Pravovoj režim prirodnych resursov, razdeljaemych dvumja ili bolee gosudarstvami, in: Sovetskoe gosudarstvo i pravo, 6/1977, S. 113ff.

[41] Principles of Conduct in the Field of the Environment for the Guidance of States in the Conservation and Harmonious Utilization of Natural Resources Shared by Two or More States, UNEP/GC.6/17, Annex.

[42] Vgl. G. Handl, The Principle of "Equitable Use" as Applied to Internationally Shared Natural Resources, in: Revue Belge de Droit International, Bd. 14 (1978—79), S. 40ff.

[43] Vgl. ebenda.

[44] Vgl. den Überblick in folgenden Arbeiten: G. Gaja, River Pollution in International Law, in: Academie de Droit International de la Haye, Colloque 1973: La protection de l'environment et droit international, Leiden 1975, S. 353ff. und J. G. Lammers, Pollution of International Watercourses, The Hague 1984.

Regeln zum Konzept der geteilten Ressourcen aufzustellen, hat dieses dann Eingang in die Kodifikationsentwürfe der ILC zum Wasserrecht[45] gefunden und ist letztlich wieder an seinem Ausgangspunkt angekommen. Zumindest diese Kodifikation kann deshalb nicht zur Verbreiterung der Wirkungsbasis des Konzepts beitragen. Abgesehen davon ist es nach dem gegenwärtigen Stand der Entwicklung nicht sicher, ob das Konzept der geteilten Ressourcen über seinen bisherigen Rahmen (das Wasserrecht) hinaus als produktives Element bei der weiteren Herausbildung des internationalen Umweltrechts wirksam werden kann.

Als *erstes* steht dem die Unklarheit im Anwendungsbereich entgegen, da es UNEP nicht gelang, mit Verabschiedung der Richtlinien auch eine Definition anzunehmen. Damit fehlt es von vornherein an der Eindeutigkeit des ganzen Konzepts. *Zweitens* tendieren Definitionen, die vorgeschlagen werden,[46] zu einer relativ weiten Ausdehnung des potentiellen Anwendungsbereiches, womit entweder die Gefahr verbunden ist, daß das Konzept im allgemeinen Umweltrecht aufgeht und seine Spezifik verliert oder das Risiko hervorgerufen wird, daß die Staaten das angebotene Modell nicht annehmen, um sich nicht bei allgemeinen Umweltbeeinträchtigungen den weitergehenden Pflichten zu unterwerfen. *Drittens* ist es auch nach den UNEP-Richtlinien nicht sicher, ob die aus dem Wasserrecht abgeleiteten Grundsätze so wirksam verallgemeinert werden können, daß sie auf andere Ressourcen anwendbar sind.

Unter *globalen Umweltbeeinträchtigungen* werden hier solche Verunreinigungen verstanden, die durch die Medien Atmosphäre bzw. maritime Gewässer über weite Entfernungen transportiert und sehr breit gestreut werden, so daß großflächige Wirkungen u. U. in mehreren Staaten oder internationalen Gebieten auftreten; dabei geht die Identifizierbarkeit der Ursache-Wirkung-Relation meistens verloren bzw. es lassen sich die Anteile der beitragenden Quellen (denkbar in verschiedenen Staaten) an der Gesamtbeeinträchtigung nicht mehr separieren.[47] Eine vergleichbare Umschreibung des Phänomens enthalten die Definitionen in Artikel 1 der Konvention über weitreichende Luftverschmutzung und in Artikel 2 des vom „ILA-Committee on Legal Aspects of Long-Distance Air Pollution"[48] erarbeiteten ersten Entwurfs über Regeln zur weitreichenden Luftverschmutzung.

Dieses Phänomen erfordert ohne Zweifel besondere Regelungsmethoden. Aller-

[45] Vgl. First Report on the Law of the Non-Navigational Uses of International Watercourses, A/CN.4/367 vom 19. 4. 1983, S. 31.

[46] Vgl. die Definition bei A. S. Timošenko, Pravovoj režim prirodnych resursov, razdeljaemych dvumja ili bolee gosudarstvami, a. a. O., S. 114 und die sehr detaillierte Definition von J. Mayda, Definition of Internationally Shared Natural Resources, UNEP-Dokument (ohne Code) vom Januar 1978.

[47] Vgl. zu diesem Begriff N. Trotz, Rechtsprobleme des grenzüberschreitenden Umweltschutzes, a. a. O., S. 71 ff.

[48] Vgl. J. G. Lammers, First Report of the Committee, in: The International Law Association, Report of the Sixty-First Conference, Paris 1984, o. O. 1985, S. 377 ff.

dings handelt es sich im Wesen nicht um ein rechtliches Sonderproblem, das losgelöst von der oben behandelten Pflichtenstruktur existiert oder sich als spezieller Bereich vom Nachbarrecht des grenzüberschreitenden Umweltschutzes absetzt.[49] Eine solche Trennung würde der Wirkung derartiger Beeinträchtigungen widersprechen, die ja in jedem Falle in einem Staat verursacht werden und sich auf das Territorium anderer Staaten bzw. internationale Gebiete auswirken. Zudem bestände die Notwendigkeit, spezielle Rechtspflichten zu schaffen. Dafür gibt es keine Anzeichen und auch die erwähnten ILA-Arbeiten verstehen sich nicht in diesem Sinne; vielmehr wird in dem zitierten Bericht festgestellt, daß die Staaten offenbar auch bei weitreichenden Luftverschmutzungen von der Geltung des Prinzips 21 der Stockholmer Umweltdeklaration ausgehen.[50] Die Beibehaltung der allgemeinen Pflichtenstruktur auch für globale Beeinträchtigungen sichert ein Mindestmaß an Einheit und Geschlossenheit des internationalen Umweltrechts und gewährleistet damit die Regelungseffektivität gegenüber der außerordentlichen Vielfalt der Einzelphänomene.

3.3. Die Relevanz der Staatenpflichten in bezug auf grenzüberschreitende Beeinträchtigungen

Das Verbot der grenzüberschreitenden Beeinträchtigung kann nicht absolut wirksam sein. Dem steht bereits entgegen, daß in gewissem Umfang Beeinträchtigungen unvermeidlich sind. Aber selbst der Versuch, eine allgemeingültige Toleranzgrenze zu definieren und etwa „wesentliche" Beeinträchtigungen als verbotsrelevant anzunehmen, ist von zweifelhaftem Wert, da die „Wesentlichkeit" sehr relativ ist und z. B. vom Zustand oder Nutzungszweck eines betroffenen Gebietes oder einer Ressource abhängt. Zudem kann der technische Entwicklungsstand Grenzen setzen oder durch eine Weiterentwicklung bisherige Grenzen aufheben, wie auch neue naturwissenschaftliche Erkenntnisse den einzuhaltenden Maßstab verschieben können. Nimmt man noch die unterschiedlichen Bedingungen der Staaten in bezug auf ihre Ressourcen, ihre Geographie, Ökologie und Wirtschaft hinzu, so wird deutlich, daß eine abstrakte Pflichtenformulierung allein nicht in der Lage ist, das Problem zu lösen.[51]

Der Ansatzpunkt für eine Interpretation ergibt sich aus den oben erläuterten

[49] Das wird vorgeschlagen von F. Zehetner, Verfahrenspflichten bei Zulassung umweltbelastender Anlagen, in: M. Bothe/M. Prieur/G. Ress, Rechtsfragen grenzüberschreitender Umweltbelastungen, Berlin (West) 1984, S. 44f.

[50] Vgl. J. G. Lammers, First Report of the Committee, in: The International Law Association, Report of the Sixty-First Conference, a. a. O., S. 391.

[51] Vgl. so auch — als Kommentar zu den ILA-Regeln über grenzüberschreitende Umweltbeeinträchtigungen — D. Rauschning, Legal Aspects of the Conservation of the Environment, in: The International Law Association, Report of the Sixtieth Conference, a. a. O., S. 164.

Grundlagen der internationalen Zusammenarbeit, die eine umfassende Berücksichtigung aller Bedingungen und die Erhaltung der wirtschaftlichen Entwicklungsmöglichkeiten voraussetzen. Die zitierten Pflichtenformulierungen verbinden deshalb immer das souveräne Recht zur Nutzung der nationalen Ressourcen mit der Pflicht zur Vermeidung grenzüberschreitender Umweltbeeinträchtigungen. Damit ist den Staaten die Aufgabe gestellt, die Erfordernisse des Schutzes der Natur in ihrer Gesamtheit und den speziellen Schutzanspruch der Staaten oder der Staatengemeinschaft (internationale Gebiete) auf der einen Seite mit den Bedürfnissen der wirtschaftlichen Entwicklung des potentiellen Verursacherstaates auf der anderen Seite in Einklang zu bringen.

Die Pflicht erweist sich also letztlich als ein Rahmen, den die Staaten im Wege komplizierter Verfahren des Interessenausgleiches ausfüllen müssen, ein Verfahren, das auch als „schonender Souveränitätsausgleich"[52] bezeichnet worden ist. Mit verschiedenen Modifikationen hat sich diese Art der Interpretation in der Literatur[53] und in der erkennbaren Staatenpraxis durchgesetzt.

Es ist durchaus nicht sachgerecht, im Lichte solcher Interpretationen die Pflichtengrundsätze als wirkungslos anzusehen und festzustellen, daß dann schon die Leugnung des ganzen Prinzips besser wäre.[54] Immerhin ergeben sich aus ihm gegenwärtig die einzigen Mittel, um die Staaten zur Kooperation zu aktivieren und den erforderlichen Prozeß der gegenseitigen Abgrenzung von Umweltbeeinträchtigungen in Gang zu setzen. Im übrigen kann davon ausgegangen werden, daß völkerrechtliche Verfahrenspflichten der Konsultation und der Verhandlung[55] dazu beitragen können, daß die Pflichten zur Vermeidung grenzüberschreitender Umweltbeeinträchtigungen keine leere Hülle bleiben.

Diese Verfahrenspflichten sind im internationalen Wasserrecht am klarsten

[52] Vgl. M. Kloepfer/Ch. Kohler, Kernkraftwerk und Staatsgrenze, Berlin (West) 1981; Für die Einzelheiten vgl. insbes. S. 47ff.

[53] Vgl. A. L. Springer, The International Law of Pollution, a. a. O., S. 64ff.; P.-M. Dupuy, Limites matérielles des pollutions tolérées, in: M. Bothe/M. Prieur/G. Ress, Rechtsfragen grenzüberschreitender Umweltbeeinträchtigungen, a. a. O., S. 27ff.; E. Klein, Umweltschutz und völkerrechtliches Nachbarrecht, a. a. O.; D. Rauschning, Allgemeine Völkerrechtsregeln zum Schutze gegen grenzüberschreitende Umweltbeeinträchtigungen, a. a. O.; W. Lang, Haftung und Verantwortlichkeit im internationalen Umweltschutz, in: H. Miehsler/F. Mock/B. Simma/J. Tammelo (Hrsg.), Ius Humanitas, Festschrift zum 90. Geburtstag von A. Verdross, Berlin (West) 1980, S. 517ff.; O. Kimminich, Völkerrechtliche Haftung für das Handeln Privater im Bereich des internationalen Umweltschutzes, in: Archiv des Völkerrechts, Bd. 22 (1964), S. 249f.

[54] Vgl. so A. Rest, Berührungen des völkerrechtlichen und zivilrechtlichen Schadensersatzes im internationalen Umweltschutz, in: M. Bothe/M. Prieur/G. Ress, Rechtsfragen des grenzüberschreitenden Umweltschutzes, Berlin (West) 1984, S. 238.

[55] Vgl. die Definitionen dieser Begriffe bei P.-C. Storm, Bericht der Arbeitsgruppe „Begriffe", Information, Konsultation, Verhandlung, Kooperation, Abstimmung, in: ebenda, S. 279ff.

entwickelt und dort durch eine breite Vertragspraxis abgesichert[56]. Ihre Anwendung auf das allgemeine Umweltrecht ist nicht unbestritten[57], wird jedoch in der Literatur vielfach bejaht[58]. Die positiven Stimmen können sich auf eine Reihe internationaler Dokumente stützen: auf Artikel 5 der Konvention über weitreichende Luftverschmutzung, Prinzip 6 der UNEP-Richtlinien über geteilte Ressourcen, Ziff. 16 der UNEP-Richtlinien über den Schutz der maritimen Umwelt vor Beeinträchtigungen durch Offshore-Anlagen[59] Ziff. 15 der UNEP-Richtlinien über den Schutz der maritimen Umwelt vor von Land ausgehenden Beeinträchtigungen[60], Art. 6 der ILA-Regeln über grenzüberschreitende Umweltbeeinträchtigungen sowie den ILC-Entwurf zur Nutzung von Wasserläufen.[61]

Tatsächlich sprechen eine Reihe von Gründen für eine breite Anwendung dieser Verfahren. Immerhin existiert eine Pflicht, die wegen vorhandenen Mangels an Konkretisierung nicht angewandt werden kann, so daß jeder der beteiligten Staaten einen Anspruch auf Konkretisierung hat, um die Realisierung von Rechten zu ermöglichen. Der bestehende Schwebezustand enthält ein Konfliktpotential, das jederzeit wirksam werden kann. In jedem Falle hat der betroffene Staat die Möglichkeit, durch formellen völkerrechtlichen Protest, verbunden mit dem Vorwurf des rechtswidrigen Handelns, die Anwendung der Mittel der friedlichen Streitbeilegung zu erzwingen[62]. Unter diesen Umständen scheint es weitaus weniger

56 Vgl. dazu G. B. Bourne, Procedure in the Development of International Drainage Basins. The Duty to Consult and Negotiate, in: Canadian Yearbook of International Law, Bd. 10 (1972), S. 212ff.; G. Gaja, River Pollution in International Law, a. a. O., S. 353ff.

57 Zweifelnd A. L. Springer, The International Law of Pollution, a. a. O., S. 148ff.; mit Vorbehalten und Einschränkungen E. Klein, Umweltschutz im völkerrechtlichen Nachbarrecht, a. a. O., S. 298ff.; nur unter bestimmten Voraussetzungen dafür M. Kloepfer, Grenzüberschreitende Umweltbelastung als Rechtsproblem, in: H. v. Moltke/J. Schmölling/M. Kloepfer/Ch. Kohler, Grenzüberschreitender Umweltschutz in Europa, a. a. O., S. 66.

58 Vgl. L. Wildhaber, Die Öldestillieranlage Sennwald und das Völkerrecht der grenzüberschreitenden Luftverschmutzung, in: Schweizerisches Jahrbuch für internationales Recht, Bd. XXXI (1975), S. 97ff.; G. Handl, The Principle of Equitable Use as Applied to Internationally Shared Natural Resources, a. a. O., S. 61ff.; E. Dietz, Probleme des internationalen Nachbarrechts, a. a. O., S. 9ff.; F. Zehetner, Verfahrenspflichten bei Zulassung umweltbelastender Anlagen, a. a. O., S. 43ff.

59 Conclusions of the Study on the Legal Aspects concerning the Environment related to Offshore Mining and Drilling within the Limits of National Jurisdiction, UNEP/WG 54/4, Annex I., 1981.

60 Montreal Guidelines for the Protection of the Marine Environment against Pollution from Land-Based Sources, UNEP WG.120/3, Annex III vom 9. 5. 1984.

61 So Art. 13 und 24 des Kodifikationsentwurfes: vgl. First Report on the Law of the Non-Navigational Uses of International Watercourses, A/CN.4/367 vom 19. 4. 1983.

62 Vgl. zur Verhandlungspflicht als Folge einer Völkerrechtsverletzung Völkerrecht, Lehrbuch, Teil 2, Berlin 1982, S. 276. Vgl. in diesem Sinne auch M. Kloepfer, Grenzüberschreitende Umweltbelastungen als Rechtsproblem, a. a. O., S. 66 und M. Siegmund, Die zwischenstaatliche Abstimmung von Standorten industrieller Anlagen als Instrument zur Lösung grenzüberschreitender Umweltprobleme im intersystemaren Bereich, Jur. Diss., Potsdam-Babelsberg 1985, S. 90.

belastend für die zwischenstaatlichen Beziehungen, wenn durch die einfacheren Mittel informeller Konsultationen und Verhandlungen der formelle Streit vermieden wird. In diesem Sinne sind die Verfahren der Konsultation und Verhandlung als Mittel der „antizipierten Streitbeilegung" bezeichnet worden, die streitverhütend wirkt.[63]

Derartige Überlegungen liegen den Vorschlägen der ILC zur Regelung der Haftung für Schäden aus rechtmäßigen Handlungen zugrunde, die bisher sehr stark auf die Konkretisierung der Pflichten im Zusammenhang mit Beeinträchtigungen im Wege der Verhandlungen orientiert haben[64]. Natürlich ist mit Aufnahme der Konsultationen und Verhandlungen angesichts der sehr komplexen Probleme, die dabei zu lösen sind, ein positives Resultat nicht garantiert, insbesondere deshalb, weil eine Vertragsabschlußpflicht anerkanntermaßen nicht besteht.

3.4. Zur inhaltlichen Konkretisierung der Pflichten: rechtliche Formen und Methoden

Nach den bisher behandelten Prämissen kann der Ansatz für die Abgrenzung von Umweltbeeinträchtigungen nur der Staat mit der Gesamtheit seines Gebietes und den darauf stattfindenden wirtschaftlichen Aktivitäten sein. So ist es dann möglich, die Totalität der Umstände und Bedingungen des einen Staates mit der eines anderen Staates ins Verhältnis zu setzen, um auf diese Weise eine Balance der Interessen oder die Herstellung einer umweltpolitischen „Symmetrie" zu ermöglichen (Umweltgerechtigkeit). Dementsprechend ist die Notwendigkeit betont worden, den Staat als „umweltpolitisch geschlossene Einheit" zu behandeln, mit gewissen Ausnahmen hinsichtlich der Aktivitäten unter nationaler Jurisdiktion in internationalen Gebieten[65].

Betrachtet man die „umweltpolitische Einheit" als feste Größe, so müssen „Variablen" gefunden werden, um einen Ausgleich zu ermöglichen und zwar auf zwischenstaatlicher Ebene. Die Herausarbeitung von rechtlichen Instrumentarien, die als solche „Variable" angesehen werden können, ist eine ganz wesentliche Aufgabe des internationalen Umweltrechts.

Derartige Instrumentarien können in Kategorien zusammengefaßt werden, die jeweils verschiedene rechtliche Formen in sich vereinigen:

[63] Vgl. so F. Zehetner, Verfahrenspflichten bei Zulassung umweltbelastender Anlagen, a. a. O., S. 50f.

[64] Vgl. insbesondere den 4. Bericht dazu mit dem Schematic Outline, A/CN.4/373 vom 27. 6. 1983. Es bleibt abzuwarten, ob die Einsetzung eines neuen Berichterstatters an diesem Konzept etwas ändert; vgl. A/CN.4/394 vom 5. 7. 1985.

[65] Vgl. dazu und zur näheren Begründung der Ausnahmen N. Trotz, Probleme der Verantwortlichkeit und Haftung im maritimen Umweltschutz, a. a. O., S. 19.

a) Tolerierung bzw. Begrenzung von grenzüberschreitenden Umweltbeeinträchtigungen und/oder
b) ökonomische Ausgleichsleistungen (und zwar als vereinbarte Leistungen, entweder zum Ausgleich tolerierter Beeinträchtigungen in einem Wirkungsstaat oder als Zahlungen an den Handlungsstaat für aufwendige Schutzmaßnahmen) und/oder
c) Anwendung vereinbarter Produktionsstandards und technischer Verfahren oder Entwicklung gemeinsamer Schutzprojekte.

Die Verantwortlichkeit und Haftung müßte nach vollzogener Abgrenzung zwischen den Staaten als Instrument der Durchsetzung des erzielten Ergebnisses oder (soweit Schäden entstehen) als Mittel zur Wiederherstellung der durch Verletzung von Vereinbarungen herbeigeführten Störungen der Balance oder der umweltpolitischen Symmetrie wirksam werden, wobei auf diese rechtliche Problematik im Rahmen des vorliegenden Artikels nicht eingegangen werden kann.[66]

Die juristische Form der unter a) genannten Elemente sind die *Standards*, die als Imissions-, Emissions- oder Qualitätsstandards (für eine bestimmte Ressource) hinsichtlich der Freisetzung von Schadstoffen oder deren Einleitung in ein Medium Grenzwerte festlegen[67]. Als Beispiele sei auf die Konvention über die Verhütung der Verschmutzung des Meeres durch Schiffe von 1973,[68] die insbesondere in Anlage 1 und 2 detaillierte Grenzwertfestlegungen enthält, und auf die Londoner Dumping-Konvention von 1972[69] verwiesen. Standards sind ohne Zweifel eine sehr generalisierte und abstrakte Form der Abgrenzung von Umweltbeeinträchtigungen, wenngleich die Berücksichtigung von Handlungsspielräumen durch den Einbau entsprechender Toleranzen möglich ist. Dafür sind u. a. die sogenannten „grauen Schadstofflisten“, für die kein absolutes Verbot, sondern eine besondere Kontrollpflicht besteht, ein Beispiel (vgl. dazu ebenfalls die Londoner Dumping-Konvention). Im übrigen verwendet die Vertragspraxis durchaus auch andere Methoden der Festlegung von Grenzen der Beeinträchtigungen, wie die Vielfalt der Formulierungen zeigt, die Schutzziele verbal definieren oder Belastungs- bzw. Toleranzgrenzen umschreiben[70].

[66] Vgl. ebenda, wo die Auffassungen des Autors zu dieser Problematik ausführlich dargelegt werden. Vgl. im weiteren auch B. Graefrath, Responsibility and Damages Caused: Relationship between Responsibility and Damages, in: Recueil des cours de l'Academie de droit international, Bd. 185 (1984/II), S. 104ff.

[67] Vgl. zu den Standards D. Serwer, International Cooperation for Pollution Control, in: J. L. Hargrove, Law. Institutions and the Global Environment, New York — Leiden 1972, S. 178ff.; P. Contini/P. H. Sand, Methods to Expedite Environment Protection: International Ecostandards, in: AJIL Bd. 66 (1972), S. 37ff.

[68] International Convention for the Prevention of Pollution from Ships, 1973, IMO-Publikation Nr. 520, 77.14.E.

[69] Konvention über die Verhütung der Meeresverschmutzung durch das Einbringen von Abfällen und anderen Stoffen vom 29. 12. 1972, in: Völkerrecht, Dokumente, Teil 3, a. a. O., S. 832ff.

[70] Vgl. dazu die umfangreiche Analyse von A. L. Springer, The International Law of Pollution, a. a. O., S. 63ff.

Die Festlegung von Grenzwerten kann in direkter Verbindung mit *ökonomischen Regelungen* erfolgen. Dazu kann auf das Beispiel des Abkommens zum Schutze des Rheins gegen Verschmutzung durch Chloride von 1976[71] verwiesen werden. In diesem Abkommen werden einerseits Qualitäts- und Imissionsstandards in bezug auf die Salzbelastung festgelegt und andererseits wird für die gewählte Lösung (Hauptreduzierung auf französischem Gebiet im Elsaß) eine Umverteilung der in Frankreich anfallenden Aufwendungen vorgenommen (Frankreich 30%, BRD 30%, Niederlande 34%, Schweiz 6%)[72].

Zunehmende Bedeutung gewinnt die Verbindung ökologischer (ECO-) mit *technischen Standards*. Als Beispiel kann auf die oben erwähnte Konvention über die Verhütung von Verschmutzungen des Meeres durch die Schiffahrt von 1973 verwiesen werden, die umfangreiche und detaillierte Vorschriften über den Bau und die Ausrüstung von Schiffen enthält, zu denen bereits 1978[73] Ergänzungen erlassen wurden.

Die in Zukunft sicher noch steigende Relevanz internationaler technischer Standards ist in der Vielfalt wichtiger Funktionen begründet, die sie erfüllen:

a) Sicherung der Einhaltung der festgelegten Beeinträchtigungsgrenzen.
b) Gewährleistung einer einheitlichen Belastung der Volkswirtschaften mit technischem Aufwand und damit mit ökonomischen Konsequenzen von Umweltmaßnahmen.
c) Soweit es sich um für den Austausch produzierte Erzeugnisse oder Verkehrsmittel handelt, dient die Schaffung internationaler technischer Standards der Vermeidung von nicht-tarifären Handelshemmnissen bzw. der Sicherung gegen Zugangsbeschränkungen für Verkehrsmittel.

Für die unter c) aufgeführten Fälle ist die Entwicklung gewissermaßen zwangsläufig, wohingegen bei inneren ortsfesten Produktionsanlagen die Anwendung international einheitlicher Standards komplizierter ist, da sie in die Bedingungen des nationalen Reproduktionsprozesses eingepaßt werden müssen, die nationale Technologiepolitik eines Staates berühren, Probleme des Technologietransfers aufwerfen usw. Trotzdem wird ihre Anwendung langfristig in Teilbereichen notwendig sein, wenn auch die Staaten mit entsprechender Vorsicht handeln.

[71] Übereinkommen zum Schutz des Rheins gegen Verunreinigung durch Chloride vom 3. 12. 1976, abgedruckt bei: W. Burhenne, Internationales Umweltrecht — Multilaterale Verträge, Ordnungs-Nr. 976:90.

[72] Vgl. dazu J. G. Lammers, International Cooperation for the Protection of Waters of the Rhine Basin against Pollution, in: Netherlands Yearbook of International Law, Bd. VIII (1977), S. 89ff. Zur Bewertung dieser Aufteilung vgl. V. Schmidt, Der schmutzige Rhein, kann das Völkerrecht helfen?, Diss. Würzburg 1976, S. 258. Allerdings hat das Inkrafttreten des Abkommens durch die negative Haltung des französischen Parlaments beträchtliche Schwierigkeiten bereitet. Vgl. dazu G. J. Lammers, New International Legal Developments concerning the Pollution of the Rhine, in: Netherlands International Law Review, 2/1980, S. 171ff.

[73] Protocol of 1978 relating to the International Convention for the Prevention of Pollution from Ships, 1973, IMO-Publikation 78.09.E.

In der Regel wird vom Informationsaustausch über technologische Verfahren und einer diesbezüglichen gemeinsamen Forschung gesprochen oder es werden Empfehlungen über zu entwickelnde und anzuwendende technologische Grundvarianten gegeben (vgl. Artikel 4 und 7 der Konvention über weitreichende Luftverschmutzung, sowie die dazu verabschiedete Deklaration über Niedrig- und Nicht-Abfalltechnologie; Artikel 4, 5 und 6 der Konvention über den Schutz des Ozongürtels[74] sowie Annex II dazu).

Ein weiteres Mittel des Ausgleiches ist u. U. die Verhandlung über *industrielle Standorte* im Handlungsstaat bzw. die Verbesserung von Randbedingungen relevanter Anlagen. An sich ist die Entscheidung über Standorte und die damit verbundene Raumordnungsplanung Teil des souveränen Rechts eines jeden Staates zur Nutzung seines Territoriums. Geht man jedoch von bestimmbaren Grenzen zulässiger bzw. verbotener Beeinträchtigungen aus, dann kann ein Standort, der von vornherein die Verletzung derartiger Grenzen einschließt, nicht völkerrechtlich zulässig sein[75]. Da nun diese Grenzen in der Regel strittig sind, müßte man zumindest davon ausgehen, daß Standorte bzw. ihre technischen und ökologischen Randbedingungen in den Prozeß der Interessenabgrenzung einbezogen werden können[76] und als eine zusätzliche „Variable" für die Herstellung der erforderlichen Balance angesehen werden sollten.

Eigentlich problematisch sind die „Risiko-Fälle", bei denen im Normalbetrieb eine Beeinträchtigung nicht verursacht wird, im Falle eines Unfalls jedoch erhebliche Gefährdungen auftreten können. Umstritten ist in der Regel gerade die Bewertung des vorhandenen Risikos. Die absolute Auffassung, daß derartige Anlagen (insbesondere Kernkraftwerke) in Grenznähe verboten sind,[77] hat sich nicht durchgesetzt[78]. Vielmehr sind auch diese Fälle in die Gesamtbewertung im Rahmen des Interessenausgleichs einzubeziehen. In diesen wie auch in anderen Fällen umstrittener Standortentscheidungen hat sich das völkerrechtliche Verfahrensrecht insbesondere zu bewähren.

Die Anwendung der rechtlichen Formen und Regelungsmethoden hat in Übereinstimmung mit den aufgestellten Prämissen unter *Berücksichtigung aller Um-*

[74] Vienna Convention for the Protection of the Ozon Layer, 1985, abgedruckt in: Final Act, UNEP 1985, S. 11ff.

[75] Zur Standortproblematik insgesamt vgl. M. Siegmund: Die zwischenstaatliche Abstimmung von Standorten industrieller Anlagen als Instrument zur Lösung grenzüberschreitender Umweltprobleme im intersystemaren Bereich, a. a. O.

[76] Vgl. F. Zehetner, Verfahrenspflichten bei der Zulassung umweltbelastender Anlagen, a. a. O.; M. Kloepfer, Grenzüberschreitende Umweltbelastungen als Rechtsproblem, a. a. O., S. 63.

[77] So A. Randelshofer/B. Simma, Das Kernkraftwerk an der Grenze, a. a. O.

[78] Dagegen M. Kloepfer/Ch. Kohler, Kernkraftwerke und Staatsgrenze, a. a. O., die ein ganz anderes Konzept entwickeln. Außerdem ablehnend: E. Klein, Umweltschutz und völkerrechtliches Nachbarrecht, a. a. O., S. 240; E. Dietz, Probleme des internationalen Nachbarrechts, a. a. O., S. 21; L. Wildhaber, Die Öldestillieranlage Sennwand und das Völkerrecht der grenzüberschreitenden Luftverschmutzung, a. a. O., S. 120.

stände und Bedingungen der beteiligten Staaten, der betroffenen Medien usw. zu erfolgen. Dafür sind in der Literatur und in Kodifikationsentwürfen Grundsätze und z. T. umfangreiche Listen der in Betracht zu ziehenden Umstände aufgestellt worden. Die Skala reicht von Grundsatzformulierungen der Interessenabwägung[79] über die Festlegung bestimmter Maßstäbe („measures practicable and reasonable“[80], worunter verstanden werden soll, daß dem Verursacher von Beeinträchtigungen keine Lasten auferlegt werden, die „exceed the level of what could be defined as economically reasonable“[81]) bis zur breiten Auffächerung des verbotenen bzw. tolerierten Risikos[82] und zu Listen von Kriterien, die die geographische, ökologische, wirtschaftliche, technologische und bevölkerungspolitische Situation der Staaten berücksichtigen.[83] Der umfangreichste Versuch, eine derartige Liste mit Kriterien aufzustellen, ist bisher im Rahmen der ILC-Arbeiten zur Haftung für Schäden aus rechtmäßigen Handlungen gemacht worden[84].

Die anwendbaren rechtlichen Formen und Methoden sowie der Grad der Berücksichtigung der Umstände und Bedingungen *differenziert sich nach Regelungsbereichen*, wobei wahrscheinlich die nachfolgende Unterteilung zweckmäßig ist:

a) Beeinträchtigungen im *Verhältnis zweier oder einer kleinen Gruppe von Staaten zueinander* (einschließlich multinationaler Flüsse): Die Anwendung aller Formen und deren Verbindung zu komplexen Lösungen sowie die Berücksichtigung eines breiten Spektrums von Umständen und Bedingungen der beteiligten Staaten ist möglich.
b) Umfassende *multilaterale Regelungen*: Wegen der großen Anzahl beteiligter Staaten reduzieren sich die anwendbaren Formen auf ECO-Standards in notwendig abstrakter Form u. U. kombinierbar mit technischen Standards; die Berücksichtigung der Bedingungen und Umstände einzelner Staaten entfällt oder ist nur in sehr grobem Ansatz möglich (Beispiel: Artikel 207 Absatz 4 der UN-Seerechtskonvention von 1982). Im Ergebnis wird es zu einer an den Durchschnittsbedingungen aller Staaten orientierten Grenzwertfestlegung kommen.
c) *Globale Beeinträchtigungen*: Der Mangel der Identifizierbarkeit der einzelnen Quellen und die Unmöglichkeit, die Auswirkungen räumlich präzise einzugrenzen, macht die Abstraktion der vereinbarten Schutzziele vom rechtlichen Status der betroffenen Gebiete (ob internationales Gebiet oder Staatsgebiet)

[79] Vgl. E. Klein, Umweltschutz im völkerrechtlichen Nachbarrecht, a. a. O., S. 242.
[80] ILA-Regeln zum grenzüberschreitenden Umweltschutz (Art. 3), a. a. O.
[81] D. Rauschning, Legal Aspects of the Conservation of the Environment, Report of the Committee, a. a. O., S. 166.
[82] Vgl. M. Kloepfer/Ch. Kohler, Kernkraftwerk und Staatsgrenze, a. a. O., S. 42ff.
[83] So in wasserrechtlichen Kodifikationsversuchen; als Beispiel sei auf Art. 8 der ILC-Regelungen verwiesen (A/CN.4/367 vom 19. 4. 1983).
[84] Schematic Outline im 4. Bericht der ILC A/CN.4/373 vom 27. 6. 1983.

und von den Abwehransprüchen eines bestimmten Staates notwendig. Beispiele dafür sind die meisten seerechtlichen Abkommen, deren Schutzziele in Form von Standards für das gesamte betroffene Meeresgebiet aufgestellt werden, unabhängig davon, ob es sich um Territorialgewässer, Wirtschaftszone oder Offenes Meer handelt (vgl. so den Geltungsbereich der Ostseekonvention[85] in Artikel 1). Demonstriert wird dieses Verfahren auch durch das SO_2-Protokoll von 1985 zur Konvention über weitreichende Luftverschmutzung, in dem die pauschale Verpflichtung festgelegt ist, innerhalb eines Staatsgebietes den Schadstoffeintrag in die Luft um einen bestimmten Prozentsatz zu senken, wobei ebenfalls unter Abstraktion vom Wirkungsgebiet die Zustandsverbesserung der Atmosphäre in einer ganzen Region angestrebt wird. Die Konkretisierbarkeit der zu Grunde liegenden Pflichtenstruktur bleibt natürlich erhalten[86], allerdings sind die globalen Festlegungen ungeeignet, sie operabel zu machen. Um das zu erreichen, wären zusätzliche Vereinbarungen erforderlich[87], aus denen Belastungsgrenzen für ein bestimmtes rechtlich abgrenzbares Gebiet und bezogen auf eine identifizierbare Quelle hervorgehen müßten,

d) *Wirkungsrelation Staat — internationales Gebiet*: Die Abgrenzung der Interessen und Ansprüche einzelner Staaten entfallen. Die an diese Stelle tretenden Interessen der Staatengemeinschaft können nur durch einheitliche, für alle Staaten geltende internationale Standards berücksichtigt werden. Davon gehen die Artikel 208 bis 212 der UN-Seerechtskonvention auch aus.

3.5. Instrumente der Organisation der Zusammenarbeit

Die Schaffung *ständiger Organisationsformen* gehört zum allgemeinen Erscheinungsbild umweltrechtlicher Verträge. Darin zeigt sich eine Tendenz zur Institutionalisierung, die sowohl der Intensität als auch der auf Dauer angelegten Kooperation entspricht. In bilateralen Verträgen, wie wasserrechtlichen Abkommen, Grenzverträgen usw. hat die Bildung von ständigen Kommissionen und ähnlichen Einrichtungen bereits eine lange Tradition[88]. In neueren umfassenden multilateralen Konventionen kann die Bildung entsprechender Institutionen als Kernstück der Abkommen angesehen werden, die selbst in der Regel ja als Einheit von Or-

[85] Konvention über den Schutz der Meeresumwelt des Ostseegebietes vom 22. 3. 1974, in: Völkerrecht, Dokumente, Teil 3, a. a. O., S. 898ff.

[86] Davon geht auch der ILA-Entwurf über weitreichende Luftverschmutzung aus; vgl. Bericht des Committee on Legal Aspects of Long-Distance Air Pollution, a. a. O., S. 377ff.

[87] Im einzelnen dazu N. Trotz, Probleme der Verantwortlichkeit und Haftung im maritimen Umweltschutz, a. a. O., S. 28ff.

[88] Vgl. D. A. Caponera, Administration of International Water Resources, The International Law Association, Report of the 57th Conference Madrid 1976, o. O. 1978, S. 239ff.

ganisationsrahmen und Grundpflichten angelegt sind, wobei die detaillierte Ausführung weiteren Abkommen, Protokollen usw. überlassen bleibt. Es gehört zum Standard derartiger Abkommen, daß als oberstes Organ die „Versammlung der Vertragsstaaten" und die Bildung eines ständigen Sekretariats vorgesehen sind.[89] Neben der Sammlung und dem Austausch von wissenschaftlich-technischen Informationen und Informationen zur Umweltbewertung und Umweltbeobachtung haben derartige Einrichtungen die Aufgabe, die wissenschaftliche Zusammenarbeit zu organisieren, die Kooperation im Falle gemeinsamer Schadensbekämpfung zu ermöglichen und die Durchsetzung der Konvention zu beobachten.

Diese Aufgabenstellung zeigt die Bedeutung der *Informationspflichten* der Staaten, die ganz allgemein eine beträchtliche Rolle bei der Umweltkooperation spielen. Es handelt sich dabei um ein sehr empfindliches Problem, das mit der Ausübung der souveränen Entscheidungsbefugnis der Staaten über die wirtschaftliche Nutzung ihres Territoriums verbunden ist. Eine Bewertung der Informationspflicht erfordert eine getrennte Betrachtung der verschiedenen Kategorien.

Wesentliche Grundlage für die Organisierung des internationalen Umweltschutzes ist die *Kenntnis wissenschaftlicher Forschungsergebnisse zur Ökologie und die Sammlung von Daten über die Entwicklung der Umweltbelastung*. Prinzip 20 der Stockholmer Umweltdeklaration betont die Notwendigkeit eines derartigen Informationsflusses. Ohne Zweifel ist der umweltrechtlich qualifizierte Grundsatz der Zusammenarbeit der Staaten die Grundlage für die Herausbildung entsprechender Pflichten. Allerdings ist auch in diesem Zusammenhang die Notwendigkeit einer Konkretisierung zu betonen, die Zweck, Zielstellung, Umfang und Verfahren der Sammlung und Auswertung festlegen muß. Derartige Konkretisierungen erfolgen entweder im Rahmen internationaler Organisationen oder durch vertragliche Vereinbarungen.

Internationale Organisationen etablieren Zentren und Sammelpunkte für Informationen (Beispiele: bei UNEP das GEMS — Global Environmental Monitoring System; gleichfalls bei UNEP das IRPTC — International Register of Potentially Toxic Chemicals[90]). Grad und Umfang der Pflichten der Staaten zur Beteiligung an derartigen Informationsprogrammen hängen von der Mitgliedschaft und der Art der Beschlußfassung ab.

[89] So in der bereits zitierten Konvention über den Schutz des Ozongürtels, in der Konvention über weitreichende Luftverschmutzung (Executive Body) und in den maritimen Regionalkonventionen. Als Beispiel für letztere: Convention for the Protection of the Marine Environment and Coastel Area of the South-East Pacific vom 20. 11. 1981, abgedruckt bei: W. Burhenne, Internationales Umweltrecht — Multilaterale Verträge, a. a. O., Ordnungs-Nr. 981:84.

[90] Vgl. Implementation of the Provisional Notification Scheme for Banned and Severely Restricted Chemicals, UNEP: WG.112/2 vom 23. 11. 1984.

Internationale Umweltkonventionen enthalten durchgängig Regelungen zum Informationsaustausch, bezogen auf den jeweiligen konkreten Vertragszweck.[91]

Die Ergebnisse von *Umweltbewertung (assessment)* und *Umweltbeobachtung (monitoring)* spielen bei der Sammlung von Umweltdaten eine besondere Rolle. Bewertungen von Umweltauswirkungen, verbunden mit Kontrollen über die wirklich auftretenden Belastungen, sind auf nationaler Ebene in der Regel Bestandteil von Investitionsplanungen und Standortentscheidungen. Zunehmend ist das Bemühen festzustellen, diesen Bewertungs- und Kontrollprozeß zu internationalisieren, d. h. den Staaten die Pflicht aufzuerlegen, derartige Umweltbewertungen vorzunehmen und anderen Staaten bzw. internationalen Organisationen mitzuteilen. UNEP arbeitet an einer speziellen Richtlinie für die Durchführung und die Behandlung derartiger Umweltbewertungen.[92] Außerdem enthält eine Reihe von Konventionen entsprechende Festlegungen, wobei die ständigen Institutionen, die in diesem Rahmen geschaffen wurden, derartige Daten sammeln und bekanntmachen.[93] Mit der Übernahme derartiger Pflichten durch die Staaten entsteht in gewissem Umfang eine internationale Kontrolle nationaler Standortplanungen und indutrieller Aktivitäten. Solche Pflichten können nur vertraglich begründet werden, da sie von dem Grundsatz der Souveränität der Staaten über die Nutzung ihrer nationalen Ressourcen abweichen, der Teil des allgemeinen umweltrechtlichen Pflichtengefüges ist.

Die Pflicht zur *Information (Warnung) über plötzlich auftretende massive und akute Gefährdungen* kann als geltendes Völkerrecht angesehen werden.[94] Das ergibt sich aus der Pflicht der Staaten zur Zusammenarbeit bei der Erhaltung der Umwelt und der Verhütung von Schäden. Es würde ohne Zweifel den Grundsatz von Treu und Glauben bei der Erfüllung dieser Pflicht verletzen, wenn ein Staat es unterließe, eine für ihn erkennbare Gefahrensituation einem potentiell gefährdeten Staat oder einer Staatengruppe mitzuteilen. In Abkommen ist diese Pflicht in den meisten Fällen spezifiziert.

[91] Vgl. z. B. Artikel 4, 8 und 9 der Konvention über weitreichende Luftverschmutzung sowie das dazugehörige Informationssystem EMEP und das Protokoll über Informationen. Vgl. außerdem: Art. 200 der UN-Seerechtskonvention und Art. 2 Abs. 2 der Konvention über den Schutz des Ozongürtels.

[92] Vgl. Legal Elements suggested for the Inclusion in Draft Principles and Guidelines concerning Environmental Impact Assessment, UNEP/WG.107/2 vom 13. 4. 1984.

[93] Unter Anknüpfung an Artikel 204 bis 206 der UN-Seerechtskonvention enthalten die regionalen maritimen Schutzkonventionen derartige Regelungen; die UNEP-Richtlinien über von Land ausgehende maritime Beeinträchtigungen und über Offshore-Operationen geben detaillierte Empfehlungen.

[94] Vgl. so auch U. Beyerlin, Umweltschutz und lokale grenzüberschreitende Zusammenarbeit, in: M. Bothe/M. Prieur/G. Ress, Rechtsfragen grenzüberschreitender Umweltbelastungen, a. a. O., S. 296. Vgl. außerdem: T. Bruha, Internationale Regelungen zum Schutz vor technisch-industriellen Umweltnotfällen, in: Zeitschrift für ausländisches öffentliches und Völkerrecht, Bd. 44 (1984), S. 61). Vgl. in diesem Sinne auch Art. 7 der ILA-Regeln über grenzüberschreitenden Umweltschutz, Montreal 1982; so auch Art. 198 der UN-Seerechtskonvention.

An derartige Regelungen zur gegenseitigen Information schließen sich meistens Vereinbarungen über die Kooperation bei der Bekämpfung solcher Gefahren an.[95] Eine völkerrechtliche Pflicht außerhalb derartiger vertraglicher Vereinbarungen zur Beteiligung an derartigen gemeinsamen Maßnahmen existiert allerdings nicht.[96] Dafür ist die Vertragspraxis um so reichhaltiger. Die Schaffung gemeinsamer Bekämpfungspläne ist darüberhinaus eine ständig wiederkehrende Empfehlung in UNEP-Richtlinien und anderen Dokumenten.[97] Die maritime Vertragspraxis dürfte — abgesehen von vielen bilateralen und regionalen Abkommen auch für andere Medien — am stärksten entwickelt sein. Zwei Methoden werden hier sichtbar: Aufteilung eines bestimmten maritimen Gebietes in Zonen, für die jeweils ein bestimmter Staat zuständig ist (mit dem Recht, von anderen Staaten Hilfe anzufordern[98]) oder gemeinsame Aktionen, verbunden mit der Einrichtung gemeinschaftlicher Bekämpfungszentren.[99] Einige regionale maritime Schutzkonventionen verfügen über spezielle Protokolle, die die Gefahrenbekämpfung regeln.[100]

Kompliziert zu bewerten ist die *Informationspflicht, die eine vorausgehende Mitteilung (Anzeige, Notifikation) über geplante Anlagen oder Aktivitäten* vorsieht, wenn diese geeignet sind, Umweltbeeinträchtigungen auf dem Gebiet eines oder mehrerer Staaten zu verursachen oder ein Risiko dafür schaffen. Die Existenz einer solchen Pflicht im Völkergewohnheitsrecht ist nicht unbestritten,[101] findet aber ausreichend Befürworter.[102] Die Befürwortung scheint jedenfalls dann

[95] Vgl. den ausführlichen Überblick bei T. Bruha, Internationale Regelungen zum Schutz vor technisch-industriellen Umweltnotfällen, a. a. O., S. 1 ff.

[96] Vgl. ebenda, S. 61, wenn auch bei Bruha die Tendenz spürbar ist, darüber hinauszugehen.

[97] So in den UNEP-Richtlinien über von Land ausgehende maritime Beeinträchtigungen und über Offshore-Operationen. Vgl. auch Art. 199 der UN-Seerechtskonvention.

[98] Vgl. so Anlage VI der Konvention über den Schutz der Meeresumwelt des Ostseegebietes vom 22. 3. 1974.

[99] Vgl. so z. B. Bekämpfungsprotokoll zur Mittelmeerkonvention: Protocol concerning Co-operation in Combating Pollution of the Mediterranean Sea by Oil, 1976, abgedruckt in: Conference of Plenipotentiaries of the Coastal States of the Mediterranean Region for the Protection of the Mediterranean Sea. 1976, UNEP-Nairobi, 1976, S. 49.

[100] Vgl. ebenda; außerdem als weiteres Beispiel: Agreement on Regional Co-operation in Combating Pollution of the South-East-Pacific by Hydrocarbons or other harmful substances in Cases of Emergency, abgedruckt bei: W. Burhenne, Internationales Umweltrecht — Multilaterale Verträge, a. a. O., Ordnungs-Nr. 981:85. Weitere derartige Protokolle bestehen zur Kuweit-Regional Convention, zur Konvention über den Schutz des Roten Meeres, zum Abkommen über den Meeres- und Küstenumweltschutz der West- und Zentralafrikanischen Region.

[101] Vgl. so E. Klein, Umweltschutz im völkerrechtlichen Nachbarrecht, a. a. O., S. 304 f.; zweifelnd A. L. Springer. The International Law of Pollution, a. a. O., S. 146.

[102] Vgl. M. Kloepfer, Grenzüberschreitende Umweltbelastungen als Rechtsproblem, a. a. O., S. 41; F. Zehetner, Verfahrenspflichten bei der Zulassung von Anlagen, a. a. O., S. 50; U. Beyerlin, Umweltschutz und lokale grenzüberschreitende Zusammenarbeit, a. a. O., S. 296; G. Handl, The Principle of „Equitable Use“ as Applied to Internationally Shared

gerechtfertigt, wenn eine geplante Anlage Beeinträchtigungen verursachen würde, die die Pflichten der Staaten bei der Vermeidung grenzüberschreitender Umweltbeeinträchtigungen verletzen. Das Problem besteht nun allerdings darin, daß bei mangelnder inhaltlicher Abgrenzung gerade diese Pflichtengrenze nicht feststeht oder strittig ist. Noch unsicherer ist der Zustand, wenn nur das Risiko einer solchen Beeinträchtigung besteht, die mögliche Realisierung eines solchen Risikos aber unterschiedlich bewertet wird. Selbst wenn man also mit einer gewissen Rechtfertigung die Existenz einer solchen Pflicht anerkennt, bleibt die reale Möglichkeit ihrer Anwendung hinter dem Rechtszustand zurück. Daran ändert es auch nichts, wenn in einer Reihe von Dokumenten, die versuchen, Völkergewohnheitsrecht zusammenzufassen, von einer derartigen Pflicht ausgegangen wird.[103] Wirksamer werden in jedem Falle vertragliche Vereinbarungen sein, die die anzeigepflichtige Situation konkreter umschreiben können.

4. Schlußbetrachtungen: das internationale Umweltrecht als Rechtsgebiet

Zum Schluß kommen wir auf unseren Ausgangspunkt zurück, an dem eine kurze Umschreibung der umweltrechtlichen Regelungsbereiche stand.

Die bisher behandelten Regelungen, die zu einem „allgemeinen Teil“ zusammengefaßt wurden, finden — mit unterschiedlicher Gewichtung — in allen besonderen Bereichen der *Regelung von Beeinträchtigungen* Anwendung. Die besonderen Regelungen spezifizieren diese allgemeinen Elemente, passen sie den dortigen Bedingungen an und fügen die speziellen substantiellen Normen (z. B. Standards) hinzu. Außerdem sind in manchen Fällen zusätzliche rechtliche Tatbestände zu erfassen, wie z. B. das Problem der Rechtsstellung von Seeschiffen im Zusammenhang mit Umweltmaßnahmen, das in der UNO-Seerechtskonvention von 1982 einen großen Teil der gesamten Umweltregelung ausmacht.

Bei der Suche nach geeigneten Gliederungsgesichtspunkten für den besonderen Regelungsbereich erweist es sich als unmöglich, einen einheitlichen Ansatz zu finden.

In jedem Falle dürfte der mediale Gesichtspunkt eine Rolle spielen und man kann davon ausgehen, daß gegenwärtig ein maritimes Umweltrecht, ein atmosphärisches

Natural Resources, a. a. O., S. 61 f.; E. Dietz, Probleme des internationalen Nachbarrechts, a. a. O., S. 20.

103 Vgl. Artikel 5 der ILA-Regeln zum grenzüberschreitenden Umweltschutz, Montreal 1982; UNEP-Richtlinien über den „Conduct in the Field of the Environment for the Guidance of States in the Conservation and Harmonious Utilization of Natural Resources Shared by two or more States“, UNEP/GC.6/17 vom 10. 3. 1978 (Prinzip 6); Art. 11 des ILC-Entwurfes zum internationalen Wasserrecht; vgl. auch UN-Resolution 2995 (XXVII).

Umweltrecht und ein wasserrechtliches Schutzregime existieren bzw. im Herausbilden begriffen sind.

Am stärksten entwickelt ist ohne Zweifel *das maritime Umweltrecht*, bei dem man von einem ausgebildeten rechtlichen Teilgebiet sprechen kann. Die UN-Seerechtskonvention mit ihrem Umweltteil bildet künftig die Basis und den Rahmen für die weitere Entwicklung. Die zweite Ebene wird durch die Regionalkonventionen geregelt, die mit Hilfe weiterer Protokolle und spezieller Vereinbarungen[104] eine substantielle Regelung für alle Quellen der Meeresverschmutzung enthalten. Da die Schiffahrt der universellen Regelung[105] bedarf, stehen die entsprechenden Schutzregelungen außerhalb und neben den Regionalkonventionen. Letztere übernehmen allenfalls aus regelungssystematischen Gründen Teile der universellen Normen, die sich auf die Schiffahrt beziehen. Universell geregelt ist auch das Dumping[106], allerdings ergänzt durch regionale Vorschriften. In der letzten Zeit hat UNEP begonnen, gewissermaßen eine dritte Regelungsebene aufzubauen und zwischen die beiden genannten zu ziehen und zwar durch Erarbeitung der Richtlinien über von Land ausgehende Verschmutzungen und für offshore-Operationen.

Der *atmosphärische Umweltschutz* ist weniger entwickelt. Eine umfassende Regelung fehlt. Für die ECE-Region kann die Konvention über weitreichende Luftverschmutzung als Grundlage der weiteren Entwicklung angesehen werden. Künftig wird die Konvention über den Schutz des Ozongürtels eine umfassende Regelung eines Teilgebietes darstellen. Außerdem beginnen sich — ähnlich wie für die Schiffahrt — universelle Regelungen in bezug auf die Luftfahrt herauszubilden.[107] Regionale und bilaterale Vereinbarungen treten hinzu.[108]

Für den Bereich des Schutzes *internationaler Binnengewässer* fehlt es im oben beschriebenen Sinne an einem einheitlichen Medium. Die konkrete Regelung bezieht sich immer bi- oder multilateral auf bestimmte Wasserläufe, wobei ein substantieller Zusammenhang zwischen den einzelnen Regelungen nicht besteht. Ein solcher ist allenfalls herstellbar auf einer Abstraktionsebene, wo allgemein anwendbare Umweltregelungen entwickelt und zusammengefaßt werden. Dafür existiert allerdings ein stark durchgebildetes Völkergewohnheitsrecht; künftig könnte die laufende Kodifikationsarbeit der ILC eine solche Zusammenfassung

[104] Vgl. den Überblick in: Environmental Law in UNEP, UNEP, Nairobi 1985, S. 4ff.

[105] Vgl. insbesondere die bereits zitierte Konvention zur Verhütung der Verschmutzung des Meeres durch Schiffe von 1973.

[106] Vgl. Konvention über die Verhütung der Meeresverschmutzung durch das Einbringen von Abfällen und anderen Stoffen vom 29. 12. 1972, in: Völkerrecht, Dokumente, Teil 3, a. a. O., S. 832ff.

[107] Vgl. H. Hochgürtel, Das Recht des Umweltschutzes in der Zivilluftfahrt, Köln — Berlin — Bonn — München 1984.

[108] Vgl. die Hinweise im First Report of the Committee on Legal Aspects of Long-Distance Air Pollution (ILA), a. a. O., S. 385ff.

anbieten. Zu nennen wären auch die Versuche der ILA, eine solche Kodifikation zu unternehmen.[109]

Die drei genannten Schutzbereiche sind mit den jeweiligen Regeln über das Rechtsregime untrennbar verbunden (Seerecht, Luftrecht, Wasserrecht) und bilden mit ihnen eine Einheit. Es ist keine theoretische Spielerei, in diesem Sinne von einer Doppelzugehörigkeit der jeweiligen Umweltregelungen zu sprechen, da die Regelung des Rechtsregimes stark auf die konkretisierte Umweltregelung durchschlägt. Anschauliches Beispiel dafür ist die Schiffahrt, die umweltrechtlich nur unter Beachtung der internationalen Rechtsstellung der Seeschiffe zu erfassen ist.

Über diesen medialen Regelungskomplex hinaus werden *Schutzbereiche* sichtbar, *die eine übergreifende Wirkung* haben, eigenen Rechtsgrundsätzen folgen und deshalb keinem Schutzregime eines bestimmten Mediums zugeordnet werden können. Gegenwärtig absehbar sind folgende Bereiche:

1. Schutz der Natur vor militärischen Einwirkungen;[110]
2. Schutz gegen radioaktive Verseuchung und Strahlenschutz;
3. Regelung der Kontrolle, des Handels, des Transports und eventuell der Verwendung bzw. Beseitigung von gefährlichen Chemikalien und gefährlicher Abprodukte;[111]
4. künftig eventuell das Problem der Wettermodifikationen.[112]

Die Regelung des *Schutzes und der Erhaltung der biologischen Vielfalt (conservation)* ist in jedem Falle durch die Pflicht der Staaten zur Zusammenarbeit gedeckt, wobei die oben zitierten Zielstellungen gerade hierzu eine Orientierung geben.

Soweit es um biologische Ressourcen auf nationalen Territorien geht, haben sich darüber hinausgehende völkerrechtliche Einzelregelungen noch nicht herausgebildet, so wünschenswert angesichts der Auswirkungen der Nutzung der nationalen biologischen Ressourcen auf die gesamte Biosphäre solche Regelungen auch

[109] Neben den Helsinki-Rules zum Wasserrecht insbesondere 1982 ILA Montreal Rules on Water Pollution in an International Drainage Basin, in: The International Law Association, Report of the Sixtieth Conference, Montreal 1982, a. a. O., S. 535ff.

[110] Vgl. Vertrag über das Verbot der Kernwaffenversuche in der Atmosphäre, im kosmischen Raum und unter Wasser von 1963, in: Völkerrecht, Dokumente, Teil 2, Berlin 1980, S. 526ff.; Vertrag über das Verbot der Stationierung von Kernwaffen und anderen Massenvernichtungswaffen auf dem Meeresgrund und Ozeanboden von 1971, in: Völkerrecht, Dokumente, Teil 3, a. a. O., S. 721ff.; Konvention über das Verbot der Entwicklung, Herstellung und Lagerung von bakteriologischen (biologischen) und Toxin-Waffen und über ihre Vernichtung von 1972, in: ebenda, S. 787ff.; Konvention über das Verbot militärischer oder sonstiger feindseliger Anwendung von Mitteln zur Einwirkung auf die Umwelt von 1977, in: ebenda, S. 1022ff.

[111] Für den Transport existieren für alle Verkehrsträger internationale Regelungen. Zur Behandlung gefährlicher Abprodukte vgl. Report of the Working Group of Experts on the Environmentally Sound Management of Hazardous Wastes on the Work of its Second Session, UNEP/WG.111/3 vom 28. 12. 1984.

[112] Vgl. UNEP Governing Council Decision Nr. 8/7 A vom 29. 4. 1980 über dieses Problem.

sein mögen.[113] Allerdings gibt es eine Reihe wichtiger internationaler Konventionen, die insbesondere übergreifende Probleme regeln.[114] Hinzu kommen Aktivitäten internationaler Organisationen (z. B. das UNESCO-Programm zur Schaffung biogenetischer Reserven; gegenwärtig sind über 200 Reservate registriert).

Juristisch eindeutiger ist die Situation in internationalen Gebieten mit biologischen Vorkommen (maritime Gewässer, Antarktis). Die Regelung zum Rechtsregime enthält hier bereits allgemeine Grundsätze, die auch im einzelnen z. T. untersetzt sind. Soweit es sich um die Erhaltung wirtschaftlich genutzter Arten handelt, ist die Bindung an das betreffende Nutzungsregime (Verteilung) stärker als an das Umweltrecht. Zum mindesten ergibt sich auch in diesen Fällen eine Doppelzugehörigkeit der betreffenden Regelungsbereiche, die sichtbar macht, daß das Umweltrecht in seiner äußeren Umgrenzung offen ist.

Möglicherweise ist das conservation-Problem mehr eine Organisationsaufgabe als eine rechtlich zu erfassende Materie. Die Schaffung komplexer Rahmenregelungen mit konkretisierter Aufgabenstellung und als Grundlage internationaler organisatorischer Maßnahmen ist langfristig sicher notwendig.

[113] Vgl. dazu Wirtschaft und Umwelt. Die Verflechtung von Ökonomie und Ökologie. OECD-Expertenbericht (Beiträge zur Umweltgestaltung H. A 92), Berlin (West) 1983, S. 45ff.

[114] Als Beispiele seien hier genannt: Konvention zur Erhaltung der wandernden wildlebenden Tierarten vom 23. 6. 1976, abgedruckt bei: W. Burhenne, Internationales Umweltrecht — Multilaterale Verträge, a. a. O., Ordnungs-Nr. 979:55 und die Konvention über den internationalen Handel mit gefährdeten Arten freilebender Tiere und Pflanzen vom 3. 3. 1973, abgedruckt in: ebenda, Ordnungs-Nr. 973:18 sowie die Konvention über Feuchtgebiete, insbesondere als Lebensraum für Wasser- und Waldvögel von internationaler Bedeutung vom 2. 2. 1971, in: Gesetzblatt der DDR 1979 Teil II Nr. 1 S. 29.

Резюме

Н. Троц

О развитии международного права охраны окружающей среды

Исходным пунктом статьи является усиливающееся регулирование проблем окружающей среды в дву- и многосторонних договорах, которые образуют расширяющуюся основу для международного права окружающей среды. Выявляются две крупных сферы регулирования: охрана окружающей среды от имеющих международное значение вредных воздействий и усилия по охране и сохранению биологических ресурсов и биологического многообразия, включая создание биогенетических резервов.

Из множества проблем на рассмотрение выдвигаются два комплекса. В качестве *первого* исследуются цели и основы международного права окружающей среды, относящиеся ко всем сферам права окружающей среды. Вслед за характеристикой основных условий предмета регулирования выдвигаются следующие задачи международного права окружающей среды:

1. Охрана окружающей среды и биосферы во всех их составных частях от разрушения и их сохранение в необходимом для жизни на Земле состоянии;
2. Избежание конфликтов при использовании ресурсов, включая использование емкости окружающей среды;
3. Обеспечение возможности экономического развития всех государств

Поскольку в настоящее время не существует широкого единого регулирования обязанностей в международном праве окружающей среды, то обязанности государств основываются непосредственно на основном принципе международного права — принципе мирного сотрудничества государств. В международном праве окружающей среды содержание этого основного принципа характеризуется посредством „общего интереса" государств.

В качестве соответствующих заявлений по этому вопросу приводятся Декларация Конференции ООН по окружающей человека среде 1972 года и Всемирная хартия природы 1982 года, которые выражают общую цель государств по охране окружающей среды. В соответствии с принципом „добросовестности" от государств ожидается, что они не будут прямо нарушать намеченные в общих интересах цели или делать невозможным их осуществление. Признавая суверенитет государств над своим процессом производства, право на использование национальных ресурсов, а также необходимость экономического развития, они обязаны в этих рамках учитывать природоохранительные цели и участвовать в их осуществлении соразмерно их возможностям.

В качестве *второго* комплекса исследуется правовое регулирование имеющих международное значение вредных воздействий по мере наличия сложившихся принципов, обязанностей и поддающихся обобщению методов регулирования, которые можно было бы охватить в „Общей части“, на фоне которой выделяются особые сферы регулирования.

Исходным пунктом является обязанность государств избегать трансграничных вредных воздействий на окружающую среду, из которой вытекает право других государств на охрану своей территории и право международного сообщества государств на охрану международных районов. Показываются особенности и модификации в случае глобальных вредных воздействий и в случае делимых ресурсов. В соответствии с общими принципами права окружающей среды эта обязанность государств связана с правом на использование своей территории. Из сравнительного анализа обязанностей и прав следует, что невозможно толковать запрет трансграничных вредных воздействий на окружающую среду как абсолютный. Наоборот, необходимо добиться учитывающей обстоятельства сбалансированности интересов между государствами или группами государств.

Задача международного права окружающей среды состоит в том, чтобы предоставить средства и методы для этой сбалансированности интересов. При этом рассматриваются инструменты, которые в настоящее время могут считаться как наличные (ЭКО-стандарты, технические стандарты, экономические компенсационные меры, переговоры о местах размещения, информационные и процессуальные обязанности, оценка воздействия на окружающую среду). В качестве средства достижения намеченных охранительных целей выдвигаются институционализация сотрудничества и совместная борьба с возникающей для окружающей среды опасностью в экстренных ситуациях.

В заключении дается обзор возможных особых сфер регулирования (охрана морской окружающей среды, охрана воздуха, охрана международных рек). Подчеркивается взаимозависимость этих особых сфер охраны и соответствующих правовых режимов (морское право, воздушное право, международное водное право). Особыми сферами являются: охрана окружающей среды от военных воздействий, охрана от радиоактивного загрязнения и охрана от радиации, охрана от опасных химических веществ и обработка опасных отходов.

Summary

N. Trotz

On the Development of International Environmental Law

Starting point of the article is the progressive regulation of environmental problems in bilateral and multilateral agreements constituting a growing basis for an international environmental law. Two large spheres of regulation have to be considered: the protection of the environment against internationally relevant pollution and the efforts for the conservation of biological resources and the biological diversity, with the creation of biogenetic reserves being included.

From the multitude of problems two complexes are chosen to be discussed: *First*, the objectives and foundations of international environmental law in all its spheres are studied. After having characterized the fundamental features of the subject-matter regulated by international environmental law the author points out the following tasks:

1. Protection of the natural environment and of the biosphere in all its components against destruction, and their conservation in a state necessary to keep up life on earth;
2. Avoidance of conflicts concerning the use of resources, including the use of the carrying capacity of the environment;
3. Safeguarding the possibilities for economic growth of all States.

Since there is no comprehensive uniform regulation of duties in present-day international environmental law the States' duties are directly based on the fundamental principle of peaceful cooperation among States. In international environmental law the contents of this basic principle is qualified by the "common interst" of States. Mentioned as pertinent declarations are the Declaration of the UN Conference on the Human Environment, 1972, and the World Charter for Nature, 1982, expressing the States' common objectives concerning environmental protection. States are expected in accordance with the principle of "good faith" not to act directly against the aims formulated in the common interest or to prevent their realization. Recognizing State sovereignty over production processes, the right to use the own national resources, and the necessity of economic development States within this framework are bound to take into account the aims of protection of nature and to take part, to the extent they are able, in the realization of these objectives.

The *second* complex is the legal regulation of internationally relevant pollution as far as general principles, duties and methods of regulation capable of being generalized have been developed.

Starting point is the States' duty to avoid transboundary pollution of the environment which reflects the right of other States to protection of their territories and the right of the community of States to protection of international areas. The peculiarities and specific features in case of global pollution and natural resources shared by two or more States are analysed. According to the principles of environmental law this duty of the States is connected with the right to use their territories. The comparison of duties and rights demonstrates that it is impossible to interprete the prohibition of transboundary pollution in absolute terms; a balancing of interests between States or groups of States, taking into account all circumstances, must rather be brought about.

It is the task of international environmental law to furnish the means and methods for this balancing of interests. The instruments available today (ECO-standards, technical standards, economic compensatory payments, location negotiations, information and procedural duties, environmental impact assessment) are given due consideration. The institutionalization of cooperation and a joint control of occuring threats to the environment are pointed out as means to realize the agreed aims of protection.

Concluding, the author gives an outlook on the possible special spheres of regulation (protection of the marine environment, air protection, protection of international waterways). The connection between these special spheres of protection and the respective legal regime is stressed (law of the sea, air law, law of international rivers). Special spheres are: the protection of the environment against military activities, protection against radioactive contamination, radiological protection, protection against dangerous chemicals and the treatment of dangerous wastes.

E. Ustor

The Generalized System of Preferences in the International Law Commission's Draft on the Law of Most-Favoured-Nation Clauses

1.

In the course of their work on codification and progressive development of international law the competent UN organs have long been engaged in a study of the law concerning the most favoured-nation clause. Originally it was during the work on the codification of the law of treaties in 1964 that the idea came up in the International Law Commission that this work should cover also the rules relating to the most-favoured-nation clause. The Commission, however, rejected the idea, and in 1966, during the finalization of the draft articles on the law of treaties, it took the position that the matter of the most-favoured-nation clause might form the subject of a special study.[1]

Since this suggestion had a favourable reception in the Sixth Legal Committee of the General Assembly, the International Law Commission placed the topic of the clause on its programme of work in 1967. On the basis of the preparatory work undertaken by the Special Rapporteur[2] appointed by the Commission, the first reading of the draft articles was completed in 1976[3]. The second reading was prepared in 1978 — on the basis of a report made by the new Special Rapporteur, N. Ushakov — in the light of the comments presented by States and international organizations.[4]

The draft contained 30 articles with elaborate commentaries. In conformity with article 23 of its Statute the Commission submitted the draft articles to the UN General Assembly with the proposal that the draft should be recommended to Member States with a view to the conclusion of a convention on the subject.

This proposal was discussed on several occasions by the General Assembly, notably in its Sixth Committee. There the draft was both commended and criticized. Some States and international organizations made written observations on the draft but no definitive stand was yet taken. By resolution 40/65 the UN General Assembly put the further consideration of the topic on the agenda of its 1988 session.

[1] See the 1966 report of the International Law Commission, Chapter II, para. 32; Yearbook of the International Law Commission (hereinafter: YBILC), 1966, vol. II, p. 117.

[2] See the reports submitted by Special Rapporteur Endre Ustor in the Yearbooks of the International Law Commission from 1968 to 1976.

[3] See YBILC, 1976, vol. II (Part Two), pp. 4—68.

[4] See Special Rapporteur Nikolai Ushakov's report in: YBILC, 1978, vol. I and the draft in vol. II (Part Two), pp. 8—73.

2.

The present paper deals with article 23 of the definitive draft which reads as follows:

"Article 23. The most-favoured-nation clause in relation to treatment under a generalized system of preferences.

A beneficiary State is not entitled, under a most-favoured-nation clause, to treatment extended by a developed granting State to a developing third State on a non-reciprocal basis within a scheme of generalized preferences, established by that granting State, which conforms with a generalized system of preferences recognized by the international community of States as a whole or, for the States members of a competent international organization, adopted in accordance with its relevant rules and procedures."

While attention is focused in the following on article 23, for the sake of completeness the text of article 24 is also quoted:

"Article 24. The most-favoured-nation clause in relation to arrangements between developing States.

A developed benficiary State is not entitled under a most-favoured-nation clause to any preferential treatment in the field of trade extended by a developing granting State to a developing third State in conformity with the relevant rules and procedures of a competent international organization of which the States concerned are members."

These articles were adopted by the Commission after a thorough discussion without dissent.[5] As these articles constitute a major departure from the basic philosophy of the most-favoured-nation clauses[6] the Commission took pains to explain the reasons of its position in its report to the General Assembly: "The Commission was aware" — it reported — "that it could not enter into spheres outside its functions and was not in a position to deal with economic matters and suggest rules for the organization of international trade. Nevertheless, it recognized that the operation of the clause in the sphere of economic relations, with particular reference to developing countries, posed serious problems, some of which related to the Commission's work on the topic."[7]

Regarding the question of exceptions to the operation of the clause in the field of economic relations the Commission's report stressed that "during its second reading of the draft articles, it re-examined the question in the light of comments of Member States, specialized agencies and other intergovernmental organiza-

[5] See YBILC, 1978, vol. I, p. 255 (Summary record of the 1521st meeting, para. 75) and p. 246 (Summary record of the 1520th meeting, para. 44).

[6] "... the intention of the most-favoured-nation clauses was to establish and to maintain at all times fundamental equality without discrimination among all of the countries concerned" (I.C.J. Reports, 1952, pp. 191—192, quoted in: YBILC, 1970, vol. II, p. 206, para. 39).

[7] YBILC, 1978, vol. II (Part Two), p. 12, para. 53.

tions."[8] "As a result of its consideration" — the report goes on — "the Commission found that the operation of the clause in the sphere of economic relations, with particular reference to developing countries, was not a matter that lent itself easily to codification of international law in the sense in which that term was used in the Statute of the Commission, because the requirements for that process, as described in article 15 of the Statute, namely extensive State practice, precedents and doctrine, were not easily discernible. The Commission therefore attempted to enter into the area of progressive development and adopted articles 23 and 24."[9]

This was one of the rare instances — if not the only one — when the Commission clearly stated that a text belonged to the field of progressive development of international law in the sense in which that term was used in its Statute.

In its commentary to the text of draft article 23 the Commission outlined the sequence of events which lead to the adoption of that article.[10] The main stages of that history can be summarized as follows:

During the first session of the United Nations Conference on Trade and Development (UNCTAD), in 1964, General Principle Eight was adopted by a majority vote. This stated *inter alia*: "International trade should be conducted to mutual advantage on the basis of the most-favoured-nation treatment and should be free from measures detrimental to the trading interests of other countries. However, developed countries should grant concessions to all developing countries and extend to developing countries all concessions they grant to one another and should not, in granting these or other concessions, require any concessions in return from developing countries. New preferential concessions, both tariff and non-tariff should be made to developing countries as a whole and such preferences should not be extended to developed countries. Developing countries need not extend to developed countries preferential treatment in operation amongst them."[11] Referring to that General Principle the Conference recommended at the same session "the establishment as soon as possible of a committee of governmental representatives . . . with a view to working out the best method of implementing such preferences on the basis of non-reciprocity from the developing countries."[12]

At the second session of the Conference in 1968, the principle of preferential treatment of exports of manufactures and semi-manufactures from developing countries was *unanimously* accepted. According to resolution 21 (II) the Conference:

"1. *Agrees* that the objectives of the generalized non-reciprocal, non-discriminatory system of preferences in favour of the developing countries, including

[8] Ibid., p. 13, para. 3.
[9] Ibid., p. 13, para. 54.
[10] See ibid., pp. 59—64.
[11] Ibid., p. 12, para. 52.
[12] Ibid., p. 59, para. 3.

special measures in favour of the least advanced among the developing countries, should be:

(a) To increase their export earnings;

(b) To promote their industrialization;

(c) To accelerate their rates of economic growth;

2. *Establishes*, to this end, a Special Committee on Preferences, as a subsidiary organ of the Trade and Development Board, to enable all the countries concerned to participate in the necessary consultations ...

4. *Requests* that ... the aim should be to settle the details of the arrangements in the course of 1969 with a view to seeking legislative authority and the required waiver in the General Agreement on Tariffs and Trade as soon as possible thereafter;

5. *Notes* the hope expressed by many countries that the arrangements should enter into effect in early 1970."[13]

The Special Committee on Preferences established by resolution 21 (II), as a subsidiary organ of the Trade and Developed Board, succeeded in reaching "agreed conclusions" on a generalized system of preferences. These conclusions were annexed to decision 75(S-IV) adopted by the Trade and Development Board at its fourth special session held at Geneva on 12 and 13 October 1970.[14]

The "agreed conclusions" are set out in a lengthy document[15] the salient point of which is chapter IX reading as follows: "IX. Legal status

1. The Special Committee recognizes that no country intends to invoke its rights to most-favoured-nation treatment with a view to obtaining, in whole or in part, the preferential treatment granted to developing countries in accordance with Conference resolution 21 (II), and that the Contracting Parties to the General Agreement on Tariffs and Trade intend to seek the required waiver or waivers as soon as possible.

2. The Special Committee takes note of the statement made by the preference-giving countries that the legal status of the tariff preferences to be accorded to the beneficiary countries by each preference-giving country individually will be governed by the following considerations:

(a) The tariff preferences are temporary in nature;

(b) Their grant does not constitute a binding commitment and, in particular, it does not in any way prevent:

(i) Their subsequent withdrawal in whole or in part; or

(ii) The subsequent reduction of tariffs on a most-favoured-nation basis, whether unilaterally or following international tariff accomodations;

(c) Their grant is conditional upon the necessary waiver or waivers in respect

[13] Ibid.

[14] See ibid., p. 60, para. 5.

[15] Excerpts of which see ibid., pp. 61—62.

of existing international obligations, in particular in the General Agreement on Tariffs and Trade."

The necessary waiver was given in the General Agreement on Tariffs and Trade by the decision taken on 25 June 1971. The main point of that decision went as follows:

"The CONTRACTING PARTIES to the General Agreement on Tariffs and Trade . . . decide: . . . That . . . the provisions of Article I (of the GATT) shall be waived for a period of ten years to the extent necessary to permit developed contracting parties, subject to the procedures set out thereunder, to accord preferential tariff treatment to products originating in developing countries and territories . . . without according such treatment to like products of other contracting parties;

Provided that any such preferential tariff arrangements shall be designed to facilitate trade from developing countries and territories and not to raise barriers to the trade of other contracting parties . . ."[16]

While the Charter of Economic Rights and Duties embodied in General Assembly resolution 3281 (XXIX) of 12 December 1974 was not adopted unanimously, the provision of article 26 was not seriously challenged by any side. The text of that article in its noble simplicity reads as follows:

"Article 26. All States have the duty to co-exist in tolerance and live together in peace, irrespective of differences in political, economic, social and cultural systems, and to facilitate trade between States having different economic and social systems. International trade should be conducted without prejudice to generalized non-discriminatory and non-reciprocal preferences in favour of developing countries, on the basis of mutual advantage, equitable benefits and the exchange of most-favoured-nation treatment."[17]

3.

The International Law Commission took also into consideration the actual practice of States concerning the implementation of their commitments with respect to the Generalized System of Preferences and to granting preferences to developing countries in general.

It found that the practice is widespread and that practically all developed States in East and West, whether socialist or capitalist, GATT-members or outsiders in one way or another joined the common effort to assist developing countries by granting trade-preferences. It reported:

[16] The full text of the decision is cited ibid., p. 60.
[17] Ibid., p. 64, para. 12.

"The Soviet Union was the first country to introduce, as early as 1965, a unilateral system of duty-free imports from developing countries. Such duty-free treatment applies to all products. As the Soviet representative in the Special Committee on Preferences explained, the USSR, in addition to according tariff preferences, would continue with a number of other measures designed to increase its imports from developing countries on the lines outlined in the Joint Declaration of the socialist countries of Eastern Europe.

Australia followed suit in 1966 with a more restricted unilateral system, and Hungary (which became a GATT-member only in 1973) announced its own system in 1968 ...

EEC also announced a scheme of generalized preferences in 1971 ...

The generalized system of preferences of the USA is contained in title V of its Trade Act of 1974 ..."[18]

4.

Relying on this practice and on the documents reproduced above in a fragmentary way and on some others the International Law Commission could safely come to the conclusion that: "There appears to be general agreement in principle, expressed within United Nations organs, that States should adopt a generalized system of preferences ... There seems to be general agreement also that States will refrain from invoking their rights to most-favoured-nation treatment with a view to obtaining in whole or in part the preferential treatment granted to developing countries by developed countries ... The Comission is aware that the usefulness of article 23 depends upon the permanence and development of the GSP. It noted, however, that the General Assembly ... expressed the wish that the GSP should not terminate at the end of the period of 10 years originally envisaged."[19]

The contracting parties of the General Agreement on Tariffs and Trade continued to adapt the Agreement to the needs of developing countries even after the International Law Commission concluded its work on the most-favoured-nation clause in 1978. The GATT Secretariat in a letter dated 27 December 1979[20] reported a new development as follows:

"On 28 November 1979, the Contracting Parties to GATT adopted by consensus a decision on differential and more favourable treatment, reciprocity and fuller participation of developing countries. This decision allows GATT contracting parties to provide differential treatment in favour of developing countries in

[18] Ibid., pp. 62—63.
[19] Ibid., pp. 64—65, paras. 15—16.
[20] Reproduced in A/35/203 of 7 May 1980, p. 30.

respect of: (a) tariff preferences accorded under the Generalized System of Preferences, (b) non-tariff measures governed by codes negotiated under GATT auspices, (c) tariff and, under certain conditions, non-tariff preferences granted to one another by developing countries in the framework of regional or global trade arrangements; and (d) special treatment of least developed countries. The decision requires that any action taken under it be designed to facilitate and promote the trade of developing countries and to respond positively to those countries' development, financial and trade needs. Arrangements providing for differential treatment of developing countries must not prevent the further reduction of trade barriers on a most-favoured-nation basis, nor create obstacles to the trade of countries not parties to the arrangements. Differential treatment, by way of GSP preferences or under codes regulating the use of non-tariff measures, can be modified to respond to the changing needs of developing countries. The decision establishes consultation procedures that may be used to deal with any difficulties arising from such modifications or from other aspects of the operation of arrangements covered by it . . .

In view of the practical importance of the GATT decision — it was adopted by, and binds, 84 States representing 85 per cent of world trade — the International Law Commission may find it useful to take it into account in its further work."[21]

Unlike the 1971 GATT waiver, this decision — the so called "enabling clause" — does not have a time limit. Thus this decision constitutes a permanent deviation from the most-favoured-nation clause in favour of developing countries.

5.

In the view of the present writer, the International Law Commission — as demonstrated above — built its proposals embodied in articles 23 and 24 of its draft on solid grounds. These grounds were subsequently strengthened by the adoption of the GATT "enabling clause".

The comments and observations submitted by governments and international organizations regarding articles 23 and 24 of the 1978 draft were rather favourable and critical comments did not touch the substance of these provisions.

Criticism was levelled against the use of the term "developed" and "developing" States which were not defined in the Commission's text.[22] "There was currently no general agreement concerning these concepts" — the Commission reported.[23]

[21] The full text of the decision can be found in: GATT, B.I.S.D., 26th supplement (1980), p. 203.

[22] See e.g. Switzerland in A/35/203 of 7 May 1980 and USA in A/35/203 add. 1 of 9 September 1980.

[23] YBILC, 1978, vol. II (Part Two), p. 65, para. 21.

The use of the expressions "developing State", "less developed State" or "developing State" is, however, nowadays quite common in international instruments. A non-comprehensive list of examples: International Covenant on Economic, Social and Cultural Rights (Article 2, par. 3), Articles of Agreement of the International Bank for Reconstruction and Development (Article I. [i]), General Agreement on Tariffs and Trade (Part IV and the decision of 28 November 1979), United Nations Convention on the Law of the Sea (1982) (dozens of articles referring to "developing countries") etc. etc.

The undoubted inconvenience caused by the lack of a uniform definition is in the present instance minimal as the principle of "self-election" makes the determination of the donor country decisive.

Legal literature on the GSP is abundant. No wonder, as this new institution constitutes an important departure from the general practice of most-favoured-nation treatment.[24]

The Generalized System of Preferences in favour of developing countries seems to be accepted in all corners of the world as part and parcel of the legal regulation of international trade i.e. of contemporary international law. This could not go unrecognized by the International Law Commission during its work on the draft concerning the law of most-favoured-nation clauses.

6.

The present writer has come across one single instance of serious disapproval of the GSP and of the International Law Commission's action thereon.

A scholarly article published in the "German Yearbook of International Law"[25] deals with articles 23 and 24 of the ILC draft — as elements for the proposal of a new international economic order — in a completely negative vein. There is no trace of constructive comments in the article, no proposal for improvement of the draft, only for its complete rejection. The philosophy of the learned author seems to be based on the following premise: "For the first time in its three decade history the Commission did not draft uniform, abstract rules that are in principle applicable to all States but rules that presuppose the existence of two distinct groups of countries and discriminate in favour of one of these."[26] This may be true but — in

[24] An exhaustive bibliography can be found in: A. Yusuf, Legal Aspects of Trade Preferences for Developing States: A study of the influence of development needs on the evolution of international law, The Hague 1982 (originally presented as a doctoral dissertation at the Graduate Institute of International Studies in Geneva under the supervision of Prof. Georges Abi-Saab).

[25] D. Hubbard, The International Law Commission and the New International Economic Order, in: German Yearbook of International Law, vol. 22 (1979), Berlin (West) 1980, pp. 80—99.

[26] Ibid., p. 81.

the humble view of the present writer — it is not the Commission's vice but its merit.

The adoption and introduction of the Generalized System of Preferences into the field of customs tariffs and trade is a milestone event. It injects a modicum of distributive justice into the rigid egalitarian organisation of international trade (based on the most-favoured-nation clause) among economically unequal — strikingly unequal — States.

Not to take notice of this event by the Commission in the course of its work on the elaboration of the rules on the most-favoured-nation clause would have been unpardonable. Further conclusions reached in the same article: "International customary law must be general and abstract because it rests on consensus and no consensus can be reached on one-sided and purpose oriented rules."[27] And: "... the basic principles of the New International Economic Order can only be implemented through changes in existing treaties by political bodies and not through the progressive development of international law by an independent commission of legal experts."[28] "It is not possible to redistribute wealth in favour of poor countries through one-sided rules establishing legal privileges for these countries because such privileges tend to be nullified or impaired through the search for a new balance of interest by the nations that have to carry the corresponding burden. Such rules could not become part of the general law binding all nations because this law rests on consent and only universally applicable rules are supported by universal consent."[29] And finally: "In the absence of such authority (which is empowered to plan and organize the distribution of global product), aid and preferences granted by the advanced to the poor nations cannot flow from general legal obligations. The International Law Commission, whose task is to promote the rule of law, can for these reasons not effectively support the international development efforts."[30]

The distinguished author — it is submitted — misunderstands the situation in several respects:

1. The International Law Commission expressly qualified draft articles 23 and 24 as belonging to the field of progressive development of international law.[31]
2. It follows that in accordance with article 15 of the Commission's Statute[32]

[27] Ibid., pp. 95—96.

[28] Ibid., p. 98.

[29] Ibid., p. 99. For a diametrically opposite view see: C.-A. Colliard, Spécificité des États. Théorie des status juridiques particuliers et inégalité compensatrice, in: Mélanges offerts à Paul Reuter. Le droit international: unité et diversité. Paris 1981, p. 153 et seq.

[30] Ibid.

[31] See supra, note 9.

[32] "In the following articles the expression 'progressive development of international law' is used for convenience as meaning the preparation of draft conventions on subjects which have not yet been regulated by international law or in regard to which the law has not yet been sufficiently developed in the practice of States . . ."

these articles are indeed proposals for appropriate action i.e. conclusion of a convention by the governments.

3. The advancement of the poor nations is in the general interest — and this is universally recognized. It is for that reason that the Generalized System of Preferences was accepted without dissent in UNCTAD (II), sanctioned by the "Agreed conclusions" of the Special Committee on Preferences in 1970, which were followed by the 1971 GATT waiver. Hence the International Law Commission was able to rely on a worldwide consensus in 1978 — *quod erat demonstrandum* — and this consensus was subsequently confirmed and perpetuated by the GATT decision of 28 November 1979, by the so called "enabling clause".
4. A closer look at article 23 reveals that it is a rule of cross-referencing (*renvoi*) (a) to the law of a world wide scheme of generalized preferences or (b) — in regard to member-States of a competent international organization — to the law of such scheme adopted by that organization. Hence the provision of article 23 has no independent life, it exists only inasmuch and as long as such laws prevail.

There are several other debatable points in the same article but it is not the purpose of the present paper to go into details.[33]

7.

There remains one last point of clarification. The present writer is fully aware that the Generalized System of Preferences as it exists today is far from being a perfect institution. Its main shortcomings can be summarized as follows: Its scope of application is mainly limited to manufactured and semi-manufactured products of developing countries. This puts at a disadvantage those countries — and these are generally the least developed ones — whose exports mainly consist of raw materials or processed and semi-processed products.

The non-binding character of the preferences which does not prevent their subsequent withdrawal in whole or part or their subsequent reduction leads to uncertainty. This inhibits investments in production for exports and may prejudice, as a result, the long term objectives of the system, i.e. to promote industrialization of developing countries and accelerate the rates of their economic growth.

[33] For the theoretical side of the matter a study is recommended of the "Critique of the Gotha Programme" where Karl Marx deals with the difficult problems which arise from the application of equal laws to unequal subjects and concludes: "To avoid all these defects, right instead of being equal, would have to be unequal." The relevant excerpt in English translation can be found in: T. B. Bottomore/M. Rubel (ed.), Karl Marx — Selected Writings in Sociology and Social Philosophy (Pelican Book A 563) reprinted 1969, pp. 261—263.

The principle and practice of self-election is open to such varied interpretation as to be a source of discrimination among developing countries.

It has been rightly stated, however, that "the GSP is the product of a compromise between opposing interests, and is therefore in many respects an imperfect system . . . but it is better to have this flawed system which attempts to rectify the imbalances inherent in the structure of international trade between unevenly developed subjects than to have no system at all."[34]

Many proposals concerning the improvement of the system are being made in the competent fora and in literature.[35]

What is of paramount importance, however, is that differential treatment for and among developing States is no longer a temporary and undesirable exception from the equality of treatment embodied in the most-favoured-nation clause of the GATT and other commercial treaties, but an accepted norm of behaviour in international trade relations, as these relations presently exist and as they will probably further prevail for a not too short period of the foreseeable future.

[34] A. Yusuf, Legal Aspects of Trade Preferences for Developing States, op. cit., p. 166.
[35] Ibid.

Резюме

Э. Уштор

Общая система преференций в Проекте статей Комиссии международного права о режиме наиболее благоприятствуемой нации

В рамках своей деятельности по кодификации и прогрессивному развитию международного права Комиссия международного права ООН подготовила проект статей о клаузуле о наиболее благоприятствуемой нации. Проект был передан Комиссией на рассмотрение Генеральной Ассамблеи ООН с предложением рекомендовать этот проект государствам-членам в целях разработки соответствующей международной конвенции. Это было в 1978 году. Генеральная Ассамблея не приняла до сих пор окончательную точку зрения по этому вопросу. Дальнейшее обсуждение вопроса включено в повестку дня 40 сессии Генеральной Ассамблеи в 1985 году.

Согласно статье 23 Проекта, благоприятствующий режим, предоставляемый развитым государством развивающемуся государству на невзаимной основе и в рамках системы преференций, не должен вести к возникновению прав в силу клаузулы о наиболее благоприятствуемой нации. Система преференций отдельных государств должна находится в соответствии с общей системой преференций, признанной международным сообществом государств в целом или — для государств — членов компетентной международной организации — в соответствии с правилами организации.

В своих комментариях комиссия детально описывает причины, которые привели ее к заключению о том, что очевидно существует всеобщее согласие, выраженное в рамках ООН, о необходимости введения государствами общей системы преференций.

Договаривающиеся стороны Генерального соглашения по тарифам и торговле (ГАТТ) тоже стали применять упомянутую систему преференций, сначала временно, на основе оговорки, принятой в 1971 году, а затем в соответствии с „уполномачивающей клаузулой" 1979 года, которая представляет собой постоянное отклонение правил ГАТТ от принципа наибольшего благоприятствования в пользу развивающихся стран.

Автор считает, что Комиссия международного права поставила проект статьи 23 на солидную основу. Новый институт общей системы преференций является значительным отступлением от до сих пор имеющей место практики наибольшего благоприятствования. Это не могло остаться незамеченным Комиссией в связи с ее работой над режимом наибольшего благоприятствования.

Автор оспаривает точку зрения, изложенную в одной научной статье, критикующей статью 23 Проекта Комиссии международного права. Согласно этой точки зрения, задача Комиссии состоит в выработке единых, абстрактных правил, применимых в принципе ко всем государствам, а не таких норм, которые предусматривают существование двух различных групп стран и благоприятствуют одной из них. Такие нормы, якобы, не могут быть частью общеобязательного для всех стран права, поскольку они не пользуются всеобщей поддержкой.

По мнению автора эта точка зрения неправильна. В настоящей работе приведены убедительные доказательства существования всеобъемлющего консенсуса в отношении необходимости принятия общей системы преференций. Далее, автор подчеркивает, что положения статьи 23 Проекта являются по своей пророде отсылкой на этот консенсус.

Автор признает, что существующая ныне общая система преференций обладает отдельными недостатками. Но все-таки, по его мнению, лучше иметь несовершенную систему, которая пытается исправить неравенство, присущее структуре международной торговли между субъектами с неодинаковым уровнем развития, чем не иметь никакой системы.

Общая система преференций одобрена в настоящее время во всем мире и является неотъемлемой частью правового регулирования международных торговых связей, т. е. современного международного права. Заслугой Комиссии международного права является то, что она приянала это во внимание в ходе разработки Проекта статей о режиме наибольшего благоприятствования.

Resümee

E. Ustor

Das allgemeine Präferenzsystem im Entwurf der Völkerrechtskommission der UNO über die Meistbegünstigungsklauseln

Im Rahmen der Kodifikation und Weiterentwicklung des Völkerrechts hat die UN-Völkerrechtskommission (ILC) einen Entwurf über die Meistbegünstigung in den internationalen Wirtschaftsbeziehungen fertiggestellt. Die ILC unterbreitete den Entwurf 1978 der UN-Vollversammlung mit dem Vorschlag, ihn zum Abschluß einer entsprechenden Konvention den Staaten zu empfehlen. Die Vollversammlung hat ihren Standpunkt in dieser Frage noch nicht endgültig festgelegt. Es ist vorgesehen, diese Frage 1985 während der 40. Tagung der Vollversammlung zu erörtern.

Gemäß Artikel 23 des Entwurfs führt die bevorzugte Behandlung eines Entwicklungslandes durch einen entwickelten Staat auf einer nicht gegenseitigen Basis im Rahmen eines allgemeinen Präferenzschemas zu keinerlei Rechten für Drittstaaten aufgrund der Meistbegünstigungsklausel. Die Präferenzschemata der einzelnen Länder sollten mit dem allgemeinen Präferenzsystem übereinstimmen, das durch die internationale Gemeinschaft als Ganzes anerkannt bzw. — für die Mitgliedstaaten einer internationalen Organisation — in Übereinstimmung mit den entsprechenden Regeln und Verfahren angenommen worden ist.

In ihrem Kommentar beschreibt die Kommission im einzelnen jene Fakten, die sie zu der Schlußfolgerung geführt haben, daß es eine, innerhalb der UN-Organe zum Ausdruck gebrachte, prinzipielle Zustimmung der Staaten für die Errichtung eines allgemeinen Präferenzsystems gibt.

Die Vertragsstaaten des GATT haben ebenfalls ein solches Präferenzsystem geschaffen — zunächst auf vorläufiger Basis durch einen 1971 angenommenen Vorbehalt und später auf der Grundlage der sog. "enabling clause" von 1979, die eine ständige Abweichung der GATT-Regeln von der Meistbegünstigungsklausel zugunsten der Entwicklungsländer darstellt.

Nach der Auffassung des Autors hat der in Artikel 23 enthaltene Vorschlag der ILC ein solides Fundament. Das neue Institut des allgemeinen Präferenzsystems stellt eine wichtige Abweichung von der allgemeinen Praxis der Meistbegünstigung dar. Die UN-Völkerrechtskommission konnte in ihrer Arbeit über die Meistbegünstigungsklausel an dieser Tatsache nicht vorbeigehen.

Der Autor setzt sich mit einem wissenschaftlichen Aufsatz auseinander, in dem der Artikel 23 kritisiert wird. Danach bestehe die Aufgabe der ILC darin, einheitliche, abstrakte und für alle Staaten anwendbare Regeln zu entwerfen und keine Normen, die die Existenz von zwei Gruppen von Staaten voraussetzen und eine von ihnen bevorzugt behandelt. Solche Normen könnten kein Bestandteil des allgemein verbindlichen Völkerrechts werden, da sie nicht von allen Staaten unterstützt würden.

Diese Ansicht ist nach Auffassung des Autors nicht zutreffend. In der vorliegenden Arbeit weist er überzeugend nach, daß die Errichtung eines allgemeinen Präferenzsystems auf einem weltweiten Konsensus beruht. Zugleich betont er, daß Art. 23 selbst eine Rückverweisung auf diesen Konsensus enthält.

Der Autor gibt zu, daß das allgemeine Präferenzsystem noch unzulänglich ist. Es ist jedoch besser ein System zu haben, das die Ungleichheit in den internationalen Wirtschaftsbeziehungen zwischen ungleichmäßig entwickelten Staaten zu korrigieren versucht, als überhaupt kein System zu haben.

Das allgemeine Präferenzsystem ist gegenwärtig in allen Teilen der Welt anerkannt. Es ist Bestandteil der rechtlichen Regelung der internationalen Wirtschaftsbeziehungen und des gegenwärtigen Völkerrechts. Es ist ein Verdienst der Völkerrechtskommission, daß sie diese Tatsache in ihrer Arbeit über die Meistbegünstigung berücksichtigt hat.

Autorenverzeichnis

V. David
Professor für Völkerrecht, Leiter des Lehrstuhls Völkerrecht der Juristischen Fakultät der Universität Brno

F. Enderlein
Professor für Internationales Wirtschaftsrecht, Direktor des Instituts für ausländisches Recht und Rechtsvergleichung, Akademie für Staats- und Rechtswissenschaft der DDR, Potsdam-Babelsberg

D. Georgiev
Dr., wiss. Mitarbeiter, Institut für Staat und Recht der Bulgarischen Akademie der Wissenschaften, Sofia

G. Görner
Dr., Hauptabteilung Recht und Vertragswesen, Ministerium für Auswärtige Angelegenheiten der DDR, Berlin
Vorsitzender der Sonderkommission 4 der Vorbereitungskommission für die Internationale Meeresbodenbehörde und den Internationalen Seegerichtshof

B. Graefrath
Professor für Völkerrecht, Akademie der Wissenschaften der DDR, Institut für Theorie des Staates und des Rechts, Berlin

H.-J. Heintze
Dr., Doz., Karl-Marx-Universität, Institut für Internationale Studien, Leipzig

M. Kemper
Professor für Internationales Wirtschaftsrecht, Hochschule für Ökonomie Bruno Leuschner, Institut für Wirtschaftsrecht, Berlin

E. Konstantinov
Dr., Doz., Institut für Staat und Recht der Bulgarischen Akademie der Wissenschaften, Sofia

M. Mohr
Dr., wiss. Mitarbeiter, Akademie der Wissenschaften der DDR, Institut für Theorie des Staates und des Rechts, Berlin

A. P. Movtschan
Professor für Völkerrecht, Akademie der Wissenschaften der UdSSR, Institut für Staat und Recht, Moskau

J. Symonides
Professor für Völkerrecht, Direktor des Instituts für Internationale Angelegenheiten, Warschau

N. Trotz
Dr., Doz., Akademie für Staats- und Rechtswissenschaft der DDR, Institut für ausländisches Recht und Rechtsvergleichung, Potsdam-Babelsberg

E. Ustor
Professor (em.) für Völkerrecht, Budapest

Список авторов

В. Давид
Профессор международного права, зав. кафедрой международного права юридического факультета университета г. Брно

Ф. Эндерлайн
Профессор международного хозяйственного права, директор института зарубежного права и сравнения права, Академия государственных и правовых наук ГДР, Потсдам-Бабельсберг

Д. Георгиев
Доктор юр. наук, научный сотрудник Института государства и права Болгарской академии наук, София

Г. Гёрнер
Канд. юр. наук, Главный отдел права и договорных дел, Министерство иностранных дел ГДР, Берлин
Председатель Специальной Комиссии 4 Подготовительной Комиссии для Международного органа по морскому дну и Международного трибунала по морскому праву

Б. Грэфрат
Профессор международного права, Институт теории государства и права Академии наук ГДР, Берлин

Х.-Й. Хайнце
Доктор юр. наук, доцент, Университет им. Карла Маркса, институт международных исследований, Лейпциг

М. Кэмпер
Профессор международного хозяйственного права, Высшая школа экономики им. Бруно Лойшнера, институт хозяйственного права, Берлин

Е. Константинов
Доктор юр. наук, доцент, Институт государства и права Болгарской академии наук, София

М. Мор
Доктор юр. наук, научный сотрудник, Институт теории государства и права Академии наук ГДР, Берлин

А. П. Мовчан
Профессор международного права, институт государства и права Академии наук СССР, Москва

Я. Симонидес
Профессор международного права, директор института международных отношений, Варшава

Н. Троц
Доктор юр. наук, доцент, Институт зарубежного права и сравнения права, Академия государственных и правовых наук ГДР, Потсдам-Бабельсберг

Э. Уштор
Профессор международного права, Будапешт

Notes on the Authors

V. David
Professor of International Law, Head of International Law Department, Brno University

F. Enderlein
Professor of International Economic Law, Director of the Institute of International and Comparative Law, Academy of Law and Political Sciences of the GDR, Potsdam-Babelsberg

D. Georgiev
Doctor of Law, Research Fellow at the Institute of State and Law, Bulgarian Academy of Sciences, Sofia

G. Görner
Doctor of Law, Legal Department of the Ministry of Foreign Affairs of the GDR, Berlin
Chairman of Special Commission 4 of the Preparatory Commission for the International Sea-Bed Authority and for the International Tribunal for the Law of the Sea

B. Graefrath
Professor of International Law at the Institute of Theory of State and Law, Academy of Sciences of the GDR, Berlin

H.-J. Heintze
Doctor of Law, Institute of International Studies, Karl-Marx-University, Leipzig

M. Kemper
Professor of International Economic Law, High School of Economics "Bruno Leuschner", Institute of Economic Law, Berlin

E. Konstantinov
Doctor of Law, Associate Professor at the Institute of State and Law, Bulgarian Academy of Sciences, Sofia

M. Mohr
Doctor of Law, Research Fellow at the Institute of Theory of State and Law, Academy of Sciences of the GDR, Berlin

A. P. Movchan
Professor of International Law, Institute of State and Law, Academy of Sciences of the USSR, Moscow

J. Symonides
Professor of International Law, Director of the Institute of International Affairs, Warsaw

N. Trotz
Doctor of Law, Institute of International and Comparative Law, Academy of Law and Political Sciences of the GDR, Potsdam-Babelsberg

E. Ustor
Professor (em.) of International Law, Budapest

FSC
www.fsc.org
MIX
Papier | Fördert gute Waldnutzung
FSC® C083411

Kolibri 360 GmbH
Ferdinand-Jühlke-Straße 7
99095 Erfurt, Deutschland
produktsicherheit@kolibri360.de